MPA（公共管理硕士）系列

公共部门人力资源管理

吴志华　刘晓苏　主编

内容提要

本书对公共部门人力资源管理的基本概念和原理，如职位分类、人员招用、职业生涯发展、培训、激励、绩效管理、报酬等，作了比较系统、完整和符合实际的阐述。其中既有对目前国内外公共部门人力资源管理制度与实践的阐释，也有上升到理论高度的精辟分析和研究。全书评述了当今时代人力资源管理的一些新概念、新原理和新方法，反映了我国和发达国家公共部门人力资源管理改革与实践的最新内容。

本书既可作为MPA（公共管理硕士）课程的专用教材，也可作为国内各高等院校公共（行政）管理等相关专业的专业教材，还可供政府等公共部门人力资源管理工作者阅读参考。

"博学而笃志，切问而近思。"
（《论语》）

博晓古今，可立一家之说；
学贯中西，或成经国之才。

复旦博学·复旦博学·复旦博学·复旦博学·复旦博学·复旦博学

主编简介

吴志华，男，博士，华东师范大学公共管理学院院长，教授、博士生导师。1997年8月至1998年6月，赴美国圣奥拉夫学院进行学术访问；2004年9月至2005年7月，作为美国富布莱特高级访问研究学者，赴美国哥伦比亚大学国际与公共事务学院及EMPA中心进行学术研究；多次赴香港中文大学政府与公共行政系进行学术访问。研究领域或专题涉及中外行政体制改革、比较公务员制度、公共部门人力资源管理改革、人力资源管理创新、社区管理体制改革等。撰写并出版了《美国公务员制度的改革与转型》、《人力资源开发与管理》等12本著作（含独著、主编、合著）；在《政治学研究》、《中国行政管理》、《中国软科学》、《社会科学》、《美国研究》、《公共管理评论》等学术刊物上发表学术论文60多篇；先后主持和参与了20多项课题研究；科研成果中获省部级优秀科研成果奖4项。

刘晓苏，男，副教授。研究领域涉及当代中国政府与政治、比较公务员制度、公共部门人力资源管理改革、人力资源管理创新等。参与撰写并出版了《政治学导论》、《人力资源开发与管理》等著作。在《理论与改革》、《探索与争鸣》、《中国青年研究》等学术刊物上发表学术论文10多篇。先后参与多项国家和省市级科研课题。

前　　言

在我国,公共部门人力资源管理是近几年随同公共管理一起迅速兴起的新学科。从20世纪90年代末普通高等教育本科和研究生专业目录中新设立公共管理专业开始,尤其是2000年起开展MPA(公共管理硕士)教育以来,公共管理在高等教育界成为一门新的热门学科。与此同时,公共部门人力资源管理也在公共管理热中应运而生,新学科快速孵化出新分支学科。据笔者从网上检索,自2000年出版了第一本有关公共部门人力资源管理的书以来,至今已有近30本同类教材或著作问世。短短五六年中涌现出这么多公共部门人力资源管理类书籍,反映出公共部门人力资源管理课程教学对教材的需求,也反映出公共部门人力资源管理实践对理论知识的需求。当然,如同公共管理学一样,公共部门人力资源管理作为一门新分支学科,目前仍处在发育阶段。正因为如此,这批知识性、教材性书籍的体系及内容,难免存在一些问题和不足,但它们的出版对公共部门人力资源管理学科的建设,无疑发挥了开拓和铺路的作用。

在已有许多同类书的情况下编著公共部门人力资源管理一书是一个难题。因为重复或整合同类书的知识内容,既没有必要,也没有意义;而要超越同类书,构建新的知识体系,又会面临诸多困难。我们选择知难而进,试图在合理界定公共部门组织外延的前提下形成一种更为完整、富有新内容的公共部门人力资源管理知识体系。为此,笔者作为主编,为本书及各章的撰写预定了三方面的要求。一是明确界定公共部门的应有外延范围,它不仅仅指政府组织,在我国还应包括事业单位组织,因此,公共部门人力资源管理,涉及国外的公务员管理及其制度、我国的公务员制度和事业单位的人事管理制度。二是构建比较完整的公共部门人力资源管理知识体系,实现四部分内容的一体化有机整合:管理学、企业界或一般意义上人力资源管理的概念、原理、方法;欧美国家的现行公务员管理的制度化内容;我国现行公务员制度;我国事业单位的现行人事制度。三是各章节内容中尽可能反映出人力资源管理和公共部门人力资源管理的新东西,包括人力资源管理的新理念、新概念、新方法,中外公务员制度改革的新内容,我国事业单位人事制度改革中的新政策及新做法。这是我们编著本书的自我期望。

本书主要由华东师范大学的教授、副教授及博士生撰写。框架及体例由吴志华设计。各章的撰写者(以章次为序)是:吴志华教授、博士撰写第一章、第四章、第九章;刘晓苏副教授、博士生撰写第二章、第三章、第八章;马士斌副教授、博士撰写第五章;刘厚金讲师、博士生撰写第六章;武志红讲师、博士生撰写第七章;潘英教授撰写第十章。全书各章由吴志华、刘晓苏进行统稿。本书各章的编著中,参考了国内外学者的有关教材、著作及其他形式的研究成果,有些章节中引用了吴志华主编的《人力资源开发与管理》一书的部分一般原理性内容。特此说明。

由于公共部门人力资源管理学科及知识体系仍处在发育过程中,反映中外公共部门人力资源管理实践内容的文献资料难以收集齐全,加上编著者学术水平有限,本书的体系、内容、体例等方面或许存在一些不足之处,我们真诚地欢迎同行专家和读者批评指正。最后,感谢复旦大学出版社和邬红伟副编审为编辑出版本书所付出的辛劳。

吴志华
2006 年 9 月于华东师范大学

目 录

第一章 导 论 ………………………………………………………… 1
  第一节 公共部门人力资源管理概论 ……………………………… 1
  第二节 我国人事制度的传统与发展 ……………………………… 12
  第三节 我国公共部门人事管理改革 ……………………………… 25

第二章 公共部门人力资源规划 ……………………………………… 40
  第一节 公共部门人力资源规划概述 ……………………………… 40
  第二节 公共部门人力资源信息系统 ……………………………… 53
  第三节 公共部门人力资源供求预测 ……………………………… 64
  第四节 公共部门人力资源战略规划流程 ………………………… 75

第三章 公共部门职位分类 …………………………………………… 88
  第一节 公共部门人事分类概述 …………………………………… 88
  第二节 公共部门职位分类的原理及方法 ………………………… 96
  第三节 国外公共部门的职位分类 ………………………………… 108
  第四节 中国公共部门的人员分类 ………………………………… 118

第四章 公共部门人员的招用 ………………………………………… 135
  第一节 人员招用的程序 …………………………………………… 135
  第二节 人员招用中的面试 ………………………………………… 152
  第三节 人员招用中的测试 ………………………………………… 165

第五章 公共部门人员的职业生涯发展 ……………………………… 179
  第一节 职业生涯发展概述 ………………………………………… 179
  第二节 公共部门人员的生涯规划 ………………………………… 188
  第三节 公共部门人员的生涯管理 ………………………………… 201

第六章　公共部门人员的培训 ··············· 212
第一节　公共部门人员培训概述 ··············· 212
第二节　公共部门人员培训的需求分析 ··············· 220
第三节　公共部门人员培训的内容 ··············· 229
第四节　公共部门人员培训的方法 ··············· 239
第五节　公共部门人员培训的实施与评估 ··············· 248

第七章　公共部门人员的激励 ··············· 261
第一节　激励理论概述 ··············· 261
第二节　国外公务员的激励制度 ··············· 275
第三节　中国公共部门人员的激励制度 ··············· 289

第八章　公共部门人员的绩效管理 ··············· 307
第一节　绩效管理概述 ··············· 307
第二节　公共部门人员绩效计划的制订 ··············· 316
第三节　公共部门人员绩效评估的实施 ··············· 330
第四节　公共部门人员的绩效反馈与改进 ··············· 342

第九章　公共部门人员的薪酬 ··············· 356
第一节　报酬和薪酬概述 ··············· 356
第二节　薪酬制度的公平原则 ··············· 367
第三节　薪酬等级制度的设计 ··············· 378

第十章　公共部门人员的社会保险 ··············· 396
第一节　社会保险概述 ··············· 396
第二节　养老保险 ··············· 406
第三节　失业保险 ··············· 418
第四节　医疗保险 ··············· 425

主要参考文献 ··············· 438

第一章 导 论

公共部门人力资源管理,作为公共管理学科的一门分支学科,其知识内容主要来源于人力资源管理知识体系,也可以说是人力资源管理学科的分支学科。公共部门人力资源管理知识内容,涉及人力资源管理的一些基本概念,如人力资源、人事管理、人力资源管理等。同时,在我国,公共部门人力资源管理实践内容,与整体人事制度存在历史和现实的联系,而且现阶段正处在改革与发展过程中。因此,本章作为全书的导论,首先阐释人力资源管理若干基本概念,界定公共部门人力资源管理这一命题的应有之义;然后概述我国人事制度的形成、改革与发展;最后就我国公共部门人事管理的后续改革问题,从"应然"角度提出一些探索性思路和观点。

第一节 公共部门人力资源管理概论

在人力资源管理知识体系中,公共部门人力资源管理是一个具有自身应有含义的特定概念,但却又是一个容易被人误解的术语。正确地认知公共部门人力资源管理概念,需要辨析它与其他若干相关概念之间的关系,如与人力资源、人事管理、人力资源管理等概念的历史渊源关系和现实逻辑关系,同时,结合现阶段国内外公共部门人力资源管理的实践内容,对这一概念的内涵和外延作出客观的界定。

一、人力资源与人力资源管理

(一)人力资源

"人力资源"概念最先由当代管理学泰斗彼得·德鲁克(Peter F. Drucker)在其1954年出版的《管理实践》一书提出。德鲁克提出这一新概念时,并没有对它作出明确的定义,只是强调它是一种不同于其他经济资源的重要资源,并认为人力资源是所有经济资源中最可能提高经济效益的资源,但却又是最没有有效使用的资源①。国内外的人力资源论著中对人力资源含义主要有两种解释。一种主流的解释是:人力资源是"人所具有的一种能够推动组织绩效(结合诸如资金、原料、信息等其他资源)的能力";"能够推动特定社会系统发展进步并达成其目标的该系统的人们的能力的总和";"能够推动整个经济和社会发展的劳动者的能力";"推动社会发展和经济运转的人的劳动能力"②。概括起来说,这种观点认为人力资源是指人的劳动能力。从事管理学研究的学者通常采用这一种定义。另一种非主流的解释是:"人力资源是指总人口在经济上可供利用的最高人口数量或指具有劳动能力的人口。"③简单地说,这种观点认为人力资源是指具有劳动能力的人口。从事教育学和人口学研究的学者更多地是采用这一种定义。实际上,这两种解释并不存在实质的区别,不同之处只在于:前者的核心关键词是人的劳动能力,后者的核心关键词是具有劳动能力的人口。本书认同第一种解释,同时吸纳第二种解释的合理因素,并从更为宽泛的内涵意义上对人力资源概念作一定义:人力资源是指存在于劳动人口之中的从事经济及社会活动并能创造价值的能力。

人力资源概念与人口资源、劳动力资源和人才资源等概念相关。人口资源是指一定区域范围内的具有一定数量和质量的人的总和。人力资源与人口资源的关系是:人力资源存在于人的自然生命机体之中,因此,人口资源是人力资源的基础;人力资源是人口资源中的一个部分,即具有劳动能力的部分,这一部分通常被称为"核心人口"。劳动力资源概念与人力资源概念基本同义。人才通常指学识或技能水平较高的人④,人才资源是人力资源中的高质

---

① 〔美〕彼得·德鲁克著:《管理实践》,上海:上海译文出版社1999年版,第291页。
② 〔美〕亚瑟·小舍曼等著:《人力资源管理》(英文第11版),大连:东北财经大学出版社2001年版,第4页;陈维政等主编:《人力资源管理》,北京:高等教育出版社2002年版,第2页;关淑润主编:《人力资源管理》,北京:对外经济贸易大学出版社2001年版;黄维德等编著:《人力资源管理》,北京:高等教育出版社2000年版,第1页。
③ 《中国百科大辞典》,北京:中国大百科全书出版社1999年版,第4444页。
④ 人才是我国特有的概念。以往,我国一直沿用1982年提出的人才标准,即具有中专及以上学历和初级及以上专业技术职称的人员;近些年,我国有些发达地区正在逐步提高人才标准,如上海2003年开始的人才标准是具有大专及以上学历或中级及以上专业技术职称,以后将把人才标准调整为具有本科及以上学历、中级及以上专业技术职称或高级职业技术资格。近几年,学历加职称的传统人才标准已经受到质疑,于是,2003年颁布的《中共中央、国务院关于进一步加强人才工作的决定》中提出,"要坚持德才兼备原则,把品德、知识、能力和业绩作为衡量人才的主要标准,不唯学历、不唯职称、不唯资历、不唯身份","只要具有一定的知识或技能,能够进行创造性劳动,为推进社会主义物质文明、政治文明、精神文明建设,在建设中国特色社会主义伟大事业中作出积极贡献,都是党和国家需要的人才。"

量部分。由此可知,人口资源、人力资源、人才资源三个概念之间存在一种依次包含的逻辑关系,人口资源包含人力资源,而人力资源又包含人才资源。

人力资源是质与量的统一。也就是说,人力资源具有质与量的规定性,人力资源可用质量和数量这两个指标来评价。人力资源数量即具有劳动能力的人口数量,通常按照法定的劳动年龄来进行统计。各国对劳动年龄上下限的规定并不完全相同。我国《劳动法》规定的劳动年龄下限为16周岁,劳动年龄上限就是规定的退休年龄。我国现阶段有几种情况:一般干部的退休年龄,男子为60岁,女子为55岁;工人的退休年龄,男子为60岁,女子为50岁;高级专家和职务较高的领导人员,退休年龄可超出60岁。一般地说,法定劳动年龄上下限之内的人数即为人力资源数量。但需要说明的是,在劳动年龄人口中,存在一部分未就业者,如学校中就学的学生、军队中服役人员、待业人员等,还包含一些不具有劳动能力的病残人员。此外,一些已退休人员以返聘或其他形式仍在从事劳动。因此,在统计人力资源数量时,还应扣除劳动年龄人口中的不能从事劳动的病残者人数,加上退休者再就业者人数。据统计,我国的劳动年龄人口数,2000年为8.61亿,预计2020年将增加到10.04亿[①]。

人力资源质量即具有劳动能力人口的总体素质。人力资源质量可用若干基本要素来衡量。一是体质,即劳动力的身体素质,包括健康状况、营养状况以及耐力、力量、敏捷性等体能素质;二是智质,即劳动力的智力素质,包括记忆力、理解力、判断力、想象力及逻辑思维能力等;三是学识,即劳动者的文化知识素质,它以受教育程度来衡量;四是技能,即劳动者从事专业或技术性工作的水平,可用专业技术人员的层次及人数来衡量;五是品质,即劳动者的劳动价值观及职业道德,如劳动动机、劳动态度、劳动责任心等。一个国家或地区的人力资源质量状况很大程度上由经济发展水平所决定,经济发展水平高,劳动者饮食营养好,受教育程度高,自我发展的机会多,因而形成了较好的劳动素质。此外,一个国家的人力资源质量也在一定程度上受人口遗传、传统文化以及意识形态等因素的影响。

(二) 人力资源管理的来龙去脉

人力资源管理是一个组织或单位中对人的管理。组织或单位中对人的管理,并不是一开始就称之为"人力资源管理",而是有一个历史演变的过程,也就是说,人力资源管理有一个来龙去脉的问题。在国外,近100

---

① 中国教育与人力资源问题报告课题组:《从人口大国迈向人力资源强国》,北京:高等教育出版社2003年版,第273页。

多年来,随着时代环境、管理对象、管理内容的变化,对人的管理的称谓,经历了从劳工管理到人事管理、再由人事管理到人力资源管理的发展历程,20世纪90年代以来,又出现了从人力资源管理走向战略人力资源管理的发展趋势(见表1-1)。

表1-1 国外对人的管理的概念演变

发展阶段 时代条件	劳工管理	人事管理	人力资源管理	战略人力资源管理
流行时期	20世纪30年代前	30～70年代	70～90年代	90年代后期之后
时代背景	工业经济	工业经济	从工业经济走向知识经济	知识经济
管理对象	体力雇工	体力和脑力雇员	脑力和体力雇员	知识员工
管理内容	监督与惩罚	形成以职位与管理本位的完整制度	人本主义	形成以人本主义与战略联盟为内涵的制度

1. 劳工管理

20世纪30年代前的企业界,对人的管理称为劳工管理(Labor Management)。在劳工管理时期,企业组织的规模比较小,按照当今的标准来衡量,都属于小企业一类的经营组织,企业组织中的员工绝大部分是体力劳动者,体力劳动者与脑力劳动者的比例为9比1。由于组织规模小,所有权与经营权没有完全分离,没有形成现在意义上的管理层,在经营者与体力雇员之间只有一些监督雇员劳动的监工。企业对体力劳动者的管理主要是三方面的内容:制定约束雇员的劳动行为规范;由监工对雇员的劳动实施监督;对违反劳动行为规范者进行惩罚。在劳工管理时期,尽管存在对雇员的"三位一体"的管理活动,但尚未形成一套完整的制度。

2. 人事管理

人事管理(Personnel Management)概念产生于第一次世界大战期间,但逐渐成为一门系统化的管理知识和成为一种对人管理的实践模式,却是在20世纪30年代之后。20世纪30～70年代期间,基本上仍处于工业经济年代,这一时期企业组织中体力雇员与脑力雇员的比例大体是6

比4。人事管理阶段的特点是,随着企业组织规模的迅速扩大和管理层队伍的出现,对雇员管理的范围扩展到人事计划、工作分析、招聘、培训、考核、奖惩、薪酬及福利等诸多环节或方面,形成一套职位本位、工作本位、管理本位的完整人事管理制度。这一套完整人事管理制度之所以称之为职位本位、工作本位、管理本位的人事管理,是因为职位、工作、管理成为人事制度的核心法则,它与后阶段的体现人本主义的人力资源管理和战略人力资源管理形成实质性区别。

3. 人力资源管理

20世纪70年代末,人事管理开始走向人力资源管理(Human Resource Management,HRM),推进这一重大转变的时代条件是:工业经济向知识经济转型;越来越多的组织中,脑力工作者人数超过了体力劳动者,在90年代的美国,脑力工作者与体力劳动者的比例达到7比3;劳动者尤其是脑力工作者或知识员工,在创造社会财富、推动社会进步、促进组织事业发展中所发挥的重要作用日益彰显,人力资源被看作是第一资源。从人事管理到人力资源管理,可以夸张地认为是对人管理演变中的一次革命性变革。其历史意义不在于管理术语的变换,而在于它所产生的管理理念、管理法则、管理制度等结构性变化。

4. 战略人力资源管理

早在1981年,美国的3位学者在《组织动力学》杂志上发表了"人力资源管理:一种战略面向"一文,提出了战略人力资源管理(Strategic Human Resource Management,SHRM)的理念。20世纪90年代后期之后,战略人力资源管理快速地在美国等发达国家流行起来,近几年也在我国管理学界成为一个时髦的新术语。目前,尽管在战略人力资源管理的命题下,提出了许多新口号,如人才主权、尊重管理、弹性管理、赞扬管理、全面报酬等,但在学术领域,战略人力资源管理尚未形成成熟、完整的知识体系,其实践模式也有待于不断探索。笔者认为,战略人力资源管理至少包含三方面的核心内容:一是在人力资源管理中体现以人为本,实行人本主义的制度安排,这一点与人力资源管理的要义一致;二是强调战略联盟和伙伴关系,即人力资源管理对接、服务于组织的发展战略,人力资源管理部门与业务部门形成共同致力于实现组织目标的伙伴关系;三是提升人力资源管理在组织发展中的价值。

(三) 人力资源管理的要义及职能

国内外学者对人力资源管理的基本含义作过许多界定。劳埃德·拜厄斯(Lioyd Byars)等人在《人力资源管理》一书中认为,"人力资源管理包括那些用来提供和协调组织中的人力资源的活动。"①R·韦恩·蒙迪(R. Wayne Mondy)等人,把人力资源管理定义为"利用人力资源实现组织目标的管理活动"②。雷蒙德·A·诺伊(Raymond A. Noe)等学者在《人力资源管理:赢得竞争优势》一书中,把人力资源管理定义为"对员工的行为、态度以及绩效产生影响的各种政策、管理实践以及制度的总称"③。国内学者赵曙明认为,"所谓人力资源管理,主要指的是对人力这一特殊资源进行有效开发、合理利用和科学管理。"④萧鸣政在其主编的《人力资源开发与管理——在公共组织中的应用》一书中,列举了国内学者对人力资源管理的10种解释,认为这些定义分别从"过程揭示论、目的揭示论、现象揭示论、综合揭示论"等角度揭示了人力资源管理的基本含义⑤。该书对人力资源管理含义做了比较详细的解说:"今天的人力资源管理,是超越昨天人事管理的一种新思想与新观点。人力资源管理是从经济学的角度来指导和进行的人事管理活动,即人力资源管理,是在经济学与人本思想指导下,通过招聘、甄选、培训、绩效考评、合同管理与薪资报酬等管理形式对组织内外相关人力资源进行有效运用,满足组织当前及未来发展的需要,保证组织目标实现与成员发展最大化。"⑥

根据人力资源管理区别于人事管理的应有内涵和人力资源管理的实践内容,吸收战略人力资源管理的先进理念,同时综合以上各种定义观,我们把人力资源管理的基本含义概括为:人力资源管理是基于人本主义和实现组织目标而对组织内人力资源进行有效地规划、配置、开发、使用的制度、政策以及管理行为的统称。

人力资源管理体现于一系列职能。美国人力资源管理学会(The Society for Human Resource Management, SHRM)曾归纳出6种人力资源管理职能:① 人力资源规划、招募和选择;② 人力资源开发;③ 报酬和福利;④ 安全和健康;⑤ 员工和劳动关系;⑥ 人力资源研究⑦。与此相似,雷蒙德·A·诺

---

① 〔美〕劳埃德·拜厄斯等著:《人力资源管理》(英文第6版),北京:华夏出版社2002年版,第3页。
② 〔美〕R·韦恩·蒙迪等著:《人力资源管理》(英文第6版),北京:经济科学出版社1998年版,第4页。
③ 〔美〕雷蒙德·A·诺伊等著:《人力资源管理:赢得竞争优势》(英文第5版),北京:中国人民大学出版社2005年版,第4页。
④ 赵曙明著:《人力资源管理》,北京:中国人民大学出版社2001年版,第15页。
⑤ 萧鸣政主编:《人力资源开发与管理——在公共组织中的应用》,北京:北京大学出版社2005年版,第16～17页。
⑥ 同上书,第17页。
⑦ 转引自〔美〕劳埃德·拜厄斯等著:《人力资源管理》(英文第6版),北京:华夏出版社2000年版,第4～5页。

伊等学者在《人力资源管理：赢得竞争优势》一书中，列出了多个方面的人力资源管理职能，即雇佣与招募、培训与开发、薪酬、福利、员工服务、员工关系与社区关系、人事记录、健康与安全、战略规划①。按照人力资源管理活动服务于组织目标的价值大小，各种人力资源管理职能可以区分为三大层次，也就是战略性职能、常规性职能、事务性职能，各层次职能又包含系列职责（见表1-2）。在三大层次职能中，战略性职能对成就组织发展目标具有更大的价值，事务性职能的价值则很小。常规性职能是组织人力资源管理的必要环节，包括人力资源规划（HR Planning）、工作分析（Job Analysis）、招聘（Employment）、培训与开发（Training & Development）、绩效评估（Performance Appraisal）、薪酬与福利（Salary & Benefit）、员工关系（Employee Relations）等。现阶段，国内外绝大部分人力资源管理教材或著作，其知识体系都是以常规职能的主要环节为主体框架，常规职能的这些环节也是各类组织人力资源管理实践的主要内容。

表1-2 人力资源管理的层次、职能及其主要职责

三大层次职能		主 要 职 责
战 略 性 职 能		战略规划、伙伴关系、变革管理、文化管理
常 规 性 职 能	人力资源计划	预测人力资源需求、制定人力资源计划
	工作分析	调查工作的特征、制定职位说明书
	招聘	招募、面试、测试、任用、调配
	培训与开发	分析培训需求、实施培训活动
	绩效评估	确定绩效目标、实施绩效评估、采取改进绩效措施
	薪酬与福利	制订薪酬方案、进行薪酬管理、提供福利项目
	员工关系	劳动关系、员工沟通、员工满意度、奖惩
	安全与健康	安全防范、劳动保护、健康维护
事务性职能		人力资源信息的记录、更改、统计等

① 〔美〕雷蒙德·A·诺伊等著：《人力资源管理：赢得竞争优势》（英文第5版），北京：中国人民大学出版社2005年版，第5页。

二、公共部门人力资源管理

（一）公共部门概念的界说

论述公共部门人力资源管理时有必要对公共部门这一概念本身作出解说性界定。因为尽管人们频繁地使用公共部门概念，近些年来又越来越多地出现公共部门人力资源管理的提法，高等院校的学者们为了应对公共管理专业和MPA的教学需要而编著出版了一批以公共部门人力资源管理命名的教材及著作，但是，人们在使用公共部门概念和公共部门人力资源管理命题时，非专业人士并不都确切地明了它们应有的含义及适用范围，学者等专业人士对它们的含义及适用范围也存在不完全一致的认知。

在国外，主要有政府、企业、非营利性组织3类组织。企业绝大部分属于私营性质，非营利性组织亦称非政府组织（NGO）或第三部门（the Third Sectors），其所有制性质由于资金来源多元化而难以界定。例如，美国的非营利性组织的资金来源于政府的项目拨款、服务收费、慈善组织及个人捐款三大渠道，其中，政府的项目拨款约占36%，服务收费约占54%，慈善组织及个人捐款约占10%。因此，国外的公共部门主要是指行使公共权力的政府，它相对于私营部门而言，国外的公共部门的人事管理或人力资源管理通常是指公务员管理。据我们在亚马逊英文网上书店所进行的在线搜索，国外的公共部门的人事管理或人力资源管理的著作和教材，几乎都是论述政府系统的公务员管理。唯一例外的是由美国公共管理学者派恩斯（Joan. E. Pynes）所撰写的《公共和非营利性组织的人力资源管理》一书。该书在序言中谈到，在美国，"近来，公共事务和行政管理学院全国联合会重新定义了'公共行政管理'中'公共'一词的含义，这使得该词的含义也包括了非营利性领域。……公共行政管理领域内的实践者和研究人员已经越来越关注非营利性机构的管理。尽管许多公共行政管理课程都增加了非营利性领域管理的内容，但目前还没有一本公共人事的教科书是阐述非营利性领域内问题的。"[1]这说明，美国等国家基于研究传统仍把公共部门主要认定为政府系统，只是开始逐步把非营利性组织纳入公共部门的视野。

在我国，现阶段主要有国家机关、事业单位、企业以及还处在发育过程中

---

[1] 〔美〕Joan. E. Pynes 著：《公共和非营利性组织的人力资源管理》（1997年英文版），北京：清华大学出版社2002年版，第XI页。

的非营利性组织4类。对于公共部门应该包含那些部门或组织,国内学者有不同的看法,概括起来主要有两种观点。

一种观点认为,公共部门相对于作为非公共部门的企业而言,公共部门主要包括政府部门和非营利性组织两大类。《人力资源开发与管理——在公共组织中的应用》一书的作者认为,"在现代社会中,公共领域和非公共领域成为社会管理的两大基本领域。在公共领域,代表社会公共利益、承担社会公共事务的政府和非政府组织是主要组织形式,其运行遵循着公共生活的制度和规则。在非公共领域,企业构成其主要组织形式,作为市场主体,其运行遵循着市场的制度和规则。按照这两大领域及其主体组织形式,我们可以把人力资源的管理划分为公共部门人力资源管理和企业人力资源管理两大类型。"①同样,有的学者主张,"公共部门应该既包括'纯粹的'公共部门即政府组织,也包括'准'公共部门即第三部门。"第三部门之所以被归入公共部门的主要原因在于:"第三部门主要是一些从事公益事业的组织,其生产或活动的基本目标是②公益性,即为公共利益服务,这与政府组织即'纯粹的'公共部门的目标是一致的";"第三部门为社会提供的产品也往往是一种公共物品或'准'公共物品,这与政府为社会所提供的物品是一致的,至少基本是一致的";"第三部门的投资主体或提供资源的主体也主要是政府";"第三部门的'非营利性'与政府组织以'公共利益'作为行为价值取向的目标或原则是一致的,即都是以一种'公益人'而非'经济人'的面貌出现的"。因此,"第三部门很难被归入私人企业部门或竞争性工商部门,尽管它不属于'纯粹的'公共部门,将它称之为'准'公共部门是合理的。"

另一种观点认为,公共部门相对于私营部门而言,私营部门除政府部门和非营利性组织两大类外还应包括事业单位和国有企业。《公共部门人力资源开发与管理》一书的作者认为,"公共部门(Public Sectors)是指在社会生活中相对于私营部门(Private Sectors)而存在的,旨在提供公共产品和公共服务,以谋求公共利益和普遍福利的一套组织体系。""在广义上,它既包括依靠国家财政运转的国家政权组织,尤其是管理社会公共事务的行政组织,同时也包括由政府直接投资,在所有制形式上属于国有的公营企业、公立学校、公立医院与相当数量的得到行政授权,并依靠国

---

① 萧鸣政主编:《人力资源开发与管理——在公共组织中的应用》,北京:北京大学出版社2005年版,第37页。
② 胡象明:"关于公共部门的界定与公共管理学的研究范围——兼谈公共管理学与行政管理学的关系",http://www.lunwencn.com/Study/Article_634.htm。

家财政运转的机构或公共事业性组织等。"①《公共部门人力资源管理》一书的作者也认为，"公共部门人力资源主要是指在政府组织、国有企事业单位中的各类工作人员的总和。"②

我们认为，公共部门是相对于企业或私营部门而言的组织类概念。在我国现阶段，国家机关、事业单位、企业以及还处在发育过程中的非营利性组织这4类组织中，国家机关和事业单位属于公共部门，公共部门相对于企业而言。事业单位是指"国家为了社会公益目的，由国家机关举办或者其他组织利用国有资产举办的，从事教育、科技、文化、卫生等活动的社会服务组织"③。事业单位是在特定历史背景中形成的我国的特有组织，目前以及今后一段时期，我国将对事业单位进行分类改革，其中，有些将会转制成企业组织或实行企业化运作，有些会转变为非营利性组织，至于事业单位完成分类改革后，哪些组织应该排除出公共部门领域，这有待于将来作出新的界定。因此，我国公共部门的对人的管理制度，除了广泛适用于国家机关等组织的公务员制度之外④，还包括事业单位的人事制度。在国外，政府、企业、非营利性组织3类组织中，公共部门主要是指政府，公共部门相对于私营部门或企业而言。我们之所以不把非营利性组织划归为公共部门，基于四方面原因：一是非营利性组织本身的性质比较复杂，很难说它就是公共部门；二是国外的有关公共部门人力资源管理论著中几乎都没有涉及非营利性组织的人力资源管理问题；三是我国的非营利性组织目前还处在发育中，以后发展的情况难以预定；四是绝大部分非营利性组织对人力管理尚未形成系统、完整的制度。根据我们以上对公共部门范围的界定，本书所论述的公共部门人力资源管理，国外是指公务员的管理及其制度，国内是指公务员制度和事业单位对人管理的制度。

（二）人事管理与人力资源管理

如前所述，人事管理与人力资源管理不是两个等同的概念，它们是代表对人管理不同发展阶段的管理术语，这两个术语之间存在着由时代条件所决定的管理理念、管理法则、管理制度等方面的区别。

---

① 孙柏瑛等编著：《公共部门人力资源开发与管理》，北京：中国人民大学出版社2004年版，第8～9页。
② 滕玉成等主编：《公共部门人力资源管理》，北京：中国人民大学出版社2003年版，第13页。
③ 见《事业单位登记管理暂行条例》（1998年10月国务院发布、2004年6月国务院修订）第二条，新华网http://news.xinhuanet.com/zhengfu/。
④ 2005年4月颁布的公务员法规定，"公务员，是指依法履行公职、纳入国家行政编制、由国家财政负担工资福利的工作人员。"按照这一规定，公务员包括国家党政机关、人大、政协、民主党派以及其他一些社会团体的工作人员。

人力资源管理与人事管理之间包含若干方面的区别。

其一,从以"事"为中心转变为以"人"为中心。工业化时代的人事管理,由于强调效率至上的科学管理传统,实行的是一种工作本位、职位本位、管理本位的制度安排,反映的是一种"物本主义"的管理理念,劳动者在组织劳动中处于受支配地位;人力资源管理尽管也强调组织的管理绩效,但提出了"人本主义"的新理念,在对人的管理中更多地关注人的问题,工作者在组织工作中开始处于被关怀的对象,也有了一些在工作中决定自己行为的自主权。

其二,从视人为"成本"转变为视人为"资源"。人事管理往往把组织中的人仅仅看作是一种成本,因为招聘、薪酬、福利、培训等需要成本支出,因此,在管理过程中专注于控制人力成本;人力资源管理更注重把组织中的人看作是一种可以开发、能够带来收益的资源,着眼于通过招募、职业生涯规划、培训、奖励等人力资源投资和激励,使人力资源产生更大的收益。

其三,从服务于"组织"目标转变为同时兼顾"个人"发展。在人事管理时代,组织招聘员工的目的只是为了实现组织的目标,如维系组织的正常运作、达到组织的事业发展目标等,并不考虑或很少考虑员工的发展,认为员工个人发展是员工本人的事情;人力资源管理在招聘和使用员工时,强调组织与员工的"双赢",即在满足组织需要、实现组织目标的同时,满足员工需求、实现员工个人的发展目标。

其四,从控制式、程式化、划一管理转变为开发式、人性化、个性化管理。人事管理奉行管理本位,而管理又意味着控制,这种控制的方式是设计出统一的制度范式,按照千篇一律的规则和程序进行管理;人力资源管理强调管理是一种资源和能力的开发,对人的开发式管理应该体现人本主义精神,并且应该根据不同部门、不同层级的情况进行殊异化管理,针对不同员工的情况进行个性化管理。

当然,以上对人力资源管理与人事管理之间的区别的概括,不可能全面或周全,人们还可以从不同角度比较出其他种种不同之处。另外,人力资源管理与人事管理之间的区别没有绝对意义。在管理实践中,人力资源管理与人事管理相互之间一定程度上存在一些你中有我、我中有你的现象,因为事物的发展总是具有渐进特点,总是体现出传承与重新的统一。

从20世纪70年代末开始,发达国家的人事管理逐步走向人力资源管理,90年代后期,又出现了向战略人力资源管理发展的趋势。在我国,90年代初以来,企业界尤其是外商投资企业和民营企业,纷纷由人事管理转向人力资源管理。但在与传统干部人事制度存在直接姻缘关系的国家机关和事业单位,也就是公共部门系统,就总体来评判,至今很大程度上还处在人事管理阶段,其管理理念、管理方式、管理模式还没有发生大的变化,甚至连管人部门的名称仍然叫人事处或人事科。按照这一现状,严格地说,我国公共部门对人的管理应该称公共部门人事管理,而不宜称公共部门人力资源管理。

尽管如此,本书还是命名为公共部门人力资源管理。其一方面原因是,本书的书名由出版社预先给定,国内已经出版的同类书都叫公共部门人力资源管理(这或许是一种时髦);另一方面的原因在于,我国公共部门人事管理正在或即将开始走向人力资源管理(至少我们期望应该如此),本书愿意用公共部门人力资源管理命名,既表示我们想用这一命题来阐述公共部门人事管理应该如何的"应然"状态,也表示我们对公共部门人事管理走向人力资源管理的期望。

第二节 我国人事制度的传统与发展

我国公共部门的人事管理或人力资源管理,即公务员制度和事业单位的人事制度,就历史渊源来说,是由传统的大一统人事制度演变而来;就其现状来看,仍然属于整体人事制度的组成部分,而且是人事制度的主体部分。因此,在论述公共部门人事管理或人力资源管理问题时,有必要先了解我国整个人事制度的发展历程。

一、传统人事制度的形成

我们所说的传统人事制度,相对于经过改革之后的人事制度而言,是指与计划经济体制相适应的大一统人事制度。从制度来源上追溯,与计划经济体制相适应的人事制度是由中华人民共和国建国前的革命根据地人事制度的基础上发展而来。

革命根据地的人事工作起始于第二次国内革命战争时期即革命根据地初创时期。1927年至1930年,中国共产党组建了自己的武装力量,开辟了革命根据地,并在革命根据地建立起地方革命政权。1931年,在各革命根据地建立起地方革命政权的基础上,成立了中华苏维埃共和国中央政府。中央政府由苏维埃代表大会、人民委员会和最高法院等机关组成,其中,人民委员会为中央政府的行政机关，下设外交、劳动、土地、军事、财政、国民经济、粮食、教育、内政、司法等各行政部。以党政军为主体的革命阵营形成后，就有一个革命队伍的人事管理问题，而且，根据地的生产活动也需要进行劳动管理，由此开始了革命根据地的人事管理活动。

起始于革命根据地初创时期的人事活动到抗日战争时期初步形成了较为完整的制度。1939年至1942年，中共中央和军队总政治部下发了10多个有关干部工作原则、干部管理机构、干部管理方法的文件，分别就干部的选拔、审查、教育、调任、晋升等问题作出了规定。1940年，中共中央下达的文件规定，党委以上一级党组织的组织部和军队团政治处以上的政治部门中，设立负责干部选拔、调任和审查的干部科；各级党委和军队的政治部的宣传部中，设立负责干部教育工作的教育科。在干部教育培训基地建设方面，1937年成立了抗日军政大学，1941年又成立了延安大学，此外，还开办了一些党校和短期培训班。这一批人事文件的颁发、管理机构的设立和培训基地的组建等，标志着革命根据地的人事制度在这一时期基本定型。

革命根据地的人事制度具有与革命战争环境和革命任务相适应的特点。其主要特点是：① 确定了党管干部的原则，所有干部由党的组织部和军队政治部管理；② 干部管理实行党政军三位一体，党组织、政权组织及军队组织的干部可以相互兼任和调任，并按单一的模式进行统一管理；③ 干部管理体制高度集中，人事权由党组织统一掌握，人事决定权尤其是重大人事决定权由党中央行使；④ 人事管理方法带有党组织化和军队化的色彩，任命制为干部任用的主要方式，人事工作中严格实行下级服从上级的组织原则；⑤ 干部人事工作以党的文件为规范，各级党组织按照党中央制定的方针政策进行干部管理；⑥ 干部的报酬待遇上实行供给制。在革命战争年代，为了实现夺取政权这一革命目标，革命根据地的人事制度必然具有上述特点。

中华人民共和国成立后，革命根据地时期的人事制度在新的历史条件下进一步得到发展，全国范围内，从中央、地方到基层，补充了大批领导人员和管理人员；从经济领域到科教文卫领域，充实了各方面的专业技术人员，领导人员、管理人员、专业技术人员以及普通工人等各层次各类别的人力资源纳入了全国统一的管理体系。这一全国统一的人力资源体系分为两大系统，一是从事脑力劳动的干部系统，包括领导人员、管理人员和专业技术人员等；二是从事体力劳动的工人系统。

1949年至1957年中，党和国家以条例、规定、决定、通知形式，陆续颁布了一批人事文件和法规，从而在人事管理的若干方面形成了规范化的制度。

① 在干部任免方面,1951年颁布了《中央人民政府任免国家机关工作人员暂行条例》;1953年和1954年,中央组织部先后发出《关于政府干部任免手续的通知》和《关于干部任免审批工作中若干具体问题的通知》;1957年,国务院颁发了《国务院任免行政人员办法》,国家主席发布了《县级以上人民委员会任免国家机关工作人员条例》。这些文件和法规,对任免国家机关工作人员的主管机构、程序和审批手续等问题作了规定。② 在干部鉴定考察方面,1949年11月,中央组织部颁发了《关于干部鉴定工作的规定》,就干部鉴定的内容和方法作了规定。③ 在干部教育培训方面,中共中央在1950年发出了《关于在职干部学习问题的通知》;1951年作出了《关于加强理论教育的决定(草案)》,1953年发出了《关于加强干部文化教育工作的指示》,1954年制定了《关于轮训全党高、中级干部和调整党校的计划》,1956年又发出了《关于制定干部训练工作规划的通知》。在这些文件的规划和指导下,形成了以党校和干校为主要基地的干部教育培训网络,并开展了以补习文化知识和学习政治理论为主要内容的干部教育活动。④ 在干部奖惩方面,1952年颁布了《国家机关工作人员奖惩暂行条例》,1957年国务院又颁布了《关于国家行政机关工作人员的奖惩暂行规定》,从而使奖惩工作形成制度。⑤ 在干部报酬方面,1955年国务院发布了《关于国家机关工作人员全部实行工资制和改行货币工资制的命令》,开始实行按货币工资标准的职务等级工资制。⑥ 在干部退休退职方面,1955年国务院颁布了《国家机关工作人员退休处理暂行规定》和《国家机关工作人员退职处理暂行办法》,在法律上确定了国家干部的退休退职制度。⑦ 在干部管理体制上,1953年,中共中央作出《关于加强干部管理工作的决定》,规定干部由中央和地方党组织分级管理,即中央和地方各级党组织分别管理下两级机构中的领导干部,由此使党管干部的原则成为定型的制度。

到1957年,在计划经济体制初步形成的同时,由革命根据地人事制度发展而来的传统人事制度也基本成型。此后,直至1977年,这一传统人事制度除了作过一些局部的补充及调整、逐步发展得更为完备之外,并没有出现过重大的结构性变化。笔者认为,与计划经济体制同时成型的传统人事制度,除个别方面外,如供给制改为货币工资制等,总体上并未突破革命根据地人事制度的框架,革命根据地时期的人事制度的许多特点,同样包含于传统人事制度之中。而包含革命根据地人事制度许多特点的传统人事制度,之所以在建国后的和平建设时期能够实行,这又与同时形成的计划经济体制相关,因为计划经济体制与革命战争年代的军事共产主义有着相通之处,如强调集中统一等。总之,1957年基本成型的我国传统人事制度,是由革命根据地时期人事制度发展而来的并与计划经济体制相依存的人事制度。

二、传统人事制度的弊端

传统人事制度在新中国建立后至1966年的特定历史时期发挥了特有的作用,它作为一种与计划经济体制相适应的人事管理模式,在这一历史时期促进了社会主义计划经济和各项事业的发展。但按照现代人力资源管理理论来分析,这种具有历史合理性的人事管理制度存在许多弊端。这些弊端在20世纪60年代中期已逐渐显露出来,到了70年代末之后已显现得十分明显。

其一,人力资源缺乏合理的分类。在传统的人事制度下,所有城镇就业人员称之为职工,然后根据是否从事脑力劳动或是否脱产这一标准,把职工划归为两大系统,凡是从事脑力劳动、脱产的人员为干部;而从事体力劳动或在一线生产岗位上劳动的人员为工人。干部系统由政府的人事部门统一管理,其中,担任领导职务的干部由党组织管理,管理干部的体制称之为干部人事制度。工人系统由政府劳动部门统一管理,其管理体制又称之为劳动人事制度。在干部与工人这两大人力资源系统中不存在管理意义上的分类。干部系统包含各种工作性质和特点不同的人员,各级国家机关、党群机关的领导人员及行政人员、各企事业单位的领导人员及管理人员、各种专业技术人员等都属于干部,教师、医生、演员、体育运动员也都被列为干部编制,甚至连寺庙的主持也具有干部身份。干部人数多达两三千万,范围十分宽广,内含成分多、杂,但在管理上不作分类。人力资源及干部概念的大一统这一结构性缺陷,在人事管理的实践中衍生出其他诸多弊端,不利于人力资源管理的科学化。

其二,人力资源配置实行计划化。在传统人事制度下,人力资源如同其他资源一样,按照国家的行政计划实行"统包统配"式调配。国家包揽劳动者的一切就业机会,干部由国家按计划统一配置,大中专毕业生按国家计划统一派遣,所有在职干部都由组织统一调动;工人由企事业单位按国家计划指标进行定向招收。在这种体制中,劳动者就业只能被动地服从国家计划的分配,听从组织的安排,没有自主择业权,就业后也不能自主流动。由于由人制定的国家计划不可能周全、细致地包罗一切,而且人的主观认识有可能偏离客观现实,因此,人力资源计划分配不可能实现劳动力的优化配置,往往造成人才积压与人才短缺并存的矛盾状况,产生专业人才学非所用的现象,进而造成人力资源的浪费。

其三,人事管理权力过分集中。权力过分集中是计划经济体制以及与之相协调的整个管理体制的基本特征,这一特征同样存在于传统人事制度之中。主要表现在两大方面:一是人事权力的横向分布形态上过分集中于党组织系统。国家机关和企事业单位的领导人员事实上都由党组织任免和管理,因而使国家机关(尤其是国家权力机关)在领导人员的任免上未能实际行使或充分行使法定的权力,使企事业单位的职工未能有效地通过职工代表大会行使任免本单位领导人员的民主权利。二是人事权力的纵向分布形态上过分集中于上级机关和政府部门。过分集中于上级机关是指一级机构缺乏行使职能所需要的人事权力;过分集中于政府部门是指企事业单位的人事权大多集中在其政府主管部门。一级机构或企事业单位在本组织的人事管理中缺乏必要的人事自主权,由此不可避免地产生由于"管权与管人分离"所造成的人事工作中的官僚主义现象。

其四,人事管理模式单一化。传统干部人事制度中的干部体系大一统必然导致干部管理模式的单一化。在干部人事管理中,无论是国家权力机关、行政机关、司法机关的干部,还是企事业单位以至群众组织的干部,几乎都是按照一种模式进行统一化管理。所有干部都由党组织或政府部门统一调配调任,除宪法和组织法规定须由国家权力机关选举产生的领导人员外,其他干部近乎都以正式或变相的委任方式加以任用。所有干部统一套用1956年形成的行政级别和职务等级工资制,所有干部统一适用各项人事政策。这种单一化人力资源管理模式以及由此产生的"一刀切"做法,掩盖了不同组织和不同劳动者在法律地位及工作性质上的殊异性,不符合法制化和科学化需求,而且在实际管理中引发了许多矛盾和问题。

其五,人事制度及管理行为封闭化。传统人事制度及管理行为的封闭性表现在诸多方面:一是干部与工人两大人事系统之间相互开放度低,工人身份者难以进入干部队伍,干部队伍能进不能出;二是干部系统各层级之间上下流动性差,领导干部能上不能下;三是全民所有制与集体所有制企业的职工横向流动性差,集体所有制企业职工难以调入全民所有制企业;四是领导干部的选拔和任用"内定性"强,公开化和透明度低;五是考核等人力资源管理环节的人事行为神秘色彩浓厚。

其六,福利分配国家化和单位化。计划经济体制下,形成了一种"国家—单位—个人"一体化的结构和"政府管单位"、"单位管个人"、"单位办社会"的体制。所有职工以工作关系为纽带归属或依附于国家机关、企业、事业等单位,单位以被管理者的身份隶属于国家及其政府部门,人成为单位人、单位成为国家单位。国家及其作为其管理机构的政府,计划一切、管理一切和包办一切，包括用国家财政包揽全社会职工的福利分配，这就是福利分配国家化。从事物质生产的企业、发展社会各项事业的事业单位以及其他单位又代表政府包揽单位职工的一切，出现了"单位办社会"的单位体制，所有职工的福利项目，如永久就业的工作保障、退休、医疗、住房、子女入学、食堂、文化娱乐场所等，都由单位来提供，这就是福利分配单位化，单位也由此成为"小社会"。

此外，传统人事制度还存在其他一些缺陷和弊端。例如，选拔领导干部的"德"的标准过分偏重于政治，而且"德"或政治标准常常包含"左"的色彩，不利于选拔具有真才实学的领导人才；领导干部任用中存在某些"人治"因素，如靠"伯乐"物色人选，凭上级领导个人主观印象选用人才；人事管理中存在论资排辈和压抑人才的现象，缺乏优胜劣汰的竞争机制以及奖优罚劣的功绩主义激励机制；人事管理的法律规范残缺不全，人事规范形式上常常以党的文件代替法律，管理行为法制化程度低，等等。

三、20世纪80～90年代的改革

20世纪80～90年代的改革是中国全面进行现代化建设和逐步展开经济政治体制改革的时期。在这一发展与改革并进的历史阶段，随着经济体制改革的深入发展，政治体制改革的逐步展开，对与经济体制密切相关且本身又可以说是政治体制组成部分的人事体制，持续不断地进行了一系列改革。80～90年代的人事制度改革的内容十分多样、丰富，改革的目标是逐步形成一种与市场经济体制相适应的新型人力资源体制。这里，我们把这20年的人事制度改革的主要内容，以及改革过程所推进的新旧人事制度的转型，概括为四大方面加以论述。

一是改革人力资源计划配置体制，实行多种就业方式和招用形式，人力资源配置方式由计划型向市场型转变。1980年8月召开的全国劳动就业会议最先突破人力资源计划配置体制，提出了"三结合"就业方针，即在"国家统筹规划和指导下，实行劳动部门介绍就业、自愿组织起来就业和自谋职业相结合"。此后，国家统包统配的就业范围步步缩小，至90年代末，除了退役军人以及征地农民等极少部分人员外，其他劳动者都需要通过人力资源市场谋求就业。

人力资源的招用形式上，缩小委任制适用范围，采用了考任制和聘用制等新的劳动力招用形式。1982年劳动人事部颁布《吸收录用干部问题的若干规定》，提出通过公开考试形式任用干部，由此，国家机关和企事业单位的用人

制度开始脱离完全由国家计划的轨道,直接面向社会,以公开的竞争性考试为选拔手段,从社会中吸收包括领导人才在内的人力资源。劳动者就业后实行聘用制。企业界从20世纪80年代初就开始对从社会上新招用的工人试行"能进能出"的劳动合同制,1986年国务院颁布有关改革企业用工制度的《国营企业实行劳动合同制暂行规定》后,劳动合同制正式在企业中推开。80年代末和90年代初之后,改革企业固定工制度的全员劳动合同制开始逐步推行,科教文卫系统的事业单位则推行专业技术职称的聘任制和干部聘任制。

与此同时,全国各地陆续建立起各层次各类别的人力资源市场。1994年,中组部和人事部下发了《加快培育和发展人才市场的意见》。同年,沈阳、天津、上海3个国家级区域性人才市场相继建立。此后,大大小小的各种各样人力资源市场在全国各地雨后春笋般地大量出现。例如,在上海,到90年代末,就已经建立了各区县、各部门、各大型企事业单位的人才交流机构50多家,还不包括各种职业介绍中心或职业介绍所等劳务市场。此外,为了规范人力资源市场行为及运行规则,人事部于1996年颁布了《人才市场管理暂行条例》。

二是改革大一统的人事管理体制,人事管理的权力形态由集中型转变为分散型,人事管理模式由一元型转变为多元型。随着经济体制改革的发展和政治体制改革的推行,传统集中型人事权力形态在外移和下放的调整中逐步趋向于分散型均衡状态。1984年,本着"管少、管好、管活"的原则,中央组织部修订了《中共中央管理的干部职务名称表》,对党管领导干部的体制作了改革,下放了领导干部管理权限,把1953年确定的下管两级体制改为下管一级,即中央和地方党组织分别只管下一级机构中的领导干部。同时,经济体制改革过程中,为了使政企分开,扩大企业自主权,政府主管部门开始把企业管理所需要的人事权下放给企业。国务院1984年颁发的《关于进一步扩大国营企业自主权的暂行规定》,明确了企业有权确定职工编制,厂长有权提名副厂长和任免中层干部,企业有权从社会上招聘专业技术人员,有权对本企业人员进行奖励和惩处,有权决定适合本企业的工资形式及奖励方式。80年代中期之后,随着政事分开问题的提出,事业单位的人事自主权也在逐步扩大。

针对传统人事制度中的干部体系大一统以及由此所导致的管理模式单一化这一结构性缺陷,中国共产党在"十三大"政治报告的对政治体制改革阐述中,确定了以建立科学的分类管理体制为目标的人事管理制度改革主题思路,即按照党政分工、政企分开、政事分开的原则,国家权力机关、国家行政机关、国家司法机关和企事业组织等分别形成与机构或组织特点相适应的人事管理制度。1993年8月颁布了《国家公务员暂行条例》后,这标志着我国开始实施国家公务员制度。到1998年,各级国家行政机关基本完成国家公务员制度的实施工作。与此同时,国家司法机关着手建设法官制度和检察官制度;企业在改制中逐步建立起与现代企业制度相适应的人力资源管理制度;事业单位人事制度改革的总体设想和改革方案也在酝酿之中。

三是改革平均主义的收入分配制度,工资制度由单一型转变为多样型,福利制度由单位型转变为社会型。从1949年建国到1955年,我国先后实行过供给制和工资分制这两种报酬制度。1955年国务院发布《关于国家机关工作人员全部实行工资制和改行货币制的决定》,1956年国务院作出《关于工资改革的决定》,由此建立起了以职务等级工资制为主要内容的货币工资制:在所有国家机关和企事业单位中,行政人员即干部实行30级的行政职务等级工资制,工程技术人员实行18级等级工资制,工人实行8级工资制。1985年对带有平均主义色彩的单一型职务等级工资制进行了结构性重大改革。1985年的工资制度改革主要在两大块展开,一大块是国家机关和事业单位,废除了1956年形成的职务等级工资制,推行以基础工资、职务工资、工龄津贴、奖励工资4部分组成的结构工资制;另一大块是企业单位,企业工资制度与国家机关及事业单位的工资制度脱钩,实行企业工资总额与企业效益挂钩,在这一基础上,企业可以自主决定内部的工资分配制度。1993年又对工资制度进行了重大改革,其主要内容是:企业实行"市场决定工资、企业自主分配、国家监督调控"的工资制度模式;国家行政机关实行由基本工资、奖励性工资、津贴性工资三部分组成的职级工资制。此外,事业单位的工资制度也开始与国家行政机关分离,按照全额拨款事业单位、差额拨款事业单位、自收自支事业单位3种类型,实行与各类事业单位性质和行业特点相适应的多元化工资模式。

与此同时,对国家化和单位化福利分配制度进行了全面而系统的改革,逐步形成了社会化的社会保险制度。20世纪80年代,我国开始研究由社会保险、社会福利、社会救济以及优抚工作等内容构成的社会保障体系的建构问题,制定了某些保险制度的法规,并在局部范围进行社会保险改革的试点工作。例如,1986年,国务院颁布了《国营企业职工待业保险暂行规定》;同年,国务院颁布的《国营企业实行劳动合同制暂行规定》,对劳动合同制职工的养老保险办法做了具体规定;1988年,卫生部等国务院有关部委开始研究医疗制度改革问题;同年,工伤保险改革工作在海南等省的某些地区开始试点。20世纪90年代,以社会保险为主体内容的社会保障体系进入制度规范和实施阶段。1991年国务院颁发《关于企业职工养老保险制度改革的决定》,1995年国务院下发《关于深化企业职工养老保险制度改革的通知》,1997年国务院颁发《关于建立统一的企业职工基本养老保险制度的决定》,由此,养老保险制度初步形成;1993年国务院颁布《国营企业待业保险规定》,1999年国务院正式颁布《失业保险条例规定》,标志着失业保险制度成形;1993年国务院下发《关于职工医疗保险制度改革试点的意见》,1998年国务院颁发《关于建立城镇职工基本医疗保险制度的决定》,标志着医疗保险制度的改革进入了一个新的阶段。

四是转变政府管理人力资源的职能,改革政府管理人力资源的方式,政府管理行为由微观型转变为宏观型。传统人事制度下,政府业务主管部门和政府人事部门,往往以行政手段直接管理企事业单位各项具体人事活动,企事业单位几乎没有任何人事管理的自主权,甚至连对本单位职工进行行政处分之类的事情也须经政府主管部门批准。政府直接管理和干预,不利于有效开发企事业单位的人力资源,不利于管好管活企事业单位的人事工作。在深化经济体制改革、建设社会主义市场经济体制、推进政治体制改革以及行政体制改革过程中,按照简政放权和政企分开、政社(社会)分开的原则,政府业务主管部门在转变职能、下放权力中,把原来包揽下来的人事管理权还给了企事业单位,不再以行政方式干预企事业单位的人事管理活动。政府人事部门在转变人力资源管理职能中,逐步把有关人力资源配置、开发、使用以及某些管理的职能转交给了市场或社会,同时强化了战略性、政策性、服务性的宏观管理职能,如确定社会人力资源整体开发和人力资源能力建设的战略,拟订人力资源及人才发展的规划,制定人力资源开发、使用、管理的法规,指导、协调、监督各类社会组织的人力资源管理行为,提供社会人力资源统计信息的服务等。

除了上述四大方面的改革外,20世纪80～90年代的人事制度改革还包括其他许多实践内容。1981年中共中央十一届六中全会决议中明确提出了"废除干部领导职务实际上存在的终身制",1982年的机构改革中,通过调整各级领导班子,在全国范围内实现了新老领导干部的历史性交替;20世纪80年代,通过各级党校、各种干部学校、高等院校、"五大"等多种教育基地,大规模地开展全社会性职工培训,大大提高了社会人力资源的整体文化知识素质,90年代,基础性文化知识培训转变为专业培训,即转变为与职业或岗位要求相一致、与职业资格认证或准入制度相配套的专业知识及技能培训;人事管理机制开始由传统重资历向重功绩转变,论资排辈和压抑人才的现象开始被优胜劣汰、奖优罚劣的功绩主义激励机制所取代。人事管理制度的变革也引起观念的转变,传统的不合时宜的观念逐步被抛弃,如重人情轻法制观念、不求有功但求无过观念、工资收入上的平均主义观念、福利国家保障观念、人才单位所有观念,取而代之的是法制观念、竞争观念、多劳多得观念、自主观念、人才社会所有观念等新观念。

四、进入 21 世纪后的改革与发展

如同经济体制改革、市场经济体制建设、政治体制改革一样,人事制度的改革是一个持续不断的长期过程。进入 21 世纪后,我国的人事制度在经历了 20 世纪 80～90 年代改革的基础上,2000 年 8 月,中共中央制定了《2001～2010 年深化干部人事制度改革纲要》;2003 年 12 月,中共中央、国务院作出了《关于进一步加强人才工作的决定》,提出了实施人才强国的战略。这两个重要文件对我国进入 21 世纪后干部人事制度的改革与发展作了比较完整的政策规划。

(一) 深化干部人事制度改革

进入 21 世纪后干部人事制度进一步深化改革的目标模式是:建构一种与社会主义市场经济体制相适应的人事分类管理、市场配置资源、单位自主管理、政府宏观调控的人力资源新体制。2001～2010 年改革的基本目标:一是形成流动、激励、竞争、富有活力的用人制度;二是形成统一、分级管理、有效调控的宏观管理体系;三是形成科学的分类管理体制及各项管理制度;四是健全人事管理法规体系;五是实现人才资源的整体开发与合理配置。

1. 党政干部制度的改革

党政干部制度改革包括党政领导干部选拔任用制度改革、党政领导干部管理制度改革和完善国家公务员制度、法官制度、检察官制度。党政领导干部的选拔任用制度改革中,将完善民主推荐、民意测验、民主评议的制度,推行任前公示制、公开选拔制、任期制、任职试用期制、辞职制等项制度。党政领导干部的管理制度改革中,将完善届中、届末的考核制度,实行培养锻炼性交流、回避性交流、任职期满交流 3 种交流制度,实施干部谈话制度、诫勉制度、回复制度、领导干部报告个人重大事项制度、廉政鉴定制度、任职经济责任审计制度以及组织部门和纪检、监察部门联席会议制度等 7 项监督制度。

2. 国有企业人事制度的改革

国有企业人事制度改革包括国有企业领导人员管理制度的改革和国有企业内部用人制度的改革。国有企业领导人员管理制度改革中,将取消国有企业和企业领导人员的行政级别,研究制定国有企业领导人员享受有关待遇的

相关办法;实行产权代表委任制和公司经理聘任制,即各级政府授权的投资机构及所属企业的产权代表,由政府和投资机构按照法律和有关规定任命,经理由董事会聘任;培育企业经营管理者人才市场,逐步建立企业经营管理人才评价推荐中心等中介机构;健全国有企业领导人员激励机制,研究制定经营管理者收入与企业经营业绩挂钩的具体办法,探索年薪制、持有股权等分配方式;通过党组织监督、职工民主监督和健全监事会、推行财务总监委派、建立重大决策失误追究、实行国有资产经营责任制、国有企业领导人员任期经济责任审计等制度,强化国有企业领导人员监督约束机制。国有企业内部用人制度的改革中,将落实企业用人自主权,完善劳动合同制度,全面推行管理人员和专业技术人员聘任制,按讲实绩、讲贡献、易岗易薪原则改革分配制度。

3. 事业单位人事制度的改革

事业单位人事制度改革的基本思路是:脱钩——实现政事分开、取消事业单位及其领导人员的行政级别;分类——建立适合各类事业单位特点和各类人员岗位特点的分类管理体制;放权——扩大事业单位的人事管理自主权、形成自我约束机制;搞活——注入竞争、激励、高绩效的机制。改革方案主要包括三部分内容。一是建立以聘用制为基础的用人制度。全面推行聘用制度,通过聘用制度转变事业单位的用人机制,实现事业单位人事管理由身份管理向岗位管理转变,由国家用人向单位用人转变,同时,建立解聘、辞聘制度,疏通事业单位人员出口渠道,解决人员能进能出问题;改革事业单位领导人员单一的委任制,实行直接聘任、招标聘任、推选聘任、委任等多种任用形式;建立符合事业单位性质和工作特点的岗位管理制度。二是建立适合科、教、文、卫等各类事业单位特点,符合专业技术人员、管理人员和工勤人员各自岗位要求的管理制度。专业技术人员岗位实行专业技术职务的聘任与岗位聘任统一的制度,管理岗位实行职员制度。三是建立形式多样的分配激励制度。进一步扩大事业单位内部分配的自主权,搞活事业单位的内部分配;探索科技及管理等生产要素参与分配的实现形式,收入分配向优秀人才和关键岗位倾斜,实行一流人才、一流业绩、一流报酬。四是建立符合事业单位特点的宏观人事管理制度。对主要靠财政拨款的事业单位,建立工资调控体系,建立健全各类人员及职务结构比例的宏观管理办法,健全事业单位人员总量的调控体系;健全和完善事业单位人事管理的政策法规体系。

(二) 实施人才强国的战略

在知识经济时代,作为人力资源高质量部分的人才资源,成为推动一个国家或地区社会经济持续发展最重要的资源,这一点已成为各国决策者的共识。

中共中央、国务院作出的《关于进一步加强人才工作的决定》中,把实施人才强国看作是我国全面建设小康社会的一大战略,并对实施人才强国的战略作出了多方面的规划。

1. 以能力建设为核心来加强人才培养

人才资源能力建设是人才资源开发和培养的主题,人才资源能力建设需要加大人才资源开发的投入,优先发展科学教育事业,把我国的人口压力转变为人力资源优势。首先,教育是培养人才的基础,因此,人才资源能力建设,需要按照面向现代化、面向世界、面向未来的要求,在推进教育体制改革和提高教育质量及管理水平的同时,加快构建现代国民教育体系,为社会经济全面发展培养更多高质量的人才。其次,在社会快速变迁、知识折旧率急速上升的现时代,人才资源能力建设,需要通过加强终身教育的规划、优化整合各种教育培训资源、综合运用社会的学习资源、完善广覆盖多层次的教育培训网络,加快构建终身教育体系。同时,人才资源能力建设不仅仅是提高人口的受教育水平和更新知识,其重点还在于培养和提升人的各种实践能力,尤其是学习能力、变革能力、创新能力等当今时代所需要的核心能力。

2. 形成科学的人才评价和使用机制

通过人才评价的改革与创新,转变人才评价中重学历、资历,轻能力、业绩的倾向,从规范职位分类与职业标准入手,建立以业绩为依据,由品德、知识、能力等要素构成的各类人才评价指标体系。改革各类人才评价方式,完善各种人才评价手段,开发应用现代人才测评技术,提高人才评价的科学水平。党政人才的评价重在群众认可。确立群众公认、注重政绩的评价原则,完善民主推荐、民主测评、民主评议制度,制定不同层次、不同类型党政人才的岗位职责规范,建立符合科学的干部政绩考核体系和考核评价标准,完善定期考核和日常考核制度。企业经营管理人才的评价重在市场和出资人认可。发展企业经营管理人才评价机构,探索社会化的职业经理人资质评价制度,完善反映经营业绩的财务指标和反映综合管理能力等非财务指标相结合的企业经营管理人才评价体系,积极开发适应不同类型企业经营管理人才的考核测评技术。专业技术人才的评价重在社会和业内认可。以打破专业技术职务终身制为重点,研究制定深化职称制度改革的方案,全面推行专业技术职业资格制度,加快执业资格制度建设。

3. 完善人才市场体系和促进人才合理流动

根据完善社会主义市场经济体制的要求,全面推进机制健全、运行规范、服务周到、指导监督有力的人才市场体系建设,充分发挥市场在人才资源配置中的基础性作用,促进用人单位通过市场自主择人和人才进入市场自主择业,形成政府部门宏观调控、市场主体公平竞争、行业协会严格自律、中介组织提供服务的运行格局。消除人才市场发展的体制性障碍,使各类人才和劳动力市场实现联网贯通,建设统一的人才市场。健全专业化、信息化、产业化、国际化的人才市场服务体系。消除人才流动中的城乡、区域、部门、行业、身份、所有制等限制,疏通3支队伍之间、公有制与非公有制组织之间、不同地区之间的人才流动渠道。发展人事代理业务,改革户籍、人事档案管理制度,放宽户籍准入政策,推广以引进人才为主导的工作居住证制度,探索建立社会化的人才档案公共管理服务系统。制定人才流动和人才市场管理的法律法规,完善人事争议仲裁制度。

4. 形成对人才有效激励的分配和保障制度

完善按劳分配为主体、多种分配方式并存的分配制度,坚持效率优先、兼顾公平,各种生产要素按贡献参与分配。结合完善国家公务员制度,建立综合体现工作职责、能力、业绩、年功等因素,职务与职级相结合的公务员工资制度;建立公务员工资与国民经济发展相协调、与社会进步相适应、与企业相当人员平均工资大体持平的工资水平决定机制。结合事业单位体制改革和人事制度改革,建立符合各种类型事业单位特点、体现岗位绩效和分级分类管理的事业单位薪酬制度。结合深化国有资产管理体制改革和建立现代企业制度,建立市场机制调节、企业自主分配、职工民主参与、政府监控指导的企业薪酬制度;坚持按劳分配与按生产要素分配相结合、短期激励与中长期激励相结合、激励和约束相结合的原则,将经营者薪酬与其责任、风险和经营业绩直接挂钩。建立以政府奖励为导向、用人单位和社会力量奖励为主体的人才奖励体系,充分发挥经济利益和社会荣誉双重激励作用。积极探索机关和事业单位社会保障制度改革,进一步完善企业社会保障制度,加快福利制度改革,逐步实现福利货币化,不断改善各类人才的生活待遇。

5. 突出重点地加强高层次人才队伍建设

中高级领导干部、优秀企业家和各领域高级专家等高层次人才,是人才队伍建设的重点。实施国家高层次人才培养工程,制定符合我国国情和国际化要求的培养规划,针对不同特点,实行分类培养。以思想政治建设和执政能力建设为核心,培养造就一批善于治党治国治军的政治家;同时,提高中高级领导干部科学判断形势的能力、驾驭市场经济的能力、应对复杂局面的能力、依法执政的能力和总揽全局的能力。以提高战略开拓能力和现代化经营管理水平为核心,加快培养造就一批熟悉国际国内市场、具有国际先进水平的优秀企业家;同时,建立健全现代企业制度,完善公司法人治理结构,为企业家的成长和创业提供广阔的空间和舞台。以提高创新能力和弘扬科学精神为核心,加快培养造就一批具有世界前沿水平的高级专家;同时,依托新世纪百千万人才工程等国家重大人才培养计划、重大科研和建设项目、重点学科和科研基地以及国际学术交流与合作项目,加大学科带头人的培养力度。

6. 推进人才资源整体开发和协调发展

适应经济社会发展对人才总量、结构和素质的需求,有效盘活人才存量,大幅度提高人才增量,不断提升人才素质,调整和优化人才结构。采取有力措施,促进人才在城乡、区域、产业、行业和不同所有制之间的合理分布。做好西部人才工作,通过创造良好的用人机制和环境,稳定和用好现有人才,制定鼓励人才到西部地区工作特别是长期工作的优惠政策。重视非公有制经济组织和社会组织以及新社会阶层中的各类人才,在政治上对他们一视同仁。实施国家高技能人才培训工程和技能振兴行动,加快高技能人才的培养,完善技能人才的职业资格证书制度,优化高技能人才成长的社会环境。实施县乡村实用人才工程和农民教育培训工程,建立健全农村人才服务体系,加强农村科技、教育、文化、卫生和经营管理等实用人才队伍建设,提高广大农村劳动者的素质。

第三节 我国公共部门人事管理改革

我国人事制度的改革是一个持续的发展过程。如上节所述,自改革开放以来,我国对传统人事制度进行了20多年的改革,进入21世纪后,又对今后的进一步深化改革做出了新的规划和部署。在整体人事制度进一步深化改革中,作为整体人事制度主体部分的公共部门人事管理应该如何改革,这是我国现阶段的实践课题。本节主要根据笔者的认识和思考,对我国公共部门人事管理应该如何深化改革的问题提出一些思路和观点。

一、公共部门人事管理改革总论

(一) 存在的问题与弊端

"问题"既是自我诊断的发现,也是相互比较的评价或结论。公共部门人事管理的问题,很大程度上是与企业等非公共部门相比较而言——当然问题本身也意味着缺陷或弊端。公共部门的人事管理或人力资源管理,与企业的人力资源管理相比较,普遍存在活力不足和绩效不高的通病。这似乎已经成为一个跨国界的不争事实,不仅我国如此,国外发达国家也不例外。除了新加坡等个别国家外,美国等国家的公务员制度也经常被指责为缺乏活力、效率。这也是当今美国等发达国家在公共行政以及公共人事改革中借鉴甚至采用企业许多做法的原因所在。

在我国,各种组织可以被非正式地区分为"体制内单位"与"体制外单位"两大类。公共部门常常被形容为"体制内单位",体制内单位除了包括国家机关、事业单位之外,某种意义上也包括目前转制尚未到位的国有企业;外资或合资企业、民私企业可以被看作"体制外单位"。在对人的管理上,体制内单位明显落后于体制外单位。一位先后在机关、国有企业、著名外资企业任职的管理者,曾经深有体会地比较说:体制内单位是一个官僚化机构,束缚个性,唯上、唯关系,往往给想做事业的人以约束;体制外单位是一个市场化组织,发挥个性,唯事、唯能力,给想做事业的人以支持。这种褒贬说法尽管有些偏颇,只在总体比较意义上以及一定程度上能够被认可,但它从个人对组织人事管理或人力资源管理的感受角度概括出了体制内单位用人制度的通病。再从人事管理或人力资源管理对开发组织整体人力资源效能、对组织的效用或贡献角度诊断,体制内单位人力资源的"活性",产生的资源效益,在有效地使用人才、激励人才方面,以及人事管理成就组织发展目标作用方面,明显不如企业,尤其在适才适用、人尽其才、奖优罚劣方面更显得相形见绌,存在人才浪费、用人不当、优劣不分以及报酬平均主义的问题。

公共部门人事管理的问题主要产生于传统体制及制度的缺陷或弊端。首先是人事管理的体制障碍。突出表现在相互联系的三个方面。一是多重管理体制尚未理顺。传统沿袭下来的劳动人事制度是一种多层次管理体制,领导干部由党的组织部门管理,一般干部由政府人事部门管理,非干部人员由政府劳动部门管理,实行分类管理后又在干部中形成了公务员和事业单位人员两大类别,以后还会产生新的类别。这种由老的三层次加新的多类别的复杂结构,到目前为止还没有予以合理化整合,新老结构之间存在一些不协调的问题。二是"政出多门"的政策成为人事管理的依据。我国公共部门的人事管理很大程度上是一种政策管理,尤其是事业单位的人事管理,至今尚未制定出一部人事法规。人事政策和干部政策来自党的组织部门、政府的人事部门、政府主管部门等多门机构,政策本身会常常变化,适用政策时缺乏灵活性空间,这使公共部门单位的人事管理成为仅仅是一种机械地执行各种易变人事政策的行为,很少考虑本单位人事管理的实际需要。三是单位缺乏足够的人事自主权。在多重管理体制、政策管理的环境中,公共部门单位事实上没有多大的自主权和制度创新的余地,因为人事制度的基本框架已经由政策规定,能够做的事就是在既定的统一的"政策制度"中进行非特殊化、非个性化管理。其次是人事管理的制度缺陷。人事管理或人力资源管理系统由招聘、培训、考核、薪酬、福利、奖惩等管理环节的单项制度所构成。与企业组织相比,公共部门在人事管理制度设计的科学性和制度运作的有效性上,存在更多不尽如人意的问题,例如,人事管理与组织的发展目标缺乏衔接,招聘方式及程序缺乏竞争力,考核结果区分度弱、与其他人事决策的关联性不强,报酬分配存在平均主义等。此外是人事管理观念的因素。公共部门长期处在传统人事制度的环境中,管理者和被管理者都形成了一些诸如论资排辈、平均主义等观念,这些幽灵观念所弥漫出的组织氛围和管理文化产生了维系传统制度的作用。

在对公共部门人事管理的问题及缘由作出上述分析时,需要说明三点。其一,这些突出的问题及原因典型地存在于公共部门传统人事制度之中,而在近些年的人事制度的局部性、探索性改革过程中,问题的程度已经或正在降低。其二,公共部门人事管理的许多问题具有普遍性,其他国家不同程度上也存在一些类似问题。笔者曾经对美国联邦政府的公务员制度进行过系统研究,发现其在 20 世纪 90 年代的公务员制度改革和转型前,也存在诸多突出的问题,如管理体制过于划一、行政机构缺乏人事自主权、雇佣程序繁琐、绩效评估流于形式、薪酬与绩效缺乏联系等。其三,公共部门人事管理的问题具有普遍性,意味着这些问题的产生还有人事管理系统之外的原因,包括产生于工业化时期的以科层制为框架的传统行政管理模式已不适应当今时代,以及公共部门组织和公共产品的垄断性、自主性、公平文化等特有性质或特征。

(二) 改革的路径及参照模式

近些年来,我国公共部门人事制度一直在进行持续不断的探索性、局部性、渐进性改革。在公务员制度建设方面,2005 年 4 月颁布了《公务员法》,并于 2006 年 1 月开始实施,具有 12 年历史的我国公务员制度将在新的制度架构内进一步发展与完善;事业单位的人事制度改革正在全国范围内展开、逐步推进。笔者认为,我国公共部门人事管理的深化改革应该包括以下三方面路径。

一是制度形式从人事管理走向人力资源管理。国外企业界于 20 世纪 80 年代初开始从人事管理向人力资源管理转变,90 年代中后期又提出了"战略人力资源管理"的命题。在美国,联邦政府的公务员制度在20世纪90年代重塑政府的改革中完成了从人事管理到人力资源管理的转变,21世纪初的"总统管理议题"行政改革中又在探索一种人力资源战略管理模式。在我国,绝大部分企业已经在90年代进行了人事管理向人力资源管理的转型,现阶段也正在迈向战略人力资源管理。但我国的公共部门却还停留在人事管理阶段。因此,我国公共部门的人事管理改革,应该把人力资源管理模式作为范本,并在改革过程中实现从人事管理到人力资源管理的转型。同时,在公共部门人力资源管理的制度建设中,吸收一些战略人力资源管理的理念及方法,如人力资源管理的战略联盟、战略伙伴关系、人力资源管理的价值提升、变革管理、知识管理、文化管理等,形成具有战略人力资源管理特征的先进人力资源管理制度,实现我国公共部门人事制度形式的超越性发展。

二是系统更新人力资源管理的单项制度。从人事管理走向人力资源管理需要在改革中进行制度再设计。人力资源管理是一个系统和过程,由诸多方面或环节所构成,每一个方面或环节都有一个制度设计的问题。公共部门人力资源管理的制度更新和再设计应该注意三个方法论问题。其一,体现人力资源管理和战略人力资源管理的理念、原理及方法,如人本主义、战略联盟、双赢管理、绩效管理、整体报酬等。其二,重点建设发挥主导作用的主干制度,也就是职位或工作设计、薪酬、绩效管理三个环节的单项制度。这三项制度既各具功能,又相互关联,科学的职位或工作设计形成优化管理的基础,体现内外公平原则的薪酬制度提供激励的源泉,绩效管理使各环节连成一体,因而能在提升人力资源管理效能中形成三位一体的制度合力。其三,各单项制度形成互动的和谐系统,避免出现制度各自为政和相克的情况,使人力资源管理制度在运作中产生1加1大于2的系统功效。

三是注重开发人力资源管理的三大机制效用。组织的人力资源依靠有效的制度盘活,而制度又靠机制激活,这是管理人的诀窍。人力资源管理的三大机制便是激励机制、竞争机制和评价机制。人的行为需要激励,包括满足物质与精神需求的激励;竞争使人产生进取或获胜的强大动力,有利于形成追求绩效的组织氛围;公正的评价促进良性竞争,强化被管理者对制度的认同。公共部门传统人事管理中,这三大机制不同程度上存在失灵或失效的问题。由于在职务晋升、工资定级、考核结果评定等人事决定中,存在评价不公的现象,如任人唯亲、排斥异己、平均主义、优劣不分等,由于缺乏一种竞争的制度安排,激励杠杆往往失去应有的激励效用,而是产生反面的副作用。因此,公共部门的人事制度改革和人力资源管理制度建设中,需要通过制度再设计来激活激励机制、竞争机制和评价机制,充分发挥它们的应有效用。只有这样,才能使组织在争夺人才的时代环境中形成吸引人才、留住人才、开发人才的制度竞争力。

公共部门的人事管理改革可以参照企业的先进模式。国外许多公共行政学者和专家认为,包含传统公务员制度的工业化时代的科层制已经过时,而且科层制组织似乎无法在今天的后官僚制时代通过原制度调整或改革来走出困境①。无论科层制组织还是公共人事制度或公务员制度,都需要从外部寻找制度改革与创新的参照模式。这是公共部门人事管理参照企业模式的必要性。公共部门人事管理参照企业人力资源管理模式也存在可行性。因为管理本身具有相通性,尤其在趋同、综合性特征越来越明显的当今时代,不同组织之间你中有我、我中有你的现象已不足为怪,管理学中公共管理与企业管理的界限正在逐步消失。20 世纪 80～90 年代,美国、英国、新西兰、澳大利亚等国家的"新公共管理"实践的一大内容,就是借鉴甚至采用企业的模式改革公共部门,并且取得了明显的成效②。现阶段我国公共部门的人事管理,沿袭于计划经济时期的政事企合一的大一统人事制度,这种大一统人事制度存在不适应现时代环境和公共事业发展的结构性缺陷。尽管改革开放以来已经对它进行了持续不断地改革,事实上也取得了许多成果,但新制度似乎也难以通过对传统制度进行调整性改革而扬弃出来,老制度的一些问题及弊端总是"斩不断、理还乱"地纠缠着改革后的制度,常常出现"穿新鞋、走老路"现象。笔者认为,解决这种某种程度上可以称为困境的"制度黏滞"状况,一个值得探索的改革途径,就是参照或借鉴企业先进的人力资源管理模式来进一步改革我国公共部门的人事管理。对于我国的公务员制度而言,主要是适度参考企业人力资源管理中某些先进理念及方法;事业单位组织可以走得更远一些,甚至可以通过模式借鉴而形成一种准企业化的人力资源管理制度。

二、公务员制度的再发展

(一)《公务员法》与公务员制度的发展

《国家公务员暂行条例》(以下简称《条例》)于 1993 年 4 月 24 日由国务

---

① 〔美〕戴维·奥斯本等著:《改革政府:企业精神如何改革着公营部门》,上海:上海译文出版社 1996 年版,第 111 页。
② 吴志华:"美国的政府企业化改革及对我国的启示",《中国软科学》,1999 年第 6 期。

院第二次常务会议通过,同年8月颁布、10月开始实施。《公务员法》于2005年4月27日由十届全国人大常委会第十五次会议通过,2006年1月1日开始施行。两者通过的时间几乎正好准确无误地间隔12年。《条例》的实施标志着酝酿了近10年的国家公务员制度正式开始推行,《公务员法》的出台,既是公务员制度法制化的标志,也是12年来建设公务员制度的规范化成果。笔者把《公务员法》与12年前的《条例》进行了比较,从中可以看出体现在《公务员法》中的公务员制度的变化与发展。

公务员制度的最大变化主要表现在三个宏观制度的安排。一是公务员范围的大面积扩大,即由原来的"各级国家行政机关中除工勤人员以外的工作人员"[1],扩大到"依法履行公职、纳入国家行政编制、由国家财政负担工资福利的工作人员"[2]。也就是说,除了国家行政机关外,原来参照公务员制度进行管理的人员,即人大、司法机关、政协、民主党派以及其他一些社会团体的工作人员,都正式纳入了公务员范围[3]。这一变化反映了我国政治体制和干部人事制度的国情。二是建立职位聘用制,对一些专业性较强的职位和辅助性的职位将实行按照合同进行管理。在录用制这一主导形式之外辅之以聘用制,其目的是为了扩大政府和机关吸收人才的渠道,尤其是为了满足吸收高级技术人才的需要。三是按照性质把公务员划分为综合管理、专业技术、行政执法三大类。这一变化与前两个变化相关,因为公务员范围扩大后,加上采用聘用制吸收专业技术人员,公务员的层次及类别更为多样化,因而有必要在任用等某些环节进行分类管理。

公务员制度的发展集中体现于《公务员法》中具有新内容的各项条款。《公务员法》107条中,约有40条属于对原《条例》进行了修订、调整的补充性条款和新增加的条款。大部分新增条款和补充性条款,来源于12年来干部人事制度改革与公务员制度发展中的新举措。例如,录用公务员前进行公示,公务员考核在德能勤绩之外增加"廉"的内容,晋升职务中实行竞争上岗、公开选拔,晋升领导职务的任职前公示制和任职试用期制,自愿辞职和引咎辞职的新规定,公务员离职从业限制等。部分新增条款和补充性条款,则反映了现阶段公务员管理的某些现实情况。比如,为了避免出现争议,对公务员服从上级命令的义务作了更明确的补充规定,对录用公务员的体检要求作了专门的一

---

[1] 见《国家公务员暂行条例》第3条。
[2] 见《公务员法》第2条。
[3] 新华网2005年4月27日新闻:人大常委会办公厅就公务员法草案开新闻发布会。http://www.xinhuanet.com/zhibo/20050427/wz.htm。

条规定,公务员奖励条件中加进了"维护社会稳定做出突出贡献"和"防止或者消除事故有功"这2条现实感强的新要求,规定正在接受审计、纪律审查或者涉嫌犯罪、司法程序尚未终结的公务员不得辞职。此外,取消了一些原来的制度规定,如对录用公务员的基层工作经历要求、晋升上一级领导职务需在下一级两个以上职位任职经历的要求、公务员辞职的最低服务年限规定等。

从《条例》到《公务员法》的12年,公务员制度发展的成果是形成了一种充分反映国情和适合我国现阶段公务员任用和管理需要的法制化制度。在笔者看来,《公务员法》所规范的我国公务员制度的最显著特征是传统的继承性和国情化,无论是公务员的范围,还是公务员的管理体制以及一系列人事术语,都体现了制度的传继,反映了历史与现状的国情。这一点与国外公务员制度相比显得更为明显。目前的公务员制度也适合现阶段公务员任用和管理的实践需要。公务员制度形成了比较完整的框架体系,覆盖公务员任用与管理的方方面面,涉及公务员的义务与权利、职务与级别、录用、考核、职务任免、职务升降、奖励、惩戒、培训、交流与回避、工资福利保险、辞职辞退、退休、申诉控告、职位聘任、法律责任等。此外,《公务员法》的出台,标志着我国的公务员制度开始走上了法制化轨道。

(二)公务员制度再发展的空间

时代与社会发展的永恒性决定制度发展的持续性。公务员制度适合现阶段不等于自然会完全适合未来的发展,完整的制度也不等于就是完善的制度。因此,《公务员法》的颁布,并不等于公务员制度建设已经大功告成,而是意味着公务员制度进入了一个新的再发展阶段。从进一步发展和完善我国公务员制度这一思路来分析,既定制度在进一步消除传统弊端和制度的配套化、激励性、先进性建设等方面,都还有很大的发展空间。

我国的公务员制度脱胎于计划经济时期留传下来的传统人事制度。传统人事制度存在特定时代条件中形成的诸多弊端,如大一统干部队伍缺乏合理分类、人事管理权力过分集中、管理模式及方法单一、领导干部任用中存在某些"人治"因素、干部队伍缺乏流动性、人事制度缺乏优胜劣汰的竞争机制以及奖优罚劣的功绩主义激励机制等。经过20多年的人事制度改革,有些弊端已经基本消除,有些弊端的严重程度有所降低,但还不能说所有弊端都已经不存在。这是我国人事制度之所以还需要继续深化改革的一个内在原因。生成于传统人事制度中的那些至今尚未完全克服的弊端,不可避免地、或多或少地会遗留在由传统人事制度演变而来的公务员制度之中。因此,作为人事制度的一个新的类别,公务员制度需要在人事制度的深化改革中和自身的再发展中，进一步克服和消除传统人事制度的遗传性顽症。

《公务员法》的颁布标志着公务员任用和管理形成了比较完整的法制化新制度框架。新制度框架的"新"字相对于《条例》制度而言，"框架"意味着新制度尚有待于各单项制度的系统配套。在《公务员法》中，绝大部分条款的内容来源于前些年公务员制度建设中已经形成的实践做法，有些条款属于对制度的新规定。无论是前一种情况，还是后一种情况，都有一个把公务员制度新框架的一般规定具体化为各个环节的单项制度问题。也就是说，需要通过对与《条例》配套的原有的10多个《暂行规定》进行修改，以及补充制定若干新的单项制度，形成与《公务员法》配套的公务员制度各个方面或环节单项制度，如录用制度、聘任制度、职位分类制度、考核制度、奖惩制度、培训制度、工资福利制度、辞职辞退制度、退休制度等。修改原有的《暂行规定》和制定新的单项制度，如同制定《公务员法》的制度框架一样，应该是一种需要创新的制度再设计。

制度建设的发展逻辑往往是先建构完整和规范的制度框架，然后再开发制度的激励机制。我国公务员制度建设的过程似乎也将如此。1993年开始推行公务员制度后的12年中，相对注重于制度的完整性与规范化建设，这一点从《公务员法》中得到反映。《公务员法》分别对公务员任用与管理的16个方面和环节都作出了严格的专门规定，在制度安排上可以说已经比较完整和规范。尤其针对传统干部人事制度的能进不能出、能上不能下的问题，致力于设计"三口"流动制度，即在入口（录用为公务员）、出口（退出公务员队伍）、楼梯口（职务级别上升及下降），用法律形式确定了公务员有进有出、有上有下的人事规范，楼梯口环节对担任领导职务的公务员规定了自愿辞职、引咎辞职和责令辞职，出口环节除了退休这个正常出口外，还有辞退、开除以及"淘汰"等出口形式。在公务员制度基本趋于相对完整与规范之后，今后制度建设的重心应该转向制度激励机制的开发，盘活公务员队伍的人力资源，解决传统干部人事制度中干与不干、干多干少、干好干坏一个样的问题。

公务员制度再建设中应该平衡好若干关系。笔者认为，鉴于美国等国外公务员制度发展的经验及教训，同时考虑到我国的实际情况，我国公务员制度再建设中需要平衡好三种关系。一是传统与创新的关系。制度的发展不可能完全割断自己的历史，总会延续一些传统的东西，如同美国联邦政府公务员制度改革中固守以功绩制原则所体现的基本价值一样，我国的公务员制度仍然坚持传统人事制度中的党管干部原则。另一方面，延续或维护某些必要的传统，不等于传统的存在形式可以一成不变，而是需要推陈出新。我国的公务员管理体制及方式建构,既要体现党管干部原则,又要在党管干部的体制及方式上有所创新,以与公务员管理的要求相适应。二是统一与多样的关系。在统一性和多样性的关系中,我国的公务员制度更强调统一,这对维护新制度的权威是必要的。需要研究和实践探索的是,如何在保持必要的统一性的同时,突破传统人事制度中那种"一刀切"式的统一模式,为公务员制度适用对象的多样性以及公务员制度环境的变化留有弹性空间,避免因为过分偏重统一而导致陷于一种管理模式、方法、政策适用所有情况的困境。三是规范与弹性的关系。制度本质上是一套规范体系,规范保障制度的稳定性,但制度的稳定性与环境易变性之间存在矛盾,这一矛盾在社会变迁速率大大加快的当今时代更为突出。避免这一矛盾的途径就是在公务员管理的有些单项制度的再设计及规范中,尽可能避免规定得过细、过死和过于统一的情况,以便为日后进一步探索公务员管理模式预留空间,增强公务员制度适应环境变化的灵活性。

为适应环境变化而进行的制度改革和发展也以与时俱进的先进性为目标。因为先进的制度意味着体现时代要求和特征的先进的管理理念、管理方法及管理手段,意味着更好的管理绩效和生气勃勃的组织活力。现阶段,人类社会发展已经进入知识经济时代,正在进入网络管理时代,知识经济凸现了人力资源和人才的本源和主体地位,网络提供了令人赞叹的管理手段。同时,中外企业界以及某些发达国家的公共部门,已经从人事管理转变为人力资源管理,并且正在走向战略人力资源管理。在这一新时代背景中,我国的公务员制度建设,应该吸纳知识经济时代管理人的新理念,开发网络或互联网在公务员管理中的工具效用,逐步实现公务员制度模式的革新,以此提升我国公务员制度的先进性。

提升我国公务员制度的先进性可以适度借鉴国外人力资源管理制度的先进因素。首先是适当借鉴国外公务员制度改革与发展中的新东西。例如,自1993年以来,美国联邦政府对公务员制度持续不断地进行了改革,1993～2000年的改革称为"重塑人力资源管理",2001～2005年的改革以"公务员制度转型"为主题,据笔者对美国联邦政府公务员制度改革所做的系统研究,近10多年的改革给人耳目一新的感觉[1]。尽管我国公务员制度具有许多不同于美国公务员制度的特征,也不存在美国传统公务员制度中的某些突出问题(如过分强调规则及程序等),但由于公务员制度或公共部门人事管理内含一

---

[1] 有关1993～2005年美国公务员制度的改革情况,见笔者撰写的《美国公务员制度的改革与转型》(上海交通大学出版社2006年版)一书。

些"类"特征,美国联邦政府的公务员制度改革反映了当今时代公共部门人事管理的某些普遍要求,以及公务员制度发展的某些趋势,因此,美国公务员制度改革中的某些东西可以为我国所借鉴。同时可以适度借鉴企业人力资源管理的某些先进概念及方法。政府等公共部门尽管在性质及功能上不同于企业,但在组织内部的管理中存在许多相通之处,如追求管理效率、优化配置资源、激励工作行为等,尤其是在综合化、趋同化的现时代,公共部门与企业之间的相通之处更为明显。由于企业处于不进则退的竞争性市场环境之中,相对于处于垄断地位的政府来说,其管理绩效和组织活力优于公共部门(这在全世界都是一个不争的事实),因此,企业人力资源管理中的一些先进的行之有效的新理念、新概念、新方法、新工具,如人力资源管理与组织使命联盟、成果导向、绩效管理、伙伴关系、关键绩效指标、360度反馈等等,不仅可以借鉴,而且也值得仿效。

三、事业单位人事制度的改革

(一) 事业单位人事制度改革的滞后性

人事制度是我国政治体制的组成部分,改革人事制度是我国政治体制改革的一项重要内容。改革开放以来的历次党代会几乎都反复提出改革人事制度的问题,其中涉及事业单位人事制度改革。1982年的中共十二大政治报告提出"改革领导机构和干部制度,实现干部队伍的革命化、年轻化、知识化、专业化"。1987年党的十三大政治报告专门论述了"改革干部人事制度"问题,提出"在建立国家公务员制度的同时……对各类人员实行分类管理"。"群众团体的领导人员和工作人员、企事业单位的管理人员,原则上由所在组织或单位依照各自的章程或条例进行管理。"1992年党的十四大政治报告同样强调,"加快人事劳动制度改革,逐步建立健全符合机关、企业和事业单位不同特点的科学的分类管理体制和有效的激励机制。"2002年党的十六大政治报告也专门论述了"深化干部人事制度改革"问题,再次要求"改革和完善干部人事制度……探索和完善党政机关、事业单位和企业的干部人事分类管理制度"。

历次党代会政治报告对改革干部人事制度的阐述可以概括为四大指导方针。一是在结构性改革计划经济时期大一统人事制度的基础上,逐步建立"符合机关、企业和事业单位不同特点的科学的分类管理体制"。这是20世纪80年代中后期以来干部人事制度改革的主体思路,党的十三大、十四大、十六大都先后一致地强调这一主题。二是给予企事业单位必要的人事自主权。

三是人事制度改革应该引入有效的竞争机制、激励机制和监督机制。四是人事制度改革的目的是形成"广纳群贤、人尽其才、能上能下、充满活力的用人机制",以"增强党和国家机关以及全社会的生机和活力"。

如果从1987年党的十三大政治报告比较完整地提出干部人事制度改革方案开始算起,干部人事制度改革已经走过了近20年的历程。在这一过程中,企业最先分离出大一统的传统人事劳动制度,已经拥有充分的人事管理自主权,基本形成了与现代企业制度相衔接的人力资源管理制度,人力资源管理的竞争机制、激励机制特征明显,具有人尽其才、能上能下的活力;国家行政机关于1993年开始推行公务员制度,形成了一种具有中国特色的公共人事制度,2005年4月又颁布了《公务员法》,进一步扩大了公务员范围,标志着公务员制度正在走向规范化和法制化。然而,事业单位的分类管理制度却迟迟没有建立起来。至今没有制定出一部事业单位人事管理的法律,事业单位缺乏足够的人事自主权,人事管理的竞争机制、激励机制特征不明显,人尽其才、能上能下、能进能出的活力不如企业。由此可见,相对于企业和国家机关而言,事业单位的人事制度改革的进程已经滞后。目前,我国共有140多万个事业单位,事业单位人员总数多达2 922万,是全国公务员总人数(636.9万)的4.6倍,事业单位专业技术人员占全国专业技术人员总数的64%[①]。事业单位人事制度改革进程的滞后,无疑将制约我国科教文卫等各项事业的快速发展。

(二)事业单位人事制度改革中的问题

干部人事制度的改革过程中,事业单位人事制度改革也在断断续续地进行,尤其是2000年中共中央制定出《深化干部人事制度改革纲要》和中组部、人事部联合下发《关于加快推进事业单位人事制度改革的意见》后,事业单位人事制度改革的步伐已经加快。近几年的改革取得了一些成果。例如,至2004年初,全国已有30多万个事业单位、800多万职工实行了聘用制度。但与各项事业发展对人事制度改革的要求相比,按照上述四大指导方针来衡量,总体进展及成效并不理想。其原因在于事业单位人事制度改革遭遇到制度环境的难题,同时改革本身存在一些问题。

人事部专业技术人员管理司司长刘宝英在谈到事业单位人事制度改革时,列出了改革所遇到的四个方面的难点和困难。"其一,人事制度改革的政

---

① 数据来源:新华网2004年2月9日新闻,"人事部刘宝英司长谈事业单位人事制度改革",http://news.xinhuanet.com/zhengfu/2004-02/09/content_1305421.htm;新华网2005年4月27日,人事部副部长、公务员法起草领导小组负责人侯建良在公务员法草案新闻发布会上的答记者问,http://www.xinhuanet.com/zhibo/20050427/wz.htm。

策不配套。事业单位人事管理的立法层次不高,人事管理的政策规定缺得比较多,也不配套,成为影响事业单位人事制度改革深入发展的关键问题。其二,事业单位的各项改革需要统筹协调。事业单位人事制度、分配制度改革与事业单位管理体制、机构编制和社会保障制度改革密切相关,人事制度改革单项推进面临很大困难。其三,未聘人员安置成为改革难点。事业单位社会保障制度,尤其是养老保险制度尚未建立,未聘人员安置的出口不畅,也影响着改革的深入发展。其四,事业单位改革需要加强领导。"[1]这四方面的难点和困难可以看作事业单位人事制度改革环境困境,它们无疑制约了改革的进度。这些环境难题已经显露出来,决策部门已经和正在进行对策研究,不再需要做重复性分析。笔者在此主要诊断和分析事业单位人事制度改革本身所存在的影响改革成效的问题。

一是事业单位人事制度改革的自主权问题。人事制度是一种操作性、实务性很强的管理规范,因此,事业单位人事制度改革中,更需要发挥上下两个积极性,国家党政人事管理部门从宏观层面制定改革的方向性大政方针,事业单位在大政方针框架内设计本单位的各项制度。事业单位设计本单位的各项制度涉及人事自主权。如前所述,1987年党的十三大政治报告就提出,在建立分类管理制度过程中,"企事业单位的管理人员,原则上由所在组织或单位依照各自的章程或条例进行管理。"但事业单位至今还没有获得完整、充分的人事管理自主权,包括人事制度改革的自主权。其原因或许出于一种考虑:担心事业单位有了改革自主权后会造成各自为政的改革紊乱,所以等改革完成后再给以完整的人事自主权。然而,如果仅仅在新人事制度建立之后再给事业单位人事自主权,实际上是既定制度及政策的执行权,不是严格意义上的自主权。事业单位缺乏足够的人事改革自主权,削弱了其人事制度创新的能力,也是导致事业单位人事制度活力不如企业的一个原因。

二是人事改革政策或项目的系统配套问题。如同20世纪80年代中期改革企业劳动人事制度时以改革工资制度和实行劳动合同制为突破口一样,近些年的事业单位人事制度改革,主要集中在"建立形式多样、自主灵活的分配激励机制"和"以聘用制为基础的用人制度"这两大人事环节,以破除干部身份终身制和报酬分配平均主义的旧制度坚冰。今后几年的改革目标同样是致力于"建立起以聘用制和岗位管理为基本内容的

---

[1] 新华网2004年2月9日新闻:"人事部刘宝英司长谈事业单位人事制度改革"。http://news.xinhuanet.com/zhengfu/2004-02/09/content_1305421.htm。

事业单位新型用人制度"①。选择某些环节为改革的突破口或重点,无疑具有方法上的必要性与合理性,但其他环节的改革必须后续跟上,否则难以产生改革的预期效应。目前事业单位人事制度改革中也考虑到了配套问题。但所关注并着力解决的是与用人制度相关的环境因素的配套,如管理体制、机构编制和社会保障等,以便顺利推进用人制度改革,对人事管理制度内部各个环节的配套改革问题缺乏认知。在推进分配、聘用、岗位管理等改革项目过程中,考核、工资等级、奖惩等其他环节及单项制度的配套改革没有随后跟进,一些陈旧的单项人事政策或制度仍在执行。由此产生了改革中的"木桶现象",即由于某一片木板短矮导致木桶盛水容量打折。

三是人事制度改革中的中观层面的制度空档问题。所谓"中观空档"问题,是指国家党政人事管理部门制定出宏观层面的改革大政方针后,事业单位却又不能在大政方针框架内设计本单位中观层面各项制度,由此出现中观层面制度缺失的状况,如缺乏新的考核制度、奖惩制度等。这一问题主要是上述两方面问题所产生的结果。事业单位的人事制度改革中,由于事业单位缺乏充分的改革自主权,由于国家统一出台的改革项目没有配套,再加上事业单位一味等待上级改革政策的传统惰性、某些改革政策对微观领域规定的过死等其他原因,就会出现人事制度改革过程中观层面单项制度空档。在这种情况下,或者由于上级部门的规定,或者是事业单位的自主选择,老的单项人事制度往往会替代制度创新来临时填补空档,这就形成一种新大政方针与旧单项制度同时运作的现象,也就是"穿新鞋、走老路"现象。

(三)进一步推进事业单位人事制度改革

改革作为一种使事物或制度适应已经变化的环境的途径或方法,其本身也需要进行因时而易地调整,因为适用过去的改革模式并不一定适合现在。如同其他体制或制度改革一样,在加速推进事业单位人事制度改革中,无论是指导改革的决策者,还是实施改革行为的事业单位,都需要适当转换传统思维方式、开阔方法论视野,勇于探索一些改革的新方法和新路径。基于以上论述对问题的诊断和分析,笔者从方法论角度就进一步推进事业单位人事制度改革提出三点见解。

首先,国家党政组织人事部门制定人事改革政策时,在考虑事业单位人事制度的必要统一因素的同时,为不同行业、不同特点的事业单位预留单项实施

---

① 新华网2003年12月22日新闻:"张柏林:事业单位新型用人制度5年左右基本建成",http://news.xinhuanet.com/zhengfu/2003-12/22/content_1242005.htm。

制度的自主创新空间。事业单位人事管理的各环节中,对于聘用、退休、社会保障等政策性强的环节,国家应该作出统一的具体规定;而对于招募、考核、培训、奖惩等管理环节,整个国家没有必要制定统一、过细的《规定》,省区市一级没有必要制定更细的《实施办法》,可以把设计具体制度的权力交给事业单位,即便是由国家作出一些统一规定,也应该是框架性、指导性的规范。这是因为,事业单位各行各业的殊异性千差万别,远远超过适用公务员制度的国家机关,尤其是在社会变迁速效大大加快的当今时代,事业单位的情况将会越来越复杂、多变,一种制度适用所有单位的传统管理方式已经失去其原有的效用。20世纪90年代以来,尤其是21世纪初的美国联邦政府公务员制度改革,一项重大的内容就是改变"一种模式适用所有情况"(one-size-fits-all)的老的管理和改革范式,在维系联邦政府公务员制度的整体性和一致性的同时,允许各联邦政府机构形成以机构为基础或机构定位的人力资源制度,使之与机构的特定使命和机构特殊需要相适应。美国的这一做法对我国具有启示意义,因为它反映了当今时代公共部门人事管理的一种共性特征。

其次,事业单位根据行业性质、本单位的事业及人员特点,充分利用政策内空间进行制度创新,以形成既符合国家的统一制度框架及政策要求、又适合本单位管理需要的属于"自己"的人事制度。笔者认为,我国的事业单位人事制度,其长远目标不仅在整个国家层面要逐步形成符合各类事业单位特点的人事制度,而且在事业单位层面还应该建立起适合本单位特点、促进事业发展的新的人事管理或人力资源管理制度。因此,事业单位在整个国家的统一人事改革中,不应该一味被动地等待国家下发人事改革的政策文件,等待人事文件来为它们制定具体的新人事制度,可以在国家统一规定的制度框架及政策要求内,主动地进行某些单项制度的改革和再设计。对于党政人事管理部门来说,不需要太担心出现"一放就乱"的局面,因为不存在事业单位要在改革中搞乱自己的人事制度的任何理由,何况还有国家统一规定的制度框架及政策要求进行规范。而且,各个事业单位的单项制度改革和再设计的结果,不会出现制度五花八门的情况,因为当今人力资源管理已经形成比较定型、成熟的制度模式。

此外,事业单位在本单位的人事制度改革中,不同程度地参照或借鉴企业的规范、先进的人力资源管理模式进行制度再设计。我国事业单位的人事制度改革事实上参照公务员制度模式。例如,按照公务员制度法制建设的做法,计划制定出《事业单位人事制度管理条例》和与之配套的各人事管理环节的单项规定,形成事业单位人事管理的行政法规体系。之所以参照公务员制度的主要原因,在于事业单位人事制度和公务员制度依存于干部人事制度同一母体,传统和现行人事管理体制中统一因素比较多。笔者认为,事业单位的人事制度改革,同时也可以参照或借鉴规范、先进的企业人力资源管理模式。其一方面理由是,企业人力资源管理制度比公务员制度相对更富有竞争机制、激励机制和管理活力(这在绝大部分国家都是一个不争的事实),值得事业单位借鉴;另一方面的根据是,某些类别或行业,如自收自支类或出版等行业的事业单位,具有许多企业及市场运作特征,因而可以作为参照对象。对于不同类别的事业单位可以不同程度地参照或借鉴企业人力资源管理制度,自收自支类或企业特征明显的事业单位可以借鉴更多一些,甚至可以采用企业的人力资源管理模式,全额拨款或行政特征突出的事业单位则适度借鉴。借鉴或参照的对象应该选择企业界先进的人力资源管理模式,吸取其先进的人力资源管理理念、概念、方法及技术手段,并在人事制度改革与借鉴过程中从人事管理走向人力资源管理。

复习与思考

1. 人力资源与人口资源、劳动力资源和人才资源之间的关系。
2. 人力资源管理概念的历史演变过程。
3. 公共部门的概念及其范围。
4. 我国传统人事制度的主要弊端。
5. 我国人才强国战略的主要内容。
6. 我国公共部门人事管理改革的路径。
7. 我国公务员制度的完善与发展。
8. 我国事业单位的人事制度改革。

第二章 公共部门人力资源规划

公共部门人力资源规划是指公共部门根据组织的发展战略和近期目标，运用各种科学的技术和方法，对公共部门未来人力资源进行供求预测和综合平衡的活动。非营利性特征以及人事管理制度安排的复杂性，使人力资源规划在公共部门并未得到普遍重视。但随着全球化趋势的加强，新技术革命的勃发，公众对公共组织尤其是政府的期望日趋提高，私营组织成功管理给公共部门带来的紧迫感等，都使人力资源规划活动在公共部门的作用和地位日渐突出。本章首先对公共部门人力资源规划的含义、功能、内容以及影响因素作一概述；接着探讨公共部门人力资源信息系统的内涵、结构及发展趋势；然后介绍公共部门人力资源供求预测的常用技术方法；最后阐述公共部门人力资源战略规划的流程。

第一节 公共部门人力资源规划概述

人力资源规划是组织人力资源管理活动的重要组成部分，公共部门也不例外。公共部门人力资源规划既具有人力资源规划活动的基本属性和一般特征，同时也具有公共部门的独有特性，而且影响公共部门人力资源规划活动的因素也更为复杂。因此，在对公共部门人力资源规划活动进行深入探讨之前，首先必须厘清公共部门人力资源规划的内涵和外延，对公共部门人力资源规划含义、特征、功能、内容以及影响因素作一基本概述。

一、公共部门人力资源规划的含义

人力资源规划（Human Resource Planning，HRP）也称人力资源计划，是指组织为有效利用人力资源和实现组织及个人的发展目标而进行的，有关未来人力资源供求预测以及综合平衡的种种活动。人力资源是组织生存和发展中必须合理配置和有效利用的宝贵资源,而人力资源的合理配置和有效利用则取决于科学的人力资源规划。换言之,科学的人力资源规划不但有助于组织适应规避环境风险,及时调节人力资源的质量、数量和结构,以增强其适应环境变化的能力,而且可以使组织合理配置人力资源并调动工作人员的积极性,继而有利于组织战略目标和发展规划的达成。

  作为人力资源管理的一项基础性工作,人力资源规划首先为私营部门所采用,因其能有效促进人力资源管理科学化而受到私营部门的普遍重视。作为科学管理的创始人,美国人泰罗(Frederick Winslow Taylor)的科学管理思想及其管理主义从管理角度产生的影响或许是首屈一指的。20世纪初,泰罗通过强调研究时间和动作以获得人与机器的最高效能,开创了一个追求效率的时代。由于对生产效率的重视和熟练工人的缺乏,企业组织中有关人力规划的职能开始出现,但尚未形成完整的人力资源规划理论体系。在这一阶段,企业的竞争和对人才的争夺并不是很激烈,企业对人力资源管理的要求也仅仅停留在人事管理层次,人力资源规划的价值往往被一些企业所忽略。20世纪60～70年代,随着市场竞争和各方争夺人才的加剧,人力成本的不断上升,企业中人力资源管理的角色由人事管理向人力资源管理和人力资本管理转变,人力资源规划也成为企业经营管理中的重要任务。20世纪80年代开始,人力资源规划的内涵进一步拓展,不再局限于供需平衡和数量预测,更多企业从战略层面考虑人力资源规划,既包括人力资源数量、质量和结构的规划,更涉及实现人力资源战略目标的系统安排。

  公共部门的人力资源规划活动目前尚处于探索和起步阶段,但可以肯定的是,随着组织环境的变化及组织结构的变革,人力资源规划活动在公共部门人力资源管理活动中的作用和地位将日渐突出。非营利性特征以及人事管理制度安排的复杂性,使公共部门的人力资源规划活动并未得到普遍重视,但随着全球化趋势的加强,新技术革命的勃发,公众对公共组织尤其是政府的期望日趋提高,私营组织成功管理给公共组织带来的紧迫感等,都使公共组织有必要进一步合理配置和有效利用其人力资源。事实上,公共部门引入人力资源规划的必要性是显而易见的,因为"公共机构常常只是在变化发生时才去应付它,却并不事先为变化做好计划(奥斯皮纳,1992)。人力资源规划就是一种采取战略措施以阻止问题发生的方法。"[1]通过制定科学、合理的人力资源

---

[1] 〔美〕Joan E. Pynes 著:《公共和非营利性组织的人力资源管理》(1997年英文版),北京:清华大学出版社2002年版,第21页。

规划,公共组织可以不断优化其人力资源数量、质量和结构配置,借此完善其职能并提升公共组织的运作效率,进一步满足公众对公共服务不断提高的要求。

公共部门人力资源规划(human resource planning in public sector)是指公共部门根据组织的发展战略和近期目标,运用各种科学的技术和方法,对公共部门未来人力资源进行供求预测和综合平衡的活动。公共部门人力资源规划的这一界定包括以下四方面要义。

首先,公共部门人力资源规划的最终目标是为实现组织战略目标和个人的发展。人力资源管理首先是为实现组织战略目标服务的,组织的战略目标同样是人力资源规划的基础。传统的人力资源规划是对组织人员流动进行动态预测和决策的过程,着眼于预测组织人力资源需求和可能的供给,确保组织在需要的时间和岗位上获得所需的合格人员。公共部门人力资源战略规划,应吸取现代企业战略管理研究和实践的成果,遵循战略管理的理论框架,高度关注战略层面的内容,着眼于其公共性本原而履行公共职能,包括提供公共产品、弥补市场缺陷、消除外部不经济等。公共部门人力资源战略规划要求规划主体在人力资源规划程序的所有环节中,都应从战略的高度充分审视组织自身的资源条件和组织外部环境,在组织远景、组织目标以及战略规划的指引下制定组织未来人力资源需求清单以及相应的人力资源供给计划,从而支持和促进公共部门战略目标的实现。

谋求组织人力资源的个人发展,也是公共部门人力资源规划活动所需考虑的重要因素。为实现组织的战略目标,任何组织都必须创设良好的工作环境,关心组织中人力资源个体的物质和精神需求,充分发挥其主动性和积极性,提高人力资源的绩效水平,使他们在达成组织战略目标的同时也能实现个人的发展。反之,如果人力资源规划忽视个体的利益和发展,必将挫伤其工作积极性,进而影响组织目标的达成。公共部门人力资源规划同样必须关注组织成员的发展和需要,如此才能激发公共部门人员的工作积极性,并吸引更多社会精英进入公共部门,以更好实现其履行公共职能和提供公共服务的战略目标。

其次,公共部门人力资源规划活动是一个系统或综合平衡的过程。人力资源规划本身是由若干要素按一定的结构相互联系构成的统一整体,人力资源规划作为子系统,又同公共部门其他规划系统一起组成了公共部门这个大系统,而对公共部门的考察又必须将其纳入更大的社会系统中进行。具体来说,公共部门人力资源规划至少应包含三方面的综合平衡:一是人力资源规划系统本身的综合平衡。人力资源总体规划与人力资源各业务计划,包括补充计划、调配计划、开发计划和报酬计划等之间存在密切联系,必须充分注意它们之间的平衡与协调。二是人力资源规划与公共部门内部其他规划系统的综合平衡。人力资源规划必须与组织的财务规划、物质规划、设备规划等相互协调。三是人力资源规划与组织外部环境的综合平衡。在制定人力资源规划方案时,需要考虑公共部门面临的社会、政治、经济和法律等客观环境。同时,公共部门人力资源规划状况必然影响社会整体人力资源开发效益的提升和社会经济发展的步伐。

再次,人力资源规划是公共部门整体人力资源的中长期规划。作为公共部门的战略活动,人力资源规划着眼于为公共部门未来的战略目标和活动预先准备人力,持续和系统地分析公共部门在不断变化的环境下对人力资源数量、标准和结构的需求。因此,公共部门中个别或局部的人员调配不属于人力资源规划的范畴,数天或数月的短期人事安排也不属于其规划范畴。从空间范围看,宏观的人力资源规划是在分析公共部门的机构和预算状况走势的基础上制定的,特定时期内公共部门人员的需求状况,涉及整个组织系统及其成员,而微观的人力资源规划是在各部门工作岗位和预算情况的基础上作出的人力资源需求态势分析,也必然涉及组织内的所有岗位及人员。就时间跨度而言,短期人力资源规划一般为1~2年,中期人力资源规划为2~5年,而长期人力资源规划可达5年甚至5年以上。

最后,公共部门人力资源规划的动态过程由若干阶段或环节组成。人力资源规划的制定需要立足公共部门的战略目标,分析公共部门对人力资源的需求并判断人力资源供给状况,通过相关人力资源业务计划在供求之间进行综合平衡。由于公共部门面临的内外环境是在不断变化发展的,其人力资源规划活动也需要持续不断地进行;同时,公共部门对社会公布其人力资源需求状况,也会进一步促进社会人力资源的有序流动,尤其是有利于吸纳更多的社会精英进入公共部门。就这一层面而言,公共部门人力资源规划是一个动态的过程。动态的人力资源规划过程可以划分为不同的阶段或环节,这里将公共部门人力资源规划过程划分为4个阶段:确认公共部门的发展战略,人力资源供求预测的综合分析,人力资源战略规划方案的制定及实施,人力资源战略规划的监控。

二、公共部门人力资源规划的特征和功能

公共部门人力资源规划具有其鲜明的特征。公共部门是一种特殊的政治

组织，不同于营利性的私营组织，其人力资源规划活动当然也具有其特殊性，具备明显的"设计性"或"体制性"。因此，公共部门人力资源规划活动除了具备组织人力资源规划的一般特征，如设计的超前性和长期性、供求预测方法的综合性、影响因素的多样性等，还具备一些独特的特征。

一是政治性。不同于私营组织的人力资源规划活动，"公共组织的人力资源规划活动涉及更多的不确定性，其制定人力资源规划的政治性大于分析性或合理性。"[1]公共部门依法管理社会公共事务，人力资源管理活动也应以公共利益为本源，公共部门以被委托者的身份提供公共产品，对公共部门人力资源的管理是为了最大化的为社会利益服务，而追求效率和效益则是私营组织基本的价值取向。因此，公共部门的人力资源规划活动必须考虑政治价值。私营组织人力资源规划主要考虑的是进入组织的人力资源数量和质量将如何最有利于企业的发展，即经济生活中的交换与回报；相反，公共部门人力资源规划活动首先考虑的是政治回应性与社会公平，注意人力资源规划活动的透明化程度、公众的接受程度，规划过程必然面向社会，承受社会的压力。

二是服务性。公共就是一种聚合，是一种对个人私利所不能涵盖之领域的包容。公共部门的价值在于提供公共产品和公共服务，公共设施、公共卫生、公共交通、公共通讯、公共咨询、公共信息、公共教育等公共部门尤其是政府投资兴办及监管的事业，都属于典型的公共服务的方式。提供更为广泛、更为快捷、更为有效、更为公平的公共服务，是现代国家公共部门普遍面临的世纪性挑战。通过人力资源规划活动，公共部门优化其人力资源数量、质量和结构的合理配置，以求提供更高质量的公共服务。

三是不确定性。公共部门人力资源规划活动具有明显的不确定性特征，因为"在政治领域内，需求和组织行为与市场中不同，面临模糊性、不确定性和歧义性的选择难题"[2]。从理论上讲，在对组织现有人力资源及相关因素进行统计分析并建立人力资源信息系统的基础上，运用各种技术方法对组织人力资源的需求和供给状况进行平衡后，便可以得出公共部门需要的人力资源数。但是，公共组织具有特殊性，公共部门的人力资源规划活动经常会受到政治压力、预算收益或其他因素的干扰，使其人力资源规划活动往往处于一种相对不确定的态势。

---

[1] 萧鸣政主编：《人力资源开发与管理——在公共组织中的应用》，北京：北京大学出版社2005年版，第142页。
[2] 毛寿龙等著：《西方政府的治道变革》，北京：中国人民大学出版社1998年版，第155页。

四是渐进性。鉴于公共部门的政治性要求及不确定性特点,其人力资源规划活动的方式常采用渐进决策模式。这种渐进决策模式的运用是可以理解的,因为"渐进方法是一种保守的(从低风险的角度)和实际的(从政治上的合宜性权衡)制定政策的方法"①。在这种渐进主义或渐退主义(incrementalism or decrementalism)规划模式中人力资源预测的特点表现为:假定政策目标和意图保持不变,或仅仅从边际上发生变化。当然,这两种规划模式都不是非常有效的全面合理的预测方法,因为它们都假定政策目标和政策意图没有任何变化,以致在规划中都没有对雇佣和解雇人员的种类作出任何设计②。

科学的人力资源规划活动是公共部门人力资源开发与管理的一项基础性工作。人力资源是组织生存和发展中必须合理配置和有效利用的宝贵资源,而人力资源的合理配置和有效利用取决于科学的人力资源规划。随着全球化趋势的加强,新技术革命的勃发,公众对公共组织尤其是政府的期望日趋提高,制定科学的人力资源规划对公共部门发展尤显重要。具体来说,公共部门人力资源规划活动的功能主要体现在以下几个方面。

首先,人力资源规划有助于公共部门适应外界环境的变化。任何组织都是在特定的环境中生存和发展的,公共部门也不例外。公共部门面临的环境大致涉及三个层面:一是外部环境要素,包括政治、经济、文化、技术等方面因素;二是组织系统要素,包括公共部门的战略目标、组织特征和组织文化等因素;三是公共部门人力资源系统其他若干管理环节的相关因素。面临瞬息万变的组织环境,公共部门的战略目标应反映环境的动态特征,科学的人力资源规划可以将可预测的环境变化因素纳入到组织发展之中。只有通过前瞻性的人力资源规划,公共部门才能针对性地规避环境风险,及时调节人力资源的数量、质量和结构,以增强其对外界环境变化的适应能力。

其次,人力资源规划有助于公共部门战略目标的达成。没有科学的人力资源战略规划,公共部门就不可能实现自己的战略目标。实现公共部门战略目标是人力资源规划的基本出发点,人力资源规划的制定必须以公共部门战略目标为依据。通过制订科学合理的人力资源战略规划方案,明确公共部门如政府在未来发展中的人力资源需求态势,通过构建人力资源需求预警系统,在政府遭遇紧缩管理时,积极采取因应措施,防止因人员分流而造成的动荡或

---

① 〔美〕格罗弗·斯塔林著:《公共部门管理》,上海:上海译文出版社2003年版,第180页。
② 〔美〕唐纳德·克林格勒等著:《公共部门人力资源管理:系统与战略》(英文第4版),北京:中国人民大学出版社2001版,第109～110页。

阵痛,提升公共部门运作效率并维持社会政治稳定,由此达成其履行提供公共物品和弥补市场缺陷等的战略目标。就这一层面而言,人力资源规划活动就是将一定数量和质量的人力资源分配到公共部门各类及各层级岗位上,实现人力资源配置与公共部门战略目标协调一致的筹划活动。因此,科学的人力资源规划活动有利于促进公共部门战略目标的实现。

再次,人力资源规划有助于公共部门人力资源的合理配置。人力资源规划着眼于发掘人力资源的潜力,其改善方案不受现有状况的局限,以在环境变化下进一步谋求优化人力资源的素质和结构,使组织人力资源的供求实现动态平衡,改变人力资源配置上的浪费和低效现象。以政府为例,行政改革的趋势强化了人力资源规划的作用,政府再造的价值取向涉及多个面向和维度,包括转变职能、下放权力、调整机构、精简职位和人员等,公共部门原有人力资源需求和供给之间的平衡会因此发生改变,此时就需要对组织人力资源进行合理的优化配置。通过制定人力资源规划,公共部门能够及时引进所需人力资源,同时进一步优化其现有人力资源的结构,实现公共部门人力资源的合理配置。只有加强人力资源规划活动,公共部门才能获得高素质的人力资源完善其公共职能,才能合理配备人力资源以达到高效率和低预算的要求。

最后,人力资源规划有助于调动公共部门人员的积极性。人力资源规划在努力达成公共部门战略目标的同时,也考虑到工作人员物质利益和精神需求的满足,可以有效激发他们的工作动机。例如,作为人力资源总体规划的重要组成部分,人力资源职业计划通过对公共部门人员职业生涯所作的计划安排,如职务晋升、公开选拔和竞争上岗等制度安排都使工作人员明确自己的发展前景和努力方向,从而积极发挥自己的工作潜能并努力争取。而调任、转任等交流方式更是基于合理配置人才,充分发挥公共部门人员专业特长的需要,有利于激发公共部门人员的工作积极性。正因为人力资源规划能够促使公共部门将自身的发展和战略目标与工作人员的发展和需要互相匹配,将工作人员个体价值的实现和公共部门的战略目标有机统一起来,才能不断提高工作人员的满意度和对组织的归属感,从而进一步调动他们工作的主动性、创造性和积极性。

三、公共部门人力资源规划的内容

一般说来,按照人力资源规划涉及范围的不同,可以将公共部门人力资源规划的内容分为两个方面,即人力资源总体规划和人力资源业务计划。

公共部门人力资源总体规划主要陈述公共部门在规划期内，对组织人力资源开发与管理的总原则、总方针、总目标、总政策，以及规划实施的步骤、时间进度、经费预算等。人力资源总体规划是在公共部门战略目标的指导下，通过职位分析活动和绩效评估活动，对公共部门人力资源供求状况进行预测和综合平衡的结果。职位分析是公共部门人力资源规划的重要参照系，借助于职位分析提供的公共部门职位工作性质信息，人力资源规划确定公共部门人员的素质要求和需求结构的基本构成状况。绩效评估提供公共部门有关被评估人员的业绩情况，是人力资源规划制定和调整的重要信息来源之一。通过绩效评估的持续反馈，公共部门及时准确地获取工作人员的工作信息，通过这些信息的整理和分析，可以对组织的招用制度、激励政策及培训制度等一系列管理政策的效果进行评估，及时发现人力资源规划中的潜在问题和可能的新增长点，从而为改进和完善下一阶段的人力资源规划提供参考，使人力资源规划更切合实际。

公共部门人力资源业务计划也称为人力资源专项计划，主要包括人力资源补充计划、人力资源调配计划、人力资源开发计划、人力资源职业计划以及人力资源报酬计划等。公共部门人力资源业务计划是其总体规划的具体展开，人力资源业务计划形成人力资源总体规划的子系统，每一项业务计划都由目标、政策、预算以及步骤等部分构成。完整的公共部门人力资源规划的内容如图2-1所示。

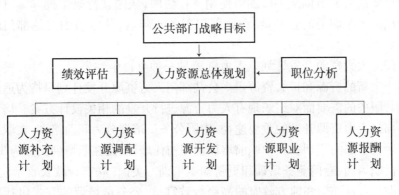

图2-1 公共部门人力资源规划的内容

（1）人力资源补充计划。人力资源补充计划是指以人力资源供求预测为基础，对未来一段时期内所需要补充的人力资源的数量、质量、标准、结构以及补充渠道等作出的预先性安排。由于晋升、交流、辞职、免职、辞退、退休等常规性人事变动,公共部门现有人力资源的数量会自然减少,需要制定人力资源补充计划,使公共部门在未来一段时期内的人力资源数量和质量得到合理的补充。以中国为例,公务员补充计划的内容包括:用人部门名称及其编制数、缺编数和拟增总人数;拟录用职位名称、专业、人数及所需要的资格条件;招考的对象、范围及采用的考试方法。事业单位需要补充人员时,要公布缺员岗位的用人条件和职责,实行公开招聘。公开招聘由用人单位根据招聘岗位的任职条件及要求,采取考试、考核的方法进行。事业单位补充计划主要包括招聘的岗位及条件、招聘的时间、招聘人员的数量、采用的招聘方式等内容。

(2) 人力资源调配计划。人力资源调配计划又称人力资源使用计划,是指为适应公共部门环境变化发展和提高人力资源使用效率的需要,通过晋升和交流等人力资源调配方式,对未来的人力资源分布作出预先性设计的人力资源计划。公共部门人力资源调配计划的主要内容涉及晋升和交流等层面。晋升是指不同职务层级之间的人力资源流动,表现为工作人员职位的升迁。公共部门人员职务晋升,是指管理机关按照有关法律法规的规定,根据工作需要和工作人员本人的德才情况与工作业绩,提高其职务与级别的活动。交流是指同一层级的人力资源在不同岗位之间的流动,表现为工作人员岗位的水平变动。在中国,公务员的交流,既包括不同机关、不同部门、不同地区、不同职位之间的交流,也包括机关与国有企事业单位工作人员之间的交流。公务员交流的方式包括调任、转任和挂职锻炼。公务员交流同样被西方国家当作一项重要的公务员调配手段加以使用。在法国,从国立行政学校和邮电职员中录用的各个职类的公务员,在原部门服务4年后,还应当到其他部门经受锻炼。

(3) 人力资源开发计划。人力资源是一种可再生性资源,通过开发可以使其产生新的资源和扩大资源量。公共部门人力资源开发计划是指为适应优化公共服务的需要而对组织现有人力资源进行开发的相关设计方案。培训是公共部门人力资源开发的重要途径,中国公务员培训分为职前培训、在职培训和对后备干部的培训。其中职前培训也即初任培训,而在职培训又分为3类,包括任职培训、专门业务培训和更新知识培训。美国"联邦行政长官学院"专门培训政府各部门和地方政府的高级行政官员,公务员培训的方式包括机关培训、部门培训、大学进修和在职培训等4种。不同国家、不同种类培训的要求不尽相同,但公共部门人力资源开发计划的主要内容一般都会涉及培训的对象、目标、内容、方式、时间、地点等若干项目的设计。公共部门通过有计划按步骤地对现有人力资源进行分门别类的培训,能开发现有人力资源的工作潜能,既使公共部门人员更好地适应其任职的岗位工作,也为组织未来发展所需的职位储备了合格的后备人才。

(4) 人力资源职业计划。虽然个体的自我设计对其职业生涯发展具有关键的作用,但组织层面的人力资源职业计划在工作人员职业生涯发展过程中的重要性不容忽视。公共部门人力资源职业计划是指公共部门为增强工作人员的满意程度并使其与组织发展统一起来而制定的、协调组织发展与个人发展相互关系的计划,即对组织中工作岗位任职者的职业生涯的计划安排。在公共部门变革和发展的过程中,工作人员的职业生涯应该与组织发展的战略目标有机统一起来,在达成组织发展的同时,使个人的发展和需要得到实现。人力资源职业计划的内容涉及确定职业方向、人生目标和阶段目标、生涯通道以及生涯战略和计划细节等。尤其对有培养前途且对公共部门发展较重要的人才,更应将他们的个人职业生涯与组织的长远发展联系起来统筹考虑,制定出相应的培养规划。

(5) 人力资源报酬计划。人力资源开发与管理的核心目的,在于通过充分挖掘组织成员的潜在能力和发挥组织成员的现实能量,提高其服务于组织目标的工作绩效。组织成员工作绩效的提高主要借助于激励的杠杆,而激励在很大程度上又有赖于报酬的设计。报酬是组织支付给工作者的回报或酬劳,它与工作者的利益直接相关,是影响甚至决定工作人员工作态度和工作行为一个重要因素,因此,人力资源报酬计划是组织人力资源总体规划的重要组成部分。报酬的概念相当宽泛,其外延包括经济报酬和非经济报酬。经济报酬包含薪酬和福利等,而非经济报酬涉及工作的成就感、挑战性、自主性、可学习性、自我实现性、工作环境的价值、人际融洽性,以及晋升机会等诸多方面。公共部门人员是一个知识、学历等素质处于较高层次的工作群体,对于绝大部分个体而言,非经济报酬和经济报酬具有同等重要的激励功能。公共部门人力资源报酬计划的内容包括报酬的结构、薪酬设计的原则、薪酬等级设计的方法与步骤等相关要素。

上述五个方面的人力资源业务计划密切相关。人力资源补充计划与人力资源调配计划相互关联,公共部门所需人力资源除从组织外部予以补充外,还可以通过内部晋升和轮换的方式来填补,尤其是较高层级职位的空缺,往往由较低层级人员通过晋升的方式予以补充;人力资源调配计划与人力资源开发计划以及人力资源职业计划相联系,公共部门人员晋升职务之前必须进行一定的晋升培训,而人力资源职业计划中应包括接受培训和晋升职务的内容;上述人力资源业务计划又应与人力资源报酬计划相衔接。例如,通过人力资源开发计划,公共部门岗位任职者提高了素质,如果没有相应的报酬计划方案,必然会挫伤其工作积极性,继而影响其工作绩效,不利于公共部门战略目标的达成。同样,其他人力资源业务计划也必须对应相关的报酬方案。因此,公共部门人力资源规划过程中,各方面的内容应相互协调,以形成一个各子系统相互连接和相互配套的有机整体。

四、影响公共部门人力资源规划的环境因素

公共部门人力资源规划过程客观上受诸多环境因素的影响,制定人力资源规划方案时须考虑影响规划的若干因素。影响公共部门人力资源规划的相关要素涉及公共部门的外部环境要素、组织系统要素和人力资源系统相关要素等三个层面的内容。

(一) 公共部门的外部环境要素

外部环境是公共部门生长和发展的特定背景,公共部门作为一个开放系统,必然要与之赖以生存的外部环境进行信息交换。影响公共部门人力资源规划的外部环境要素主要包括四个方面的内容。

一是政治因素。政治因素主要包括国体、政体、国家结构形式,以及政党政治和法律政策等。国体、政体和国家结构形式决定了公共部门在社会政治生活中的作用、地位、权力界限和活动范围,从而影响公共部门人力资源的配置。例如,在人民代表大会制下,人民代表大会拥有任免政府组成人员的权力,直接影响到政府组成人员的构成。同时,人大拥有审核和批准政府财政预算的权力,又可以影响和制约政府的机构组成与人员数量。就政党政治的影响而言,执政党的人事政策导向不同,公共部门人力资源规划的标准和倾向就有所差异。我国坚持党管干部的原则,各级政府的重要组成人员和领导干部由各级党委管理,而西方国家强调公务员保持政治中立,与政党政治脱钩,管理机构和组织目标的差异,必然会带来人力资源预测与规划活动的差异。法律和政策也是影响公共部门人力资源规划的因素,比如,有关公务员制度、户籍制度、社会保障制度以及人事制度改革的法规政策等都会对公共部门人力资源规划产生重要影响。另外,全球范围内的"政府再造"运动的蓬勃发展,使公共部门尤其是政府的职能、角色、地位、组织结构及其与社会的关系都发生了深刻的变化,公共部门经常面临重组、合并和私有化的威胁,并被置于与私人部门竞争来提供公共物品及服务的境地,由此,公共部门的人力资源规划活动也要随之作出调整。

二是经济因素。经济因素包括一个国家或地区的经济制度和结构、经济实力和发展水平、国民生产总值、经济潜力等。任何部门的人力资源管理活动都是在特定的经济背景下发生的,经济因素必然对公共部门人力资源规划活动产生重要影响。例如,经济发展影响公共部门人力资源的需求态势。经济实力和经济发展水平影响公共部门人力资源开发与管理的基本倾向,它决定着把多少人力和物力投入到公共部门,也为公共部门人力资源规划活动提供物质基础。再如,不同经济体制下的公共部门需要不同类型的人才资源。政府在计划经济体制下和市场经济体制下对人力资源类型和数量的需要是不同的。在计划经济体制下,政府过多介入社会生活,需要大量服从型和执行型人才;而在市场经济体制下,政府为更好履行其公共服务的职能,需要竞争型、创新型人才,人力资源的质量得到提升。在计划经济体制下,事业单位所需的人力资源完全由政府劳动部门或人事部门配备,主要凭借行政命令实现人力资源的规划;而在市场经济体制下,事业单位除少数领导人员由政府主管部门配置外,其他人员将完全由市场配置,人力资源规划活动主要通过人才市场来实现。

三是文化因素。社会政治文化是公共组织行为方式的凝固化表现,文化环境对公共组织的影响相对于政治环境和经济环境而言比较间接,但影响时间更长,组织变革必须在文化延续过程中进行[①]。文化环境的基本要素主要涉及知识、价值观念、意识形态、行为规范、社会准则、道德传统等方面的内容。公共部门人力资源开发与管理源于特定的社会政治文化环境背景,公共部门所具有的一定的价值观和行为准则,会促使其人力资源开发与管理包括人力资源规划活动选择特定的模式。由社会倡导的主流政治文化对公共部门人力资源需求产生一定的影响,例如,以"官本位"为价值基础的传统政治文化必然导致政府规模增大、政府权力膨胀、官僚主义盛行,随之而来的就是公共部门人力资源数量的无限扩张,其人力资源质量却逐渐下降。

四是技术因素。技术的创新和升级同样是影响公共部门人力资源规划的因素。例如,计算机和网络信息技术的普遍使用,提升了公共部门工作的自动化和机械化程度,对公共部门人力资源规划产生了较大的影响。互联网对社会系统的既有政治制度造成剧烈冲击,要求其作出迅速的制度创新以适应时代的要求,政府范式的制度创新首当其冲,电子政府(Electronic Government)是政府范式的新取向。电子政府建立人机界面的基本工作平台,设计出标准化的行政流程,许多常规性和例行性的组织工作被编成特定的程序软件,使用

---

① 吴江等主编:《公共部门人力资源管理》,北京:中共中央党校出版社2003年版,第91页。

这些软件完全实现无人化操作和管理,减少了对人力资源数量的要求;另一方面,作为一种全新的管理范式,电子政府对行政人员的思维理念、行为方式、知识结构、管理能力都提出了新的挑战,必须优化人力资源质量,提高行政人员的综合素质,公共部门人力资源补充计划必须适应这一变化。

(二) 公共部门的组织系统要素

影响公共部门人力资源规划的组织系统因素主要包括三个方面的内容。

一是公共部门的战略目标。公共部门战略目标应定位于提供公共服务以及实现和发展公共利益,诸如回应性、责任性、社会公正等都体现了公共部门战略目标的核心价值。新公共管理运动的背景下,随着公私部门不断地重组、合并、民营化以及政府直接干预的减少,公共部门将转变角色,将战略管理引入公共部门,更多地把注意力集中于组织未来的使命,将更加注重整体战略目标及其实施。公共部门被置于与私人部门竞争来提供公共物品及服务的境地,政府部门作为公共物品及服务的唯一提供者的垄断地位已经动摇,政府通过补贴、规划、委托和合同承包等方式间接运作,各种私人公司、独立机构和社会团体参与公共物品及服务的提供,不同的政府机构也为提供相同的公共物品或服务而展开竞争。为此,对公共部门岗位任职者的要求会发生变化,公共部门需要通过人力资源开发计划活动,使任职者适应岗位的新要求,重点应着眼于培训和调配。

二是公共部门的组织特征。随着新公共管理运动("政府再造运动")的蓬勃兴起,延续了多年的传统公共服务模式,包括公共部门的管理水平、组织结构层次、工作效率以及预算状况等组织特征都受到了极大的挑战。公共部门的管理水平是决定人力资源规划的决定性因素,一般说来,在其他条件不变的情况下,管理水平与人力资源数量成反比例关系,与人力资源质量成正比例关系;公共部门组织结构的变化,不仅影响人力资源整体需求数量和质量的变化,还将影响公共部门内部各层级管理者与普通工作人员的比例关系;不同工作效率的公共部门,对人力资源数量和质量的需求也是有所差异的;人力资源规划还会受到公共部门预算状况的制约。

三是公共部门的组织文化。组织文化支持和维持公共部门的管理活动,影响和制约公共部门人力资源管理的各个环节。作为一个组织的主导价值体系,组织文化是指在一定程度上为其成员所接受的价值取向。"组织文化通过向成员灌输团结意识和共同目标意识,有助于克服大型官僚机构的离心力",[1]因此,当公共部门的组织文化显示出较强的包容性时,大多数组织成员在组织价值取

---

[1] 〔美〕格罗弗·斯塔林著:《公共部门管理》,上海:上海译文出版社2003年版,第382页。

向和管理文化方面就会取得较多的认同,公共部门组织文化的凝聚力也就因此增强,工作人员的进取心就会较高,工作人员的外流量也就较少。公共部门可以通过对岗位任职者进行培训和晋升来满足组织发展对人力资源质量的新需求,公共部门的人力资源规划应该着重于培训、晋升和职业计划等方面。

（三）公共部门人力资源系统的相关要素

公共部门人力资源系统的相关要素也会影响组织的人力资源规划活动。人力资源规划必须与人力资源管理其他体系的相关要素,如招用、培训、调配、报酬等相互配合,才能真正体现人力资源规划的战略价值。一方面,在公共部门人力资源系统内部,就人力资源规划与人力资源管理其他环节的互动关系而言,人力资源规划具有战略性和先导性作用。人力资源规划是公共部门战略发展的重要组成部分,是公共部门为达成战略目标而确定的人力资源配置目标、计划和方式。因此,在实施公共部门战略目标和发展过程中,人力资源规划对人力资源管理活动其他环节的人事决策及其管理行为,具有重要的指导意义,在制定组织人力资源战略规划的过程中,必然会考虑规划制定对其他人力资源管理活动的导引和影响,而人力资源规划的结果,也只有通过这些决策和行为才能得到具体的落实。

另一方面,公共部门人力资源系统的其他管理环节也会影响其人力资源规划活动。例如,某些薪酬条件较高、福利待遇较丰厚、晋升机会较多、组织形象较好、比较器重人才的公共部门,对组织外部的人力资源具有较强的吸引力,组织内部的现有工作人员也不愿轻易离去。由此,公共部门从外部补充人力资源时选择余地较大,其内部人力资源供给也比较充裕,人力资源规划的主要任务在于按照能级相称的原则谋求组织人力资源的动态优化组合,根据个体的能力大小,赋予其相应的责任和授予其相应的职权,使有不同才能的人都处于相应的能级岗位,各献其能,各施其才,以保持和发挥公共部门的整体效能。

第二节 公共部门人力资源信息系统

计划的形成必须以客观信息为依托,科学的人力资源规划有赖于完善的人力资源信息系统。公共部门人力资源规划活动首先必须对组织现有人力资源状况进行核查和盘点,明确现有人力资源的数量、质量、结构以及分布状况,在此基础上才能对组织人力资源的供求状况进行预测,进而制定出平衡人力资源供求关系的人力资源战略规划方案。

一、公共部门人力资源信息系统的含义

有效的人力资源信息系统是公共部门作出人力资源决策的关键所在。信息是经过加工的,能对接受者的行为和决策产生影响的数据。公共部门人力资源信息是反映公共部门人力资源状况及其发展变化特征的各种资料、情报、数据、指令、密码、符号、文字、语言、讯号所包含内容的总称。公共部门人力资源信息系统也可称之为公共部门人力资源管理信息系统,是指为公共部门人力资源规划和人力资源管理其他环节的决策提供数据信息而建立起来的,具有一定组织体系、运行程序以及相关技术设施的有机整体。人力资源信息系统不仅在公共部门人力资源管理中扮演着信息纽带的角色,而且在公共部门人力资源规划过程中也起着关键性的支撑作用。

公共部门人力资源信息系统作为一个由若干相互联系的事物结合成的具有整体功能和行为目标的统一体,首先应具备系统的基本特征。

(1) 整体性。研究系统的性质必须立足于系统整体,注重系统的整体效应。在构建公共部门人力资源信息系统的过程中,也应从系统的整体性出发,对构成人力资源信息系统的诸要素进行运筹规划,建立合理的系统结构,发挥系统的整体功能。

(2) 目的性。目的不明确或混淆了不同的目的,必然导致管理的混乱。建立人力资源信息系统的目的在于为组织的人力资源管理活动提供科学依据和基本前提。组成人力资源信息系统的各分系统、各子要素之间有着共同目的,应通过权衡和调整系统内各分系统和子要素之间的联系,更好地实现系统的共同目的。

(3) 相关性。相关性是指人力资源信息系统内各元素之间是彼此相关的,存在着有机联系的不同层次。构成一个规模系统的不同层次系统之间,以及各类系统内部各要素之间都存在着密切联系,形成具有一定秩序的系统结构。公共部门人力资源信息系统数据库包括 3 个子数据库,即组织现有人力资源统计信息数据库、组织工作职位信息数据库和组织发展信息数据库,这 3 个子数据库之间要密切相关,形成完整的人力资源信息系统数据库。

(4) 适应性。任何系统都存在于一定的环境之中,都会与系统外部的事物存在有机联系。要维持系统的功能,人力资源信息系统必须适应组织外部环境的变化。当人力资源信息系统不适应外部环境时,其功能就不能保持稳

定,甚至系统本身也难以存在。

公共部门人力资源信息系统所提供的信息应具备及时、准确、简明、相关、完整等基本特征[1],否则,不但会降低人力资源供求预测的精确性,而且也将使人力资源规划方案的有效性大打折扣。

(1) 及时性。及时性强调信息的使用及其价值对时间的依赖性。客观信息总是处于不断的变化发展之中,人力资源相关信息往往具有很强的时效性,时过境迁后可能会变得毫无价值。因此,必须密切关注人力资源管理活动若干环节的最新动态,及时了解、掌握和处理这些信息,并在必要时将其提供用于组织的人力资源规划活动。

(2) 准确性。准确性是人力资源信息系统存在的基础。信息强调的是客观存在的一切事物通过物质载体发出的有关内容,凡不符合客观事物的信息不具有任何使用价值。一般说来,信息的准确性或精确度越高,信息的质量就越好。为保证人力资源信息系统的准确性,人力资源信息的来源必须是真实和可靠的,处理人力资源信息的相关程序和手段也必须是科学合理的。

(3) 简明性。凡具有较高价值的人力资源信息往往是在对大量原始信息进行加工处理后取得的,而那些未经正确取舍和筛选的信息往往比较分散,其价值必然也大打折扣。因此,人力资源信息必须简单明了、言简意赅,晦涩难懂的信息只能增加其使用的难度,从而减低其使用价值。

(4) 相关性。相关性同样是确保人力资源信息科学价值的重要前提。一方面,人力资源信息系统提供的数据信息必须具有针对性,能够符合人力资源规划的使用目的和基本要求;另一方面,这些信息之间必须相互关联并且能够相互印证,由此保证人力资源信息的真实可靠。

(5) 完整性。信息的完整对人们的实际工作具有重要意义,尤其是对人力资源规划活动而言,能够及时获得反映人力资源的完整信息是相当重要的。为保证人力资源信息的完整性,相关信息要素的收集范围要广泛、内容要全面,既要反映人力资源信息的客观状态,也要掌握这些信息产生的背景资料。

二、公共部门人力资源信息系统的结构

结构是公共部门人力资源信息系统的基本属性。人力资源规划活动的功

---

[1] 〔美〕R·韦恩·蒙迪等著:《人力资源管理》(英文第6版),北京:经济科学出版社1998年版,第127页。

能发挥,不仅取决于人力资源信息系统的组成要素,而且也取决于人力资源信息系统的结构方式。因为结构直接反映和表现人力资源信息各组成要素之间持久和稳定的内部关系,进而影响其整体功能的发挥。人力资源信息系统是一种复杂的系统,具有多方面的特征,可以从不同的研究目的和角度对公共部门人力资源信息系统的结构进行考察。

(一) 数据结构

公共部门人力资源信息是对公共部门人力资源的特征和变化规律的反映。公共部门人力资源信息系统的资料库包容与人事决策及管理有关的多方面信息,每一方面的信息分别形成人力资源信息系统的子数据库。从数据内容的角度看,公共部门人力资源信息具体涉及三个层面的内容:一是公共部门现有人力资源统计信息数据库。这部分信息描述的是个体或群体特征的具体内容,包括公共部门人力资源的自然状况、知识状况、技能状况、工作经历、工作态度、工作状况、培训状况、报酬状况等方面的个体信息。二是公共部门工作职位信息数据库。职位说明书是对工作职位分析结果的书面表达形式。公共部门职位说明书的基本信息一般包括职位名称、职位代码、工作项目、工作描述、所需知识与技能、转任和升迁范围、工作标准等内容。三是公共部门发展信息数据库。信息来自公共部门人力资源管理活动的过程中,涉及公共部门未来的发展目标和战略规划方面的信息以及公共部门以往历史发展的数据信息,具体包括公共部门人员变动情况、职位变动情况、公共部门人力资源需求状况、公共部门人力资源流动的意向和趋势等,同时也包括在此基础上而形成的计划、政策、法规、文件等与公共部门人力资源开发密切相关的环境信息。

(二) 组织结构

组织是人力资源信息系统运作的直接承担者,复杂的人力资源信息系统的运作是通过不同组织的有机整合得以实现的。从组织机构的角度看,可以将人力资源信息系统的结构区别为五个部分。一是人力资源信息系统的情报部门。情报部门的主要任务是向人力资源规划或人力资源管理其他环节的决策提供所需要的各种情报信息。二是人力资源信息系统的统计部门。统计部门的主要任务是利用各种科学的方法,根据科学的原则和程序,进行人力资源数据资料的收集、整理、分析和综合。三是人力资源信息系统的档案部门。档案部门的主要任务是收集、整理、保存并提供人力资源的相关信息,以备人力资源规划或人力资源管理其他若干环节的决策使用。四是人力资源信息系统的数据库。数据库是由若干文件组成的人力资源信息的集合,是人力资源信息系统的基础和核心。数据库的内容涉及现有人力资源统计信息、工作职位信息和组织发展信息。五是人力资源信息系统的咨询、监督和反馈部门。咨询、监督和反馈部门是人力资源相关决策必不可少的辅助机构,都以人力资源数据信息为基础,对人力资源规划或人力资源管理其他决策进行事前谋划、论证和分析,以提高决策的有效性和科学性。

（三）技术结构

人力资源信息系统需要相应的配套技术。人力资源信息系统的技术涉及信息处理技术、计算机硬件、计算机软件、数据库系统、网络技术等各个方面。一是信息处理技术。包括批处理与实时处理、远程处理与局域处理、联机过程与脱机处理、集中化和分散化及分布处理等几种方式。二是计算机硬件系统。其基本部件包括处理器、内存、显示器、硬盘、输入输出设备等,公共部门应根据自己的数据结构适当配置硬件系统。三是计算机软件系统。通常分为系统软件和应用软件,涉及包括操作系统、编译系统、程序设计语言以及运行环境等方面的内容。四是数据库系统。主要由数据库、描述机构、管理系统、用户和管理人员组成。数据库由数据库管理系统(Database Management System,DBMS)处理,DBMS则由管理人员和用户通过应用程序直接或间接地使用,主要包括4个要素:用户数据、元数据、索引和应用元数据。四是网络技术。典型局域网的设计大多采用以太网的结构,物理上由服务器、路由器、工作站、操作终端通过集线器形成星型结构共同构成局域网。网络的软件结构主要包括系统服务器软件、工作站软件和操作终端软件等[1]。

（四）过程结构

公共部门人力资源信息系统的加工处理过程是一个系统和辩证的流程。从人力资源信息的处理过程看,大致可将其分为人力资源信息的输入、转换、输出和反馈控制四个阶段。

一是输入。向公共部门人力资源信息系统提供原始信息或第一手数据,即为输入。信息的采集是输入的前提,信息采集工作要求从客观情况出发,根据系统目标,确定数据收集范围。采集信息有许多方法,如自上而下的广泛调查、有目的地进行专项调查、随机积累等。对采集到的数据信息进行识别可以由决策者完成,也可以由相关技术人员或管理人员完成。输入的信息主要包括组织现有人力资源统计信息、组织工作职位信息以及组织发展信息等3个方面的内容。输入信息的具体技术手段可以采用人工录入数据、网络获取信息、传感器自动采集等。

---

[1] 赵曼主编:《公共部门人力资源管理》,北京:清华大学出版社2005年版,第321～325页。

二是转换。即对收集到的信息进行加工整理的过程。许多原始信息包含着大量虚假和错误的成分，必须对其进行加工筛选才能获得真正有用的信息。加工处理的方法具体包括分类、比较、综合、研究等，通过转换保留有用的信息，剔除陈旧的部分，并同时对其进行归纳分析，把有用的数据资料加工成能综合反映事物总体特征的信息，从而为公共部门的人力资源活动服务。信息转换在数学上的含义包括：排队、分类、归并、查询、统计、预测、模拟以及进行各种数学运算。对输入的原始信息作分类处理和统计分析，就可得到许多有用信息，如公共部门人员的文化素质结构、年龄结构、业务水平、培训情况等。

三是输出。即将处理并储存好的信息在需要时调用出来，按照要求编印成各级人力资源管理者所需要的报表和文件，以便于他们及时获取所需要的信息和资料。对公共部门人力资源信息系统而言，信息输出方式的简明易用是十分重要的，系统设计者应当利用各种方式、避免误解，提高信息清晰程度，以保证信息被正确地理解和使用。加工好的信息可以用报表、报告、文件等的形式提供给系统外部，输出的结果可以帮助人力资源管理者作出更好的决策，但它只是提供高质量的信息而不是替代管理者作出决策。

四是反馈控制。即在信息输出以后，及时回收有关信息使用者的看法与反映，然后针对信息本身存在的不足进行及时的扩展和补充，以便更好地满足人力资源决策者对信息的要求。反馈控制可确保整个过程的实施，确保输出结果是系统所期望的结果，亦可提高整个人力资源信息系统的有效性。对组织现有人力资源信息系统进行科学评估是反馈控制的重要前提，评估关注的主要问题涉及人力资源规划的目标及其对人力资源信息系统的要求；现有人力资源信息系统的使用状况；现有人力资源信息系统的价值等。在对现有人力资源信息系统进行系统和全面评估后，才能明确其是否存在缺陷和不足，是否需要作进一步的改进和完善，以及哪些信息需要精简或增补。如果现有的人力资源信息系统存在某些不足和缺陷却不加以改进，人力资源计划活动所必需的数据信息就很难获得，即使可以获得也不能保证其应有的价值。

三、公共部门人力资源信息系统的数据库

公共部门人力资源信息系统的资料库包容与组织人事决策及管理相关的多方面信息，每一方面的信息分别形成人力资源信息系统的子数据库。公共部门人力资源规划主要依靠三个信息系统子数据库进行分析和决策，这三个子数据库分别是现有人力资源统计信息数据库、工作职位信息数据库和组织

发展信息数据库。

(一) 公共部门人力资源统计信息数据库

人力资源规划必须以现有人力资源信息的统计分析为依据。公共部门人力资源规划过程中,首先应建立人力资源统计信息系统,人力资源统计信息数据库主要包括公共部门人员各方面的基础信息,即公共部门人员个体登记信息,由工作人员自己填表登记和人力资源部门查阅人事档案的方式汇总而成。

公共部门人员个体登记信息主要涉及以下具体内容。① 自然状况,包括姓名、性别、出生年月、籍贯、住址、民族、健康状况、婚姻状况等。② 知识状况,包括学历、学位、专业及其他证书等。③ 技能状况,包括语言能力、文字能力、操作能力、管理和协调能力以及其他专长。④ 工作经历,包括以往的供职单位或部门、任职情况、奖惩情况等。⑤ 工作态度,包括工作质量、出勤记录、工作建议等。⑥ 工作状况,包括目前所属部门、岗位、职级、绩效及适应性等。⑦ 培训状况,包括培训的内容、时间、地点、次数、种类、成绩等。⑧ 报酬状况,包括薪酬和福利以及各种非经济报酬。此外,公共部门还可收集诸如工作人员家庭背景、社团资格、外文水平等方面的个体信息。

公共部门人员个体登记信息经过综合性的统计分析后,就可以形成有关现有人力资源结构形态的二次信息,即公共部门人员整体结构信息,并可以依此绘制出各种单元结构分布图表。一般来说,公共部门人员整体结构信息主要包括以下内容:

一是年龄结构。即确定若干年龄组,统计出各年龄组的比例。把现有人员按30岁以下、30～35岁、36～40岁、41～45岁、46～50岁、51～55岁、55岁以上的7个年龄组进行比较,并在此基础上得出各年龄段在组织整体人员中的比例。

二是文化程度结构。按学历层次统计出各文化程度层次人员的比例。可按照高中以下、高中(含中专)、大专、大学本科、研究生(硕士、博士)等若干层次进行分类统计。

三是专业结构。先确定组织中不同职位类别人员的比例,如我国公务员职位类别按照公务员职位的性质、特点和管理需要,划分为综合管理类、专业技术类和行政执法类等类别。然后将这3类人员按需要细分为不同专业,并统计出各种专业人员的比例。

四是职务和职称结构。即按若干职务层级分别统计出各层级职务人员的比例。例如,我国公务员领导职务层次分为:国家级正职、国家级副职、省部级正职、省部级副职、厅局级正职、厅局级副职、县处级正职、县处级副职、乡科级正职、乡科级副职。综合管理类的非领导职务分为：巡视员、副巡视员、调研员、副调研员、主任科员、副主任科员、科员、办事员。事业单位专业技术人员的职称可按分为初级、中级、副高、正高等层次。就此可以统计出各类组织现有人力资源的职务和职称结构分布状况。

　　五是能力结构。能力结构主要包括口头交流能力、书面交流能力、领导能力、解决问题的能力、自我导向的能力、技术能力、人际关系能力、灵活性和果断性等。对不同层级人员的能力要求有所差异，绘制人力资源能力结构分布图时应区别对待。基层管理人员的能力侧重于管理不同类别工作人员的能力、冲突管理的能力、人力资源管理的能力、团队建设能力和影响谈判的能力等；而中层管理人员的能力重点考察创造性思维、计划和评估、顾客导向、内部管理、财务管理、技术管理等。

　　此外，还可以按其他结构类型进行统计，各种结构信息也可以综合起来进行统计分析，如各年龄段文化程度结构图等。

（二）公共部门工作职位信息数据库

　　人力资源规划同样离不开工作职位信息，人力资源规划就是在组织发展中将人力资源配置到特定工作岗位上的筹划活动。职位说明书是对公共部门每个职位的工作内容、职责、工作标准及有关事项的说明。为能客观、准确、规范地反映各职位的工作任务及职责和所需资格条件等，以便为进行职位的后续管理提供依据，在职位调查和分析评价后，需拟定每个职位的职位说明书。职位说明书的填写要客观、准确、字迹清晰工整。公共部门职位说明书可由职位任职人员按照本职位的职责填写，也可由各岗位的直接领导人员或人事部门负责填写。岗位的直接领导人员和上级领导人员审核职位说明书后应交组织人事部门复核，并报组织领导人员审定。

　　以我国公务员职位分类制度为例说明公共部门职位说明书的基本信息。按照国家人事部《国家公务员职位分类工作实施办法》的规定，公务员职位说明书一般包括下列内容：① 职位名称。即每一职位的规范化称谓，填写时应力求简明并反映该职位的工作性质及职务。例如，办公厅秘书处工作主任科员。② 职位代码。即每一职位的代表号码。职位代码由三部分组成：第一部分是职位所在国务院（所在省、市、区、县）各工作部门的代码，第二部分是职位所在各部门内设机构（所在地各工作部门）的代码，第三部分是内设机构（各工作部门）中职位的顺序号。如海关总署关税司国际关税处处长职位的代码为：415-03-07。③ 工作项目。指根据本单位的职能、业务分工情况及本职位具体承担的工作任务。各项工作最好按主次顺序填写，尽可能注明每项工作所占时间的百分比,如有可能,还应重点列述其他上级临时交办事项。④ 工作描述。即本职位工作情况的简要描述,包括本职位工作时所接受的监督指导;处理本职位承担的每项工作任务时所运用的工作方法、工作程序,以及相应具有的工作权限和责任;本职位工作过程中与其他人员的接触情况;本职位的工作效果在职权范围内的影响程度。⑤ 所需知识与技能。指完成本职位工作所需的文化程度、知识结构、经验资历以及应具备的各种能力及水平。⑥ 转任和升迁范围。指本职位工作人员在其业务范围内可进一步升任何种职位,或可转任何种职位,以及应由何种职位的工作人员升任本职位的工作。⑦ 工作标准。指处理本职位承担的每项工作任务时应达到的质量和数量的基本标准,按工作项目分别加以说明。

(三)组织发展信息数据库

人力资源规划除了依托于相关的人力资源统计信息和工作职位信息外,宏观上还依赖人力资源规划置身其中的组织发展信息。人力资源规划服务和服从于组织发展战略,人力资源规划应以组织发展目标及战略规划的有关信息为依据;另一方面,在人力资源规划过程中,公共部门以往历史发展的数据资料对人力资源需求预测也具有参考意义。

公共部门组织发展信息数据库应该包括两方面的信息。一是组织未来的发展目标和战略规划方面的信息。公共部门转变角色,引入战略管理的观念,更多地把注意力集中于组织未来的使命,将更加注重整体战略目标及其实施。例如,政府部门作为公共物品及服务的唯一提供者的垄断地位已经动摇,政府通过补贴、规划、委托和合同承包等方式间接运作,各种私人公司、独立机构和社会团体参与公共物品及服务的提供,不同的政府机构也为提供相同的公共物品或服务而展开竞争。由此催生的组织规模的变化、先进设备和新技术工艺的引进、公共服务的营销战略及市场定位、管理部门的机构调整等信息都应包含于组织发展规划之中。二是组织以往历史发展的数据信息,包括公共部门历年人员数量和结构变动情况、组织成员晋升和接受培训的人数、职位变动情况、组织结构层次变化、工作效率以及预算状况变化情况等。此外,公共部门人力资源信息还会涉及相关的计划、政策、法规、文件等环境信息,通常也作为组织档案资料储存进人力资源信息系统。

四、公共部门人力资源信息系统的网络化

伴随着人类社会由传统工业时代向信息时代的转型,信息在组织活动过程的范围及其功能不断拓展,人力资源信息系统在组织人力资源管理活动,包括人力资源规划活动中的支撑性作用尤显突出。按照信息处理手段的不同,人力资源信息系统可以分为人工处理信息系统和计算机处理信息系统。人力资源人工处理信息系统是一种传统的信息处理方法,主要适用于小型组织;人力资源计算机处理信息系统是一种现代化的信息处理方法,是计算机技术在人力资源管理中的具体运用,尤其适用于大中型组织。随着计算机技术和人力资源管理现代化的进程不断推进,越来越多的组织将人力资源管理信息纳入现代化的计算机管理系统。计算机是现代计算和数据处理的强大手段,具有计算速度快、数据处理精确度高、存储记忆能力强等优势,通过计算机管理系统可以实现对人力资源管理的相关数据,进行有效收集、整理、编辑、分析和预测的动态过程,进一步完善人力资源信息系统的科学性。事实上,对于组织人力资源管理的许多技术性工作,如组织成员的绩效评估、薪酬设计等,人工处理已经不能适应组织发展的需要。

  网络信息技术的革命已经席卷整个公共部门,获取及处理信息费用的大幅度削减正在改变着公共部门的理论和实践,人力资源信息系统也不例外。"政府越来越意识到把它们的计算机和通信系统融入高效、有内在联系的网络的重要性。"[1]公共部门的管理者们逐渐意识到,这些信息技术不再是数据处理部门的专有领地,作为管理者需要像对人力资源、财物资源的管理一样直接对信息资源进行管理。事实上,"电子数据处理开始于公共部门。由霍勒里斯发明的机器帮助政府承担了1890年的人口普查。"[2]

  通过信息资源的网络化,系统内外的信息联为一体,公共部门人力资源的信息资源更加丰富,信息处理的手段愈发现代化,信息流程进一步缩短,信息的真实性得到切实保障。

  (1) 网络信息技术将改变公共部门人力资源信息系统的载体。公共部门不再是用传统的"白纸黑字"的形式记录行政信息,而是以"比特"(Bit)的形式记录人力资源信息系统的数据内容及其内在联系,并通过网络信息技术和计算机表示出来,过去那种"出门带公文包"的传统将被"出门带手提电脑"所取而代之。

  (2) 网络信息技术将改变公共部门人力资源信息的传输渠道。与以往传统的邮政、电话、电报、传真等传递信息的方式不同,网络信息技术将打破公共

---

[1] 〔美〕格罗弗·斯塔林著:《公共部门管理》,上海:上海译文出版社2003年版,第468页。
[2] 同上书,第466页。

部门的组织层级界限，以网络通信的方式，快速将人力资源系统的信息直接传递到决策者手中。信息传递渠道纵横交错，不再按照行政隶属关系传递，等级权威在信息传递中不再起决定作用。

（3）网络信息技术将改变公共部门人力资源的信息结构。人力资源信息结构往往是与公共部门的组织形态、权力结构相一致的，在等级制的金字塔形组织结构下，人力资源信息结构大多是纵向层式的。网络信息技术将使人力资源信息系统各节点的联系既有垂直方向，即上下级之间的纵向联系，也有水平方向，即同等级层次之间的横向联系，还有不同等级层次、不同隶属的斜向联系，共同组成纵横交错的信息沟通网络。

（4）网络信息技术将改变公共部门人力资源信息的方式。网络信息技术使公共部门的人力资源信息呈现出交互化的态势。人力资源信息系统可以有多个信息中心，每一个信息中心既能了解各职能信息、层次信息，也能了解公共部门的全局信息。同时，公共部门与外界的信息交流与沟通是开放性的、多层次的、交互式的，可以使人力资源信息跨层级、跨职能、跨部门流动。

网络化条件下的公共部门人力资源信息系统安全问题值得重视。"计算机软件或硬件的故障、网络通信的混乱、人为的错误或未经许可使用人力资源信息系统，都可能导致信息系统运行不正常，或者根本不能运行。"[①]公共部门人力资源信息的安全问题，是指制定政策、规章制度和技术措施，防止在未经许可的情况下，修改系统、盗窃信息或进行物理破坏等。由于人力资源信息系统越来越跨越部门甚至是地域的界限分布，确保人力资源信息安全性、可靠性和完整性的任务也变得越来越复杂。

网络安全是人力资源信息系统能否正常发挥其应有功效的前提和基础。公共部门管理者必须未雨绸缪，对人力资源信息系统所面临的风险或潜在的损失进行评估，建立有效的安全预警机制，加强对人力资源信息系统网络的安全管理，消除其安全隐患。为此，公共部门管理者必须制定和完善保障人力资源信息系统安全的法律法规，如"禁止非法入侵网络法"、"网络信息保护法"等，进而形成一整套相应的法律体系；建立和健全保障人力资源信息系统安全的综合管理体系，既包括对网络基础设施本身的管理，也包括对公共部门工作人员的管理和培训；充分利用先进的网络信息技术，建立人力资源信息系统的全面信息安全机制，对外采用公开密钥、先进防火墙技术防止外部攻击，对内采用数字签章、实体鉴别技术实现内部防护。

---

① 梅姝娥等主编：《管理信息系统》，北京：石油工业出版社2003年版，第421～422页。

第三节 公共部门人力资源供求预测

人力资源供求预测是人力资源规划过程的中心环节,人力资源统计信息为供求预测所用,而人力资源规划方案则以供求预测为基础。在对公共部门现有人力资源及相关因素进行统计分析,并建立人力资源信息系统的基础上,便可进入人力资源信息的供求预测阶段。

虽然公共部门的人力资源规划活动具有不确定性和渐进性的特征,但其人力资源的供给和预测依然是必要而且是可行的。一般说来,公共部门"应用最广泛的预测方法是集体观点(collective opinion)。它意味着首先从组织内部和外部的各种原始资料中收集信息,然后,就这些材料的解释达成团体共识。"[1]虽然如此,公共部门人力资源规划过程中依然可以获得一些较为理性的人力供求资源预测具体方法。事实上,组织人力资源供需预测的一般技术方法在公共部门人力资源供求预测活动中也是经常出现的。以下分别侧重介绍人力资源需求预测和供给预测的常用技术方法。

一、公共部门人力资源需求预测

在综合考虑人力资源需求影响因素的基础上,可以采用科学的程序和方法对公共部门人力资源需求状况进行预测。公共部门人力资源需求预测(Requirement Forecast)是指公共部门为实现既定战略目标而对未来一段时期内人力资源需求量进行估算的过程。人力资源需求预测的程序主要分为两种,一是从整体到局部的程序,即先预测组织整体人力资源总需求,然后再分别确定各类或各部门的人力资源需求;二是从局部到整体的程序,即先分别预测各类或各部门的人力资源需求,接着在此基础上确定组织的人力资源总需求。

人力资源需求预测的具体技术方法很多,可以从不同的角度对其归类,但更为普遍使用的分类方法是从预测的主观性程度出发,将其区别为判断预测

---

[1] 〔美〕唐纳德·克林格勒等著:《公共部门人力资源管理:系统与战略》(英文第4版),北京:中国人民大学出版社2001年版,第110页。

法和统计预测法①。判断预测法(Judgment Forecast Method)属于定性预测的方法,是指依靠管理者或专家的经验性直观判断来预测未来发展趋势的主观方法。判断预测法的具体方法包括德尔斐法、管理者估计法、专家会议法、头脑风暴法等,其中以德尔斐法最为常用。统计预测法(Statistical Forecast Method)则属于定量预测的方法,是指根据过去的情况和资料建立数学模型,并由此对未来发展趋势作出预测的非主观方法。常用的统计预测法有趋势分析法、回归分析法、经济计量模型法等。下面分别介绍几种常用的人力资源需求预测技术方法。

(一) 德尔斐法

德尔斐法(Delphi Method)是"二战"后发展起来的一种直观预测方法。德尔斐是古希腊传说中的神谕之地,城中有阿波罗神殿可以预卜未来,因而借用其名。德尔斐法由美国兰德公司(The Rand Corp)于20世纪50年代初的一项研究计划而产生,自20世纪60年代开始广泛应用于社会、经济、科技、军事等领域的预测,其技术方法在实践中不断得到改进和完善。德尔斐法是全球最常用120多种预测法中使用权重比例最高的一种,斯蒂纳(G. A. Steiner)在《高层次管理规划》一书中,甚至将这种方法当作最可靠的技术预测方法②。

德尔斐法是一种使专家们对组织某一方面发展趋势达成一致看法的结构化方法。德尔斐法的本质在于利用专家的知识、经验、智慧等无法量化的带有很大模糊性的信息,通过通信的方式在专家之间进行信息交换,逐步取得一致意见,从而达到预测目的。德尔斐法的独特特征主要体现在4个方面:一是权威性,即吸收专家参与预测,充分利用其经验、知识和综合分析能力;二是匿名性,即采用背靠背的方式,以使每一位专家能够作出独立判断,完全消除其心理因素的影响;三是反馈性,即经过若干轮信息反馈,使专家的判断逐渐趋同;四是结构化,即专家通过综合整理的结构化预测表不断进行信息反馈。

使用德尔斐法进行预测的具体步骤如下③:第一步,预测规划。具体规划工作包括:设立负责预测准备工作的临时机构;确定预测的课题及各预测项目;选择若干名熟悉所预测课题的专家,专家人数视预测课题的复杂程度从10~50人不等。第二步,专家预测。预测机构将包含预测项目的预测表及相关背景材料寄送各位专家,各位专家以匿名方式对预测课题作出独立判断。

---

① 〔美〕Susan E. Jackson等著:《人力资源管理:从战略合作的角度》(英文第8版),北京:清华大学出版社2005年版,第198页。
② 吴清烈等主编:《预测与决策分析》,南京:东南大学出版社2004年版,第15页。
③ 吴志华主编:《人力资源开发与管理》,北京:高等教育出版社2004年版,第148页。

第三步,统计反馈。预测机构将专家意见统计汇总后,综合成新的结构化预测表,并将其再分别寄送给各位专家,请专家对照新预测表进行第二轮预测或判断。如此反复经过3～5轮,专家的意见即可趋向一致。第四步,表述结果。预测机构将专家经过若干轮预测形成的结果以文字或图表的形式表述出来。

德尔斐法"突破了传统的数量分析限制,为更合理、更有效地进行决策提供了支撑和依据。基于对未来发展中各种可能出现和期待出现之前景的概率估价,德尔斐法能够为决策提供可供选择的多种方案,其他方法则很难获得像这样以概率表示的明确答案"[①]。而且这种方法具有简单易行,不受权威影响的优势,因而在组织人力资源需求预测中被广泛使用。这一方法的不足在于专家不能相互讨论问题和交流看法,预测过程耗时费力,成本较高,并且有些预测可能会缺乏深刻的论证,特别是当专家由于各种原因而对填写预测表不太重视时,将直接影响预测结果的准确性。

(二) 管理者估计法

管理者估计法是指由组织各级管理者根据自己的经验和直觉,确定组织未来时期所需人力资源种类和数量的方法。管理者估计法可以采用"自下而上"和"自上而下"两种方式。采用"自下而上"式管理者估计法时,先由公共部门各职能部门的基层管理者根据本部门在未来时期的业务增减情况,提出本部门对各类人力资源的需求数目,接着交由上一层级管理者进行综合估算平衡,如此经过层层上报后,最后由公共部门最高层管理者确定人力资源的需求预测总量。采用"自上而下"式管理者估计法时,通常由公共部门高层管理者先拟定出组织总体的用人目标及其指导性建议,然后由各级职能部门按组织指导性建议的要求,自行确定本部门的人力资源需求规划。在实际操作过程中,往往将两种管理者估计法结合起来使用,然后由组织高层会同人事部门、财务部门、培训部门等进行综合平衡,最终确定公共部门的具体人力资源需求。

管理者估计法简单易行,因而在实际工作中使用较为广泛。公共部门基层管理者因为经常接触组织成员,往往更加熟悉组织的工作情况,而公共部门高层管理者的判断又能更好地结合组织的发展目标和战略需求,他们能够借助自己的经验和直觉,较为合理地估算出本部门未来时期所需的人力资源数量。但这种粗线条的预测方法具有较强的主观性,对参与预测的管理者要求较高,因此,管理者估计法一般适用于规模较小的公共部门。

---

① 吴清烈等主编:《预测与决策分析》,南京:东南大学出版社2004年版,第15页。

（三）趋势分析法

趋势分析法（Trend Analysis Method）是一种运用时间序列，通过分析组织的历史性资料从而作出预测的相对简单的定量分析方法。趋势分析法运用于人力资源需求预测的基本思路是：首先确定组织中与人力资源数量和结构的关系最为紧密的相关因素，然后从历史数据中探寻这一因素随组织人力资源数量改变而发生变化的趋势，由此推断出这一因素未来的发展趋势及其对组织人力资源的需求量和需求结构的影响。对趋势变化进行分析时可以采用移动算术平均数法、指数滑动平均法等方法，但在实践中更多采用比较法，即将组织连续若干年的同一类型的有关历史数据报表加以比较，然后绘制出统计图表的趋势线并将其外推以作出人力资源需求预测。

使用趋势分析法进行公共部门人力资源需求预测的具体步骤如下①：① 确定恰当的与公共部门人力资源数量和结构相关的关键因素。确定关键因素是进行需求预测的重要前提，确定的关键因素必须反映组织的基本特性，并且与组织所需人力资源数量和结构成比例关系。例如，对高等学校而言，和组织人力资源相关的关键因素应是招生人数；对医院而言，和组织人力资源相关的关键因素应是病人数。② 对确定的相关因素和公共部门人力资源数量和结构进行对比，通过组织发展的历史数据绘制出两者的关系图。③ 通过上述关系图确定公共部门人员中每人每年的效率示标（Efficiency Indicators），即提供公共产品过程中效率水平的规范化的量的显示。一般的效率示标包括单位成本、平均个案处理时间等。鉴于公共服务活动的多样性，效率示标还要根据不同活动的性质和特点进行设计。④ 确定效率示标的发展变化趋势，并通过图表以趋势线的形式表达出来。⑤ 根据公共部门发展变化的实际情况，对效率示标的发展变化趋势作出必要的调整。⑥ 对预测年度的公共部门人力资源需求数量和结构进行推测。

趋势分析法的优点在于简单易行，因而作为常用的定量预测方法而被组织广泛使用。但这一方法的不足之处也是显而易见的，运用这种方法最基本的假设是效率示标趋势线的形状会保持下去，即过去人力资源增减的趋势在未来一段时期内不会发生改变。但这个假设往往与现实情况并不一致，尤其是对人力资源需求作长期预测时，由于很多影响人力资源需求的因素，例如政府职能、新技术设备、公共部门人员的素质、公共产品的需求量等都会有所变化，从而使未来人力资源增减的趋势也会发生改变。因此，运用这种方法预测

---

① 张德主编：《人力资源开发与管理》（第2版），北京：清华大学出版社2001年版，第92～93页。

人力资源需求数量和结构时,必须配合其他方法如管理者估计法等,才能使预测结果更趋于准确和合理。

（四）回归预测法

回归预测法(Regression Forecast Method)是通过对某个变量(自变量)的了解来预测另一个变量(因变量)的定量分析技术。运用回归预测法估算人力资源需求量时,同样是以组织某些因素与人力资源数量和结构之间的关系为基础的,但这一方法通过数理统计的方法建立回归方程进行预测,因而具有更高的精确性。回归预测法可从不同的角度进行分类。根据回归模型自变量的多少,回归预测法可分为一元回归预测法和多元回归预测法;根据回归模型变量是否线性,可以将其分为线性回归预测法和非线性回归预测法等;根据回归模型是否带虚拟变量,又可将其分为普通回归预测方法和带虚拟变量回归预测方法。这里主要介绍一元线性回归预测方法。

在人力资源需求预测过程中,如果只考虑公共部门的某一因素对人力资源需求的影响,可以使用一元线性回归预测法(Simple Linear Regression Forecast)。一元线性回归预测在实际运用中大体可分两步进行[1]。第一步是建立预测模型。一元线性回归函数式是

$$y = \alpha + \beta x$$

其中：y 是因变量,表示公共部门的员工需求量;x 是自变量,表示公共部门提供的公共产品或公共服务数量;α 是需要根据公共部门过去的数据来进行推算的未知系数,表示当 x 等于 0 时,y 的数值,即长期趋势的基期水平;β 表示趋势线斜率,即 x 每变动一个单位时的增减量。

在实际的需求预测过程中,一元线性回归预测模型的建立,就是如何根据公共部门一组已知的数据,即历年的工作人员数(Y_i)和历年的公共产品或公共服务数量(X_i),来估计回归方程 $y = \alpha + \beta x$ 的系数 α 和 β 的问题。有多种方法可用以估计 α 和 β 值。根据最小二乘法对 α 和 β 进行求解的方程式为：

$$\beta = \frac{\sum X_i Y_i - \bar{X} \sum Y_i}{\sum X_i^2 - \bar{X} \sum X_i} \qquad \alpha = \bar{Y} - \beta \bar{X}$$

公式中,$\bar{Y}$、$\bar{X}$ 分别是 Y、X 的平均值,n 为时间序列项数,则

---

[1] 吴志华主编：《人力资源开发与管理》,北京：高等教育出版社 2004 年版,第 150～151 页。

$$\overline{Y} = \frac{1}{n}\sum Y_i \qquad \overline{X} = \frac{1}{n}\sum X_i$$

第二步，按照已建立的一元线性回归预测模型，把公共部门过去的数据和预测年份的预计提供的公共服务或公共产品数量代入，由此求出预测年份的员工需求量 Y 的值(见表 2-1)。

表 2-1　某公共部门 2000～2006 年的数据及其计算表

年份	公共服务数量 X_i(千件)	工作人员数 Y_i(人)	X_iY_i	X_i^2
2000	10	180	1 800	100
2001	12	200	2 400	144
2002	13	210	2 730	169
2003	15	230	3 450	225
2004	18	260	4 680	324
2005	20	280	5 600	400
2006	24	320	7 680	576
∑	112	1 680	28 340	1 938

注：该组织 2007 年的预计产量为 2.9 万件。

$$\sum X_i = 112 \quad N = 7 \quad \overline{X} = \frac{\sum X_i}{N} = \frac{112}{7} = 16$$

$$\sum Y_i = 1\,680 \quad N = 7 \quad \overline{Y} = \frac{\sum Y_i}{N} = \frac{1\,680}{7} = 240$$

$$\beta = \frac{\sum X_iY_i - \overline{X}\sum Y_i}{\sum X_i^2 - \overline{X}\sum X_i} = \frac{28\,340 - 16 \times 1\,680}{1\,938 - 16 \times 112} = \frac{1\,460}{146} = 10$$

$$\alpha = \overline{Y} - \beta\overline{X} = 240 - 10 \times 16 = 80$$

把 $\alpha = 80$、$\beta = 10$、$X = 29$ 代入公式 $Y = \alpha + \beta X$，得

$$Y = 80 + 290 = 370(人)$$

即该公共部门 2007 年的人力资源需求人数为 370 人。这里通过一元线性回归预测模型,已预测出该组织未来年份的人力资源需求量,在此基础上,也可以考虑其他因素对组织人力资源需求量的影响,对已预测出的数值进行适当的修正。

在实际预测过程中,具体情况要复杂得多。影响公共部门人力资源需求量的因素远不止一个,诸如经济发展的速度、政府职能的变化情况、公共管理人员的素质状况、公共管理技术与手段的先进与否等因素都会对人员数量产生影响。如果考虑两个或两个以上因素对公共部门人力资源需求的影响,则须使用多元线性回归预测法(Multiple Regression Forecast)来预测。

多元线性回归法的基本原理和步骤与一元线性回归法相同,只是计算要复杂得多,必须依靠计算机来分析,在此仅作简单介绍。多元线性回归预测法的基本思路是:用公式表示人力资源需求量和决定人力资源需求量的多变量之间的定量关系。多元线性回归预测的基本公式为:$y = \alpha_0 + \alpha_1 x_1 + \alpha_2 x_2 + \cdots + \alpha_i x_i$,其中 y 为组织员工需求量,$x_1, x_2, \cdots, x_i$ 为影响组织员工需求量的若干因素,$\alpha_0, \alpha_1, \alpha_2, \cdots, \alpha_i$ 是需要根据组织过去的数据来进行推算的未知系数。如果历史数据显示某些因素与公共部门人力资源需求量之间并不是一种直线相关的关系,那么就须用非线性回归预测法(Nonlinear Regression Forecast)进行预测。由于非线性回归预测方法存在着计算难度大的问题,因此在实际应用时,通常采用一定的数学手段将其转化成线性回归模型来解决问题。

二、公共部门人力资源供给预测

人力资源供给预测(Availability Forecast)则是指对未来一段时期内组织内部和外部人力资源补充来源情况进行估算的过程。人力资源供给预测与人力资源需求预测的重要差别在于需求预测着眼于组织内部对人力资源的需求,而供给预测则需要研究组织内部供给与组织外部供给两个方面的内容。

(一)公共部门人力资源内部供给

公共部门现有人力资源是组织发展中满足人力资源新需求的基础,人力资源供给预测通常先进行组织内部供给预测。最常用的人力资源内部供给预测的技术方法有管理者继任法和马尔科夫法等。

1. 管理者继任法

管理者继任法是一种更适用于对组织中管理人员进行供给预测的计划方

法，被认为是将人力资源规划与组织发展战略相结合的有效方法。国外许多私营组织都采取这一方法，据1990年对400多家美国大企业董事会的调查显示，大约3/4的企业都有缜密的管理者继任计划①。公共部门人力资源供给预测同样可以引入这一方法。同时还必须说明的是，公共部门尤其是政府的职位晋升（管理者继任）除需具备相应的资格条件外，一般还应遵守逐级晋升为主、越级晋升为辅的基本原则。运用管理者继任法的基本步骤是：首先，考虑到在未来时期内由于现职人员的晋升、退休和外流等原因产生的管理职位空缺的情况，公共部门必须制定出各层级各部门管理职位的继任计划；其次，确定计划的范围，即确定需制定继任计划的管理职位，每一管理职位确定1～3名继任候选人，继任候选人通常从下一层级现职管理者中物色，所有可能的候选人都应该予以考虑；再次，每年对现职管理者和继任候选人作一次鉴定，以评定现职管理者的绩效水平和继任候选人的晋升潜力，并由此将候选人分成不同等级，例如，可将其分成可以提升、尚需进一步培训和问题较多3个等级；最后，当管理职位出现空缺时，由具备晋升条件的继任候选人替补（见图2-2）。

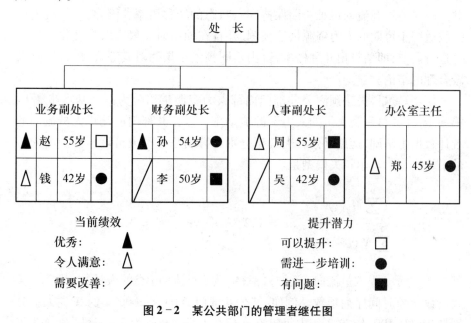

图2-2　某公共部门的管理者继任图

---

① 〔美〕R·韦恩·蒙迪等著：《人力资源管理》（英文第6版），北京：经济科学出版社1998年版，第119页。

管理者继任图显示的主要信息包括组织职位名称、任职者的姓名和年龄，以及组织对现职管理者绩效和继任候选人潜力的评价。通过较为直观的管理者继任图，公共部门既对其内部管理人员的基本情况非常明了，如果出现某管理者不能适应现职或缺乏后备管理者时，公共部门即可就此尽早做好充分准备；同时也体现出组织对管理人员职业生涯发展的关注，有利于调动管理者的主动性和积极性。

2. 马尔科夫法

马尔科夫（A. A. Markov）法是应用概率论中马尔科夫链的理论和方法来研究随机事件变化并借此分析预测未来变化趋势的方法。马尔科夫法主要应用在企业组织人力资源供给预测中，公共部门人力资源供给预测也可以使用这一方法。运用马尔科夫法对公共部门内部人力资源供给进行预测的基本思路是：找出过去一段时期内公共部门内部各类人员之间流动比率的概率，以此推测组织未来人力资源变化的趋势。马尔科夫法有一个基本假设，即组织在过去一段时期内人力资源变动的模式和概率与未来趋势大致相同，若时间序列的状态转移概率随不同的时刻在变化，则不宜使用这一方法。事实上，公共部门人力资源流动很难长期保持同一状态的转移概率。因此，马尔科夫法一般适用于短期的人力资源供给预测，并且在使用时一般采取弹性化方法对之进行调节，即估算出几种概率，得出不同预测结果并对其综合分析，以寻求较合理的结论。

使用马尔科夫法预测公共部门内部人力资源供给分为两个基本步骤[1]。第一步，计算每一类人员的人力资源流动率。以公共部门前几年人员流动的统计数据为基础，运用马尔科夫模型分别计算出每一类人员流向另一类人员的平均概率。马尔科夫模型是

$$p_{ij} = \frac{\sum_{t=-T}^{0} M_{ij}(t)}{\sum_{t=-T}^{0} N_i(t-1)} \qquad i=1,2,3,\cdots k; \qquad j=0,1,2,\cdots k$$

其中，p_{ij} 表示 i 类人员流向 j 类的概率；M_{ij} 为 i 类流向 j 类的人员数；N_i 为 i 类人员数；t 为时间序列项数。例如，某公共部门 2004～2006 年的 A 类人员分别是 95、90、100 人，这 3 年中每年流入 C 类人员数分别为 5、4、5 人，则这 3 年

---

[1] 吴志华主编：《人力资源开发与管理》，北京：高等教育出版社 2004 年版，第 154～155 页。

内 A 类流向 C 类的人力资源平均概率是

$$p = \frac{5+4+5}{95+90+100} = \frac{14}{285} = 0.05$$

按此公式可以算出该部门中各类人员之间流动的平均概率(见表 2-2)。以 A 类工作为例加以说明,2004～2006 年中,留在原工作岗位的平均概率为 0.80,流向 B 类的平均概率为 0.04,流向 C 类的平均概率为 0.05,流向 D 类的平均概率为 0.05,人员离职的平均概率为 0.06。

表 2-2　某公共部门 2004～2006 年 4 类人员流动概率

工作类别	A 类	B 类	C 类	D 类	离　职
A 类	0.80	0.04	0.05	0.05	0.06
B 类	0.07	0.75	0.08	0.04	0.06
C 类	0.05	0.06	0.76	0.05	0.08
D 类	0.01	0.00	0.01	0.78	0.20

第二步,将预测前一年的各类人员数量与各类人员的人力资源流动概率相乘,计算出预测年份各类人力资源的内部供给数。假设该组织 2006 年各类人员数分别是:A 类 100 人,B 类 140 人,C 类 65 人,D 类 20 人。由此,便可预测 2007 年该组织各类人员的供给数(见表 2-3)。同样以 A 类工作为例加以说明,留在原岗位上的人员数为 100×0.80,即 80 人,按此方法可计算出,A 类流入 B 类、C 类和 D 类的人员数分别为 4 人、5 人、5 人。以此类推即可统计出其他各类人员的内部供给数,最后进行汇总得出上述各类人员的内部供给数分别为 93 人、113 人、66 人和 29 人。

表 2-3　某公共部门 2007 年 4 类人员内部供给预测

工作类别＼供给	从 A 类流入	从 B 类流入	从 C 类流入	从 D 类流入	总　计
A 类	80	10	3	0	93
B 类	4	105	4	0	113
C 类	5	11	50	0	66
D 类	5	6	3	15	29

(二) 公共部门人力资源外部供给

当公共部门内部的人力资源供给无法满足需求时,就需要从外部引进一定数量和质量的人力资源。当公共部门尤其是政府职位由于各种原因出现人员空缺时,大致可以使用内升制和外补制两种不同的补充形式。内升制是指凡职位出现空缺时,由在职的低级工作人员依次补充的做法;而外补制是指凡职位出现空缺时,不由在职的工作人员升任补充,而从组织外部选拔人员补充的做法。这两种人力资源补充形式各有利弊:内升制使在职工作人员感到晋升有望,易保持公共部门工作的稳定性和连续性,但工作人员队伍易出现暮气沉沉、因循守旧的状况;外补制能够从公共部门外部吸收卓越人才到组织任职,可增加工作人员队伍的蓬勃朝气,但会使在职工作人员感到晋升无望、发展前途有限而降低工作热情。因此,当公共部门人力资源出现短缺时,除通过内部补充的方法外,还需要从组织外部吸收新鲜血液加以充实,保持组织活力。

外部人力资源供给的来源依公共部门的性质、规模和地域等而各有差异,但一般认为,各类大中专院校相关专业的毕业生、其他机关的流出人员以及劳动力市场等是公共部门人力资源外部供给的有效来源。影响公共部门外部人力资源供给的因素很多,包括国家和地区的人力资源整体现状,国家和地区的有效人力资源的供求现状,组织工作人员的报酬状况,组织所在地的经济发展水平及对人才的吸引程度,组织本身的社会形象,相关专业的大学生毕业人数和就业状况、劳动力的择业心态和模式、国家的就业政策和法规等。在对公共部门外部人力资源供给状况进行预测时,对这些因素的分析和考察是很有必要的。

以政府为例,公共部门人力资源外部供给的主要途径大致包括这样几个方面:一是较低级别公务人员通过竞争性的公开考试择优录用。公开考试择优录用原则是现代国家公务员制度确立的根本标志,也是现代公务员制度的核心内容之一,多数国家公务员制度的建立都是以公开考试择优录用为突破口的。从政治意义上来讲,这是反对封建特权的有效手段;从管理意义上来讲,它有利于政府广开才路,选贤任能,提高公务员系统的整体素质。我国《公务员法》第21条规定,"录用担任主任科员以下及其他相当职务层次的非领导职务公务员,采取公开考试、严格考察、平等竞争、择优录取的办法。"美国录用政府公职人员,也主要采用考试录用制,其适用范围和对象约占公务员总数的85%。二是通过交流的方式从其他机关引进所需人力资源。在实行公务员制度的许多国家,公务员的交流都被当作一项重要的管理手段加以利用。我国《公务员法》第 63 条第 2 款也规定:"公务员可以在公务员队伍内部交流,也可以与国有企事业单位、人民团体和群众团体中从事公务的人员进行交流。"我国公务员交流的方式包括调任、转任和挂职锻炼等。三是对于一些社会通用性和专业性较强的事务性、辅助性工作,公共部门可以通过直接聘任的方法从社会获取相关人员。中共中央印发的《党政领导干部选拔任用工作条例》第 40 条规定:"党政机关部分专业性较强的领导职务实行聘任制。"我国《公务员法》第 95 条规定,"机关根据工作需要,经省级以上公务员主管部门批准,可以对专业性较强的职位和辅助性职位实行聘任制。"公共部门聘任工作人员可以采取两种方法,一种是公开招聘的方法,另一种是直接选聘的方法。

公共部门外部人力资源供给预测是一种宏观的人力资源环境分析,主要通过定性分析进行预测。外部供给预测的方法主要包括三种:一是查阅相关资料。公共部门可以通过国家和所在地区的统计部门、劳动和人事部门发布的一些统计数据及时了解人才市场的相关信息。一般来说,国家和各地区都会定期发布权威性较强的各种统计年鉴,如教育统计年鉴、经济统计年鉴、人口统计年鉴等。对于某些在年鉴中未能涵括的数据,可向公共部门所在地的教育、卫生、经济、公安等相关部门进行咨询。另外,公共部门还应该及时关注国家和地区的政策法律、社会就业意识和择业心理偏好等的变化态势等。二是直接调查相关人力资源信息。公共部门可以就自己所关注的人力资源状况进行直接调查。除了与人才市场等专门机构保持长期的紧密联系外,公共部门还可以与高校保持长期的合作关系,以便密切跟踪目标生源的情况,及时了解可能为组织提供的目标人才状况。三是对公共部门已拥有的人力资源数量、质量以及结构状况进行分析,以此判断组织未来所需人力资源的供给状况。公共部门根据过去的录用经验可以估计出可能进入组织的人力资源的数量、性别、成本、工作能力、经验等方面的特征,以及他(她)们能够承担组织中的哪些具体工作。对外部人力资源供给的预测不可能十分精确,但可以为组织提供一个研究新员工的来源和他(她)们进入组织的方式的分析框架。

第四节 公共部门人力资源战略规划流程

战略导向的人力资源规划是组织人力资源战略整体框架的重要组成部

分,是组织人力资源管理理念和机制在组织战略层面上的具体体现。战略性人力资源规划要求公共部门从组织发展战略的角度出发,充分审视组织自身的资源条件和组织的外部环境,在组织远景、组织目标以及战略规划的指引下制定组织未来人力资源需求清单以及相应的人力资源供求规划,从而支持组织战略规划的实施,促进组织战略目标的实现。具体来说,公共部门人力资源战略规划的制定流程包括以下4个基本环节,即确认公共部门的发展战略、人力资源供求预测的综合分析、人力资源战略规划方案的制定及实施、人力资源战略规划的监控。

一、公共部门发展战略的确立

组织发展战略是公共部门制定人力资源规划的前提和基础,制定公共部门人力资源战略规划首先必须确立公共部门的发展战略。"人力资源规划的制定首先必须基于一定的假设系统,否则人力资源战略规划的整个过程与结果缺乏理论指引与现实根基。人力资源战略规划的假设系统是指在设计人力资源战略规划的技术与流程之前,技术的构建者和使用者对于人力资源战略规划内在各要素之间以及与其外部环境要素之间的相互关系的抽象理解。"[①]资源配置是战略管理活动的核心内容,公共部门发展战略对组织人力资源管理活动发挥着导向和指引的重要功能。人力资源规划是公共部门发展战略的落实和具体体现,要制订科学合理的人力资源规划方案,必须从其源头——公共部门发展战略出发,明确公共部门战略决策对其人力资源规划活动的要求,以及人力资源规划所能提供的支持。

公共部门战略管理兴起于20世纪80年代,它的出现是公共部门管理改革和环境变化的必然结果,也与私营部门战略管理的示范性效应有关。战略管理原本是属于私营部门的概念,随着公私部门不断的重组、合并、民营化以及政府直接干预的减少,公共部门进一步转变角色,将战略管理引入公共部门,更多地把注意力集中于组织未来的使命,更加注重整体战略目标及其实施。公共部门管理活动需要战略思想,这是公共部门战略管理途径兴起的现实原因。20世纪80年代以来,公共管理的实践及环境发生了许多新变化,信息化和经济全球化导致的公共部门外部环境的不确定性加大,而网络信息技术的发轫及勃兴正在打破原有的政治、经济和文化障碍,对既有行动方式、制

---

① 彭剑锋主编:《人力资源管理概论》,上海:复旦大学出版社2003年版,第169页。

度规范、思维方式、价值观念都带来了极大的震荡，使得公共部门面临的治理环境更加变动不居，不可预测的突变在整个社会中随时发生，引发混乱和危机。同时，传统的行政模式因其短视行为及其过分关注内部问题而遭到广泛批评，加上公共部门面临的一系列信任危机、管理危机和财政危机，新一轮的行政改革运动开始兴起。随着政府改革运动的全面展开，公共部门尤其是政府的职能、角色、地位、组织结构及其与社会的关系都发生了深刻的变化，公共机构经常面临重组、合并和私有化的威胁，并被置于与私人部门竞争来提供公共物品及服务的境地。公共部门在日益动荡的变革环境中不得不开始关注自身的生存和发展问题，考虑组织所面临的环境（优势、劣势、机遇和威胁），考虑组织的长远发展目标和未来，增强组织灵活性、能动性和适应性，提高自身竞争力，成为公共部门管理者最基本的管理任务及内容①。

公共部门战略目标应着眼于提供公共服务以及实现和发展公共利益。学者们对公共部门发展战略问题进行了深入研究。例如，劳伦斯·R·琼斯（Lawrence R. Johnes）和弗雷德·汤普逊（Fred Thompson）在《面向21世纪的公共管理体制改革》一书中论述了新公共管理改革的5个"R"，也即公共部门管理改革的5个战略：Restructuring（重构）、Reengineering（重建）、Reinventing（重塑）、Realigning（重组）、Rethinking（重思）。再如，戴维·奥斯本（David Osborne）在《摒弃官僚制：政府再造的五项战略》一书中提出了"再造政府"的5项战略，即核心战略（Core Strategy）、结果战略（Consequences Strategy）、顾客战略（Customer Strategy）、控制战略（Control Strategy）和文化战略（Culture Strategy）。尽管学者们的研究角度和目的有所差异，而且公共部门战略目标的模糊性也一直是人们批评的焦点，但公共部门战略目标的公共性本原却是不可否认的，事实上，正是基于公共部门本身的公共性才造成了多重目标的相互冲突和矛盾。公共部门引入战略观念有利于公共部门提高工作效率，从而改善和提升公共服务的质量，必须承认的是，"战略观念在公共部门的应用会存在一些问题，并招致一些批评，但归根到底这是传统的行政模式所具有的问题，而引入某种形式的战略观点，起码可以保证结果得到改善。"②公共部门战略目标不可避免地具有强烈的公共性，这也是战略管理能在公共领域内得到运用的本质属性。公共部门是公共利益的代表者，公共部门战略管理的性质是公共性的，其产生和存在的目的是为了公共利益、公共目标、公共服务以及

---

① 陈振明："战略管理的实施与公共价值的创造"，《东南学术》，2006年第2期。
② 〔澳〕欧文·E·休斯著：《公共管理导论》，北京：中国人民大学出版社2001年版，第176页。

创造具有公益精神的意识形态等。

战略规划是将战略管理意图转化为战略决策的过程,公共部门人力资源规划活动必须围绕公共部门的战略目标展开。公共部门人力资源战略规划是公共部门战略发展目标的重要组成部分,是公共部门为达成战略目标而确定的人力资源配置目标、计划和方式。在实践中,"许多公共和非营利性组织都利用战略规划来指导它们未来的努力和利用它们现有资源的方式,并确定它们需要哪些其他的资源——如财政资源、物质资源、装置或是人力资源。"[1]基于公共部门战略目标的人力资源战略规划的核心在于公共部门人力资源管理系统效率的提高和整合,围绕工作人员与公共部门的有效互动,通过完善人力资源管理的各个实施环节,提高组织人力资源的投入和产出比率,使组织人力资本实现增值,从而为公共部门的战略目标提供人力支持。

二、人力资源供求预测的综合分析

在明确公共部门战略目标的基础上,运用一定的技术方法对公共部门人力资源供求状况作出预测之后,着手编制人力资源战略规划方案之前,还需对人力资源需求预测和人力资源供给预测进行综合分析,以此作为人力资源战略规划方案的可靠依据。

在对人力资源供求关系进行预测的基础上应该形成整体性的人力资源规划报表。公共部门整体性人力资源规划报表包括3个组成部分,即人力资源需求报表,人力资源供给报表和人力资源综合报表。人力资源综合报表是对人力资源需求报表和供给报表进行综合分析的结果,对前两个报表进行综合分析的主要目的,是为了计算出公共部门在未来一段时期内的人力资源净需求数。如果规划时间点的净需求数为正,说明公共部门人力资源需求大于供给;反之,如果规划时间点的净需求数为负,则说明公共部门人力资源供给大于需求。还必须强调的是,公共部门人力资源供求完全平衡的情况极为少见,即使供需总量达到平衡,也会在层次和结构上出现不平衡。因此,公共部门人力资源的净需求数既应该包括人力资源的数量,还必须反映人力资源的结构和标准。通过对人力资源供求预测的综合分析,不但可以明确公共部门人力资源在未来一段时期内的人员短缺或人员过剩情况,而且能够了解到公共部

---

[1] 〔美〕Joan E. Pynes 著:《公共和非营利性组织的人力资源管理》(1997 年英文版),北京:清华大学出版社 2002 年版,第 17 页。

门某一具体岗位上人力资源供求状况,为组织人力资源战略规划方案的制订提供客观依据。

在对公共部门人力资源供求预测进行综合分析时,应该形成两类人力资源净需求综合报表,即按部门制定的人力资源净需求综合报表和按类别制定的人力资源净需求报表,以此全面反映组织在未来一段时期内对人力资源净需求的数量、标准和结构。以下通过一份简化的公共部门人力资源净需求综合报表(表2-4)说明组织人力资源供求预测的综合分析原理[1]。该表依据某公共部门对人力资源需求和供给的预测数据,计算出该组织在未来5年的人力资源净需求数分别为36人、39人、50人、57人和52人,同时也可以得出未来5年内组织人力资源的总需求为234人。

表2-4 某公共部门人力资源净需求综合报表

需求与供给	年份 人数	2007	2008	2009	2010	2011
人员需求	年初人数	250	258	268	281	292
	年内增减数	+8	+10	+13	+14	+15
	年底总需求数	258	268	281	295	307
人员供给	年初人数	250	258	268	281	292
	年内晋升数(离岗)	-15	-17	-18	-18	-17
	年内退休数	-10	-12	-16	-20	-18
	年内解雇数	-7	-8	-7	-8	-7
	年内辞职数	-8	-7	-10	-12	-11
	年内晋升数(补缺)	+12	+15	+14	+15	+16
	年底总供给数	222	229	231	238	255
	年底净需求数	+36	+39	+50	+57	+52

---

[1] 吴志华主编:《人力资源开发与管理》,北京:高等教育出版社2004年版,第157页。

对该表需要作以下三点说明：其一，并非所有公共部门的人力资源净需求数在任何时期都为正。一方面，某些公共部门的人力资源供求关系表现为人员短缺，而另外一些公共部门的人力资源供求关系则可能表现为人员过剩；另一方面，公共部门在未来一段时期内人力资源供求关系表现为人员短缺，可能在更长一段时期内人力资源供求关系又表现为人员过剩。其二，公共部门内部人力资源净需求量会出现结构性差异。在公共部门人力资源总量供不应求的情况下，并不排斥组织中某些职能部门人员过剩或某类人员过多的情况存在。同时，在组织内部各部门人力资源净需求方面也必然存在着层次和结构上的不平衡，这种不平衡状况可以通过按类别的人力资源净需求综合报表反映出来。其三，该表只是反映公共部门人力资源净需求的简表。在公共部门人力资源供求预测的综合分析中，可能会涉及比该表更多的供求项目，其分析和计算也会更为复杂。

三、人力资源战略规划方案的制订及实施

当公共部门在未来一段时期内的人力资源供求关系存在矛盾时，就需要制订出解决供求矛盾的相应解决方案，即人力资源战略规划方案。公共部门人力资源战略规划方案包括总体规划方案和具体业务计划方案。人力资源总体规划方案是为实现规划期内组织人力资源开发利用的发展战略和总目标的指导性安排，主要涉及公共部门对组织人力资源开发与管理的总原则、总方针、总目标、总政策，以及规划实施的步骤、时间进度、经费预算等。人力资源总体规划方案直接关系到公共部门的战略发展目标，必须获得高层管理者的支持。人力资源业务计划方案的内容非常广泛，主要涉及人力资源补充计划、人力资源调配计划、人力资源开发计划、人力资源职业计划以及人力资源报酬计划等几个层面。上述人力资源业务计划都可形成各自的具体实施方案，如招聘方案、晋升方案、培训方案、职业发展方案以及薪酬方案等。

不同类型公共部门的人力资源规划方案的具体表述并没有固定模式，但典型的人力资源战略规划方案至少应涉及如下几方面的基本要素。一是规划方案的期限，明确规划的开始和结束时间，不同组织的人力资源规划方案的时间各有差异，规划方案的期限长短应与组织发展的实际需要相一致，至少一年以上，最长可达10年，一般以3～5年为宜；二是规划方案的总目标，总目标应围绕组织的发展战略展开，语言表述应言简意赅；三是目前组织人力资源供求状况，可以从人力资源信息系统中获取相关资料；四是规划期内组织人力资源净需求，相关数据可以通过供求预测的综合平衡获取；五是与人力资源有关

的各项政策和策略,这是规划方案的主体,人员短缺或人员过剩应该采取不同的政策措施和实施策略;六是规划方案的制订者及制订时间,人力资源规划方案应获得组织高层的认可,由组织的人事部门或计划部门为主体负责制订,同时也应有其他相关部门的参与,人力资源规划方案的制订时间即该规划正式确定的时间。

公共部门制订人力资源战略规划方案时应注意各方面的协调。一是人力资源业务计划方案应与人力资源总体规划方案相协调,人力资源业务计划方案是组织发展战略和总体规划的有机组成部分,应该服务和服从于人力资源总体规划方案。二是人力资源各业务计划方案之间的协调。例如,人力资源补充计划与人力资源调配计划之间的协调,人力资源开发计划与人力资源职业计划之间的协调,人力资源各业务计划与人力资源报酬计划之间的协调等。三是人力资源计划方案与组织成员个人发展之间的协调,制订出的人力资源计划方案不仅应注重组织的发展目标和战略规划,还应同时考虑组织成员个体包括管理者的发展,两者的协调应在组织的职业计划方案中得到体现。

实施公共部门人力资源战略规划方案时需遵循以下基本原则①:一是战略导向原则。依据公共部门战略目标制定和实施相关的政策和具体策略,避免在实施过程中与组织发展战略相脱节。二是螺旋式上升原则。随着公共部门内外环境的变化以及组织战略目标的调整,人力资源战略规划需要在原有规划方案的基础上不断更新,以求更加精确和有效。三是制度化原则。将人力资源战略规划制度化,通过制定、调整有关人力资源规划制度的方向、原则以及程序,从机制的角度理顺人力资源规划方案各组成要素的关系。四是人才梯队原则。从人力资源战略规划的实施过程中建立组织人才梯队,从而保障组织各级和各专业人才的层层供给。五是关键人才优先原则。在实施人力资源战略规划过程中,对组织中的核心人员或骨干人才优先考虑,设计他们的培训、晋升、薪酬和职业生涯通道等,以保证此类人员的充足供给。

不同的供求预测结果,决定了公共部门人力资源战略规划方案实施过程中相关政策和策略的差别。

(1)当预测结果表明公共部门未来一段时期内人力资源需求大于供给,即人员短缺时,可采取下列相关政策和策略:一是提高组织成员的工作绩效,

---

① 彭剑锋主编:《人力资源管理概论》,上海:复旦大学出版社2003年版,第192页。

主要涉及对工作人员进行培训,包括初任培训、任职培训、专门业务培训和更新知识培训等,延长组织成员的工作时间或增加其工作负荷并给予适当补偿,重新进行工作设计并改进相关技术,进行工作人员岗位轮换等。二是重新制定招用政策,加大外部录用的力度,包括提高薪酬待遇,降低录用标准,聘用一些临时人员和兼职人员等。

(2)当预测结果显示公共部门未来一段时期内人力资源供给大于需求,即人员过剩时,则可采取下列相关政策和策略:扩大组织的工作业务量,培训组织成员以使其适应新的工作岗位,减少工作时间并相应降低报酬水平,鼓励部分工作人员提前退休,精简某些不必要的职能部门,永久性辞退或裁减部分工作绩效和能力较差者,但这种方法容易激化矛盾,也会带来诸多社会问题,需要有完善的社会保障体系作保证。

(3)当公共部门人力资源供求总量平衡,但结构不平衡时,则应根据具体情况采取有针对性的人员培训、晋升和外部补充策略。事实上,许多公共部门都面临着"有人没事干,有事没人干"的尴尬局面,公共部门人员结构性过剩使得一方面人浮于事、冗员太多,另一方面有用的人才太少。为此,公共部门必须综合运用上述两种政策和策略,既要解决组织人力资源过剩的问题,又要适度增加人才储备,合理制订人力资源战略规划方案。

四、人力资源战略规划的监控

公共部门人力资源战略规划方案的监控是指对规划方案执行情况的监督和控制。人力资源战略规划方案的效果只有在实践中才能得到检验,即使规划方案制订得非常完美,如果在实施过程中得不到有效监控,出现偏差却不能迅速加以纠正或调整,前面若干阶段的规划工作将前功尽弃,人力资源战略规划方案也就成为一纸空文,从而失去了其战略指导意义。人力资源战略规划是一个动态开放的系统,公共部门内外存在许多不确定性因素,组织的战略目标也会不断调整,同时,由于各种主客观条件的限制,人力资源供求预测也会出现误差。因此,在公共部门人力资源战略规划方案的执行过程中,为防止出现较大的偏差或出现偏差后能够及时予以纠正,需要对规划方案的执行情况进行及时反馈和追踪监控,根据具体情况不断进行调整,以使规划方案在实施过程中逐步达到预期的效果。

对公共部门人力资源战略规划的监控可以由专门成立的人力资源战略规划监控委员会或监控小组负责。人力资源战略规划监控委员会通常由组织高层领导、人事部门负责人、若干人力资源专家和工作人员代表等组成。人力资源战略规划监控委员会的主要职责在于定期和不定期地检查组织人力资源战略规划方案的执行情况,对其进行公正和客观的评估,并就人力资源战略规划方案执行过程中出现的偏差提出纠正意见,及时提交组织高层讨论决策。除人力资源战略规划监控委员会外,组织人事部门也应该定期或不定期地对人力资源战略规划方案的执行情况进行检查。

确定衡量规划方案执行情况的分目标、短期目标以及具体绩效标准,是对公共部门人力资源战略规划实施监控的必要前提。分目标是对公共部门人力资源战略规划方案总体目标进一步具体化的结果,即人力资源各业务计划方案的实施目标。短期目标是为达成公共部门人力资源总体规划方案和各业务计划方案的长远目标而确立的阶段性目标。绩效标准是指由各分目标和短期目标分化出来的衡量目标实现程度的具体准则。分目标和短期目标既可以采取定性描述的方式,也可以采取定量描述的方式,但绩效标准的确立则应尽可能将其量化。例如,规划期内组织成员培训人次,组织内部不同部门和层级之间的人员流动率,组织外部人力资源招聘数量等相关指标都可以进行量化处理。即使对诸如人力资源素质和能力提高这些目标,也可以通过一些与之密切相关的其他量化标准加以考察,例如,规定组织成员每年必须参加定期的培训,受训前后完成工作定额的变化数,受训前后下属对管理者抱怨的人次,受训前后组织成员旷工次数等。

在对公共部门人力资源战略规划进行监控的过程中,如果发现实际执行情况偏离了既定的规划目标,就必须全面深入地分析产生偏差的原因,继而采取应对措施加以纠正或调整。人力资源战略规划方案产生偏差不外乎以下几方面原因:规划方案中确立的目标和标准不具备可行性;规划方案的执行过程存在问题;上述两种情况兼而有之。如果出现偏差的原因在于规划方案本身,应对照实际情况重新审核评估原规划方案,在广泛收集数据资料的基础上修正原规划方案中的各项目标和标准。如果出现偏差的原因是规划方案执行中的问题,则需采取相关措施来解决问题和纠正偏差。例如,某公共部门实施人力资源补充计划方案并未达到预期效果,在计划期内没有能够从组织外部招聘到预定数量的人力资源,产生这一偏差的原因或者是人力资源规划方案中确立的录用标准过高,或者是招聘过程中相关信息的传播范围过窄,如果是前一方面的原因,应该适当降低人力资源的录用标准,如果是后一方面的原因,则应该在下次招聘时尽量拓展招聘信息的传播范围。

案 例

某高校的"十一五"事业发展规划

为进一步提高教育教学质量,增强办学实力,把学校建成以培养本科层次应用型人才为主,以师范教育为特色,教学科研相互促进,多学科协调发展的地方综合性大学。某高校坚持以改革为动力完善办学机制,坚持以创新为先导强化特色优势,坚持以质量为根本促进内涵建设。以下是该校"十一五"事业发展规划的主要内容。

1. "十五"期间建设与发展的主要成就

学科建设步伐加快,专业结构不断优化。启动了学科建设。遴选重点建设校级重点学科6个、重点扶持学科7个。成立了13个校级研究所和6个系级研究所。研究生挂靠培养工作取得突破性进展。新增本科专业29个,2005年招生的本科专业总数42个,涉及8大学科门类。

不断深化教学改革,教学质量得到保证。完善课程结构体系,使学生形成更宽厚、更扎实的专业基本素养。深化教学管理改革,完善学分制,构建人本化、信息化、开放化的教学管理模式,推进现代管理手段的运用,试行主辅修制。继续加强课程建设,4门课程被评为省级优秀课程,确定校级精品课程8门及若干校级优秀课程、重点建设合格课程。荣获多项全国和省级优秀教学奖。

加强师资队伍建设,学术水平明显提高。具有研究生学位教师占专任教师总数的39.4%,较2000年底提高了10%;高级职称教师占专任教师总数的33%,相比2000年底,正高职称由15人增加到51人,副高职称由115人增加到210人。4人享受政府特殊津贴,2人为省有突出贡献专家和省优秀教育工作者,6人为省"333工程"第三层次培养对象。科研成果数量增多,质量提高。

办学效益明显提高,教学条件大为改善。通过扩大规模、控制编制、加强管理、开源节流,明显提高了办学效益。设备总投入8 474万元,其中教学设备投入5 582万元。建成32 000平方米的新图书馆,加大了图书资料建设的投入力度,共投入1 306万元,比"九五"增长86%。完成新校区的局域网建设。

重视党建和思想政治工作,改革发展大局稳定。加强了党委的自身建设,充分发挥了领导核心作用;强化了党组织的功能建设,提高了党组织的战斗力和工作覆盖面。加强对德育工作的领导,德育工作队伍得到了充实和提高。"十五"期间,获省级以上荣誉称号26项。

2. "十一五"期间面临的机遇与挑战

党的十六大提出了全面建设小康社会的总体战略目标,省政府提出了"两个率先"的奋斗目标,对高教事业的发展提出了新的更高要求,也为我校未来发展提供了重要机遇。全面建设小康社会为教育事业的发展提供了广阔舞台。省新型工业化战略对教育提出了新的更高要求。研究生教育规模的扩大、本地高等教育的发展需求为提升办学层次提供了空间。

具备以上良好发展机遇的同时,也面临严峻的挑战,主要表现为:高教环境发生变化,竞争压力日益显现;基本建设投入不足,办学经费短缺加剧;师资实力仍需增强,教学质量尚需提高。

3. "十一五"期间建设与发展的主要任务

强化教学工作。加强专业建设,优化专业结构,提升专业内涵。加大教学改革力度、深化课程改革,提高课程建设质量。加强实践教学,注重学生能力培养。加强网络建设,进一步推进教学管理现代化。成人教育积极寻求新增长点。

优化师资队伍的数量和结构。一是教师数量。到2010年,专任教师达到1 100人,考虑到自然减员等因素,今后5年补充师资350人左右。二是队伍结构。力争完成下列目标:职称结构上,提高高级职称教师比例,有100名在职教授,副高以上职称者占专任教师总数的40%左右;学历结构上,具有硕士及以上学位者占专任教师总数的60%,45岁以下专任教师中具有硕士及以上学位者占80%,有100名专任教师具有博士学位。年龄结构上,各年龄段教师趋于平衡,教授平均年龄在50岁以下,副教授平均年龄在40岁左右。三是骨干队伍建设。加强学术带头人和骨干教师的培养,培养和选拔30名学术带头人,50名省、校级优秀青年骨干教师。

进一步加强学科建设。开展硕士授权单位和学科点的申报工作,力争成为硕士授权单位,并有6个以上学科的硕士点。加强科研机构和重点实验室建设。

提高科学研究水平。在科研总经费、获奖成果、科研成果、专利成果等方面,力争使我校科研水平达到国内同类院校的一流水平。重视和抓好哲学社会科学的研究工作。在应用开发研究方面,加强产学研的结合,加快技术推广步伐。完善相关政策，采取激励措施，动员和组织教职工开展科技创新和科技推广工作。

改善教学条件。完成新校区扩建工程，征用土地470亩，投入2.6亿元人民币完成主要建设任务。加大实验室建设投入力度，强化实验室管理，加快实验教学改革。每年新增图书8万册以上，至"十一五"末，图书总量达170万册以上，中外文报刊达3 000种左右。

4. 实现"十一五"目标的主要保障措施

推进"人才强校"战略，实现师资队伍的高学历、高职称和高素质。大力推进"青蓝工程"计划的实施，完善学术带头人、优秀青年骨干教师的选拔和培养制度。加大引进高层次及紧缺专业人才的力度，做好教师队伍补充工作。加强教师培训工作，进一步优化培训机制，完善培训措施。把握好教师职务评聘的政策导向，坚持按需设岗，坚持标准，全面考核，择优评聘。调整分配政策，完善津贴分配制度，不断提高教师待遇。深化人事制度改革，大力推行人事代理制度，逐步实行全员聘任制。完善教师评价和淘汰机制，优化教师队伍结构。

完善制度，强化管理，提高管理水平和决策能力。坚持依法治校，发挥教职工民主管理的积极性。加强制度建设，完善工作机制、规范工作程序、提高工作效率。加强财务管理，优化收支结构，提高资金利用率。积极稳妥地推进后勤社会化改革。严格审计制度，加强监督，防患于未然。

加强和改进党建与思想政治工作，维护改革发展稳定大局。坚持以加强和改进党建与思想政治工作作为根本保障。党的建设着力解决活力问题。贯彻落实《关于进一步加强和改进大学生思想政治教育的意见》精神，维护校园稳定。

案例分析题

1. 结合案例谈谈人力资源规划活动的环境要素涉及哪些方面？
2. 该校通过采取哪些具体措施保障人力资源规划活动的落实？结合案例谈谈人力资源规划活动和公共部门其他管理活动的关系？

复习与思考

1. 公共部门人力资源规划的含义和特征。
2. 公共部门人力资源规划的功能。
3. 公共部门人力资源规划的内容。

4. 影响公共部门人力资源规划过程的环境因素。
5. 公共部门人力资源信息系统的结构要素。
6. 公共部门人力资源需求预测的方法。
7. 公共部门人力资源供给预测的方法。
8. 公共部门人力资源战略规划的流程。

第三章 公共部门职位分类

人事分类是实现公共部门人力资源管理现代化的前提和基础,科学合理的人事分类制度,可以为公共部门提供资源配置合理、管理行为规范、激励手段强化、功能运作高效的基本模式。职位分类是一种以工作职位为主要依据的人事分类制度,在现代公共部门的人事分类制度中占有决定性的地位和作用,被认为是公共部门人力资源管理中较为成熟的制度安排。本章首先对公共部门人事分类的内涵、原则、功能及人事分类的发展趋势作一概述;接着阐述公共部门人事分类的原理和方法;然后介绍国外公务员职位分类的基本情况;最后探讨中国公务员职位分类和事业单位人事分类的现状及其发展。

第一节 公共部门人事分类概述

人事分类是公共部门人力资源管理的前提和基础,有效的人力资源管理离不开科学的人事分类。现代社会,公共部门尤其是政府部门的公职人员队伍庞大,对其实施有效的管理、监督和协调,就必须要按一定的标准将其划分成不同的类别,进行分类管理。随着社会政治、经济、文化的发展以及公共部门战略目标的变化,公共部门的人事分类制度也出现了一些新的发展趋势。

一、公共部门人事分类的内涵

所谓人事分类,是指将组织中的人员或职位按工作性质、责任轻重、资历条件及工作环境等因素分门别类,设定等级,为组织人力资源管理的其他环节提供依据的程序方法。公共部门的人事分类制度具有基础性作用,它通过科学合理地设置公务职位结构体系,为公共部门人力资源后续管理的各个环节奠定坚实基础。公务活动涉及社会公共生活的若干层面,公共生活内容的千差万别决定了公共部门职位的纷繁复杂。因此,有必要合理分解公务职位,将公共部门职位进行科学归类,明确地规定职位责权,并使之规范化。

公共部门人事分类的含义有广义和狭义之分。以政府部门为例,广义的人事分类也称管辖分类,即不同种类的公务职位有不同的管理规则和管理方法,管辖划分是建立公务员制度的逻辑前提。通常所说的政务类公务员与业务类公务员的划分即属此类,管辖分类划分把业务类公务员从政府系统分解出来,使对它的管理成为相对独立的人事活动,并由此确定不同于政务类公务员的管理原则和管理方法。"在所有的政府体制中都存在两种主要的或基本的政府功能,即国家意志的表达功能和国家意志的执行功能,前者谓之政治,后者谓之行政。"[1]鉴于政务官与事务官在政府中的地位、职责不同,性质、职能相异,须采用不同的法定制度来管理这两类公务员。政务官一般由选举或政治任命产生,实行任期制;事务官一般通过考试择优录用,按功绩晋升,任职不受竞选结果的影响。在西方多党制条件下,"政治中立"原则是推行公务员政治类和业务类划分的逻辑前提和核心内容,因此在西方国家,"该原则在政治实践中证明是行之有效的,既不妨碍政党政治的实行又有利于政府工作的稳定性与连续性。"[2]在这一意义上而言,管辖划分是建立现代公务员制度的逻辑前提,也是公务员系统内部分类的必要条件。

狭义的人事分类即非管辖分类,是指按照一定的标准对业务类公务员的职位进行纵向和横向的划分。非管辖分类的目的是要建立一个稳定的人事分类框架,为后续人事管理工作奠定基础。本章讨论的公共部门人事分类制度,也是就这一层面而言的。根据现代管理学的专业分工和等级体系原则,基本的人事分类方法涉及两个层面:一是横向的职位类别区分,即按一定标准把工作职位划分为若干类别;二是纵向的职位等级区分,即按一定标准将各类中的所有职位划分为若干等级。将横向归类与纵向归级结合起来,即可构建现代公共部门人事分类的基本框架。人事分类制度的上述性质具有普世性,只是由于社会结构、文化传统等方面的差异,在公共部门人事分类制度的发展过程中,演化出两种基本模式:品位分类(Rank Classification)和职位分类(Position Classification)。品位分类是以"人"为中心的古

---

[1] 〔美〕F·J·古德诺著:《政治与行政》,北京:华夏出版社1987年版,第12页。
[2] 深圳大学管理学院当代中国政治研究所课题组:"我国公务员分类制度可行性研究",《开放时代》,2000年第11期。

老的人事分类制度,即根据公务员个人所具备的资历、学历以及职务、身份等条件来确定公务员的录用、考核、培训、晋升和工资福利待遇。职位分类是一种以"事"为中心进行的人事分类制度,它将适合分类的各种职位,按照工作性质、难易程度、责任大小和所需任职资格条件而进行的职位类别和等级系列的划分。

就任何公共部门的人事分类制度而言,其本身的分类标准并无定法,而要视其实际情况而定。人事分类标准的不同,必然导致其分类方法的差异,由此形成的人事分类制度也必然有所差异。任何一种分类方法都有其自身得以存在的价值基础,一种分类制度的产生和形成都必然有它的社会背景,必然受当时的政治、经济、文化以及民族传统习惯等多种因素的影响。事实上,在现实管理活动中,当代世界各国在对公共部门人员的人事管理中很少只采用某一种分类方法,更多的是同时采用两种分类方法,甚或是将两种分类制度结合起来形成适应本国需要的特殊的人事分类制度。

二、公共部门人事分类的基本原则

各国公共部门的人事分类制度存在多样的差异性,实践中或多或少带有本国的制度特色,但各国人事分类制度在确立其自身得以存在的价值基础的同时,都必然会遵循某些特定的共性原则。这些基本的共性原则是对人事分类制度内在规律的客观反映和基本要求,是世界各国公共部门人事分类制度科学化的标志,正因为如此,人事分类的基本原则才具有普遍的指导意义。具体来说,公共部门人事分类的基本原则主要体现在以下四个方面。

首先,传统原则。一个国家先前选择的人事分类传统,在一定程度上决定和制约了其现在与未来可能选择的制度模式,而人事分类制度的创新是建基于传统基础上的推陈出新,而非全盘否定或完全摒弃。例如,英国历史上的公、侯、伯、子、男等爵位的品次之分对英国人事分类制度的选择产生了重要的影响,而对品位分类制度的改革则是在继承传统人事分类制度合理性的基础上,汲取了职位分类制度的某些优势。再如,中国古代实行的对官吏进行的按品论级的用人制度有着悠久的历史,品位分类的观念根深蒂固,中国公务员制度实行职位分类,但依然包含品位分类的某些因素,公务员职务分为领导职和非领导职,不同的职务还对应相应的级别。同时,传统干部人事制度对公务员制度的建立也产生了重要影响,"可以说,公务员制度的建立,本身就是推行干部分类管理的结果。"①

其次,文化原则。文化是一个国家的社会历史背景、意识形态、价值观念和社会准则等,以及由此生成的社会人际关系、交往方式、理念的总和。文化一旦在特定的自然和社会环境中形成,便会反复强化并引导人们的行为去适应某种观念、价值和思维方式。公共部门人事分类制度的确立必然受到各国特定的社会文化环境的影响,差异性的社会文化环境也促使各国公共部门人事分类制度的选择更加丰富多彩。例如,美国之所以实行一种以"事"为中心的职位分类制度,与美国式的公开、民主、平等、自由、竞争等文化特征相吻合,强调按照工作性质、难易程度、责任大小和所需资格条件来对职位进行分类,并据此对公务员进行管理;而英国的混合分类制度中之所以较多包含品位分类的色彩,则与英国历史文化传统中的讲究个人身份和等级的色彩相一致,注重公务员的官品、官阶、地位及资历、学历等条件,所以体现在文官的录用、晋升、工资福利待遇等管理环节上多注重纵向的职务等级之分。

再次,组织需求原则。基于组织目标、任务和手段的不同,人事分类制度和方法也要有所区别。一般说来,在教育、文化、研究等单位的开放型组织中,实行品位分类能促进工作开展和效率提升,而职位分类更适用于专业性、事务性强的职位,不太适用通用性、高层级的职位。更为重要的是,随着组织环境和战略目标的变化,公共部门的人事分类制度也要随之创新。近年来,随着重塑政府运动的全面展开,考虑组织的战略目标,增强适应性以提高自身竞争力,成为公共部门最基本的管理任务。美国联邦政府的人事分类制度在这种背景下更加显露出职位分类的通病,诸如职位分类与机构使命脱钩、职位分类过于繁琐以及缺乏弹性等问题已引起普遍关注。只有通过简化分类制度使之具有适应变化的灵活性,适当借鉴品位分类的某些合理成分,才能矫正职位分类制度的某些固有缺陷。20 世纪 90 年代,美国联邦政府的重塑人力资源管理报告指出,鉴于职位分类制度存在的种种问题,需要通过改革来形成一种使命导向、弹性与规则之间平衡、简化及易于管理的新分类制度,改革行动措施涉及废除 15 职等的分类标准、授予行政机构分类决定权和简化标准的分类制度等诸多内容②。

最后,依法管理原则。依法管理原则是各国人事分类制度的共同特征和

---

① 杨景宇等主编:《中华人民共和国公务员法释义》,北京:法律出版社 2005 年版,第 24 页。
② 吴志华著:《美国公务员制度的改革与转型》,上海:上海交通大学出版社 2006 年版,第 88 ~ 93 页。

基本原则,是人事分类民主化、科学化和法治化的重要标志。健全的法治是现代公共部门人事分类制度得以产生、存在和发展的制度载体,各国人事分类制度的创立、变革都表现为相应法律规范的要求。传统人事制度不可避免地存在着一些缺陷和弊端,无论是"个人赡徇制"还是"政党分肥制",都使公共部门的人事管理沦为个人或政党的工具,造成公共部门肥缺分账、任人唯亲、营私舞弊和效率低下,继而形成严重的吏治腐败和政治危机。人事分类的依法管理,则可以有效地避免以个人或集团的习惯、爱好、兴趣甚至是一时的冲动作为选拔和任用公共部门人员的依据,是人事行政"人治"模式的革命性变革。依法管理原则奉行在法律地位平等基础之上的平等选拔、公开竞争的现代民主理念,主要表现在:通过制定和颁布一系列法律法规的形式确立了公共部门的人事分类制度,并且将法治精神贯穿于人事分类制度的各项具体环节,系统规定公共部门人员的录用、考核、晋升、奖惩、培训、工资福利、退休退职等内容,使公共部门人事分类有法可依,有效提升了人事分类的规范化和法治化水平。

三、公共部门人事分类的功能

人事分类是实现公共部门人力资源管理现代化的前提和基础。公共部门尤其是政府机构组织规模庞大、纵横关系复杂,"公共部门职位的规模不可避免地要求采用广泛可行的人事政策和系统化的人事管理程序。"[①]只有通过科学合理的人事分类制度,才能为公共部门提供了一个资源配置合理、管理行为规范、激励手段强化、功能运作高效的基本模式,从而有利于公共部门的系统稳定和战略发展。具体来说,公共部门人事分类的功能主要体现在以下几个方面。

首先,人事分类有利于规范公共部门人力资源管理。人事分类是公共部门人力资源管理的基础,规范的人力资源管理离不开科学的人事分类制度。实行人事分类后,无论是品位分类、职位分类还是两者的混合分类,各有相应的分类标准。科学的人事分类有针对性地根据不同的特点和需要实施科学的管理,根据工作人员的基本素质和能力水平,通过职位规范,明确各个职位的任务、责任、权限、任职资格和工资标准等,为公共部门人员的招用、培训、绩效

---

① 〔美〕詹姆斯·W·费斯勒等著:《行政过程的政治——公共行政学新论》(英文第 2 版),北京:中国人民大学出版社 2002 年版,第 152 页。

评估、奖惩和薪酬管理活动提供客观依据,进而实现公共部门人力资源管理的规范化。从这一层面而言,人事分类既是公共部门人力资源管理的需要,也是公共部门人力资源管理的前提,没有科学的人事分类,就无法科学规范公共部门人力资源管理。

其次,有利于合理配置公共部门人力资源。现代社会,公共部门尤其是政府部门的公职人员队伍庞大,要对其实施有效的管理、监督和协调,就必须要按一定的标准将其划分成不同的类别,通过分类管理实现公共部门人力资源的合理配置。品位分类结构富有弹性,适应性强,应用范围广,注重学历背景,有利于吸收高素质的人力资源,组织的人员流动性较强,人员的调动、交流、晋升受所学专业以及工作性质的限制较少,使根据工作所需要的特定技能来配置人力资源成为可能;职位分类在工作分析的基础上将所有职位分为若干职门、职组和职系,然后按责任大小、工作难易程度和所需资格将相同性质的职位分为若干职级和职等,如此便可以对每个职位有了比较清晰的认识,可以做到以事择人,人得其所,有利于获得职位的最佳人选,使公共部门的人力资源得到合理配置。

再次,有利于调动公共部门人力资源的积极性。公共部门人事分类通过规范组织人力资源管理和合理配置人力资源,有利于减少组织中人与事的矛盾,避免主观臆断和人为纠纷,从而调动公共部门人员的工作主动性、创造性和积极性。一方面,通过规范化的人力资源管理,使管理工作有据可依,更加科学和公平,减少了不必要的人为干扰,使公共部门人员专心于完成自己的工作,并尽力发掘出自己的工作潜能。另一方面,人事分类管理使公共部门人员有了明确的等级划分,可以使其清楚定位自己在组织中所处的位置,以及未来可能的升迁途径和升迁目标,从而激励其为将来升迁后可能从事的工作岗位做好充分的知识和技能储备。因此,分类管理有利于调动公共部门人力资源的积极性。

最后,有利于提高公共部门人力资源管理的效率。没有科学的分类就没有科学的管理,从一定意义上看,人事分类是实现公共部门人力资源管理高效化的技术基础。人事分类制度"反映了人们越来越倾向于把科学的原理应用于行政管理事务(科学管理)。把公共组织从政治压力下剥离出来,以此提高效率及保护公共组织雇员权利(政治—行政相分离)"[1]。通过科学合理的人

---

[1] 〔美〕唐纳德·克林格勒等著:《公共部门人力资源管理:系统与战略》(英文第4版),北京:中国人民大学出版社2001年版,第142页。

事分类方法,为公共部门人员的招用、培训、绩效管理、奖惩和薪酬管理等活动奠定坚实基础,从而不断提升公共部门人力资源管理的效率。人事分类制度使公共部门对组织的人员或职位状况有比较清晰的了解,在人力资源管理的各个具体环节上的工作做到有的放矢,减少工作的盲目性,满足人力资源管理复杂功能的需要,从而实现公共部门人力资源管理的高效化。

四、公共部门人事分类的发展趋势

公共部门人事分类制度基于特定的社会历史文化背景而产生,不同的人事分类制度在各自的政治生态背景下,各有其优势和不足,都发挥了其对公共部门人力资源管理的独特功能,但随着社会政治、经济、文化的发展以及公共部门战略目标的变化,公共部门的人事分类制度自产生以来出现了一些新的发展趋势。

首先,两种分类制度相互影响、相互融合、互相补充。虽然品位分类和职位分类在一定意义上是两种不同的人事分类制度,但这两种人事分类制度在发展过程中也在逐步地演化,各自汲取对方的积极因素,从一定意义上说,严格的职位分类和品位分类已不存在。

一方面,职位分类从品位分类中汲取有益的经验。针对职位分类过于繁琐及缺乏弹性的不足,美国联邦政府不断对其职位分类制度进行创新,适当借鉴品位分类的某些合理成分,以矫正职位分类制度的非人格化、非人本化缺陷。美国在1978年的公务员制度改革中,在一般职(GS)序列中,把16、17、18职等的约8 000个职位分离出来,单独组成高级公务员系列,可以在各部之间自由调转,实行不受联邦政府职位分类法限制的"级随人走"做法,即公务员调任其他职位工作时仍保留原来级别,同时,美国还试行新工资制度,允许同一职业通道同一职等的工作人员工资在2~4个等级内浮动。在同一职业通道同一职等内的工作人员虽然工作性质和难易程度相当,但由于工作能力和水平的差异,公务员往往可能得到不同的工资报酬,这些措施实际上都是借鉴了品位分类的规则。

另一方面,品位分类也不断吸收职位分类的优势。英国在保留其传统品位分类制度基本特征的同时,越来越重视文官所从事的具体工作的不同性质,注重对他们进行横向的工作性质区分,而不再仅仅是对文官本人进行纵向划分,这在英国1968年的文官制度改革中表现得尤为明显。1968年以前,英国的全体文官按其所从事的工作性质分属3种职类:一般公务职类、跨部门职类、各部门职类。1968年富尔顿文官制度改革后,文官按照其所承担的工作性质,分属一般职类、科学类、专业与技术类、培训类、法制类、秘书类、社会保障类、资料处理类、公安类、调查类等10个职类。这样一来,既保留了英国原来品位分类制的优点,又吸收了职位分类制的长处,使人事分类结构渐趋科学、合理。

其次,人事分类制度更加注重弹性。随着重塑政府运动的勃发,效率高低成为衡量各国公共部门的重要标准,许多国家都在简化其人事分类制度,以提升公共部门人力资源的管理效率。在美国,职位分类的程序相当复杂,耗费大量的人力与物力,分类的结果往往是形成类别和层次繁多的职位体系,使管理者感到十分烦琐甚至无所适从。作为公务员改革的实验工程,美国加利福尼亚州中国湖的海军武器中心和圣迪戈的海军海洋系统中心,把本部门所有职位简化为5个系列,并把一般职序列的18职等归并为每一职位系列分别只有4、5或6个等级,如GS-9、GS-10、GS-11级的所有工程师归并为一个等级①。另外,按照宜粗不宜细、宜少不宜多、结果导向的原则设计职位说明书,对职位工作任务及职责的规定不应太细化,尤其是对那些难以明确划分其职责范围的工作更应如此,以便为工作情势变化留出弹性空间,同时采用关键绩效指标(KFI)方法来规定少数几项重要的工作职责,并制定出结果导向的绩效评价标准。20世纪90年代,重塑人力资源管理报告甚至建议国会,在保留一般职序列15个职等结构的同时,废除所有职等的分类标准,以便使公共部门职位分类具有适应变化的灵活性②。

再次,新的人事分类管理方法不断引进。各国公共部门都在聚焦人事分类管理方法的变革与创新,试图借鉴私营组织的人事管理经验,引进新的人事分类管理方法,其中市场模式(market model)和宽带制(broad banding)就是有益的尝试③。作为一种不太正式的选择模式,市场模式主要适用于非全额财政拨款的公共部门的一些短期性职位,这种方法摈弃传统的职位分类和职位评价制度,由管理者依据绩效评估和市场机制决定公共部门人员的工资水平,预算管理(management to budget)是这种方法的重心。宽带制试图借鉴或适当应用宽带薪酬结构来拓宽公共部门人员薪酬制度的弹性空间,保留了职位分类的优

---

① 〔美〕戴维·奥斯本等著:《改革政府:企业精神如何改革着公营部门》,上海:上海译文出版社1996年版,第107页。
② 吴志华著:《美国公务员制度的改革与转型》,上海:上海交通大学出版社2006年版,第92页。
③ 〔美〕唐纳德·克林格勒等著:《公共部门人力资源管理:系统与战略》(英文第4版),北京:中国人民大学出版社2001年版,第164~165页。

点,同时又力图保证公共部门人员管理的灵活性,将职务安置在宽幅的职业分类表和少数薪资带中,薪酬水平主要由任职者的实际工作绩效和市场的平均薪酬水平两方面因素决定,尤其是以绩效为核心因素,职位工作价值因素退居次要地位。新的人事分类管理方法的引进,是重塑政府运动勃发在公共部门人事分类制度改革层面的缩影,其科学性还有待实践的证明,但对于创新传统人事分类制度,提升公共部门人力资源管理的绩效,不失为一种有益的尝试。

最后,人事分类制度创新与公共部门的战略目标紧密结合。管理与使命相衔接,是重塑政府的基本主题之一,也是重塑公共部门人力资源管理一项基本价值。作为政府人事管理基础的人事分类制度,当然也应该与公共部门的使命和战略目标形成关联。以职位分类为例,其工具理性容易造成职位分类者专注于其微观层面的技术问题,而忽视宏观层面的组织战略目标和使命。日益动荡的变革环境中,考虑组织的未来使命和战略目标,成为公共部门管理者最基本的管理任务及内容,公共部门的管理者将战略管理引入公共部门,更多地把注意力集中于组织未来的使命,更加注重整体战略目标及其实施。美国重塑人力资源管理报告指出,"鉴于职位分类制度存在的种种问题,需要通过改革来形成一种使命导向、弹性与规则之间平衡、简化及易于管理的新分类制度。"[①]作为公共部门人力资源管理技术基础的人事分类制度的变革,应紧密围绕公共部门的战略目标展开,已经成为各国人事分类创新的共识。

第二节 公共部门职位分类的原理及方法

职位分类在现代人事分类制度中占有决定性的地位,被认为是公共部门人力资源管理中较为成熟的制度安排。因此,在介绍中外人事分类制度实践之前,有必要厘清职位分类制度运作的基本原理和方法。

一、公共部门职位分类的原理

(一)职位分类的内涵

职位(position)是组织中由特定人员在特定时间承担的相互关联的职责

[①] 吴志华著:《美国公务员制度的改革与转型》,上海:上海交通大学出版社2006年版,第92页。

集合。美国联邦政府《职位分类法案》将职位界定为"分配给一个官员或职员包含有职务与责任的工作。"可见,职位是职务、责任和职权的集合体。职位概念包含四层要义:一是职位以工作而非人为中心。有无任职者不影响职位本身的存在,职位可以是实授的,也可以是空缺的。二是职位数量有限。职位是由组织机构的规模、任务及经费等因素决定的,职位数量的确定应以完成任务的最低数量为原则。三是职位的确定具有一定标准。职位标准应包括职位名称、工作内容、责任程度、任职条件等。四是职位不具有终身性。按负责的幅度,职位可以是专任的,也可以是兼任的;按完成任务的时间,可以是常设的,也可以是临时的。

职位分类是指按照工作性质、难易程度、责任大小和所需资格条件而进行的职位类别和等级系列的划分。职位分类具有四个基本特征。一是以事为中心。按照工作性质、责任、难易程度和任职资格条件的异同,把众多职位在横向结构上区分为不同的职门、职组、职系,在纵向结构上划分为若干职等和职级。职位说明书是选择任职者的依据。二是注重工作人员的专业知识和技能。不同于品位分类对通用资格条件的强调,职位分类更注重任职者具备的某一领域的特殊知识或技能,因此,公共部门人员的流动一般在同一职系,至多在同一职组范围内进行。三是官等和职等合一。官等和职等密切相关,一般不实行"级随人走",严格遵守"同工同酬"的薪酬标准,任职者的职位流动影响其职务级别和工资级别的变动。四是严格的功绩制。公共部门人员的评价主要以工作实绩为标准,并且以此来决定其职务升降、奖惩、培训、辞退等。

职位分类须遵循以下四个基本原则[1]:一是系统原则。按照系统原则,在确定是否设置职位或职位设置是否合理时,要从实现公共部门战略目标出发,考察并分析其在组织系统中的地位和作用,组织职位是否能保持协调以实现组织整体目标,职位设置是否经济等问题。二是整分合原则。职位分类时应在公共部门战略目标指引下层层分解分目标和子目标,直至每个具体职位。在目标分解的基础上还要对各具体目标进行有效综合,使各职位之间协调配套,以服务和发挥公共部门的整体战略目标。三是最低职位数量原则。职位数量须在人员编制的限额内按所需职位的要求确定,应限制在为有效完成工作所需职位的最低数额,不得随意增设或减少职位。确因工作需要必须变更职位时,也应按规定程序重新确定。四是能级原则。评估不同职位的功能,使

---

[1] 谭融编著:《公共部门人力资源管理》,天津:天津大学出版社2003年版,第102~103页。

公共部门的各种职位处于相应的能级位置上,以保持和发挥公共部门的整体效能。职位功能的大小,取决于其工作性质、权力范围、职责轻重、工作繁简程度和所需资格条件等因素。

任何一种人事分类制度都是在特定背景下产生和发展的,也都有其优势和不足,职位分类也不例外。一方面,职位分类被看作是公共部门有效管理的前提和基础,规范化的分类管理体系为组织各项人力资源管理活动提供了客观依据。通过职位规范,明确各个职位的任务、责任、权限、任职资格和工资标准等,可以为实施"因事设职"及"因岗择人"的任用、"同工同酬"的薪酬标准、"因岗施教"的培训等人事管理环节提供客观依据,进而实现公共部门人力资源管理的规范化和科学化。另一方面,职位分类也存在一些固有局限性以及由此产生的问题,包括忽略人的因素、职位结构缺乏弹性、适用范围的局限性、分类程序繁琐等。

(二) 职位分类的结构和标准体系

职位分类的结构决定职位分类的功能和效用。职位分类的结构包括横向职位类别区分和纵向职位等级区分,前者按工作性质将职位区别为若干类别,后者按工作难易程度、所需资格等将各类中的所有职位划分为若干等级。具体来说,以职位为基本元素,按照工作种类和事务性质的不同,将职位分割成横向的若干职门、职组和职系;再按工作繁简难易程度、责任大小以及所需资格条件的不同,将职位划定为纵向的若干职级和职等。横向和纵向交叉构造便形成公共部门职位结构(见图3-1),任何一个职位都可以在这个职位结构体系中找到其位置。必须说明的是,公共部门职位分类结构体系的确定并非一劳永逸,必须随着组织环境的变化不断进行调整。

在职位结构图中,职位是职位分类的基本元素,在此基础上构成若干职系、职组、职门、职级、职等。横向看,若干工作性质充分相似的职位构成职系(Series),如A、B、C、……、H;若干工作性质相近的职系的集合组成职组或职群(Group),如Ⅰ、Ⅱ、Ⅲ、Ⅳ;若干工作性质大致接近的职组归纳为职门(Service),如职门甲、职门乙。纵向看,若干工作性质、难易程度、责任轻重、所需资格条件相同或充分相似的职位组合构成职级或职类(Class),如各职系框中的每个横格;工作性质不同,而其难易程度、责任轻重、所需资格条件相当的职级归纳所列之等便称之为职等(Grade),如01、02、03、……、07。

职位分类必须依据特定标准进行。职位分类的标准涉及职系说明书、职级规范和职等标准三部分内容。

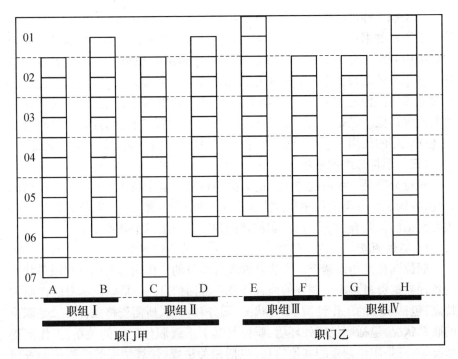

图3-1 公共部门职位结构体系示意图

(1)职系说明书。即描述每一职系工作性质的书面文件。职系说明书主要由三部分构成。一是职系名称及编号。职系名称要简要概括本职系工作性质类型。职系编号用符号或数字表示,一般包括两部分,前者代表所在职组,后者代表职组内的职系。二是一般叙述。职系说明书中开头部分的叙述通常分为两部分,第一部分常以"本职系所包括的职级"开头;第二部分说明处理本职系各职级工作所需要的知识和技能。三是主要业务说明。将最能代表本职系工作特性的主要业务予以列举,通过择要列举使工作人员从中了解本职系的工作情况。

(2)职级规范。即规定和叙述每一职级的工作性质、难易程度、责任轻重和所需资格条件的书面文件。职级规范一般由六部分组成。一是职级名称。简要说明职级的工作性质和程度。二是职级编号。通常由职位类别、系列(职组、职系)和级别(职等)三部分组成。三是职级特征。描述该职级职位的工作性质、难易程度及责任轻重等方面的内容。四是主要工作举例。列举本职级职位普遍处理且最能代表本职级职位特性的工作。五是所需资格。包括任用资格和普通及专门教育的程度、所需经验种类及时间等。六是其他必要事项。

（3）职等标准。即界定和描述每一职等的工作性质、难易程度、责任轻重和所需资格的书面文件。职等标准一般由三部分构成。一是一般叙述。指职等标准中开头部分的叙述，通常以"本职等所包括的职级"开头，接着说明该职等各职级的监督关系及处理工作所需的知识和技能。二是职责程度叙述。通过职等所需创造力、与他人接触的范围、职权范围与影响等因素来说明该职等的程度高低。三是所需资格的描述。涉及录用资格和能力两个层面，前者描述该职等的任用和应考资格，后者说明该职等所需的领导能力和行政能力。

（三）职位分类的程序

职位分类是一项需耗费大量的人力与资金的复杂技术过程。基于国情的差异，各国职位分类的程序和方法也不尽相同，但一般说来，职位分类的过程大都包括职位调查、职位分析、职位评价和职位归级四个基本环节。

1. 职位调查

职位调查是指以调查的方法获取现有职位的工作内容与职责权限等状况的各种数据资料。职位调查的内容涉及三方面信息：一是职位本身的性质和特点，包括职位的工作性质、业务状况、职务和责任、所需资格条件。二是职位的联系状况，包括职位所处环境、职位与其上下级职位之间的关系，工作流程状况等；三是职位调查的其他信息，包括相关法规、预算情况等。职位调查信息可以通过填写职位调查表获得，也可在有关组织规程、办事细则、工作手册、工作计划以及其他有关刊物中加以收集。

职位调查结束后要对获得的相关信息进行审核和整理，根据调查结果撰写职位说明书。在对职位信息的审核和整理过程中，必须坚持真实性、标准性、准确性和完整性的基本要求。职位说明书是对职位调查分析结果的书面表达形式，说明每个职位的工作性质、难易程度、责任轻重和所需资格条件。职位说明书的基本信息一般包括职位名称、职位代码、工作项目、工作描述、所需知识与技能、转任和升迁范围、工作标准等7个方面的内容（见表3-1）。

表3-1　职位说明书举例

职位名称	某区建设局副局长
职位代码	105
工作项目：（1）全面负责局所承担重点项目的实施和质量、安全监督，以及全区建设项目的综合管理工作；（2）协助局长做好机关各项工作；（3）负责机关的对外联系工作；（4）完成党委和局长委托的其他工作。	

续 表

工作概述：(1)全面负责局所承担重点建设项目的各项工作；(2)协助局长做好机关重大决策、目标管理、办公室、财务等工作；(3)全面负责全区建设项目的综合管理，包括项目的统计、协调、调度、质监等；(4)负责机关外联工作。

工作标准：(1)保证建设局承担的重点工程建设项目按质、按量完成；(2)准确统计全区建设项目，按政府要求保质、如期完成；(3)协助局长工作，使机关工作正常运转；(4)保证机关与各有关单位工作协调。

所需知识能力：(1)工民建及相关专业全日制本科以上学历；(2)具有土建系列中级以上专业技术职称；(3)有较强的组织协调能力；(4)有一定文字综合能力；(5)有5年以上专业工作经历，担任项目负责人或单位工程科(基建科)负责人2年以上；(6)熟悉建筑工程管理相关的法律法规。

转任和升迁方向：(1)升任本局局长；(2)转任城建系统各局副局长、局长。

2. 职位分析

通过职位调查只对职位的内容有了初步了解，但这种了解仅停留在感性阶段，还需对调查结果进行系统分析。职位信息汇集后，应由组织高层领导、职位分析员和外聘职位分析专家，在对收集的职位信息进行整理和核对的基础上，通过比较、分类和综合等分析技术，对收集获得的各种职位信息创造性地进行全面分析和综合评定，由此归纳和总结出有关职位的主要成分和关键因素。对职位信息的分析涉及两个层面：一是对职位调查结果的统计分析，即对职位的数量、类别等分析；二是对职位调查结果进行理论分析，即借助于概念、判断和推理等思维形式，对职位的内容及其内在联系进行系统化的分析。职位分析关键因素的确定，在不同的国家有所差异，但通常包括这样8个方面，即工作的复杂性；所受监督；遵循的法律规范；所需能力；接触人员范围与目的；职权行使的范围与影响；所施予的监督；所需资格条件。

3. 职位评价

职位评价又称职位品评，是在职位调查和分析的基础上，根据基本分类因素的比较，对职位进行区分职系、划定职级和职等的过程。职位评价的工作包括横向分类和纵向分级。职位横向分类是指将工作性质充分相似的职位归入同一职系。区分职系是一个由粗到细、由远到近的划分过程，区分职系之前还要进行职门和职组的划分。例如，将职位分为行政执法职门和专业技术职门，再将行政执法职门分为一般行政、综合行政、人事行政等职组,最后将综合行政职组划分为计划行政、统计行政、政策法规行政等职系。划分职系后还应制定相应的职系说明书。职位的纵向分级包括区分职级和职等。横向分类只区分了职位的工作性质,而没有涉及职位工作的难易程度和所需资格,还必须对职位进行纵向分级。凡工作性质、繁简难易、责任轻重及所需资格条件充分相似的职位便可归入同一职级。职级划分使人事处理更准确、公平和简化。比较各职系中职级的职责程度高低,凡程度相当的各职系的职级归入同一职等。职等划分有利于在不同职系的职级之间实现同工同酬。区分职级和职等后,须制定相应的职级规范和职等标准。

4. 职位归级

职位归级,是指依据一定的程序,将职位归入适当的职系及职级、职等的过程。职位归级的标准亦即职位分类的标准,由职系说明书、职级规范和职等标准三部分构成。职位归级的操作程序大致分为两步,首先将职位说明书中工作项目、所需技能等有关内容,与职系说明书相关内容进行比较,确定该职位所属职系。然后按照职位说明书中工作描述、工作职能、工作标准等内容,与该职位所属职系的职级规范相比较,决定该职位所属职级和职等。职位归级是职位分类最重要的环节,也是职位分类的最后一个步骤。职位归级确定以后,职位分类就直接与工作人员发生联系,职位的现任人员就要依据所归入的职级享受相应的报酬。

职位分类的后续管理也相当重要。职位归级列等后,随着社会政治经济的发展,职位的情况也会随之发生变化。无论是职位职责内容的变化,还是因工作需要增设、减少或变更职位,都需要及时通知相关主管部门予以核实研究,按照规定的程序调整原职位的所归类别。

二、公共部门职位分类的方法

(一)职位调查的方法

职位分类是一项技术性很强的工作,其科学性很大程度上取决于职位调查所获得的信息质量。这里介绍几种常用的收集职位信息的方法。

1. 直接观察法

直接观察法是指通过现场观察任职者的实际工作情况来收集职位信息的方法。直接观察法一般适用于相对标准化、重复性强及周期短的体力消耗性工作,也可用来帮助分析体力和脑力任务之间的相互关系,但对于工作行为较为复杂且工作周期较长的职位工作,以及处理紧急情况的间隙性工作则不太适用。调查者应掌握一定的观察方法和技巧:做好充分准备并力求使观察结构化;选择代表性的调查样本;选好观察位置;收集的信息应尽可能周全;对所收集信息进行分析提炼后以文字形式记录下来。

2. 面谈法

面谈法是通过与任职者直接交谈来收集职位信息的方法。这种方法互动性和目的性较强,调查者能简便而快捷地收集多方面的职位信息,尤其在不能直接观察的情况下,更能体现其价值。面谈法的不足在于运作成本较高,一旦受到外界因素的干扰,收集的信息容易扭曲和失真。面谈成效很大程度上取决于面谈技巧。调查者在面谈前应做好细致的准备工作,在充分了解所分析职位背景信息的基础上,制定出较全面的面谈提纲,以使面谈符合既定的调查目标。同时,调查者要尽量营造出一种融洽的交谈气氛并掌握必要的交谈技巧。

3. 问卷法

问卷法是通过任职人员填写调查问卷来收集职位信息的方法。问卷法可采用开放式和结构式两种方式,两者各有利弊,实践中常将两种方法结合使用。结构化的问卷类型对问卷设计有较高要求,设计问卷时要做到提问准确,问卷表格要精练,语言通俗易懂,问题不可模棱两可等。问卷法的优点是费用低、速度快、调查范围广,尤其适合对大量员工进行调查。问卷法的不足在于问卷设计的技术要求较高,不同任职者因对问卷中同样问题理解的差异,会产生信息资料的误差,再有,当被调查者不积极配合的情况下,收集到的职位信息可能被扭曲。

4. 工作日志法

工作日志法是指由任职者在规定时间内按标准格式详细记录自己所从事的每一项活动以获取职位信息的方法。任职者填写工作日志的时间通常在10天以上,记录的信息涉及职位工作的职责、程序、权限和方法等。工作日志法的优势在于所收集到的材料一般比较真实可靠,所需费用较低,同时还可以检验其他方法所收集的信息资料是否真实。该方法的不足之处表现在如果公职人员本人填写不认真,就会因遗漏工作内容而影响信息的准确性,同时对工作日志获得的信息进行整理工作量较大,增加调查工作难度。

(二)职位分析的方法

职位分析作为组织人力资源管理的基础性工具,在理论和实践方面都取得了相当的进展,形成了较为成熟的技术方法。这里介绍几种常用的职位分析方法。

1. 功能性职位分析

功能性职位分析(Functional Job Analysis,FJA)是从职位要完成工作的功能特点来分析的方法。这种方法分析四个方面的工作信息。一是工作内容,包括工作动作和工作对象。二是工作目标,即工作目的或期望的结果是什么。三是工作方法,包括工作中使用的工具、设备或其他辅助物以及工作指导的来源(上级指令、工作规则或工作惯例)。四是工作人员的职能,即工作人员在工作中所发生的工作关系,该方面的信息是功能性职位分析的重点。

数据、人、物是功能性职位分析方法的关键性要素,反映了相关职位的功能要求(见表3-2)。数据是指职位涉及的数字、符号、概念、思想等信息,处理数据的行为是综合、协调、分析等。人是指职位中发生关系的其他人,如上下级、同事、公众等,与人发生关系的职位行为包括指导、谈判、指示等。物是指职位涉及的客体,与物发生关系的职位行为包括创建、精确操作、运行控制等。三种功能中的各项职位行为可按难易或复杂程度列出等级序列。在该表中,数字越大,表示职位行为越简易,且数字小的职位行为一般包含数字大的职位行为。不同职位与数据、人、物发生关系的功能比重不完全相同,三种职能的比重关系说明了职位的倾向性。一般说来,专业技术类人员在工作中投入的处理数据的功能量较大,综合管理类人员投入的处理人际关系的功能量较大。

表3-2 职位功能项目及等级表

数 据	人	物
0 综合	0 指导	0 创建
1 协调	1 谈判	1 精确操作
2 分析	2 指示	2 运行控制
3 汇编	3 监督	3 驱动
4 计算	4 转变	4 操纵
5 复制	5 劝说	5 照看
6 比较	6 通告	6 保养
	7 服务	7 手工操作
	8 接受指导或帮助	

资料来源:Randall S. Schuler. Personnel and Human Resource Management. New York: West Publishing Company. 1990. p.103。

2. 职位分析问卷

职位分析问卷(Position Analysis Questionnaire, PAQ)是一种人员导向的职位分析方法。职位分析问卷包括194个职位要素,这些职位要素可以归类为6种职位要素类别(见表3-3)。每一项职位要素可以依据6种评价尺度中的一种确定其等级。这6种评价尺度分别为:使用程度(U)、重要性(I)、耗用时间(T)、发生可能性(P)、适用性(A)和特殊计分(S)。接着对6种评价尺度按照6分制分别评定其等次。如使用程度可分为6等:U0—不用,U1—极少使用,U2—偶尔使用,U3——般使用,U4—较经常使用,U5—大量使用。按照6种职位要素类别194项职位要素和6种数等尺度设计出职位分析问卷后,即可依此问卷对所需分析的职位进行评定。职位分析问卷最初设计目的是用于对通用职位的分析测量,其概化性特征限制了职位分析问卷在较高层职位方面的运用。针对早期职位分析问卷的不足,麦考密克也倾向于建构一个全新的旨在评估较高级别职位的职位分析问卷,并由此设计出专业管理职位分析问卷(PMPQ)①。

表3-3 职位分析问卷职位元素的分类

类别	内容	举例	职位元素数目
信息输入	工作中与获取信息的方式及信息源相关的因素	从书面材料和视觉差异中获取信息	35
心理过程	评价工作中各种论证、决策、计划、信息处理等活动的指标	为解决问题而作的推理的层次	14
工作产出	检查工作中体力劳动、机器工具及其他设备使用状况的因素	使用键盘装置和装配或拆卸工具	49
人际关系	描述工作中人与人之间的相互影响和作用	指挥他人或与客户接触	36
工作情景	评价工作的具体外部环境	高温或人际关系紧张的环境	19
其他职业特征	其他一切与工作相关的因素	工作节奏或报酬方法	41

资料来源:〔英〕劳伦斯·H·彼德斯等主编:《布莱克维尔人力资源管理学百科辞典(中文版)》,北京:对外经济贸易大学出版社2002年版,第285～286页;郑晓明等编著:《工作分析实务手册》,北京:机械工业出版社2002年版,第73页。

① 杨杰等:"工作分析的定义、理论和工具探析",《自然辩证法通讯》,2003年第3期。

3. 管理职位描述问卷

管理职位描述问卷(Management Position Description Questionnaire, MPDQ)是一种注重职位行为内容研究的方法。管理职位描述调查表列出了197个涉及职位内容的项目,并从中归纳出13类职位要素。应用管理职位描述问卷时,首先要求由管理者按照5个等级,分析和评定上述要素所描述的活动对管理者职位的重要程度,然后写下管理者认为该维度中尚未包括的其他职位活动作为补充。管理职位描述问卷在职位分析实践中可以作适当的调整和补充性设计。美国学者怀特利曾设计出一种包含职位行为内容和职位活动方式两方面项目的综合性问卷。其中职位行为内容所列出的7组职位要素在典型的管理职位描述问卷中都有描述。补充的职位活动方式涉及6组因素,分别为计划安排活动、活动时间的持续性、活动方式、接触方式、获取信息的活动、决策活动。

4. 关键事件技术

关键事件技术(Critical Incidents Technique, CIT)是用以识别各种工作环境下职位绩效的关键性因素的方法。关键事件技术要求以书面形式至少描述出6～12个月中能观察到的5个关键事件,并分别说明杰出的任职者和不称职者在这些事件中的工作行为。需要描述的关键事件包括导致事件出现的原因;事件的后果;事件是否处于任职者控制之中等。对一系列关键事件作出描述后,再按若干标准,如该事件发生的频率、该事件在工作中的重要性和任职者操作需要的能力水平等,评定各种关键事件,最后按性质划分关键事件并创建关键事件类目与频率表。关键事件技术的分析结果同时包含了职位的静态维度和动态特征,保证了职位说明的可观察性和可测量性,但这种方法并不对职位本身提供一种完整的描述,对关键事件的描述和归类也相当耗时,且难以评定平均绩效的职位行为。为克服这一缺陷,扩展关键事件技术(Extended Critical Incidents Technique, ECIT)通过引入职位域(Job Domains)的概念使这种职位分析方法更趋完备。

(三) 职位评价的方法

职位评价的方法很多,也各有侧重,在实践中常将这些方法结合起来使用。这里简要介绍四种常用的方法,即分级法、分类法、要素计点法和因素比较法。

1. 分级法

分级法(Ranking)是根据职位所承担的责任、复杂程度等因素,通过比较职位之间的级别关系(重要程度)来确定所有职位序列的方法。这种方法的步骤是:首先,选择并确定标杆职位。标杆职位应具有代表性,能体现职位的主要职能和特征,且合理分布在现有职位结构中。通常选择职位总数的10%～15%作为标杆职位。其次,围绕标杆职位将所有职位按重要程度进行排列。可采用配对比较法、交替序列法将所有职位作有序次的排列。再次,将所有职位序次予以合并,形成职位的等级顺序即职位序列。分级法的优点是操作简便,成本低廉,缺点在于带有很大的主观性,缺乏精确的测量尺度并过分依赖于评价者对职位的熟悉程度,当职位数量较多时,误差较大。

2. 分类法

分类法(Classification)是在对职位进行分类的基础上建立职位等级标准,将各个职位划归相应等级的方法。分类法的操作流程是:首先,按职位内容进行分类。如综合管理类、专业技术类等。同类职位的比较,使分等工作简便易行。其次,确定等级数量和等级定义。不同性质的组织,影响职位重要程度的因素也不相同,但通常包括职位的复杂性;所受监督;遵循的法律规范;所需能力;接触人员范围与目的;职权行使的范围与影响;所施予的监督;所需资格条件等8个方面。此后还需将所分等级进行概念性的明确描述。最后,比较职位说明书与等级定义的内容,得出职位的评价结果并将其归入相应等级。分类法相对简单,而且由于参考了指定的工作要素,较之分级法更加客观准确。但分类法一般适用于职位内容变化不大的组织,当职位内容变化较大时,这一方法便面临诸多问题。

3. 要素计点法

要素计点法(Point System)是将影响职位的主要因素通过加权求和以衡量职位相对价值的方法。要素计点法的步骤是:首先,确定职位评价因素。通过职位说明书对职位的特点和要求进行比较,确定若干职位评价因素。评价因素可以分为母因素和子因素两个层次。先确定若干母因素,如工作职责、工作复杂性、任职资格等;然后将其分解为几项子因素,如任职资格要求可以分解为知识、技能、经验等子因素。其次,确定各评价因素的权数和各等级因素的点数。依据评价因素在职位工作中的重要性,确定各母因素及子因素的权数。接着把职位评价的点数值分成若干级别,同时规定子因素级别的评价标准。然后根据权数和级别数的乘积来获得每一级别子因素的点数值。再次,根据各评价因素的得分多寡制定出职位等级序列表。要素计点法将职位分解后进行系统评价,评价结果更加客观,但建立因素评价系统相当困难,且定义和权衡因素的技术要求较高。

4. 因素比较法

因素比较法(Factor Comparison)是通过挑选出的职位评价因素直接比较各职位价值的方法。因素比较法综合了分级法和要素计点法的基本特征,不同于分级法的是,这种方法选择多个因素作为参照系进行职位比较。因素比较法的步骤是:首先,选择并确定标杆职位。这一步骤与分级法相同。其次,确定职位评价的因素。一般包括智力条件、生理条件、技能条件、职责和工作环境等5项。再次,编制因素比较尺度表。因素比较尺度表包含两个维度,横轴是比较因素,纵轴是薪资待遇。最后,进行职位比较。组织内的职位可以通过与标杆职位进行比较来确定自己的位置和薪资水平。因素比较法是一种精确、系统、量化的职位评价方法,具有广泛的适应性,但这种方法程序复杂、难度较大、成本较高。

第三节 国外公共部门的职位分类

从政府人事分类的历史发展来看,在政府职能简单以及实行等级制度的传统社会常采用品位分类,在政府职能扩大和强调专业分工的现代社会,大都实行职位分类。从严格意义上讲,除美国、加拿大等国家之外,英国、法国、德国、日本等国家从来就没有形成过严格意义上的职位分类,这些国家的职位分类包含许多品位分类的成分,是一种既具有品位分类特征、又包含职位分类因素的混合分类制度,而美国等严格实行职位分类的国家,也在不断借鉴品位分类的优势。由于各国职位分类制度一直处于动态发展之中,因此,这里从历史性的角度介绍美国、英国和法国职位分类制度的产生和发展情况。

一、美国公共部门的职位分类

(一)职位分类的产生

职位分类制度首创于美国,源于联邦政府工作人员的薪酬制度改革。20世纪初期以前,政府雇员的薪金由行政官员个人决定,不同政府机构中公务员薪酬支付系统相当混乱,大量的同工不同酬现象引起了公务员的不满。19世纪30年代,曾经发生联邦政府5个部的336名书记官联名向国会请愿的事情,要求政府参照工作制定公平的薪金待遇。这些要求得到了国会的关注,后来参议院通过方案,决定按照工作性质、任务、职责和所需资格将书记官进行分类,为美国职位分类制度的产生奠定了基础。1853年,国会为试办公务员考试,将联邦财政部、内政部、邮政部、陆军部和海军部等5个部的书记官分为4类,并按类别规定工资待遇。这一法案在美国联邦政府各行政机构的低级别职务中得以推行,成为美国职位分类的雏形,也为实行职位分类奠定了基础。

工作分析(Job Analysis)在职位分类制度的发展演化过程中扮演了不可替代的重要角色。"职位分类的逻辑前提是工作分析,它假定每个职位均能在组织中(组织图)得到合理安置——纵向的和横向的。"①工作分析的研究首先产生于美国,19世纪80年代,欧美各国正经历第二次科技革命,经济迅猛发展造成劳动力紧张,落后的经验管理成为生产率迅速提高的桎梏。为提高生产效率,美国开展了一场"提高效率运动",即"科学管理运动"。被誉为"科学管理之父"的美国人F·W·泰勒(Frederick Winslow Taylor)也开始了其动作和时间的研究,并将研究成果应用于科学管理的实践中。1895年,泰勒和吉尔布雷斯夫妇(Frank B. Gilbreth and Lillian M. Gilbreth)在动作和时间研究的基础上,进一步提出了"工作分析"和"工作评价"的科学管理方法并获成功。由此,工作分析和工作评价制度在欧美各国的工商企业中得到广泛推广,并极大提高了企业的劳动生产率。工作分析制度的实行使美国工商企业工资制度开始走向公平合理,调动了工作人员的积极性,提高了工作效率,引起了美国政府机关的高度重视。于是,美国各级政府开始改革文官制度,将工商企业界推行的工作分析、工作评价制度加以改造后引入公务员制度,为职位分类制度的最终形成跨出了关键性的一步。1896年,美国联邦文官委员会在工作报告中明确指出:实行以职务和责任为基础的分类制度是必要的,并在1903年建议政府各机关实行这一制度。1905年,罗斯福总统设立部务规程委员会,开始进行有关分类和工作评价的研究。

美国职位分类制度最先产生于地方政府。1905年,芝加哥市政府确认公务人员以职务为分类基础的原则,即在对职位的工作进行分析的基础上,给职位分类定级,处于同一等级的职位,其任职者获得的薪酬相等。1912年,芝加哥市政府正式实行职位分类,此后,几乎所有州政府和绝大部分地方政府都先后建立起职位分类制度。在州政府和地方政府的职位分类中,平均每个州的

---

① 〔美〕唐纳德·克林格勒等著:《公共部门人力资源管理:系统与战略》(英文第4版),北京:中国人民大学出版社2001年版,第158页。

职系或工作种类数目为约 2 000 种,其中,数目最少的南达科他州为 551 种,数目最多的纽约州曾达到 7 300 种①。地方政府的职位分类制度的行动和成效,促成了美国联邦政府实行职位分类制度的决心。

1923 年,美国制定第一个联邦政府职位分类方案《联邦政府职位分类法》,并成立了联邦人事分类委员会,这也标志着美国联邦政府职位分类制度的正式实施。依据这一法案对联邦政府的某些工作职位进行了工作分析和职位分类。该法规定联邦各类人员分为专门及科学职务类(7 等)、次专门职务类(8 等)、书记行政及财政职务类(14 等)、保管职务类(10 等)、低级书记及机械职务类(5 等),计 5 类(即 5 个职门),44 个职等,并以此划定薪给范围。随着形势的发展变化,1931 年,在扩大职位分类适用范围的同时,联邦政府对职位分类结构作了较大调整,将联邦政府工作人员调整为专门及科学职务类(9 等)、次专门职务类(8 等)、事务行政及财务职务类(16 等)、手艺及保管职务类(15 等)、调查及视察职务类(13 等)、教育职务类(10 等)、灯塔及仓库职务类(10 等),计 7 类,81 个职等,1 633 个职级。

(二) 职位分类的发展

职位分类在美国产生以后,一直处于不断调整和改革之中,尤其是 1949 年和 1978 年,对职位分类作了较为重要的调整和变革。

1949 年,国会颁布了新的职位分类法,建立了一般职序列的分类制度,形成了以一般职为主体的完整而系统的职位分类制度,奠定了现行公务员职位分类制度的基础。新职位分类法将公务员的职位类别由原来的 7 类削减为 2 类,一类是一般职类,适用于一般职位分类表(General Schedule,GS),主要由专门及科学职务类、次专门职务类、事务行政及财务职务类组成,分为 18 等,其中 1 等至 15 等的人员属于中下级行政人员,由各部门自行管理,16 等至 18 等由文官事务委员会直接管理。另一类是技艺保管类(Grafts Protective Custodial Schedule,GPS),主要由手艺及保管职务类、调查及视察职务类、教育职务类、灯塔及仓库职务类组成,属于法律管理系统人员,分为 10 等。同时,这次调整对职系和职组进行了更为细致的划分,划分为 27 个职组和 569 个职系。1954 年,技艺保管类被取消,其中部分职位划入一般职类,另一些归入不适用职位分类法的例外职位。1958 年,对一般职类的职位重新进行了调整,分为 23 个职组和 524 个职系,1965 年再减为 22 个职组、439 个职系,原来的 18 个职等不变。新职位分类法及随后的调整使美国的职位分类更加规范和精密,

---

① 吴志华著:《美国公务员制度的改革与转型》,上海:上海交通大学出版社 2006 年版,第 88 页。

反映了现代公共部门分工日益精细和专业化的要求。然而,制度安排的技术化和精确化要求,也使其缺乏变通的灵活性,职位分类制度在发展中逐步暴露出的固有弊端,特别是职位分类中的僵化特征受到普遍的质疑。

针对职位分类存在的问题,联邦政府又对其进行了一系列调整,特别是在国会通过1978年公务员改革法案之后,联邦政府的职位分类体制开始了重要重组。1978年的改革主要涉及两个方面的内容,一是建立了相对独立的高级公务员系统。高级公务员(Senior Executive Service, SES)亦称高级行政官,包括一般职(GS)序列中的GS-16、GS-17、GS-18三个职等的公务员,总人数约8 000人,他们介于政治任命官与其他公务员之间,一般都是联邦政府机构内的部门负责人或项目负责人。由于高级公务员的工作具有某些特殊性,如职位高、责任重、风险大等,因此有必要从公务员系统分离出来,形成一个在某些方面按照特殊规则和政策进行统一管理的相对独立的公务员团体。这次改革把高级公务员系列单独分离了出来,实行不受联邦政府职位分类法限制的"级随人走"做法,即公务员调任其他职位工作时仍保留原来的级别;二是对高级公务员系列之外人员的职位分类进行改革,简化职位分类结构和分类程序,拓宽职位分类标准,试行新的工资制度,允许同一职业通道同一职等的工作人员工资在2～4个等级内浮动。即在同一职业通道同一职等内的工作人员虽然工作性质和工作难易程度相当,但由于工作能力和水平的差异,公务员往往可能得到不同的工资报酬。1980年启动"海军示范项目",在美国加利福尼亚州中国湖的海军武器中心和圣迪戈的海军海洋系统中心,把本部门所有职位简化为5个系列,即专业职位、技术职位、专家职位、行政职位和办事员职位,并把一般职序列的18职等归并为每一职位系列分别只有4、5或6个等级,如GS-9、GS-10、GS-11级的所有工程师归并为一个等级。1988年开始启动的"标准和技术全国协会"人事管理示范项目进一步简化分类制度,将职位进一步简化为4个系列,即科学和工程专业职位、科学和工程技术职位、行政人员和保障职位,每一类包括一个或多个工资等级。1993年《戈尔报告》关于人事政策改革的5条建议中也提到要简化职位分类体制。

(三) 20世纪90年代以来的职位分类转型[①]

20世纪80～90年代,在时代环境的催化中,美国公共管理体系自下而上地出现了一场声势浩大、被称之为重塑政府(Reinventing Government)运动的

---

① 参阅吴志华著:《美国公务员制度的改革与转型》,上海:上海交通大学出版社2006年版,第88～95页。

行政改革浪潮。20世纪80年代,重塑政府运动几乎在美国各州政府及地方政府中遍地开花;到了90年代,当1993年1月克林顿接替只担任了一届总统的老布什进驻白宫后,联邦政府又发起了一场延续8年的重塑联邦政府运动。在重塑政府运动背景下,美国的职位分类制度进一步作出调整。

美国联邦政府的职位分类制度在人事管理实践中典型地显露出职位分类的通病,尤其是适用联邦政府文职雇员中75%人员(即白领职业雇员)的一般职(GS)序列的分类制度,其问题更为突出。按照重塑人力资源管理报告①以及美国有关专家学者的分析,以一般职(GS)序列为主体的联邦政府职位分类制度主要存在三方面的问题,一是职位分类与机构的使命脱钩。作为政府人事管理基础的职位分类制度,无论在原初的制度设计上还是在管理实践中,都未与使命形成关联。二是职位分类过于繁琐。职位分类的程序复杂,耗费大量的人力与物力,分类的结果往往是形成类别和层次繁多的职位体系。三是职位分类缺乏适应变化弹性。快速变迁的治理环境与本质上具有刚性特征、难以回应环境变化的职位分类制度产生了矛盾与冲突。

鉴于职位分类制度存在的种种问题,重塑人力资源管理报告认为需要通过改革来形成一种使命导向、弹性与规则之间平衡、简化及易于管理的新分类制度。重塑人力资源管理报告在"改革一般职(GS)分类和基本薪酬制度"部分所提出的5项改革行动措施中,涉及与简化分类制度有关的内容包括3个方面。一是废除15职等的分类标准。报告指出,一般职(GS)系列的职等分类标准几十年来一直未作过修订,其中有许多已经不适用,而且,联邦政府为回应环境的变化需要经常调整分类标准,没有必要以立法形式把分类标准人为地凝固化。因此建议国会,在保留一般职(GS)序列15个职等结构的同时,废除所有职等的分类标准,以便使职位分类具有适应变化的灵活性。二是授予行政机构分类决定权。通过修订职位分类法,给予联邦政府各行政机构以分类的最终决定权,免除联邦政府人事管理办公室对分类的评估及审批权。人事管理办公室承担的分类职责是:开发和向行政机构推荐改进或调整标准的15职等分类制度的技术工具;制定指导性的职位分类标准框架;为参与分类工作并承担分类责任的一线管理者提供分类业务的培训项目。三是简化标准的分类制度。报告要求联邦政府人事管理办公室,通过采取减少工作种类数目、简约分类标准和简化分类程序等改革措施,来简化分类制度,以便为行

---

① 重塑人力资源管理报告(Reinventing Human Resource Management)是重塑联邦政府的第一批报告中有关联邦政府体制改革的14个附报告之一,涉及联邦政府人事制度改革的内容。

政机构和一线管理者提供更大的弹性或灵活性。尤其是要求尽可能压缩工作种类,期望能够把450多个职系减少一半或一半以上。职位分类制度调整后,联邦政府白领职业即一般职(GS)序列职位分类的横向结构上,共分为23个职组和420个职系。在23个职组中,最大的职组包含50个职系,最小的职组只有2～3个职系。目前仍然保持这一分类结构。

按照简化分类标准的改革原则,联邦人事管理办公室只是比较笼统、宽泛地制定出指导性的职位分类标准框架,并不对职组及职系的内涵定义及外延边界作过细的规定,以便使联邦政府各行政机构能够根据自己的实际情况来补充具体的内容。人事管理办公室制定的职位分类指导性文件《职组和职系手册》中,在按职组、职系代码为序排列出23个职组及420个职系的同时,对各职组、职系分别作出了定义性规定。在各职组、职系的规定中,除了对极个别职系做了相对详细一些的工作特征规定外,如人事管理办公室熟悉、且直接属于自己管辖的人力资源管理职组及其8个职系等,对绝大部分职组和职系所做的定义性规定都很简要、宽泛。

二、英国公共部门的职位分类

英国早期的分类制度是典型的品位分类。在英国,较早提出文官分类设想的是1854年的《关于建立英国常任文官制度的报告》(又称《诺斯科特——屈威廉报告》),该报告主张把政府文官区分为高级和低级两大类,其中高级文官负责行政管理和政策性事务,必须经过大学教育;低级文官处理日常性及机械性事务,受到普通教育即可。报告交由议会讨论时遭到保守势力的强烈反对,故报告中关于文官分类的主张没有能得到实施。1860年,斯坦利委员会(Stanley Committee)建议以公务员学历为标准划分高级和低级事务官,受过高等教育的划分为高级事务官,没有受过高等教育的划分为低级事务官,同时按工作性质把文官分为若干类,每类之中再划分高低两级。这些意见曾为各机关部分采纳。1870年,英国政府颁布关于文官制度的第二个枢密院令。这个命令把文官分为执行政策的上层和办理日常事务的下层。与此相应,文官的等级结构也划分为第一和第二两大等级。至此,英国文官分类制度的框架初步形成。

从1870年到"二战"期间,英国文官分类结构又经历多次调整,旨在使文官制度的等级结构逐步完善。1875年,普莱费尔委员会(Ployfair Committee)在对文官制度的有关状况进行调查后提出改进分类的建议,内容包括将第二级人员再划分为成年级与学童级,学童级人员达到一定年龄经考试合格后可升入成年级;成年级(第二级)文官升入第一级时,必须由部长在征得财政部同意后推荐提名,再由文官委员会发给证书;第二级外另设抄写级,其报酬按工作时间或件数计算。1876 年,这些意见以枢密院令的形式得以施行,并且裁减了第一级人员,凡非重要职务,全部列入第二级。1890 年,政府根据瑞德雷委员会(Ridley Committee)的建议,重新调整了第一级文官的人数及职位,将第二级人员分为三级。由于两级分类结构无法满足实践需要,财政部在 1906 年以行政命令设立了中间级,尽管如此,仍然不能适应日益复杂的文官管理的需要。1920 年英国政府在战前麦克唐纳委员会(Macdonald Committee)和战后格勒斯顿委员会(Gladstone Committee)调查报告及建议的基础上,对文官结构进行了幅度较大的改革。将文官结构由三级增设为四级,原第一级改为行政级,中间级改为执行级,另外两级是事务级及助理事务级;每级中又含有不同的等级。每级人员都从受过相应教育的毕业生中招募。改革后确立的文官四级结构稳定了较长一段时期。1931 年又增加了两个级别,即科学官员与科学助理。1945 年,全国文官重新统一计划分为两大类。一类是一般行政人员,包括行政、执行、文书、助理文书 4 种级别的文官。另一类是专业技术人员。

随着社会经济的发展,品位分类已愈来愈不适应社会专业分工的需要,英国文官分类结构又进行了一次较大幅度的调整。1968 年,富尔顿委员会(Fulton Committee)认为当时的文官制度存在 6 大缺陷,即通才理论基础、分类制度和等级结构过于混乱、专门技能不受重视、文官缺乏管理技能、文官的终身任职和招聘的偏向性以及等级结构的僵化。因此,该委员会提交的报告建议改革长期以来的封闭的文官等级结构,取消原有的以职类为基础的文官结构,实行以职业为基础的等级结构。1971 年,英国政府采纳了《富尔顿报告》的建议,取消原来的等级划分,开始建立和实施"公开结构"。这次文官分类制度改革将文官结构简化为职类、职组和职等 3 个层次,按照新的分类,全国文官统一分为 10 个部类 19 个职组,每个职组按工作繁简难易程度、责任轻重及所需资格条件的不同分为若干等。10 个部类依次是:综合类、科学类、法律类、研究类、警察类、训练类、秘书类、专业技术类、社会安全类、资料处理类,每一大类又分为若干职组。以综合类为例,包括行政、经济学家、情报官员、统计官员等职组,行政职组包括约 263 000 名文官,分为 11 个等级,依次为常任次官和副次官、助理次官、最高主管、主管、最高执行官、高级执行官、行政实习员、执行官、办事官、助理办事员。改革后,取消了原有封闭等级,文官结构成为开放性的等级体系。1968年的文官分类制度改革由于触犯了部分高级文官的既得利益而受到阻挠,加之报告本身也有考虑不周之处,这次改革实际作用远未达到富尔顿报告预期的程度,虽然如此,必须承认的是,经过富尔顿改革,英国公务员品位分类的色彩已有所减弱,尽管通才的结构没有得到根本性改变,但专家的作用无疑在加强。

20世纪80年代的撒切尔政府对文官分类制度进行了较大规模的改革。这次改革的目标体现为对价格机制和成本收益原则的高度关注,在改革中,进一步精简文官队伍,缩小文官规模。据统计,公开机构的最高层人员减少了9.7%,助理次官和高级主管分别为12.9%和4.5%。撒切尔夫人改革的另一重要内容是使文官职位公开结构扩大化。1979年,公开结构仅包括最高级1至3级,1984年扩大到4至6级,1986年又增加了主管级。这次改革在鼓励公开结构横向流动的同时,还鼓励行政职务组的纵向流动。长期以来,中级文官职位几乎由外来者(主要是大学毕业生)垄断,1986年前,中级文官职位的门槛是行政见习官,1971～1985年间,进入行政见习官行列中外来者占了75%。为此,英国政府于1982年新设高级执行官——"发展类"(Higher Executive Officer-Development,HEOD)一级,并取消了行政见习官能力测验分组的办法,以利于内提者及时升级。1985年实行按年龄晋升的办法,只要超过25周岁,所有进入行政见习官行列者都可自动进入HEOD。1986年,执行官可经部门提名,公开竞争,跨过行政见习官阶段直接进入HEOD级[1]。虽然由于种种原因,这次改革的成效不大,但毕竟体现了文官分类制度改革的方向和趋势,改革的趋势还在延续。1988年,伊布斯报告即《改善政府管理:下一步行动方案》(《The Next Steps》)对政府内部完全雷同的组织结构、文官内部统一的层级结构、工资制度和晋升程序提出了批评,认为不同部门的组织设置、层级结构、上下级权力关系都要依职能不同而多样化。

90年代以来的文官制度改革进一步向纵深推进。为了进一步推进文官制度改革,使高级管理结构更加合理,英国政府于1994年发表了《英国文官制度的继续与变革》白皮书,提出了进一步改革文官制度的建议,其中涉及职位分类的内容主要有:建议成立一个高级文官管理组织,该组织包括所有执行机构的执行长官,以及5职级及其以上的负有重要管理和政策责任的高级文官,向社会公开高级文官的空缺职位等。1996年,高级文官组织成立,高级文官组织成员单独与部门签订合同,根据职位说明、职位重要性以及业绩结付薪

---

[1] 周志忍:"英国的行政改革与西方行政管理新趋势",《北京大学学报》,1994年第5期。

金。随着文官制度改革的深入,布莱尔政府又确立了各级文官的核心能力标准,其中高级文官的核心能力标准包括:领导艺术、战略思想与计划、注重结果、人员管理、交流与沟通、财务与其他资源管理、个人效率、知识创造力和决断、专门知识和专业能力等9个方面,布莱尔政府还要求每个高级文官年终都要接受能力测评,并根据测评结果制定培训计划。为了保证文官的利益和积极性,很多重要的高级文官职位还由文官序列内部产生,但随着改革力度的加大,高级文官职位已经开始了公开招聘,近年来,约有25%的高级职位空缺向社会公开,70%的应聘者来自非公务领域,这一比例还在不断上升[①]。

英国文官分类制度改革实际上是一个不断借鉴和吸收职位分类优势的过程,在一定程度上体现了职位分类的基本原则,并据此因事设职,简化职级,从而有利于打破文官队伍内部严格的等级限制,削弱过分强调学历、资格等品位分类的消极因素。从一定意义上讲,文官分类制度改革已经改变了英国原有的典型的品位分类制度,实行一个品位分类和职位分类相结合的混合分类制度。

三、法国公共部门的职位分类

法国公务员分类系统同样属于职位和品位相结合的混合分类模式,但与英国不同的是,法国的分类系统更多地引入了职位分类的因素,而且法国分类系统在类别上虽也有等级划分,但等级之间相对开放,不像英国那样相对封闭,这种横向和纵向相结合的分类方法,形成了法国公务员分类制度的特色。法国公务员分类制度的基本框架是:按学历划分类别(即职组);按工作性质划分职系;根据责任大小、难易程度划分职等;根据资历和考核确定职级。类别、职系、职等与职级4个概念是法国公务员分类制度的特色和基础。

按职位的工作性质和学历的高低,将公务员划分为A、B、C、D四类。A类公务员担任领导、计划、设计和决策性的工作,须具有正式的高等教育毕业文凭。在A类公务员中,根据所在职位的工作特点和所掌握知识的专业区别,还可以分为国家高级公务员集团、高级公务员集团和高级技术人员集团等3类。政府中的司长、处长、科长、专员、督察、学术技术职位上的教授等都属于A类公务员。B类公务员担任行政执行工作,包括具体贯彻执行法律、法令及上级的命令和决定,须具有高中毕业文凭。中央行政部门的行政秘书、财务机关的监督员、公共事业机构的技术员等都属于B类公务员。C类公务员担任

---

① 孙迎春:"英国行政制度的现代化改革",《国家行政学院学报》,2001年第5期。

执行计划、实施决策的辅助性工作,一般属操作岗位,须具有初中毕业文凭。行政助手、打字员、速记员、邮递员等都属于 C 类公务员。D 类公务员担负最简单性质的工作,属于勤杂人员,须具有小学毕业文凭。办公室值班人员、公文信差、房屋管理员、工勤人员等属于 D 类公务员。1989 年,法国政府公务员中,A 类、B 类、C 类和 D 类公务员约占公务员总数比例分别为 28.8%、31.8%、34% 和 6%。

按工作性质的不同,将公务员职位区分为若干职系。对每一系统的公务员,按其工作性质所属类别的不同,划分为若干分支系统,每一分支系统的公务员都属于同一职类,并且接受同一个专门章程的管理,从而组合成一个职系。如 A 类公务员分为普通行政、社会保险监督、内政监察、财政监察、外交官等职系。法国公务员中有 1 000 多个职系。公务员进入某一个职系后,可以通过借调、退职等形式临时地或最终地在同一类别里更换他所附属的职系,还可以通过内部竞争考试列入推荐名单以及"外聘"任命的方式晋升到高一级类别的职系。

每一职系又可分为若干职等和职级。按照职位工作的责任大小和难易程度将公务员区别为若干职等。职等幅度一般在 1~4 等之间,但法国公务员系统没有全国统一的职等划分标准,不同职系的情况有所区别,如普通行政职系中从低到高分为 2 等、1 等、超等 3 个职等,而由教师组成的职系只有一个职等。同时,按所需资历和考核等次又将每一职等划分为若干职级,幅度在 1~8 级之间,法国注重贡献积累,公务员职级一般按年资提升。

从 20 世纪 80 年代开始,法国公务员职位分类制度进行了一系列的调整。职位分类在发展过程中出现了一些不适应性,尤其是 4 种类别的划分很难准确体现公务员队伍的现状。例如,随着社会受教育程度的普遍提高,D 类公务员的人数越来越少,再如,随着成人教育的发展,在高中毕业文凭和大学文凭之间出现了中间档次的文化水平,即两年制大专毕业生,按照职位类别划分的规定,这些具有中间档次文化程度的人不能参加外部竞争考试而由 A 类职系录用,但如果仍将他们限制在 B 类,会引起这部分人的不满。因此,政府已决定进一步简化现行的分类制度,通过教育和培训,将 D 类公务员并入 C 类,并调整公务员任职的学历要求,同时,在 A 类公务员中引入政治任命人员,如省长、副省长等。经过改革,目前法国的国家公务员约有 165 万人,分为 A、B、C 3 个类别[①]。其中 A 类公务员约有 81.3 万多人,主要是通过外部竞争和内

---

① 仁宣:"法国公务员制度改革分析",《中国公务员》,2003 年第 6 期。

部竞争考试、具有大专以上学历的人员；B类公务员约有32万人，具有高中文凭的人员可以通过考试进入B类，B类公务员可以通过考试进入A类；C类公务员约有51.7万人，具有初中毕业文化程度的人员可以通过考试进入C类。

第四节　中国公共部门的人员分类

中国公共部门的人员分类结构是传统干部人事制度的衍生物，随着干部人事制度改革的不断深入，中国公共部门的人员分类制度逐步走向制度化和规范化。《公务员法》对公务员职位分类作了较为全面和系统的规定，为公务员分类管理的科学化奠定了重要基础。与此同时，事业单位人员分类管理改革也在向纵深推进。

一、中国公共部门人员分类制度的沿革

中国公共部门人员分类制度是干部人事制度的有机组成部分，干部人事制度在一定程度上制约了公共部门人员分类的逻辑空间。中华人民共和国成立后，革命根据地时期的人事制度在新的历史条件下进一步得到发展，全国范围内，从中央、地方到基层，补充了大批领导人员和管理人员，从经济领域到科教文卫领域，充实了各方面的专业技术人员。领导人员、管理人员、专业技术人员以及普通工人等各层次各类别的人力资源纳入了全国统一的管理体系。这一体系分为两大系统：一是从事脑力劳动的干部系统，包括领导人员、管理人员和专业技术人员等；二是从事体力劳动的工人系统。具体说来，所谓国家干部，就是指党、政、企、事、群五大系统中除工人以外的所有公职人员。

1953年对国家干部采取了分部、分级的管理方式，为中国公共部门人员的分类制度奠定了基本框架。所谓分部，是指国家干部的归口管理，即按不同部门或行业划分管辖范围。例如工业口、交通口、政法口、文教口等等，分别管理本部门或本系统所属的干部。所谓分级，是指上级党委对下级单位干部管理的权限幅度，如下管二级或下管一级。1949年至1957年中，党和国家以条例、规定、决定、通知形式，陆续颁布了一批人事文件和法规，从而在人事管理的若干方面形成了规范化的制度。到1957年，在计划经济体制初步形成的同时，由革命根据地人事制度发展而来的传统人事制度也基本成型。此后，直至

1977年,这一传统人事制度除了作过一些局部的补充及调整、逐步发展得更为完备之外,并没有出现过重大的结构性变化。

传统人事制度在新中国建立后至1966年的特定历史时期发挥了特有的作用,它作为一种与计划经济体制相适应的人事管理模式,在这一历史时期促进了社会主义计划经济和各项事业的发展。但按照现代人力资源管理理论来分析,这种具有历史合理性的人事管理制度存在许多弊端。与此相对应,公共部门人员分类制度也呈现出集中统一的主要特征,表现为党政不分、政企不分、政事不分,干部系统包含各种工作性质和特点不同的人员,无论是党的机关、政府机关、权力机关、司法机关的工作人员,还是事业单位、企业单位、群众组织的工作人员都统称为"干部"。干部人数多达两三千万,范围十分宽广,内含成分多杂,但在管理上不作分类。人员的等级划分主要依据职务职级、资历深浅、学历高低和工资多寡,实际上是一种特殊的"品位分类"。这种"以人为中心"的品位等级制,虽然分类简单,便于管理,有利于培训和选拔通才,为公共部门人员提供不断的升迁机会。但是这种划分公共部门人员的分类标准和管理方法缺乏科学性,忽视了对事(职位)的考察、分析和了解,对事(职位)缺乏科学、严谨、客观、系统的分类,人员分类大一统的结构性缺陷,在人事管理的实践中衍生出其他诸多弊端,不利于人力资源管理的科学化。

随着改革开放的不断深入,原来的分类体制越来越不能适应现代管理的需要。1987年的中共十三大政治报告专门论述了"改革干部人事制度"问题,提出"在建立国家公务员制度的同时……对各类人员实行分类管理。""群众团体的领导人员和工作人员、企事业单位的管理人员,原则上由所在组织或单位依照各自的章程或条例进行管理。"党的十三大的政治报告确定了以建立科学的分类管理体制为目标的人事管理制度改革主题思路,即按照党政分工、政企分开、政事分开的原则,国家权力机关、国家行政机关、国家司法机关和企事业组织等分别形成与机构或组织特点相适应的人事管理制度。1992年的党的十四大政治报告同样强调,"加快人事劳动制度改革,逐步建立健全符合机关、企业和事业单位不同特点的科学的分类管理体制和有效的激励机制。"1993年颁布的《国家公务员暂行条例》明确提出:"国家行政机关实行职位分类制度。"在确定职能机构编制的基础上,进行职位设置,制定职位说明书,确定每个职位的职责和任职资格条件,作为国家公务员的录用、考核、培训、晋升等的依据。到1998年,各级国家行政机关基本完成国家公务员制度的实施工作。与此同时,国家司法机关着手建设法官制度和检察官制度;企业在改制中逐步建立起与现代企业制度相适应的人力资源管理制度;事业单位人事制度改革的总体设想和改革方案也酝酿之中。

《国家公务员暂行条例》实施以来,公务员管理取得了较大进展,但在职务与级别设置方面也逐渐显露出一些问题。从公务员职位分类制度本身和各地实施职位分类的具体操作情况来看,现行的职位分类制度的设计并不科学、合理,实施也不很规范。虽然规定实行职位分类制度,但主要是强调各机关要在确定职能、机构、编制的基础上,进行具体职位设置,并未从总体上对职位进行归类划分,这就使得职务与级别的设置,难以满足不同职位的性质和特点的需求。因此,职位分类作为公务员管理的基础并不稳固,其作用也没有得到很好的发挥,从而引起公务员管理上的诸多问题。各地要求改革和完善职位分类制度的呼声很高。事业单位改革聘用制和岗位管理为代表的制度改革初见成效。但由于绝大部分事业单位都是由政府机关主办的,隶属于政府机关,在组织形式、人事管理等方面往往仿效政府机关,行政化倾向严重,没有从根本上突破以计划经济和公有制管理的基础特征。2002年的党的十六大政治报告再次专门论述了"深化干部人事制度改革"问题,再次要求"改革和完善干部人事制度……探索和完善党政机关、事业单位和企业的干部人事分类管理制度。"

2005年十届全国人大常委会通过的《中华人民共和国公务员法》标志着政府开始调整其治理模式,试图弱化政府工作人员的政治色彩,而突出其根据法律授权进行管理、提供服务的专业色彩。对于建设法治政府的长远目标来说,这一步是必不可少的。公务员法针对以往公务员管理中存在的突出问题,对公务员的职务和级别进行了重新设计,将公务员的职位划分为综合管理类、专业技术类和行政执法类,并根据职位类别设置其职务序列,从而改变了单一的职务设置,为公共部门人员分类管理的科学化奠定了重要基础。但是,生成于传统人事制度中的那些至今尚未完全克服的弊端,不可避免地、或多或少地会遗留在由传统人事制度演变而来的公务员制度之中。因此,作为人事制度的一个新的类别,公务员制度需要在人事制度的深化改革中和自身的再发展中,进一步克服和消除传统人事制度的遗传性顽症。

与此同时,事业单位人事分类制度改革的基本思路已经明确,即根据社会职能、经费来源和岗位工作性质的不同,建立符合同类型事业单位特点和不同岗位特点的人事制度,实行分类管理。建立适合科、教、文、卫等各类事业单位特点,符合专业技术人员、管理人员和工勤人员各自岗位要求的管理制度。专业技术人员岗位实行专业技术职务的聘任与岗位聘任统一的制度,管理岗位实行职员制度。一些地方的事业单位分类管理改革已经向纵深推进。2004

年,深圳通过《深圳市机关事业单位雇员管理试行办法》,在机关和事业单位全面推行雇员制。2005年,深圳施行《深圳市事业单位职员管理办法(试行)》,将事业单位人员由身份分类管理转变为职位分类管理,并逐步取消行政级别。当然,也必须清醒地看到,相对于企业和国家机关而言,事业单位的人事制度改革的整体进程已经滞后。事业单位的分类管理制度却迟迟没有建立起来,至今没有制定出一部事业单位人事管理的法律,事业单位缺乏足够的人事自主权,人事管理的竞争机制、激励机制特征不明显,人尽其才、能上能下、能进能出的活力不如企业。从事业单位在社会发展中的作用及其人事制度改革的整体历程来看,事业单位人事制度改革是一项长期而复杂的任务,其广度和深度丝毫也不亚于公务员制度改革。

二、中国公务员的职位分类[①]

对公务员职位进行分类,并在此基础上设置公务员的职务与级别,是公务员管理的基础,为公务员的考试、录用、考核、培训、奖惩、工资待遇等各项管理制度提供了依据。《公务员法》第14条第1款规定,"国家实行公务员职位分类制度。"第19条规定,"公务员的职务应当对应相应的级别。……公务员的级别根据所任职务及其德才表现、工作实绩和资历确定。"中国公务员的分类制度是在借鉴和吸收西方人事制度科学成分的基础上,结合中国国情而确立的一种人事分类制度,是一种以职位分类为主,职位分类和品位分类相结合的分类制度。

(一) 公务员的职位类别

《公务员法》第14条规定:"国家实行公务员职位分类制度。公务员职位类别按照公务员职位的性质、特点和管理需要,划分为综合管理类、专业技术类和行政执法类等类别。国务院根据本法,对于具有职位特殊性,需要单独管理的,可以增设其他职位类别。各职位类别的适用范围由国家另行规定。"

综合管理类是指机关内从事规划、咨询、决策、组织、指挥、协调、监督等综合管理及机关内部管理职责的职位。综合执法类职位是公务员职位的主体,其所占比例最多,机关中除专业技术类、行政执法类职位以及其他职位类别以

[①] 参阅杨景宇等主编:《中华人民共和国公务员法释义》,北京:法律出版社2005年版,第52～68页。胡光宝等主编:《中华人民共和国公务员法释解》,北京:群众出版社2005年版,第75～94页。

外的公务员职位都属于综合执法类职位。

行政执法类是指机关中直接履行行政监管、行政处罚、行政强制和行政稽查等现场执法职责的职位。行政执法类职位主要集中在公安、海关、税务、工商、质检、药监、环保等部门,且只存在于这些政府部门中的基层单位。较之综合管理类和专业技术类职位,行政执法类职位具备执行性和现场强制性的特征。一方面,行政执法类职位只有对法律法规的执行权,而无解释权和裁定权,也不具有研究、制定法律、法规、政策的职责。另一方面,这一职位可以依照法律、法规现场直接对具体的管理对象进行监管、处罚、强制和稽查。

设置行政执法类职位有利于为基层公务员提供职业发展空间,激励其安心做好基层行政执法工作。目前,基层一线行政执法队伍有将近200万人,是政府社会管理与市场监管职能的直接履行者,是政府形象的窗口。基层执法部门的机构规格低,绝大多数处于科级以下,队伍基数越大,其发展空间越小。根据统计,70%左右的基层一线执法公务员只有办事员和科员两个职业发展台阶,但公务员队伍的基数较其他部门要大得多,这就导致了一线执法公务员队伍的职业发展空间狭小,严重挫伤了他们的工作积极性。同时,设置行政执法类职位,还有利于加强对一线执法公务员队伍的监管。通过规范执法岗位职责,严格其任职资格条件,可以更好地规范执法行为并提高一线行政执法队伍的专业化水准,也有助于落实执法责任追究制度。

专业技术类是指机关中从事专业技术工作,履行专业技术职责,为实施公共管理提供专业技术支持和技术手段保障的职位。专业技术类职位的设置是当今时代政府专业化分工的必然要求,也体现了各国公务员分类管理的一般规律,通过划分和设置专业技术类职位,有利于提高决策的科学性和执行的准确性,同时也为从事专业技术工作的公务员提供了稳定的职业升降阶梯,有利于吸引并稳定不可或缺的相关专业技术人才队伍。一般说来,专业技术类职位具有以下三个显著特征:一是纯技术性,即只对专业技术业务本身负责,不直接参与公共管理,因此也不具备决策权和行政执法权。二是低替代性,即此类职位具有相对较强的专业技术性要求,与其他职位之间的替代性不强。三是技术权威性,即这种权威性体现其在技术层面为行政领导决策提供参考和支持,技术结论不受行政领导主观意志的干预。只有同时具备上述三个特征的职位才属于专业技术类职位。例如,公安部门的法医鉴定、痕迹检验、理化检验、影像技术、声纹检验,国家安全部门的特种技术、特种翻译,外交部门的高级翻译等职位都属于专业技术类职位。

需要说明的是,除上述三类公务员职位类别外,还有法官、检察官职位。

这两类职位分别行使国家审判权与国家检察权,同行政机关以及其他机关职位类别相比具有自身的特殊性,法官、检察官在等级、义务、权利、资格条件、任免程序、回避等方面的管理与其他类别公务员有所区别。未将法官和检察官同其他公务员合并起来进行分类,也体现了对公务员进行分类管理的科学原则。

(二) 公务员的职务序列和层次

在对公务员进行职位分类的基础上,设置领导职务和非领导职务序列,同时区分相应的职务层次。领导职务是指公共部门内具有组织、管理、决策和指挥职能的职务,非领导职务是公共部门内不具有领导职责的职务,其中某些较高职务层次的非领导职务,可协助同级领导职务工作,也可以经授权负责或协调某一方面的工作。在公共部门,有些职位虽然不负领导责任,但是这些职位在分管的业务方面对其管理对象有较大的检查、监督和管理权,因此,有必要根据实际需要设置一些与领导职务相对应的非领导职务。

综合管理类公务员分为领导职务和非领导职务两个序列。综合管理类的领导职务包括选任制的领导职务和委任制的领导职务两类。根据有关法律的规定,选任制领导职务包括:① 国家主席、副主席;② 国务院总理、副总理、国务委员、各部部长、各委员会主任、审计长、秘书长;③ 中央军委主席、副主席和中央军委委员;④ 最高人民法院院长、副院长、审判员、审判委员会委员、军事法院院长、最高人民检察院检察长、副检察长、检察员、检察委员会委员和军事检察院检察长;⑤ 省长、副省长,自治区主席、副主席,市长、副市长、州长、副州长、县长、副县长、区长、副区长;⑥ 乡长、副乡长、镇长、副镇长;⑦ 本级人民政府秘书长、厅长、局长、委员会主任、科长;⑧ 地方各级人民法院院长、副院长、庭长、副庭长、审判委员会委员、审判员,地方各级人民检察院副检察长、检察委员会委员、检察员。选任制公务员的领导职务,还包括各级党委、人大、政协机关实行选任制的领导职务。实行委任制的领导职务,如国务院各部委的副职领导人、县级以上人民政府组织部门的副职领导人,以及各机关内设机构的领导职务等。综合管理类非领导职务包括:巡视员、副巡视员、调研员、副调研员、主任科员、副主任科员、科员、办事员。

综合管理类以外其他职位类别公务员的职务序列,由国家另行规定。国务院及其他主管部门可以根据授权,视公务员管理的实际情况,采取行政法规、部门规章或发布的决定、命令等规范性文件,对上述公务员的职务序列作出具体规定。

职务层次依据序列不同而有所区别。领导职务序列的层次包括:国家级正职、国家级副职、省部级正职、省部级副职、厅局级正职、厅局级副职、县处级正职、县处级副职、乡科级正职、乡科级副职。由于非领导职务不承担领导职责,因此,在职务层次方面不应该、也没有必要设置到高等级的职务层次上。非领导职务序列的层次在厅局级以下设置,在省部级以上不设置非领导职务。

（三）公务员级别

在职位分类的基础上对公务员划分级别是中国公务员制度的特色。设立公务员级别,既考虑了职位分类的因素,又汲取了中国传统的品位制度、干部等级制度以及现代品位分类的合理成分。公务员级别不但体现公务员所任职务工作的工作繁简、难易程度和责任大小,而且反映其德才表现、工作实绩和资历等素质条件。公务员级别既是确定其工资福利待遇的标尺,也是公务员职务之外的又一职业发展台阶,可以在很大程度上激励公务员的工作积极性和主动性。

为进一步完善公务员的职务等级制度,《公务员法》授权国务院规定公务员职务和级别的对应关系,也为公务员职位分类制度的改革留下了空间。《国家公务员暂行条例》曾经明确规定公务员的职务和级别的对应关系:① 国务院总理:一级;② 国务院副总理,国务委员:二至三级;③ 部级正职,省级正职:三至四级;④ 部级副职,省级副职:四至五级;⑤ 司级正职,厅级正职、巡视员:五至七级;⑥ 司级副职,厅级副职,助理巡视员:六至八级;⑦ 处级正职,县级正职,调研员:七至十级;⑧ 处级副职,县级副职,助理调研员:八至十一级;⑨ 科级正职,乡级正职,主任科员:九至十二级;⑩ 科级副职,乡级副职,副主任科员:九至十三级;⑪ 科员:九至十四级;⑫ 办事员:十至十五级。

根据中共中央组织部的相关规定,党的机关工作者的级别划分参照《国家公务员暂行条例》执行。职务和级别的对应关系是:① 中央总书记,中央政治局常委:一级;② 中央政治局委员、候补委员,中央书记处书记,中纪委书记:二至三级;③ 中央各部部长,省(自治区、直辖市)委书记,中纪委副书记:三至四级;④ 中央各部副部长,省(自治区、直辖市)委副书记、常委,中纪委常委,省(自治区、直辖市)纪委书记:四至五级;⑤ 中央各部局长,省(自治区、直辖市)委各部部长,地(市、州、盟、直辖市的区)委书记,省(自治区、直辖市)纪委副书记,巡视员:五至七级;⑥ 中央各部副局长,省(自治区、直辖市)委各部副部长,地(市、州、盟、直辖市的区)委副书记,地、盟(市、州、直辖市的区)委委员(常委),省(自治区、直辖市)纪委常委,地(市、州、盟、直辖市的区)纪委书记,助理巡视员:六至八级;⑦ 处长,地(市、州、盟、直辖市的区)委各部部长,县(市、旗、省辖市的区)委书记,地(市、州、盟、直辖市的区)纪委副书记,调研员:七至十级;⑧ 副处长,地(市、州、盟、直辖市的区)委各部副部长,县(市、旗、省辖市的区)委副书记、常委,地、盟(市、州、直辖市的区)纪委委员(常委),县(市、旗、省辖市的区)纪委书记,助理调研员:八至十一级;⑨ 科长,县(市、旗、省辖市的区)委各部部长,乡(镇)党委书记,县(市、旗、省辖市的区)纪委副书记,主任科员:九至十二级;⑩ 副科长,县(市、旗、省辖市的区)委各部副部长,乡(镇)党委副书记,县(市、旗、省辖市的区)纪委常委,副主任科员:九至十三级;⑪ 科员:九至十四级;⑫ 办事员:十至十五级。

人民警察以及海关、驻外外交机构的公务员,也设置与其职务相对应的衔级。人民警察的警衔设五等十三级:① 总警监、副总警监;② 警监:一至三级;③ 警督:一至三级;④ 警司:一至三级;⑤ 警员:一至二级。海关关衔设五等十三级:① 海关总监、海关副总监;② 关务监督:一至三级;③ 关务督察:一至三级;④ 关务督办:一至三级;⑤ 关务员:一至二级。目前尚未对驻外外交机构的公务员衔级问题进行专门立法,从实际情况看,外交部国内机关按公务员制度设立行政职务,同时保留与公务员级别相对应的外交衔级。

公务员的职务和级别之间并不存在某种一一对应的关系。公务员的某个职务可以对应多个级别,而公务员职务具体对应哪一个级别,要视其德才表现、工作实绩和资历等情况而定。如果公务员在其任职岗位上表现优异,即使因为机构规格、职数编制限制等客观原因致其职务得不到升迁,也可以在同一职务层次上晋升级别,这种职务晋升和级别晋升的"双梯制"可以充分调动公务员的工作积极性。对德才表现、工作实绩较好,任现职时间和工作年限较长的公务员,可以在其职务级别范围内,确定较高的级别。另一方面,公务员职务层次越低,与级别的交叉对应幅度也越大,体现了向基层倾斜的指导思想。基层公共部门的机构规格低,绝大多数处于科级以下,大部分公务员的职务层次也较低,由于基层职务的级别交叉幅度较大,使大量职务较低的公务员可以通过定期晋升级别而提高薪酬待遇,对于调动基层公务员的工作积极性具有重要意义。

三、事业单位人员分类管理制度

(一)事业单位人员分类管理的沿革

事业单位无疑是支撑中国社会结构的重要支柱。长期以来,事业单位在推动社会事业发展和扩大公益服务供给方面起着重要的作用。作为庞大的社会板块，事业单位在中国社会现代化进程中扮演着多重角色，因而也必然承担着多重的社会角色冲突。从一定意义上看，事业单位既是中国社会整体运作的基石，也是构建中国转型期社会的主体；既是沟通国家政府与公民社会的桥梁，也是体制改革的难点；既是改革开放政策的受益者和成就体现者，也是中国社会体制弊端的集中体现者。事业单位人事制度改革是一项长期而复杂的任务，其广度和深度丝毫也不亚于公务员制度改革和国有企业改革。

推进事业单位人事制度改革，必须及时完善事业单位人员的分类管理机制、优化代谢机制以及制度保障机制，其中科学的分类管理机制是改革的突破口。现有事业单位种类繁多、数量庞大、专业人才和技术知识高度密集，主要涉及教育、科研、文化、卫生、体育、勘察设计、新闻出版、交通、气象、地震、海洋、环保、测绘、标准计量、知识产权、进出口商检、物资仓储、城市公用、社会福利、经济监督、农林牧水、信息咨询、机关后勤及其他相关行业和领域。目前，我国共有 140 多万个事业单位，事业单位人员总数多达 2 922 万，是全国公务员总人数（636.9 万）的 4.6 倍，事业单位专业技术人员占全国专业技术人员总数的 64%①。对数量如此膨大的事业单位人员进行分类管理，已成为决定事业单位人事制度改革成效的关键所在。

事业单位人员分类管理的设想和实践是事业单位人事制度改革的重要组成部分。20 世纪 80 年代初期，为落实邓小平提出的"尊重知识、尊重人才"的指示，事业单位人事制度改革逐步启动，恢复了停止多年的职称评审，推行专业技术职务聘任制，设立博士后流动站。1987 年党的十三大政治报告中专门论述了"改革干部人事制度"问题，明确提出事业单位自主经营、自主管理的原则，并且强调"在建立国家公务员制度的同时……对各类人员实行分类管理"。1992 年党的十四大政治报告同样强调，"加快人事劳动制度改革，逐步建立健全符合机关、企业和事业单位不同特点的科学的分类管理体制和有效的激励机制。"事业单位人事制度改革开始进入到探索建立与社会主义市场经济体制相配套的人事管理体制的新阶段。建立和推行职员制是对事业单位管理人员管理制度的重大改革，不少地区和部门结合实行职员职务等级工资制，积极进行了职员制的改革试点。1995 年，国家人事部下发了《事业单位职

---

① 数据来源：新华网 2004 年 2 月 9 日新闻，"人事部刘宝英司长谈事业单位人事制度改革"，http://news.xinhuanet.com/zhengfu/2004-02/09/content_1305421.htm；新华网 2005 年 4 月 27 日，人事部副部长、公务员法起草领导小组负责人侯建良在公务员法草案新闻发布会上的答记者问，http://www.xinhuanet.com/zhibo/20050427/wz.htm。

员管理暂行办法》，进行意见性指导，对稳定事业单位的优秀人才，保证事业单位的高效运转起到了积极作用。同年，在郑州召开了全国事业单位机构和人事制度改革工作会议，这次会议确立的事业单位改革思路是：科学化的总体布局、社会化的发展方向、多样化的分类管理、制度化的总量控制，以及脱钩、放权、分类、搞活的原则，为事业单位机构和人事制度改革的深入探索指明了方向。此后，中共中央组织部，国家人事部于1999年在天津召开了全国事业单位人事制度改革会议。以这两次会议为基础，中组部、人事部于2000年下达了《关于加快推进事业单位人事制度改革的意见》，就事业单位人事制度改革提出了原则性纲要。2002年党的十六大政治报告在论述"深化干部人事制度改革"问题时，再次要求"改革和完善干部人事制度……探索和完善党政机关、事业单位和企业的干部人事分类管理制度"。

事业单位人员分类管理改革已整体处于制度变迁和改革进程相对滞后的境地。事业单位人员分类制度改革进行了积极的探索，取得了初步的成效并积累了有益的经验，初步建立了新的用人机制，激发了事业单位职工的积极性，增强了事业单位的活力。但从总体上看，相对于企业和国家机关而言，事业单位人事制度改革尤其是人员分类制度改革，较之经济体制改革和行政体制改革而言还处于相对滞后的状态。虽然一些渐进的、积累性改革举措得以实施，但很多方面还处于试点阶段，一些深层次和实质性的问题依然未从根本上得到解决，而且，事业单位的改革总是在利益分配的圈子里走不出去，呈现的都是单项性、局部性和过渡性特征，不断引发一些社会问题。事实上，卫生系统、教育系统、科技系统中公益类研究机构以及出版等系统都相继进行了改革，可改革真正从局部上升为整体，即便在改革政策、原则和框架都已十分明确的今天，进入实际操作时仍然困难重重。事业单位旧的人事管理模式已经不适应时代发展的要求，成为事业单位人员分类管理制度改革进一步向纵深推进的"瓶颈"。

（二）事业单位人员分类管理的设想

2000年，国家人事部下发《关于加快推进事业单位人事制度改革的意见》，提出了事业单位人事制度改革的基本思路。事业单位人事制度改革的指导思想和目标任务是：坚持以邓小平理论为指导，认真贯彻党管干部原则、干部队伍"四化"方针和德才兼备的用人标准，适应事业单位体制改革的要求，建立政事职责分开、单位自主用人、人员自主择业、政府依法管理、配套措施完善的分类管理体制；建立一套适合科、教、文、卫等各类事业单位特点，符合专业技术人员、管理人员和工勤人员各自岗位要求的具体管理制度；形成一个人员能进能出、职务能上能下、待遇能升能降、优秀人才能够脱颖而出，充满生机与活力的用人机制，实现事业单位人事管理的法制化、科学化。《意见》要求按照"脱钩、分类、放权、搞活"的路子，改变用管理党政机关工作人员的办法管理事业单位人员的做法，逐步取消事业单位的行政级别，不再按行政级别确定事业单位人员的待遇；根据社会职能、经费来源的不同和岗位工作性质的不同，建立符合不同类型事业单位特点和不同岗位特点的人事制度，实行分类管理；在合理划分政府和事业单位职责权限的基础上，进一步扩大事业单位的人事管理自主权，建立健全事业单位用人上的自我约束机制；贯彻公开、平等、竞争、择优的原则，引入竞争激励机制，通过建立和推行聘用制度，搞活工资分配制度，建立充满生机活力的用人机制。通过制度创新，配套改革，充分调动各类人员的积极性和创造性，促进优秀人才成长，增强事业单位活力和自我发展能力，减轻国家财政负担，加速高素质、社会化的专业技术人员队伍建设。

关于事业单位人员分类管理的问题，《意见》要求建立符合事业单位性质和工作特点的岗位管理制度。事业单位人员分类管理改革的核心是用岗位管理取代身份管理，彻底破除干部身份管理，因此，事业单位要科学合理设置岗位，明确不同岗位的职责、权利和任职条件。实行岗位管理的出发点是破除对身份的迷信，让有相应能力的人占据相应的位置，各用其能，各获其利，各得其所。一般来讲，事业单位有专业技术人员、管理人员和工勤人员，不同的岗位有不同的规律和特点，管理制度和方法也应有所不同。对管理岗位，要建立体现管理人员的管理水平、业务能力、工作业绩、资格经历、岗位需要的等级序列，推行职员制度。围绕本单位的中心工作制定行政管理各职务等级岗位和任职的条件，坚持"能上能下、能进能出"的原则，采取考试、考核、竞选等多种方式与行政管理人员签订聘任合同，按其德才表现、工作实绩、工作资历等明确职务等级。对专业技术岗位，坚持按照岗位要求择优聘用，逐步实现专业技术职务的聘任与岗位聘用的统一，对专业技术职务岗位的性质、工作的质和量进行明确的界定。专业技术职务聘任必须制定量化的最低工作量标准，任职条件应以申报人能否在受聘后胜任相应岗位的工作为基本出发点。对责任重大、社会通用性强、事关公共利益、具备一定专业技术才能胜任的岗位，逐步建立执业资格注册管理制度，实行执业准入控制。通过深化职称改革，强化并完善专业技术职务聘任制，建立政府宏观指导下的个人申请、社会化评价的机制，把专业技术职务聘任权交给用人单位。对工勤岗位，建立岗位等级规范，设置相应的工种岗位，明确岗位职责和聘用条件，规范工勤人员"进、管、出"等环节的管理办法。应根据本单位性质特点和工作需要,合理确定3类岗位的比例结构,职员、专业技术人员、工勤人员岗位均按有关规定实行职务(等级)数额和结构比例控制,岗位设置方案必须经过职工大会或职工代表大会讨论通过并经有关主管部门审批。

（三）事业单位人员分类管理的架构

通过近几年的改革,对专业技术人员和工勤人员已经分别出台了专门意见,使之逐步走上了规范化的道路。职员的管理虽也进行了大胆的探索,但由于各种原因,尚未与其他两类人员形成配套,这在很大程度上延缓了事业单位分类管理的进度。为了使事业单位各类人员的管理更趋规范,应尽快排除障碍,把职员管理工作摆上重要位置,通过建立健全适合事业单位管理人员特点的选拔任用、激励、监督机制,大力推进管理人员的素质建设,使事业单位人员的分类管理工作平衡发展,形成科学配套的体系。人事制度是一种操作性、实务性很强的管理规范,因此,事业单位人事制度改革中,更需要发挥上下两个积极性,国家党政人事管理部门从宏观层面制定改革的方向性大政方针,各地方政府甚至是事业单位可以在大政方针框架内设计本单位的各项制度。

近年来,各地方事业单位人员分类管理改革的实践一直在不断尝试,充分利用政策内空间进行制度创新,以形成既符合国家的统一制度框架及政策要求,又适合本地方和本单位管理需要的人员分类管理的基本架构。2004年,深圳市通过《深圳市机关事业单位雇员管理试行办法》,在机关和事业单位全面推行雇员制。2005年又颁布《深圳市事业单位职员管理办法(试行)》,深圳市事业单位职员实行职位分类制度,事业单位人员分类管理改革进入新阶段。2005年的《深圳市事业单位人事制度配套改革实施方案》提出,事业单位在职位设置和确定工资分配方案的基础上,全面推行职员聘用聘任制和雇员制。雇员指的是机关、事业单位在核定编制和名额内,以合同形式雇用的人员,而纳入编制管理的行政和专业技术人员,签订职员聘用合同,其职业身份则统称为职员。就范围而言,职员制只在事业单位中推行,雇员除了事业单位,也可以存在于行政机关。深圳市拟用两年左右的时间,在事业单位建立起一套人员能进能出,职务能上能下,待遇能升能降,队伍整体素质较高,运行成本合理的"职员(雇员)制",将人员由身份分类管理转变为职位分类管理,并逐步取消行政级别,届时,在公共服务体系中将形成公务员、雇员、职员3类人员,而公务员制、雇员制和事业单位职员制则共同构成深圳公共部门的三大用人机制。

事业单位的雇员分为高级雇员和普通雇员。高级雇员指为满足社会经济宏观发展战略需要和在金融、物流、高新技术产业、城市规划等领域发展的特定需要,而决定雇用的在国内外相关领域具有较高知名度的高级专业人才。高级雇员的薪酬待遇根据雇用的职位,遵循市场定价原则,并以合同形式确定,一人一议,上不封顶、下不保底。普通雇员是指机关、事业单位因承担阶段性任务、专项任务,或完成单位内部工勤辅助性工作而雇用的人员。普通雇员分专业技术岗位普通雇员、辅助管理岗位普通雇员和工勤岗位普通雇员。普通雇员的薪酬待遇按照市场定价,政府确定封顶和保底的办法,按不同类型岗位确定相应的工资报酬标准。雇员制是机关事业单位公共服务体系的一个组成部分。既考虑要保证其素质形象和服务水准,又考虑到其不同于公务员和事业单位职员的特点,在管理中既引入了公务员管理上公开招考(聘)等有效手段,又引入了市场规则,采取了企业人员管理的先进手段,包括按岗位定酬、以合同确定双方的权利义务和契约化管理等。通过在机关事业单位推行雇员制,可以吸纳在专业领域有突出造诣的高级人才参与公共服务,帮助机关事业单位提升决策水平、创新能力和管理、服务质量的用人制度。另一方面,通过雇用合同明确雇员的任职标准、工作职责和工作期限,实现了从身份到契约的转化,一定程度上克服了机关事业单位职业常任制的弊端,有利于进行绩效管理并藉以建立新陈代谢机制,同时也有利于增强机关事业单位工作人员参与社会人才流动的意识。

事业单位职员分类管理的基本架构包括职类、职系和职级。按照《深圳市事业单位职员管理办法(试行)》的规定,事业单位职员职位根据工作性质划分为行政管理和专业技术两个职类。其中行政管理职类划分为行政领导职系(L)和行政事务职系(S)。行政领导职系由单位行政领导和单位内设机构行政领导职位构成;行政事务职系由除领导职位外的行政事务工作职位构成。专业技术职类由单位的业务工作职位构成。专业技术职系(Jn)的划分,属国家规定的专业技术职务系列的,按国家规定执行;国家没有规定的,由深圳市人事部门根据单位业务工作的实际与需要确定。

行政管理职类和专业技术职类的职位,根据事业单位的组织结构和管理实际分别设定职级序列,两类职位的职级互不对应。行政管理类的职位划分为10个职级,由高到低依次为第一职级、第二职级、第三职级等10个职级。其中行政事务职系职位的最高职级不能超过该单位的部门正职行政领导的职级。专业技术类的职位划分为7个职级。由高到低依次为第一职级、第二职级、第三职级等7个职级。改革前后职位级别对应情况如表3-4和表3-5所示。各职位的职级,根据职位的责任大小、工作难易程度和所需的资格条件及其他相应因素确定。

表3-4 改革前后事业单位职位级别对应表(一)

改革前行政职务级别	正局级	副局级	正处级	副处级	正科级	副科级	科员级	办事员
改革后行政管理类职级	一级	二级	三级	四级	五级	六级	七级	八级	九级	十级

表3-5 改革前后事业单位职位级别对应表(二)

改革前专业技术职务级别	正高级	副高级	中级	助理级	员级
改革后专业技术职级	一级	二级	三级	四级	五级	六级	七级

资料来源:洪奕宜,"深圳事业单位全员聘用　无干部工人之分均为职员",《南方日报》,2004年11月25日。

事业单位依据职位调查、分析评价结果,确定职位的配置、职位的职责任务,以及所属的职类、职系和职级等,并编制职位说明书予以明确。事业单位职位说明书包括以下五个方面的内容:一是职位名称。行政管理类职位可参照现行的名称(如院长、校长等),专业技术类职位根据行业和职位的性质确定(如教授、副主任医师等)。二是职位代码。职位代码由4部分组成,其中第一部分代码是指事业单位的组织机构代码,第二部分代码表示该职位所处的职类和职系,第三部分代码代表该职位的职级,第四部分代码是指各单位自行使用的识别号码。三是工作任务及职责。指该职位任职人员所承担的主要工作内容及应承担的职责及享有的权利,应按主次顺序分项写明。四是工作标准及要求。指该职位任职人员完成上述各项工作任务应达到的基本标准以及应遵守的工作要求。五是任职资格条件。指任本职位工作所应具备的最低学历、工作年限、工作经验、专业知识和技能、专业技术资格(职业资格)以及身体条件等。事业单位因机构编制和职能变化等原因,需增设或改设职位的,应按职位设置的程序进行。撤销职位、变更职位的职系和职级、修改职位说明书的内容,应报行政主管部门和人事部门备案。

案 例

20世纪90年代以来的美国职位分类制度改革①

20世纪80～90年代,在时代环境的催化中,美国公共管理体系自下而上地出现了一场声势浩大、被称之为重塑政府(Reinventing Government)运动的行政改革浪潮。80年代,重塑政府运动几乎在美国各州政府及其地方政府中遍地开花;克林顿入主白宫后,联邦政府又发起了一场延续8年的重塑联邦政府运动。在重塑政府运动背景下,美国的职位分类制度进一步作出调整。美国联邦政府的17个行政部门,曾要求美国公共行政学会为改革公务员分类制度提出意见。美国公共行政学会、维特委员会等专业组织,以及一些公共管理的专家学者,都对联邦政府的职位分类改革提出过建议。

专业组织及专家学者所提出的有关职位分类改革建议的基本思路是通过简化分类制度使之具有适应变化的灵活性。一个方法是进行宽口径分类,即把相近或类似的工作种类进行合并,使一个职组及职系覆盖更多的工作种类,进而减少工作类别数目。美国一般职序列中的职组曾经达到过近30个、职系达到过近600个。维特委员会建议,州政府的工作种类应该限制在几十种之内,联邦政府也应该裁减过于庞大的工作类别,同时,对不同职位之间任职资格的不同要求作出一些规定。美国公共行政学会提出过类似建议,认为简化分类可以使政府根据需要而对人员进行调整时具有更大的弹性,也有利于各机构和各部门之间的人员流动。作为公务员改革的实验工程,美国加利福尼亚州中国湖的海军武器中心和圣迪戈的海军海洋系统中心,把本部门所有职位简化为5个系列,即专业职位、技术职位、专家职位、行政职位和办事员职位,并把一般职序列的18职等归并为每一职位系列分别只有4、5或6个等级,如GS-9、GS-10、GS-11级的所有工程师归并为一个等级。同时,原来每一个职位的工作说明书都有数页之长,改革后,每一职位系列的工作说明书只有一页。另一个方法是按照宜粗不宜细、宜少不宜多、结果导向的原则设计职位说明书,对职位工作任务及职责的规定不应太细化,尤其是对那些难以明确划分其职责范围的工作更应如此,以便为工作情势变化留出弹性空间,同时

---

① 案例来源:吴志华著:《美国公务员制度的改革与转型》,上海:上海交通大学出版社2006年版,第91～93页。

采用关键绩效指标方法来规定少数几项重要的工作职责,并制定出结果或成效导向的绩效评价标准。此外,适当借鉴"以人为中心"的品位分类的某些合理成分,以矫正"以职位为中心"的职位分类制度的非人格化、非人本化缺陷。美国在1978年的公务员制度改革中,在一般职序列中,把16、17、18职等的约8 000个职位分离了出来,单独组成高级公务员系列,实行不受联邦政府职位分类法限制的"级随人走"做法,即公务员调任其他职位工作时仍保留原来的级别,实际上就是借鉴了品位分类的规则。

重塑人力资源管理报告指出,鉴于职位分类制度存在的种种问题,需要通过改革来形成一种使命导向、弹性与规则之间平衡、简化及易于管理的新分类制度。不过,重塑人力资源管理的改革方案,并不是如专业组织及专家学者所建议的那样以简化横向分类结构的类别为重心,而是把重点放在与薪酬制度直接相联系的纵向分类结构的等级上,这一点从"改革一般职(GS)分类和基本薪酬制度"这一命题上就明显地反映出来。重塑人力资源管理报告在"改革一般职(GS)分类和基本薪酬制度"部分所提出的5项改革行动措施,大都与薪酬制度直接相关,只有一小部分内容同时也涉及简化分类制度的问题。改革行动措施中涉及与简化分类制度有关的三方面内容。

废除15职等的分类标准。重塑人力资源管理报告指出,法定的一般职(GS)系列的职等分类标准制订于1949年,几十年来一直未作过修订,其中有许多已经过时、不适用,而且,政府及工作的环境不断变化,联邦政府为回应环境的变化需要经常调整分类标准,没有必要以立法形式把分类标准人为地凝固化。因此该报告建议国会,在保留一般职(GS)序列15个职等结构的同时,废除所有职等的分类标准,以便使职位分类具有适应变化的灵活性。

授予行政机构分类决定权。通过修订职位分类法,给予联邦政府各行政机构以分类的最终决定权,免除联邦政府人事管理办公室对分类的评估及审批权。人事管理办公室不再充当分类"警察"的角色,其承担的分类职责是:开发和向行政机构推荐改进或调整标准的15职等分类制度的技术工具;制定指导性的职位分类标准框架;为参与分类工作并承担分类责任的一线管理者提供分类业务的培训项目。

简化标准的分类制度。重塑人力资源管理报告要求联邦政府人事管理办公室,通过采取减少工作种类数目、简约分类标准和简化分类程序等改革措施,来简化分类制度,以便为行政机构和一线管理者提供更大的弹性或灵活性。尤其是要求尽可能地压缩工作种类,期望能够把450多个职系减少一半或一半以上。但由于多种原因,如联邦政府系统的公共事务范围客观上涉及宽泛的领域等,裁减工作种类和职系的期望目标远远没有达到,只能说是作了有限的调整。

案例分析题
1. 美国联邦政府为什么要对公务员职位分类制度进行改革?
2. 试联系案例谈谈公共部门职位分类的发展趋势。

复习与思考
1. 公共部门人事分类的功能。
2. 公共部门人事分类的发展趋势。
3. 职位分类的结构和标准。
4. 职位分类的程序。
5. 职位分类的方法。
6. 美国公共部门职位分类的产生、发展与转型。
7. 中国公务员职位分类的内容。
8. 中国事业单位人员分类管理的发展和完善。

第四章　公共部门人员的招用

招用即指用人组织按照一定的形式、程序和方法选拔出符合要求或条件的求职者担任一定职位工作的系列活动。招用是组织人力资源管理系统的"进口"关，能否把好这一关口，即能否从外部招聘到符合需要的一定数量的人才，直接决定组织人力资源的整体质量，直接影响组织的经营或管理的成效和发展目标的实现。本章首先叙述人员招用的程序或流程，包括招用的一般程序以及公共部门人员招用的程序；然后论述作为选拔和筛选求职者的主要手段的面试；最后介绍公共部门人员招用中几种常用的测试方法。

第一节　人员招用的程序

人员招用活动按照预定的程序及步骤进行，这既是保障人员招用过程公正性的一种必要的制度安排，也是有利于从求职者中选拔出优秀人才的有效途径。在企业界，大型的知名公司一般都有一套规范的招聘流程。在公共部门，由于组织规模大、每次招用人员的数量大，更有一套统一规定的人员招用程序。当然，公共部门的人员招用程序并不完全一样。本节先论述人员招用的一般程序，然后分别介绍美国联邦政府公务员雇用程序和我国公共部门人员的招用程序。

一、人员招用的一般程序

不同组织和不同类别人员的招用程序并不完全一样，有些招用程序比较简单，有些招用程序则比较复杂。就比较复杂的招用程序而言，涉及确定招用机构、分析招用信息、制定招用方案、选择招募途径、发布招用启事、接受应聘申请、审查申请者资格、组织申请者考试及测试、安排申请者面试、确定录用者名单、订立聘用合同和试用等环节。下面把人员招用程序涉及的诸环节归并为筹划、招募、筛选、录用这四个阶段或步骤加以叙述。

（一）人员招用的筹划

人员招用程序从招用筹划开始。招用筹划主要包括三项准备性工作。

第一项工作是确定负责筹划并实施整个招用活动的机构。对于小型组织来说，由于招用的人员数量少，工作量小，招用任务可由组织的人力资源部门负责，不需另设专门机构。但对大型组织来说，招用的人员数量大且类别多，招用过程较为复杂，需处理的日常事务繁多，因此，往往需设立临时性专门招用机构。招用机构通常由人力资源部门、用人部门、员工代表三方面的人员组成，也可聘请组织外部的专家参加。

第二项工作是分析与招用有关的信息。一是分析组织的人力资源需求。这一方面分析的信息来源于组织内部的人力资源信息系统、人力资源供求计划方案以及有关工作的工作分析文件，通过对这些渠道提供的人力资源需求信息进行综合分析，确定组织所需补充的人力资源的类别及数量。二是分析外部人力资源市场的供求关系。既要分析人力资源市场的总体供求关系，又需分析各类人才的供求状况，同时还可以分析求职者选择组织和职业时的价值偏好。政府人事或劳动部门、统计部门、行业协会以及人力资源市场调查机构等，通常会定期发布这一方面的统计数据。对这一方面的信息进行分析，有助于制定出一些吸引人才、争夺人才的招用策略。三是分析招用成本。招用中的成本开支项目包括招用人员的人工费、广告费、面试及测试费、资料费、体检费等，要分别估算出招用总成本和招用人均成本。招用成本分析的目的在于，力求以更低的成本招用到组织所需要的人才。

第三项工作是制定招用方案。招用方案中应确定的事项包括：① 招用人员的层次、类别及数量；② 各种招用人员的资格条件要求；③ 招募的区域范围和招用的起止时间；④ 招用的程序及各阶段时间安排；⑤ 招用测试及面试的方法及基本内容；⑥ 招用的费用开支预算；⑦ 其他事项，如招募的途径、促进措施等。

（二）人员招用的招募

招募即传播招用信息并动员潜在的合格者应招。招募分组织内部招募和外部招募。组织内部招募的途径或方式是"布告"招聘，即在组织的布告栏或网页上发布招用信息，动员符合条件的本组织人员应招。内部招募能为组织的现有人员提供变换工作或晋升职务的机会，能提高组织现有人员的士气，招聘的成本也最低。但内部招募选择面少,且不会增加组织在职人员的总人数,再任用后空缺的职位仍需补充,因此,它只能作为一种更适用于招募高层人员的辅助性途径。

外部招募的途径多种多样,其中主要或常见的招募途径有以下几种:① 直接申请,亦称上门求职(Gate-Hire)或进入求职(Walk-in),是指外部求职者以寄送求职信、发送求职 E-mail、登门拜访的方式谋求工作。对组织来说,这是一种被动的招募方式,通常是形象好、知名度高、薪酬福利等待遇好的组织会有更多的人来直接申请求职。② 员工推荐,即由本组织的员工推荐和介绍合适的人选,组织对推荐成功的员工会给予一定的介绍费。③ 职业介绍机构招募,也就是通过付费的方式委托外部职业介绍机构来遴选组织所需人员。职业介绍机构有公办和私营的两种,私营职业介绍机构收取的介绍费较高,公办职业介绍机构收费较低,有些国家甚至不收费。④ 校园招募,即由组织派人去学校校园招募毕业生中的求职者。校园招募又分两种:一种是职业或技术学校招募,适用于招聘技术工人和办公室办事员等;另一种是高等院校招募,适用于招聘专业技术人员和管理人员。⑤ "猎头"公司招募,猎头公司(Search Firm)亦叫经理寻觅公司(Executive Search Firm),是盈利性地为企业等组织招募高级人才的职业介绍机构,通过这一途径招用人才的成本费用最高。⑥ "场馆"式招募,它是一种由政府部门或人力资源服务机构组织的、有众多(几十家、数百家、上千家)用人单位参加的大型招募活动。⑦ 广告招募,是指通过在媒体刊登招用信息来招募人员。⑧ 网上招募,亦称电子招募,即指通过本组织的网站或人才公司的网站进行招募。这是一种随着互联网的迅速发展而形成的一种新的招募途径。

此外,还有其他一些招募途径,如职业协会招募、社区机构招募、公开自荐等。职业协会招募是指通过职业协会组织来招募专业人才和管理人才;社区机构多种多样,如国外的社区非政府组织和我国城市社区的中介组织等,这类组织也能为企事业等单位招用人员和失业人员再就业提供帮助;公开自荐就是由求职者通过在媒体上发布自己的求职广告的方式来谋求职业。上述各种招募途径,各有其利弊,各自更适用于某种人员的招用,组织在实际招用中可根据实际需要和现实条件,选择某一种或某几种招募途径。

(三)人员招用的筛选

筛选就是依据既定的标准对申请者进行评价和选择。它是整个招用过程中的重要阶段,因为,组织能否从申请者中选拔出合格和优秀的人才,很大程度上取决于筛选工作的效度,取决于筛选技术方法的科学化。筛选阶段大体上由接受应招申请、审核申请者资格、组织申请者面试及测试三个环节构成。

1. 应招申请

筛选活动以求职者的应招申请为基础。求职者的申请方式主要有三种,一种是在"场馆"式招募、校园招募的现场申请;再一种是发信件或 E-mail 至招用组织申请;另一种是直接去招用组织申请。求职者在申请时通常需填写招用组织统一印制的应招申请表。应招申请表主要用于根据求职者本人的事实陈述来了解应聘者的基本情况,申请表的项目设计一般应覆盖求职者的基本情况、学习和工作的履历、获得职业资格证书和技能证书情况、获得的成就和奖励的情况、自我评价以及应招结果等方面的信息(见表4-1)。

表4-1 应招申请表范例

姓 名		性别		出生年月		
籍 贯		婚姻状况		健康状况		
学 历		专长				(照片)
通信地址				邮编		
电 话			手机			
E-mail						
履历	起止年月	学校或工作单位		专业或工作类别		职务/职称
职业或技能证书	获证时间	证书类别及等级		颁证机构		有效期

续表

成就或获奖	时间	名称	鉴定或颁奖机构

自我评价	能力强项	
	个性特征	
	兴趣偏好	

应招职位		薪酬期望	元	其他要求	
面试成绩		测试成绩		体检情况	
招用组织或人力资源部门的意见		用人部门的意见		组织负责人审批	

国外一些组织在招聘过程中还要求求职者填写其他类型的申请表。一种叫做加权申请表（Weighted Application Blank）。这种申请表的设计方法是：首先确定招用工作的资格条件，如技艺、能力、知识、学历、经历等；然后分析各项资格因素与实际工作绩效的相关度，并由此确定每一因素的权数和每一因素中各层次状况的权数；最后制定出包含各种资格条件因素及权数的申请表。应聘者填写完并交回加权申请表后，招聘者便可以计算出每一位申请者的总分数，由此能为按照申请表初步评判求职者优劣提供依据。另一种是传记信息表（Biographical Information Blank）。该种表列出众多有关个人履历和现状的项目，涉及一个人学习、工作和生活的各个阶段及各个方面，如受教育经历、职业经历、生活习惯、人际交往、兴趣爱好、价值观念、自我印象等。这种选择式填写的传记表通常适用于管理人员的招聘。

2. 资格审查

当申请者递交了所有申请材料，如申请表、推荐材料、各种证明文件等，招用组织就可开始对申请者进行资格审查。招用组织在资格审查中应对申请者作出三个基本判断：其一是判断申请者是否符合招用的基本资格条件，如年龄条件、学历条件、专业要求等，这一项审查工作较为简单；其二是判断申请者在申请材料上提供的个人信息是否真实,在这一问题的审查中需作一些必要的核实和调查;其三是对申请者是否能适应和胜任所招用的职位工作做出初步判断,以决定申请者是否可进入下一环节的招用程序。

3. 考试、面试和测试

资格审查完毕后,接下来就是对符合基本资格要求的申请者进行测评。测评的方法多种多样,通常可以归并为考试、面试和测试三类。严格地说,考试、面试和测试是三个不同的概念,考试(Examination)一般是指以书面形式进行的笔试;面试(Interview)通常是指以问答形式进行的口试;测试(Test)是指侧重于考察或评估一个人的知识、智力、个性、志趣和技能的技术方法。但在人员招用的实践中,考试、面试和测试这三种测评方法很难界限分明地加以区分。例如,在我国公务员的招考中,考试是一个母概念,它包括笔试和面试,笔试包含了智力测试的内容,面试包含了测试实际能力的方法。另外,并不是所有招用程序都必须分别经过考试、面试和测试这三道测评环节,事实上,我国绝大部分企事业组织在招用人员时只进行面试。

如上所述,筛选过程中,无论是审核申请者资格,还是组织申请者进行考试、面试或测试,都需要采用一些对申请者进行评价或测评的技术方法、技术工具。各种评价或测评性技术方法、技术工具的效用可用两个概念来衡量:一是效度(Validity),即指测评内容与职位工作的相关程度;二是信度(Reliability),是指测评成绩的高低与实际能力水平的一致性程度。按照美国联邦政府功绩制保障委员会(U.S. Merit Systems Protection Board)的研究,不同评价或测评性技术方法、技术工具的效用存在差别(见表4-2)。因此,在人员招用的筛选阶段,应该根据不同环节的特点及需要,选择合适的技术方法、技术工具来对申请者做评定,以提高筛选结果的效度和信度。

表4-2 各种评估工具的效用

工作实例测试	0.54	传记信息评估	0.35
结构面试	0.51	推荐材料评估	0.26
智力测试	0.51	工作经历评估	0.18
行为一致性测试	0.45	兴趣偏好测试	0.10
非结构面试	0.38	笔迹测试	0.02

资料来源:U.S. Merit Systems Protection Board, Identifying Talent through Technology Automated Hiring Systems in Federal Agencies, August 2004。

(四) 人员招用的录用

录用是招用过程的最后阶段。录用阶段一般包括3个环节,即确定录用者名单、订立招用合同和试用。录用名单的确定,以面试和测试的成绩为依据,按照成绩的高低而择优录用。一般情况下,根据申请者的面试与测试的总成绩的高低进行录用。录用名单确定后,可向录用者发出录用通知书,对于未录用者,也应以书面形式告知结果,并对其申请行为表示谢意。

企事业组织招用人员须与被录用者订立招用合同。招用合同亦称聘用合同或劳动合同。我国的《劳动法》规定:"建立劳动关系应当订立劳动合同。""劳动合同是劳动者与用人单位确定劳动关系、明确双方权利和义务的协议。""劳动合同以书面形式订立,并具备以下条款:(一)劳动合同期限;(二)工作内容;(三)劳动保护和劳动条件;(四)劳动报酬;(五)劳动纪律;(六)劳动合同终止的条件;(七)违反劳动合同的责任。"劳动合同除规定以上必备条款外,还可以对双方认为需要约定的其他事项作出规定。

应聘者录用后可规定一个试用期。对于试用期的期限有不同规定。在我国,《劳动法》规定试用期最长不得超过6个月,各地方劳动合同法规对不同用工形式的试用期限都有具体的规定。在试用期内,聘用单位安排录用者在招聘工作职位上或相关工作职位上从事实际工作,并对其工作进行理论上和方法上的指导,以使其尽快地熟悉工作。同时,在这一过程中考察录用者的工作态度、工作能力、工作成绩等方面的实际表现。试用期满时,招用组织对录用者是否符合录用条件和是否胜任工作做出鉴定。如录用者在试用期中的表现不符合录用条件,招用单位仍可解除劳动合同,辞退录用者。当然,如录用者在试用期中对工作职位和招用组织不满,也可解除劳动合同而主动辞职。

二、美国联邦公务员的雇用程序

美国联邦政府公务员制度的功绩制原则规定,联邦政府"对求职者的筛选和录用,应该采取公正、公开的竞争方式,完全以相关的能力、知识、技能为依据,以确保所有人具有平等的机会。"[①]联邦政府的公务员雇用,为了体现公正、公开、平等、竞争的原则,形成了一套比较规范的程序。美国联邦政府的功绩制保障委员会,把美国联邦政府的公务员雇用程序划分为10个步骤(见表4-3)。这10个步骤可以概括为招募、筛选或考试、录用三大基本程序。

---

① U. S. Office of Special Counsel, The Merit System Principles.

表 4-3　美国联邦政府雇用程序的主要步骤

步骤	主要活动
1	对工作进行定义,通过工作分析确定工作资格要求。
2	选择评估工具。
3	开发一种在符合资格要求的申请者之间区分等级的评定方法。
4	开展宣传性的招募活动,接受求职者申请。
5	审核申请材料,以评估申请者是否符合法定的资格要求。
6	评估基本资格要求——即确定申请者是否符合起码的资格要求。
7	评估相对资格要求——即在符合起码资格要求的申请者中进行区分。
8	列出进入筛选程序的候选人名单。
9	对候选人进行测试。
10	对候选人作出录用决定。

资料来源:U. S. Merit Systems Protection Board, Identifying Talent through Technology Automated Hiring Systems in Federal Agencies, August 2004。

(一) 公务员雇用的三大基本程序

1. 招募

美国联邦政府的公务员管理机构"人事管理办公室"(U. S. Office of Personnel Management)统一负责约 2/3 联邦政府公务员或雇员的招募工作。其余公务员或雇员的招募工作授权给联邦政府各行政机构,但要求其按照人事管理办公室规定的方式来进行招募,不过有一定的自由度,整个雇用过程的时间也比较短。人事管理办公室统一招募的具体程序是:首先由联邦政府各行政机构根据自己目前及未来几年人力资源配置的空缺情况,向人事管理办公室上报雇用需求计划;然后由人事管理办公室编制出整个联邦政府的年度雇用计划,并以官方公告的形式统一向社会及公众公布,一般不采取广告宣传和委托人才中介组织的方式进行招募;最后,有意向的申请者在人事管理办公室指定的场所办理申请手续,通常需要填写一份非常详尽的表格。

一般来说,美国联邦政府的公务员招募对优秀人才缺乏吸引力。据20世纪90年代初的调查,绝大部分大学生不把政府作为他们就业的第一选择,优秀学生更是不把服务于公共部门作为就业的最好选择;仅有5%的学生以服务社会为荣而把进政府部门作为就业的最佳选择,但有34%的人认为在大企业就业也能服务社会①。不过,在政府实施复兴计划时期或非常时期,如罗斯福政府推行"新政"时期、第二次世界大战期间、肯尼迪政府和约翰逊政府实施"伟大社会"计划时期等,往往能够招募到优秀人才。但在其他时期,尤其是20世纪70、80年代,就难以雇用到大量的优秀人才。相比较而言,联邦政府吸引人才的竞争力,不如私营部门和非营利性组织,甚至不如州及地方政府。其一方面原因与美国青年人才的职业价值观有联系,同时也有其他方面的原因,如雇用制度本身的原因。

2. 考试

申请联邦政府公务员通常需要经过笔试或非笔试形式的考试。公务员雇用考试有一个演变过程。1955～1974年,包括录用大学毕业生在内的申请者都需要参加一种"联邦公职录用考试"(Federal Service Entrance Examination, FSEE),它主要测试申请者的语言和数学能力。1974后,"联邦公职录用考试"被"专业和行政职业考试"(Professional and Administrative Career Examination, PACE)所取代,后者除了测试申请者的智商和认知能力外,还测试其专业能力,适用于申请经济、编辑、管理分析、海关稽查、银行监督、刑事侦查等100多种职系的专业及行政职位的大学毕业生。由于考试的公正性和公平性遭到责难或指责,"专业和行政职业考试"于1982年被终止。1982～1989年期间,联邦政府没有举行统一的雇用考试,人事管理办公室授权各行政机构自行组织招募、考试、录用工作或不经过公开的竞争性考试进行任用。1990年,人事管理办公室制定出新的雇用考试"美国行政职业考试"(Administrative Career with America Examination, ACAE),它适用6个职组的雇用考试。由于这一统一的雇用考试效果也不甚理想,1994年又予以终止②。

3. 录用

在实行联邦政府统一考试的时期,通过考试的申请者将被列入特定职系及特定级别的候选人登记表。联邦政府有两种候选人登记表,一种是按照考

---

① 〔美〕尼古拉斯·亨利著:《公共行政与公共事务》(英文第8版),北京:中国人民大学出版社2002年版,第430页。
② 〔美〕詹姆斯·W·费斯勒等著:《行政过程的政治:公共行政学新论》(英文第2版),北京:中国人民大学出版社2002年版,第165～171页;〔美〕尼古拉斯·亨利著:《公共行政与公共事务》(英文第8版),北京:中国人民大学出版社2002年版,第431～432页。

试成绩高低排序的候选人登记表,另一种是适用于技术性职位和一般职 GS-9 职等及以上职位的候选人登记表,它只要列出考试合格者名单,而不按 照考试成绩排序。联邦政府中没有自主考试授权的行政机构,如有空缺职位 需要从外部录用填补,就由人事管理办公室从候选人登记表中按照"三人规 则"推荐,即向用人机构提供 3 个人选,通常是照考试成绩高低排序的候选人 登记表中的前 3 名或考试合格者登记表中人事管理办公室认为最合适的 3 名,用人机构从中挑选一位。

(二)公务员雇用制度存在的问题

美国联邦政府公务员雇用制度中存在的最大问题是由招募、筛选或 考试、录用三大阶段组成的整个雇用程序过于复杂和耗时。如前所述,美 国的优秀人才之所以不太愿意申请联邦政府的公共职业,除了职业价值 观这一原因之外,也与公务员雇用制度本身的因素有关。公务员雇用制 度本身的一个因素就在于整个雇用程序过于烦琐而漫长。雇用制度与整 个公务员制度一样,是一种繁杂的规制导向的过程,与雇用有关的法规、 规则、指导细则等有数百页之多,"以至于连雇用机构都无法对申请者解 释如何才能获得联邦政府的工作。"①在繁多规制束缚下进行的雇用过程 无疑是漫长的。

对于这一制度性缺陷,联邦政府的公务员管理机构以及专家学者,如同经 历过这一过程的申请者一样,都深有同感。前联邦政府人事管理办公室主任 康士坦茨·科纳(Constance Horner)认为,"雇用制度的过程过于缓慢,它被规 制所束缚,存在'智力'混乱,甚至难以向潜在的申请者解释为什么会这样。 因此,这一制度难以达到雇用到优秀人才的目的。"②美国联邦政府的功绩制 保护委员会指出,"当申请者想要申请联邦政府工作时,他们常常被复杂的雇 用程序搞得很泄气。"③此外,美国公职委员会(National Commission on Public Service, NCPS)也指出,"政府在雇用美国优秀大学毕业生方面面临严重的挑 战。因为,一方面,优秀毕业生本身就怀疑在公共部门就业是否能实现他们职 业生涯的梦想,另一方面,他们却又发现进入公共部门的过程是最复杂的。"

---

① Vice President Al Gore's National Performance Review, Reinventing Human Resource Management, September, 1994.
② Horner, Constance, Quoted in Leadership for America (Washington, D. C.: National Commission on the Public Service, 1989), p. 29.
③ U.S. Merit Systems Protection Board, Attracting and Selecting Quality Applicants for Federal Employment (Washington, D. C., April 1990), p. 1.

其结果往往是:"即使政府能够动员高素质的人才来申请公务员职位,但除了那些执意献身于公共服务职业的人之外,复杂的雇用程序会使其他许多人失去耐心。"①

雇用制度中存在的另一个突出的问题是雇用制度由于过于凝固化而缺乏灵活性。所有雇用的规则与程序,包括招募、筛选或考试、录用三大阶段的各个环节,几乎都是法定的强制性规定,很少有变通的空间。同时,政府的公务员雇用还带有垄断性公共服务供给中滋生的那种独此一家的傲气特征,即完全等待申请者上门求职,不做招募广告,不利用中介雇用组织的资源优势,不关注劳动力市场的变化,缺乏吸引人才、争夺人才的竞争意识。这就如《重塑政府》一书所指出的,从整个雇用过程来看,"公务员制度的管理人员,不能像一般企业经理那样雇佣人员,不能出广告招人,不能接受自我介绍的简历,不能招人面谈以及与推荐人谈话。其雇佣的大多数人员必须从参加公务员书面考试的人员名单中选用。"②这种集中、统一、凝固化的公务员雇用制度,既使政府在吸引优秀人才、选拔人才、配置人力资源方面缺乏灵活性,也使政府在人才市场中缺乏争夺优秀人才的竞争力。

此外,历史形成的雇用制度还存在一些其他问题。例如,用人机构缺乏雇用职权。雇用公务员的职权不是掌握在用人部门的手中,而是控制在非用人机构的手中,由非用人机构接受申请、组织考试、提供候选人名单等。在这漫长的过程中,用人者与申请者之间缺乏必要的沟通和互动,形成了用人者与雇用权的分裂。再如,本身应该是公开的、竞争性的雇用中存在竞争的限制。例如,任职资格条件的过分限制以及任职年限的规定,对那些实际上能够胜任职位工作却又不符合这些规定的人来说是不公平竞争;再如,不允许临时性雇员申请功绩制职位的规定,由于考试分数相差几分就被排除在雇用机构优先考虑的人选之外等,这些规定都属于对竞争的不合理限制。

(三) 公务员雇用制度的改革

首先是雇用职权体制改革。重新界定联邦政府人事管理办公室与联邦政府各行政机构在公务员雇用中的角色,改变由人事管理办公室集中统一行使雇用职权的模式,通过授权给各行政机构,使它们拥有雇用自主权,形成以行

---

① Leadership for America (Washington, D. C.: National Commission on the Public Service, 1989), p. 26, 28.
② 〔美〕戴维·奥斯本等著:《改革政府:企业精神如何改革着公营部门》,上海:上海译文出版社1996年版,第107页。

政机构为基础的市场驱动的雇用制度,以改进联邦政府、各行政机构及管理者雇用、开发、保持一支高质量雇员队伍的能力。具体的改革设计是:各行政机构通过授权拥有法律规定的雇用自主权,如发布招募信息、确定雇用职位的资格条件、自行组织筛选性考试等,同时承担对雇用结果负责的职责;人事管理办公室在雇用方面的职权是,根据法律制定雇用的一般原则和比较宽泛的政策,指导及监督各行政机构实施雇用的活动,对各行政机构负责雇员工作的人员进行培训,同时通过与行政机构竞争来提供机构所需要的雇用服务(如代行政机构组织雇用考试等)。

其次是雇用制度规则改革。一项雇用制度规则改革是任职资格条件弹性化。废除联邦政府统一制定的过于具体的职位任职资格条件标准,由人事管理办公室重新制定出各职位系列宽口径的基本资格条件标准框架;在实施宽口径基本资格条件标准的同时,允许行政机构在任用人员时确定特定职位系列的任职资格要求,准许行政机构从外部雇用人员和在内部进行人员配置时更改基本资格标准,包括在对那些工作绩效突出但不符合基本资格条件要求的人员进行晋升时变通基本标准。机构可以根据职位工作的特点增加具体要求,但不可以在基本资格条件标准之外再规定学历或经历的要求。另一项雇用制度规则改革是,对于某些职位人员的雇用,如机构内部流失比较多的职位人员、劳动力市场上比较紧缺的职业类别、具备特殊资格条件以及学业成就突出的申请者等,允许行政机构免除考试或排序等程序而直接雇用。

再次是雇用类别的有关改革。凡是通过考试等竞争方式雇用的公务员职位按照雇用期限重新归并为三类:享受所有福利的永久性职业的职位;非永久性职业但没有任期限制、享受所有福利的临时性职位(称为模糊临时职位),模糊临时职位的任用时间长短,由机构通过与雇员代表的集体谈判来决定;任期不超过一年但可以延续一年、享受有限福利的职位(称为NTE临时职位),NTE临时职位的雇用以及雇用满一年后是否续聘由行政机构决定;除了这三类竞争性职位类别外,剩下的主要就是雇用关系更为灵活的非竞争性例外职位。政府雇员雇用关系的总体发展趋势是弹性化,也就是无任期的永久性职业雇员(career employee)队伍正在逐步缩小,非常任的临时雇员和例外雇员(exempt employee)作为新雇用形式将逐步扩大,尤其是那些季节性、专业性、特殊性的工作更适合临时雇用和例外雇用的形式。

此外,美国联邦政府公务员雇用制度的改革,还涉及其他相关内容。一是开拓吸引优秀大学毕业生进联邦政府就业的途径。如推行实习生制度，白宫每年接受数百名研究生进行实习，这些实习生绝大部分来自公共管理或公共事务研究生院；再如毕业生合作培养项目，即大学生在暑假或毕业前一个学期进政府临时性实习或工作，其中优秀者在毕业时可以不经过竞争性考试而直接雇用①。据统计，联邦政府的新录用雇员中约一半人具有大学文凭，其中不到3%的人接受过政治科学或公共事务的培训，大部分人对政府的结构、运作、制度等知之甚少②。因此，通过这些吸引优秀大学生及研究生尤其是公共管理或公共事务专业的毕业生进政府工作，可以提高政府雇员的学历层次和公共管理能力。二是采用多样化的招募方式。联邦政府行政机构除了在统一的政府网站或网页上发布招募信息外，还与州和地方政府一样，采用与中介雇用机构、专业协会、猎头公司、工会、少数民族团体等合作的方式来招募优秀申请者。三是实行多元化的筛选方式。早在1988年，联邦政府就曾允许采取多种评定方式雇用公务员，除了100多个职系采用笔试之外，其他职系的选拔录用，可以根据个人履历材料或问答式面试所了解的情况（如工作经历、实际成就、工作习惯、业余爱好等）来决定。在校期间平均成绩达到3.0～3.25分的大学毕业生，可以不经过考试而直接由行政部门首长任用③。

三、我国公共部门人员的招用程序

我国公共部门人员的招用主要涉及公务员的考试录用和事业单位人员的聘用。公务员考试录用程序和事业单位人员聘用程序并不完全一样，而且各自由专门的法规或政策作出规定。以下借助表格化方式对公务员的考试录用程序和事业单位人员的聘用程序做一介绍。

（一）公务员考试录用程序

在2006年1月1日《公务员法》实施前，公务员考试录用及其程序由《国家公务员暂行条例》（1993年8月发布）以及与暂行条例配套的《国家公务员

---

① 〔美〕詹姆斯·W·费斯勒等著：《行政过程的政治：公共行政学新论》（英文第2版），北京：中国人民大学出版社2002年版，第165～174页。
② 〔美〕尼古拉斯·亨利著：《公共行政与公共事务》（英文第8版），北京：中国人民大学出版社2002年版，第430页。
③ 〔美〕詹姆斯·Q·威尔逊著：《美国官僚政治：政府机构的行为及其动因》，北京：中国社会科学出版社1995年版，第174页。

录用暂行规定》(1994年6月发布)作出规定。另外,国务院人事部根据暂行规定制定国务院工作部门录用公务员的实施细则,省级政府人事部门根据暂行规定制定地方政府工作部门录用公务员的实施办法。《公务员法》实施后,《国家公务员暂行条例》同时废止,《国家公务员录用暂行办法》处在即将被与《公务员法》配套的新的公务员录用规定所取代状况。因此,鉴于目前正处在新旧制度更替阶段,这里主要概述《公务员法》对公务员考试录用的有关规定。

《公务员法》在"录用"一章中,对考试录用适用范围、考试录用组织、报考公务员资格条件、招考公告发布、资格审查、笔试和面试、考察和体检、公示、备案、试用期等涉及公务员考试录用程序的诸环节,作出了框架性规定。录用担任主任科员以下及其他相当职务层次的非领导职务公务员,采取公开考试、严格考察、平等竞争、择优录取的办法。中央机关及其直属机构公务员的录用,由中央公务员主管部门负责组织,地方各级机关公务员的录用,由省级公务员主管部门负责组织,必要时省级公务员主管部门可以授权设区的市级公务员主管部门组织。报考公务员,除应当具备《公务员法》第11条规定的条件外,还应当具备省级以上公务员主管部门规定的拟任职位所要求的资格条件。录用公务员必须在规定的编制限额内,并有相应的职位空缺。录用公务员应当发布招考公告,招考公告应当载明招考的职位、名额、报考资格条件、报考需要提交的申请材料以及其他报考须知事项。招录机关根据报考资格条件对报考申请进行审查。公务员录用考试采取笔试和面试的方式进行,考试内容根据公务员应当具备的基本能力和不同职位类别分别设置。招录机关根据考试成绩确定考察人选,并对其进行报考资格复审、考察和体检,体检的项目和标准根据职位要求确定。招录机关根据考试成绩、考察情况和体检结果,提出拟录用人员名单,并予以公示。公示期满,中央一级招录机关将拟录用人员名单报中央公务员主管部门备案;地方各级招录机关将拟录用人员名单报省级或者设区的市级公务员主管部门审批。新录用的公务员实行为期一年的试用期,试用期满合格者予以任职,不合格者取消录用。

2005年10月发布的《中央、国家机关2006年考试录用公务员和机关工作人员实施方案》,把中央、国家机关公务员考试录用的程序,分为制定录用计划、发布招考公告、报名与资格审查、笔试、面试、体检和考察、公示、备案等8个步骤(见表4-4)。这一程序安排与上述《公务员法》对公务员考试录用的框架性规定基本一致。

表 4-4 我国中央、国家机关 2006 年考试录用公务员程序

步骤		相 关 规 定
一	制定录用计划	由中央组织部、人事部分别对中央党群机关、中央国家行政机关及其所属机关申报的录用计划情况、人员编制情况及职位要求的资格条件等内容进行审核、汇总,并确定各部门的录用计划。
二	发布招考公告	中央组织部、人事部将在主要新闻媒体和人事部网站发布招考公告。同时,在新华网、中国互联网新闻中心、新浪网、中华网、中国教育和科研计算机网、中国教育在线和人事部网站公布《中央、国家机关 2006 年考试录用公务员和机关工作人员招考简章》和《中央、国家机关 2006 年考试录用公务员和机关工作人员公共科目考试大纲》。
三	报名与资格审查	1. 报考人员。应当具备以下基本条件:(1) 具有中华人民共和国国籍;(2) 18 周岁以上、35 周岁以下;(3) 拥护中国共产党的领导;(4) 具有良好的品行;(5) 具有正常履行职责的身体条件;(6) 具有大专以上文化程度和符合职位要求的工作能力;(7) 具备拟任职位所需资格条件;(8) 公务员主管部门规定的其他条件。 2. 报名的方式和时间。采用网络报名方式进行。报名时间为 2005 年 10 月 15~25 日,报名网站为人事部网站。 3. 资格审查方法。招录机关要根据规定的报考条件和拟录用职位的要求进行资格审查,并在报考者报名后的 2 个工作日内提出审查意见。中央组织部、人事部将对报名资格审查情况进行监督,并对报名结果进行汇总分析。 4. 报名确认。通过资格审查的报考者需要进行报名确认。
四	笔试	笔试分公共科目和专业科目。 1. 公共科目笔试。公共科目笔试内容是《行政职业能力测验》、《申论》两科。《行政职业能力测验》包括言语理解与表达、常识判断(侧重法律知识运用)、数量关系、判断推理和资料分析。全部为客观性试题,考试时限 120 分钟。《申论》主要通过报考者对给定材料的分析、概括、提炼、加工,测查报考者阅读理解能力、综合分析能力、提出问题解决问题能力和文字表达能力。考试时限为 150 分钟。 2. 专业科目笔试。公共科目笔试结束后,中央组织部和人事部研究确定笔试合格分数线,并在人事部网站公布。招录机关在笔试合格人员中,按照笔试总成绩从高到低的顺序,按计划录用人数 3~5 倍的比例确定参加专业科目笔试和面试的人选。专业科目的考试内容、方式、时间和地点由招录机关自行确定,并由招录机关负责组织实施。

续 表

步骤	相 关 规 定
五　面试	面试的内容、标准由中央组织部和人事部确定,面试的具体实施工作由招录机关负责。招录机关要将面试人员姓名、准考证号、面试时间、地点和联系人等事项分别报中央组织部干部一局和人事部公务员管理司,并在人事部网站公布。面试仍以结构化面试为主。面试的具体方法和形式可适当灵活,但要经过慎重研究,严格执行规定的内容和标准,确保客观、公正。面试考官小组组成人员中应有一定数量具有二级面试考官资格的人员。招录机关可根据实际需要,邀请其他单位一定数量的专家担任面试考官。招录机关也可根据实际需要对考生进行心理素质测评,评价结果供用人部门参考。面试工作应在 2006 年 2 月底以前完成。
六　体检和考察	招录机关应按照综合成绩从高到低的顺序确定参加体检和考察的人选。综合成绩的计算方法为:公共科目笔试成绩占 50%,专业科目考试成绩和面试成绩共占 50%。招录机关要严格按照《公务员录用体检通用标准(试行)》组织进行体检,确定体检是否合格。 招录机关要按照德才兼备的标准,根据拟录用职位要求,采取多种形式,全面了解被考察对象的思想政治素质、能力素质、遵纪守法情况、道德品质修养、人际沟通能力、心理调适能力、日常学习工作情况、身份状况以及需要回避的情况等。 体检和考察工作应在 2006 年 3 月底以前完成。
七　公示	招录机关确定拟录用人员后,要在人事部网站上进行公示。公示内容包括拟录用人员姓名、性别、准考证号、毕业院校(或原工作单位),同时要公布监督举报电话。公示期间接受社会举报,期限为 7 天。
八　备案	公示期满后,没有反映问题或有反映问题但不影响录用的,办理备案手续。中央党群机关各招录机关按有关规定填写录用备案材料,报中央组织部干部一局备案。中央国家行政机关各招录机关要按有关规定填写《中央国家行政机关考试录用公务员备案表》一式两份、《新录用人员情况汇总表》,连同本部门招考工作总结,报人事部公务员管理司备案。 整个考试录用工作于 2006 年 4 月底前结束。

资料来源:《中央、国家机关 2006 年考试录用公务员和机关工作人员工作实施方案》,见人民网,http://gov.people.com.cn/GB/46729/46841/3759070.html。

(二) 事业单位人员招聘程序

2005年11月国务院人事部发布《事业单位公开招聘人员暂行规定》,并于2006年1月1日开始实施。按照该规定,事业单位招聘人员的程序分为8个步骤:制定招聘计划;发布招聘信息;受理应聘人员的申请,对资格条件进行审查;考试、考核;身体检查;根据考试、考核结果,确定拟聘人员;公示招聘结果;签订聘用合同,办理聘用手续(见表4-5)。

表4-5 我国事业单位公开招聘人员的程序

步　骤		相　关　规　定
一	制定招聘计　划	招聘计划由用人单位负责编制,主要包括以下内容:招聘的岗位及条件、招聘的时间、招聘人员的数量、采用的招聘方式等。 　　国务院直属事业单位的年度招聘计划需报人事部备案;国务院各部委直属事业单位的招聘计划需报上级主管部门核准并报人事部备案。各省、自治区、直辖市人民政府直属事业单位的招聘计划需报省(自治区、直辖市)政府人事行政部门备案;各省、自治区、直辖市政府部门直属事业单位的招聘计划需报上级主管部门核准并报同级政府人事行政部门备案。地(市)、县(市)人民政府所属事业单位的招聘计划需报地区或设区的市政府人事行政部门核准。
二	发布招聘信　息	事业单位招聘人员应当公开发布招聘信息,招聘信息应当载明用人单位情况简介、招聘的岗位、招聘人员数量及待遇;应聘人员条件;招聘办法;考试、考核的时间(时限)、内容、范围;报名方法等需要说明的事项。
三	受理应聘人员的申请,对资格条件进行审查	用人单位或组织招聘的部门应对应聘人员的资格条件进行审查,确定符合条件的人员。
四	考试、考核	考试内容应为招聘岗位所必需的专业知识、业务能力和工作技能。考试科目与方式根据行业、专业及岗位特点确定。考试可采取笔试、面试等多种方式。对于应聘工勤岗位的人员,可根据需要重点进行实际操作能力测试。

续　表

步　骤		相　关　规　定
四	考试、考核	考试由事业单位自行组织，也可以由政府人事行政部门、事业单位上级主管部门统一组织。 政府人事行政部门所属考试服务机构和人才服务机构可受事业单位、政府人事行政部门或事业单位上级主管部门委托，为事业单位公开招聘人员提供服务。 急需引进的高层次、短缺专业人才，具有高级专业技术职称或博士学位的人员，可以采取直接考核的方式招聘。 对通过考试的应聘人员，用人单位应组织对其思想政治表现、道德品质、业务能力、工作实绩等情况进行考核，并对应聘人员资格条件进行复查。
五	身体检查	略
六	根据考试、考核结果，确定拟聘人员	经用人单位负责人员集体研究，按照考试和考核结果择优确定拟聘人员。
七	公示招聘结果	对拟聘人员应在适当范围进行公示，公示期一般为7日至15日。
八	签订聘用合同，办理聘用手续	用人单位与拟聘人员签订聘用合同前，按照干部人事管理权限的规定报批或备案。用人单位法定代表人或者其委托人与受聘人员签订聘用合同，确立人事关系。事业单位公开招聘的人员按规定实行试用期制度。试用期包括在聘用合同期限内。试用期满合格的，予以正式聘用；不合格的，取消聘用。

第二节　人员招用中的面试

面试是指"一种由一人或多人发起的以搜集信息和评价求职者是否具备任职资格为目的的对话过程"[1]。面试作为人员招用中最常用的筛选方法，几

---

[1] 〔美〕雷蒙德·A·诺伊等：《人力资源管理：赢得竞争优势》（英文第5版），北京：中国人民大学出版社2005年版，第259页。

乎所有组织、所有类别人员的招用都会采用面试方式来筛选求职者。面试的内容、形式及技术手段在实践中不断推陈出新,趋于多样化、丰富化、综合化。本节先对各种各样的面试形式进行分类,然后论述面试的筹划与实施,最后介绍两种我国公务员招考中常用的面试形式,即结构化面试和无领导小组讨论。

一、面试形式的分类

对求职者进行面试首先面临的问题是采用何种面试形式。面试形式亦称面试方法,它可以按不同标准进行多样化分类。

按照面试的规范化或结构化程度可以分为结构化面试、非结构化面试和混合式面试三种。结构化面试也叫模式化面试,在这种面试中,面试测评要素及问题与职位工作的要求直接相关,面试测评要素及权重分配、面试问题及提问先后序列、面试评价等都预先设计好,整个面试过程按部就班、循序渐进地进行;非结构化面试也叫自由式面试,它相对于结构化面试而言是一种"随意"或"灵活"的面试,面试的问题以及其他面试要素并不都预先设定;混合式面试也称半结构化面试,它既预先设定面试的系列问题,又可以在面试过程中根据需要对问题进行变换和调整。比较正规的面试大多采用结构化面试,我国公务员考试录用的面试即为结构化面试。

按照参加面试的人数多少可分为单独面试和集体面试两种。单独面试每次对一位应试者进行,又分为"一对一"面试和主试小组面试两种。一对一面试就是每次由一位主试者对一位应试者进行面谈。主试小组面试则是每次由若干名主试者对一位应试者进行面试,各主试者会从不同角度提出问题,面试成绩由各主试者综合评定。单独面试属于一种广泛运用的面试形式。在两种单独面试中,规模较小的组织有时会采用一对一面试,规模较大的组织和选拔高层职位人员时常常采用主试小组面试,我国公务员考试录用面试采用的是主试小组面试。集体面试由主试者一次对若干名应试者进行,通常由若干名主试者和5～6名应试者采取讨论会方式进行。无领导小组讨论可以看做是集体面试的一种形式。

按照面试的轮次可分为初试、复试和录用面试三种。初试亦称筛选面试,其目的是淘汰不符合招用基本要求的申请者,初试的时间较短,约10分钟至20分钟,面谈内容主要涉及有关申请者个人背景以及求职意向等问题。复试又称选拔面试,其目的是在初试的基础上从符合基本要求的申请人中选拔出优秀者。复试中,主试者将比较深入地了解应试者的学识、能力、品行等素质,以对其是否胜任工作做出基本判断。录用面试是面试最后轮次的一种抉择性面谈,对于招用组织来说,录用面试的目的是在作出录用决定前补充性了解应试者某些情况;对应试者来说,在作出就职决定之前进一步与用人组织确定受聘条件,如薪酬、福利、保险、试用期等。需要说明的是,并不是所有招用面试都是三部曲,许多面试只需一个轮次或两个轮次,而有些面试也可以经历更多的轮次。

按照面试的组织形式或试题形式可以分为常规面试与情景面试三种。常规面试是指主试者和应试者之间以问答形式为主进行对话的面试。绝大部分面试都属于常规面试。情景面试亦称情景模拟面试,则是一种面试新形式,这种面试突破了常规的面试形态和面试试题范式,引入了一些新颖的面试和试题形式,如无领导小组讨论、主题演讲、案例分析等。由于情景面试显示出比较高的信度,因此被许多人力资源管理专家所推崇,也被越来越多地应用于面试实践中。

此外,还可以把面试区分为压力性面试和非压力性面试。压力性面试是通过向应试者提一些挑衅性、刁钻性难题或步步紧逼的问题,有意制造一种严肃、紧张甚至对抗的气氛,以测试应试者在承受压力情况下的心理素质和应对能力。非压力性面试是指在没有压力、比较宽松的常规面试情景下,对应试者所进行的面试。

二、面试的筹划与实施

(一) 面试的筹划

面试实施前需进行准备性筹划工作。面试前的筹划工作涉及诸多方面,其中主要的筹划工作包括选择面试种类或方式、确定主试人员、设计面试内容等。面试种类已在上面作过介绍,下面就确定主试人员、设计面试内容进行论述。

主试人员即指主持面试活动的面试考官。就大多数面试来说,主试者都是由若干名主试人员组成的小组或团队,面试主试人小组通常包括招用组织的人力资源部门专业人员、用人部门代表、工会代表以及从外部聘请的有关专家等。面试主试人小组的主要职责是负责主持面试活动、评定面试成绩、确定面试合格者名单等。主试人员的素质直接影响面试的公正性和面试结果的信度,因此,要选择出"能识一流之善"的"一流之人"担任面试考官之职。主试人员应具有的素质包括:秉公办事的个人品德;熟悉所招用职位工作的资格要求;较强的沟通能力,能感知应试者的心理活动,善于营造一种使面试顺利进行的气氛;客观的评判能力,面试中不为自我认定的价值取向和好恶标准所左右;掌握面试的各种技巧,如提问技巧等。

面试内容根据面试的对象、面试的形式、面试的目的而定。假如面试是招用中唯一的测评手段,且应试者的申请材料信息不足,则面试的内容应尽量宽泛;反之,假如面试是安排在笔试或其他测试之后的补充性考察手段,应试者的申请材料已包含了大量可信信息,那么,面试的内容可缩小在特定范围之内。面试内容的结构安排主要涉及面试测评要素的设计。宽泛地说,面试测评要素可以涉及一个人的方方面面:① 背景,包括家庭情况、学习经历、工作经历等;② 成就,包括学业成绩、工作成就、奖赏情况、专长等;③ 知识,包括专业理论知识、专业应用知识、知识面或有关常识等;④ 能力,包括综合分析能力、学习能力、应变能力、沟通能力、协调能力、语言表达能力、逻辑思维能力等;⑤ 价值观,包括是非标准、爱憎观点、个人理想等;⑥ 品质或特质,包括诚实性、公正性、责任心、上进心、奉献精神等;⑦ 性格,包括合群性、自主性、自律性、自信心、情绪性等;⑧ 兴趣爱好,包括职业兴趣、知识兴趣、生活情趣等;⑨ 求职动机及意愿,包括应招动因、就职期望、工作要求等。

对不同组织、不同类别人员的面试应该根据实际要求来确定测评要素。例如,我国 2001 年颁布的《国家公务员录用面试暂行办法》规定,公务员考试录用面试主要测评应试人员适应职位要求的基本素质和实际工作能力,包括与拟任职位有关的知识、经验、能力、性格和价值观等基本情况。由此确定的主要测评要素包括综合分析能力、言语表达能力、应变能力、计划组织协调能力、人际交往的意识与技巧、自我情绪控制、求职动机与拟任职位的匹配性、举止仪表和专业能力等。

(二) 面试的实施

面试的实施是整个面试工作的中心阶段。在这一实质性阶段,主试者与应试者之间通过问答式对话或其他形式的交流,使主试者更全面、深入地了解应试者,同时也使应试者获得更多的招用组织及招用工作的信息,由此可以为招用组织和求职者之间进行双向选择的决策提供或补充信息。为了达到面试的预期目的,对于处于主导地位的主试者来说,需要在面试实施中控制好面试进程,灵活运用各种提问技巧,并设法避免面试能出现的障碍。

1. 面试进程的控制

面试通常划分为三个阶段。① 预备阶段。主试者与应试者见面时,应主动与应试者作礼节性表示,如友善的微笑、亲切的握手、真诚的致意等,以缓解应试者的紧张心情,营造一种坦诚、轻松的气氛。② 正题阶段。在这一阶段,主试者按照预定的面试内容与应试者进行提问式交谈,主试者应控制住每一面试问题的交谈时间,当所需了解的问题得到较为充分的回答后,就应主动转换话题。另外,当应试者在回答问题中出现离题或过多叙述现象时,主试者要及时给以纠正,避免出现"无轨电车"现象。③ 结尾阶段。在面试结尾阶段,通常留出一定的时间让应试者提问题和提要求。另外,面谈结束时,主试者应主动对应试者前来面试表示谢意。

2. 面试提问的技巧

面试提问技巧主要是提问方式的选择问题。主试者可选用的提问方式有多种。① 封闭式提问。这一类问题只需应试者作出肯定或否定的回答,或作简短的回答。例如,您在大学期间选修过《人力资源管理》课程吗?您英语六级考试的成绩是多少?② 开放式提问。该类问题允许且要求应试者作展开性回答。这类提问常常包含什么、如何、为什么等疑问词。例如,请谈谈您的职业生涯规划?您为什么申请本单位所招用的职位工作?③ 假设式提问。即通过假设某种情况来了解应试者的行为取向。例如,假如您被录用,您会怎样做好工作?假如您被别人误解,您会怎么做?④ 连珠式提问。就是通过对某一个问题接连不断的提问来测试应试者的思维能力和对某一个问题的精通程度。例如,您认为您最大的性格弱点是什么?怎么会形成这种弱点?这一弱点对工作行为会产生什么影响?⑤ 知识提问。侧重了解应试者的专业知识和知识面的情况。这种提问所涉及的范围,包括某一专业领域的基本术语、核心知识点、前沿知识以及与专业直接或间接相关的其他知识。⑥ 要求性提问。用以了解应试者的求职意愿和期望。例如,您对所招用的工作有什么要求?你期望的薪酬是多少?等等。

上述几种提问方式各有效用,服务于特定的面试目的,因此,在面谈过程中,主试者可根据实际需要灵活运用。假如为详细了解应试者的某一方面情况,且想从中考察其思维和表达能力,可用开放式、假设式、连珠式提问;假如为了解应试者掌握专业知识的程度,可用知识性提问;再如只是为了补充性地确定或证明某一不甚明确的信息,则可用封闭式提问。此外,主试者在面试中还需要掌握其他一些提问技巧。例如,适度掌握问题的数量和每一问题的大小,连珠式问题之间应有一定的逻辑联系,提问中避免暗示"期望回答",提问用词应准确、明了,提问的语气上给人以尊重感,尽量不问及与招用工作不相关的个人隐私问题等。

3. 面试中的障碍

面试障碍是指面试中可能出现的影响效度和信度的负面情形或状况。面试中可能出现的障碍可归纳为几类,主试者应针对产生障碍的原因,有意识地消除障碍或减少其对面试的负面影响。

第一类障碍是应试者在面试中提供的部分信息失真。这主要是由存在于应试者身上的两方面原因所造成:一是因为"怯场"而不能言尽其意;二是由于"避短"而有意掩饰事实。主试者应善于觉察和处理这一类障碍。当发现应试者有怯场现象时,应设法营造一种宽松、亲善、随和的面谈气氛,消除应试者的紧张心理。如果觉察应试者有意掩饰事实,可采用连珠式提问或压力式提问技巧,并察言观色地揣测应试者言语信息的真伪。

第二类障碍是面试问题与招用职位工作缺乏相关性。也就是说,面试的问题以及谈论的具体内容偏离了预定的轨道,大部分时间浪费在与招用职位工作不相干的议题上。产生这一障碍的主要原因在于主试者,或者因为主试者对所招用职位工作的资格要求不甚了解,或者是主试者不善于控制面试局面,也可能是主试者对应试者谈到的问题有浓厚的个人兴趣。为避免出现这类障碍,主试者在面试前需详尽了解职位工作的各项资格要求,面试过程中尽可能按预定的面试提纲提问,不能凭个人的兴趣左右面试的话题。

第三类障碍是主试者先入为主的印象影响其对应试者的客观认识。面试前,主试者在看了应试者的应聘材料之后,会对应试者形成初步印象,这种先入为主的印象会使主试者对应试者的认识在面试前就形成形象化概念,面试由此可能会失去其客观了解应试者的作用。主试者看了申请材料后对应试者形成初步印象,这是很自然的事情,但主试者应避免这一印象主导或干扰面试。

第四类障碍是发生在主试者身上的某些心理效应影响其对应试者的公正评价。比较常见的心理效应现象包括首因效应、晕轮效应、投射效应、次序效应等。首因效应就是第三类障碍所讲到的第一印象效应问题。晕轮效应亦称光环效应,是指主试者对应试者某一特质的褒贬会影响其对应试者其他特质的评价。比如,应试者的表达能力很强,主试者就有可能由此认为应试者的其他能力也比较强。投射效应是指主试者按照自己的价值准则和偏好来评价应试者。就次序效应来说,一位中等素质的应试者如安排在几位低素质的面试者之后进行面试,很可能被主试者评定为优秀人才。面试中减少心理效应影响的途径,除了依靠主试者的心理素质和面试经验之外,主要是借助于一些结构性措施,如强化培训主试人员、制订可操作的面试评价标准、主试者之间相互制约等。

(三) 面试的评价

面试评价就是由主试者对应试者的面试情况作出评定。主试者对应试者进行面试评价时,参照预先设定的评价标准,以应试者在面试中的实际行为以及面试行为所显示的信息为客观依据。面试评价既可以在面试过程中现场评定,也可以在面试结束后进行。如果面试的时间长,面试项目多,可在面试中逐项评定。假如每次面试时间短,面试项目少,则可在面试结束后评定。两位或两位以上的主试者参加面试时,先由每位主试者分别作出评定,然后再根据每位主试者的评定作出总的评价。

结构化面试的评价通常按照预先统一印制的面试评分表进行(见表4-6)。该表主要由测评要素、权重分数、评分要点、评分等级、面试要素得分、面试总分六个栏目构成。测评要素即面试中所需了解的各方面内容,它在实际面试中通过提问和观察来加以判断;权重分数是依据各测评要素相对于职位工作的相关度或重要程度而分配的数值,所有面试项目的权数之和应等于100;评分要点是提供给主试者或考官的评判标准(也可以作为参考标准);评分等级可以分为若干分数档次,它们分别对应于优秀、良好、中等、较差等几种状况。

表4-6 结构化面试评分表范例

应试人姓名					招用职位				
测评要素	逻辑思维能力	语言表达能力	应变能力	创新能力	专业能力	仪态气质	求职动机	综合能力	合计
权重分数	10	10	15	15	15	8	7	20	100
评分要点	思路清晰逻辑性强	用语规范有感染力	反应灵活镇静自若	敢于创新善于创新	知识扎实实践能力强	仪态亲和气质不俗	有职业生涯设想	把握全局抓住重点	
评分等级	9~10(优)	9~10(优)	13~15(优)	13~15(优)	13~15(优)	7~8(优)	6~7(优)	17~20(优)	面试总分
	7~8(良)	7~8(良)	10~12(良)	10~12(良)	10~12(良)	5~6(良)	5(良)	14~16(良)	
	5~6(中)	5~6(中)	7~9(中)	7~9(中)	7~9(中)	3~4(中)	3~4(中)	9~13(中)	
	0~4(差)	0~4(差)	0~8(差)	0~8(差)	0~8(差)	0~2(差)	0~2(差)	0~8(差)	
要素得分									
考官评语								考官签名 年 月 日	

三、两种常用的面试形式

（一）结构化面试

所谓结构化面试（structured interview），相对于非结构化面试（unstructured interview）而言，是指预先设计好面试的内容、试题、权数、评定、程序等要素并按照标准化方案实施统一面试的一种面试形式或方法。结构化面试具有不同于非结构化面试的一些特征。美国功绩制保障委员会曾列出结构化面试不同于非结构化面试的五个特征：① 结构化面试的测评要素来自工作分析，它们可以明确定义，适用所有候选人，非结构化面试的测评要素往往不明确，并且因候选人而异；② 结构化面试的问题与所招用的职位工作相关，非结构化面试的问题并不一定与职位工作相关；③ 结构化面试中对申请同一职位工作的所有候选人提相同的问题，非结构化面试中对申请同一职位工作的候选人常常提不同的问题；④ 结构化面试预先设计出评定面试结果的标准，非结构化面试没有评定面试结果的指南；⑤ 结构化面试的面试官是经过培训的，非结构化面试的面试官可能未经过培训[1]。

结构化面试的最基本特征是规范化，即预先形成一套完整、统一的面试模式。我国招考公务员所采用的面试形式属于典型的结构化面试，这种结构化面试便有一套比较完整、规范的制度模式。首先，由根据公务员的共性素质要求设计出系列测评要素，规定各个测评要素的评分标准或要点，并编制出适用于各个测评要素的试题（见表4-7）。其次，根据不同测评要素的可测程度及与拟任职位要求的相关程度，在各测评要素之间确定权重分数，设定测评要素的评分等级，形成标准化的面试评分表（见表4-6）。再次，建立兼职的面试考官队伍，面试考官实行资格认证、持证上岗，他们定期参加面试培训和业务考核。最后，整个面试工作，从制定面试实施方案、编制面试试题、成立面试考官小组、培训面试考官、实施面试到公布面试结果，形成法定程序。

---

[1] The Federal Selection Interview: Unrealized Potential, A Report to the President and the Congress of the United States by the U.S. Merit Systems Protection Board, 2003.

表4-7 我国录用公务员的结构化面试范例

序列	测评要素	评 分 要 点	题 目 举 例
1	综合分析能力	• 从宏观层面对事物进行总体把握 • 从微观层面考虑到事物各个组成部分 • 把握整体与部分的关系及各个组成部分之间的协调	有人认为,目前腐败比较严重,主要是因为公务员薪酬水平低,所以主张给公务员大幅度加薪,实行"高薪养廉",你对此怎么看?
2	言语表达能力	• 准确理解他人的话意 • 口齿清楚、语句流畅 • 条理清晰、有逻辑性 • 有说服力、感染力	面试过程中判断
3	应变能力	• 思维反应敏捷 • 压力状况下情绪稳定 • 考虑问题周到	在一次重要会议上,由你起草的大会报告中有一项数据明显错误,与会者知道此项数据有误,领导的报告刚开始,报告中还会多次提到该数据。在这种情况下你该怎么办?
4	计划、组织、协调能力	• 依据部门目标预见未来的要求、机会和不利因素并制定计划 • 认清各方面的相互关系 • 有效配置人、财、物等资源	假如你是某市学联的干部,领导交给你一项了解本市大学生就业意愿的任务,你准备如何完成这项工作?
5	人际交往的意识与技巧	• 人际合作的主动性、适应性 • 有效的沟通能力 • 处理人际关系的原则性与灵活性	如果在工作中,你的上司很器重你,经常安排你做一些属于别人职权范围内的工作,对此,同事对你颇有微词。你会如何处理此类问题?
6	自我情绪控制	• 强刺激情景中能表情和言语自然 • 受到挑衅甚至侮辱时能保持冷静 • 能为了长远目标而抑制自己眼前的欲望	你亲身经历过的哪一件事令你最为愤怒?你当时是如何表现的?现在想来,你认为当时的表现方式和处理方式是否合适?

续 表

序列	测评要素	评 分 要 点	题 目 举 例
7	求职动机与拟任职位的匹配性	• 专业与职位工作的相关性 • 兴趣、成就愿望与职位工作的可满足性 • 待遇期望的可满足性 • 对组织文化的认同	有人认为,年轻人应该以一种"旅游心态"到各行各业轮流工作,然后从中选择出长久的职业,这样有利于自身的发展。你对此有何看法？
8	举止仪表	• 穿着打扮是否得体 • 语行举止合乎礼节性 • 个人素养	面试过程中判断

资料来源：祁嘉正主编,《公务员录用考试公共科目专用教材——面试(2006)》,北京：中央文献出版社2006年版,第167~171页。

(二) 无领导小组讨论

无领导小组讨论是一种评价中心方法中常用的人才测评和人才选拔手段,它也可以说是集体面试和情景模拟面试的一种形式。无领导小组讨论由若干名(通常5~8名)应试者共同进行,他们组成一个临时小组,但不确定或推选领导人或主持人,以讨论会形式、按照给定的规则和要求,就某一给定的题目展开自由、平等的讨论。在无领导小组讨论过程中,主试者可以在现场进行观察,也可以录像的方式来观察,并根据预定的测评要素或项目对各个应试者的表现进行评定。例如,IBM公司常运用这一评价中心方法来选拔部门经理。IBM公司讨论小组一般6人组成。首先,每个人假设自己为某一部门经理的候选人作5分钟的自我介绍,然后,各自以不同部门经理的角色共同讨论某一问题,主试者根据受试者的实际表现,按照7个项目(进取心、说服力、口头沟通、自信、压力承受力、精神状况、人际交往),对每一应试者作出评价。在我国公共部门,公开选拔领导干部时和公务员招考中也经常采用这种面试形式。

无领导小组讨论的试题可以有多种形式。① 开放式问题,如什么样的领导可以称为好领导,其答题的范围比较宽广,主要考查应试者思考问题的全面性、针对性。② 两难式问题,如一个好的领导者应该注重管好人还是管好事,主要考查应试者辨证分析能力、说服能力等。③ 多选式问题,让应试者在多种备选答案中选择几种或对备选答案的重要性进行排序,主要考查应试者分析主次关系、把握问题核心等方面的能力。④ 资源争夺式问题,如让应试者充当各部门负责人角色并就一定数量的资金进行分配,主要考查应试者据理力争、说服他人的能力。

作为结构化面试形式的无领导小组讨论形成预定的程序。① 主试者向应试者讲解无领导小组讨论规则及要求,并宣读讨论题;② 给应试者5～10分钟时间思考题目,拟定发言提纲;③ 主试者宣布讨论开始,先由每位应试者阐述自己的观点(3～5分钟),然后开始自由讨论;④ 主试者宣布讨论结束,收集各应试者的讨论发言提纲,考生退场,同时汇集主试者评分表;⑤ 主试者进行评分统计,然后计算出每位应试者测评成绩,并由主考官在成绩单上签字。

无领导小组讨论中主试者评定应试者的测评要素或项目,主要包括逻辑思维能力、组织协调能力、口头表达能力、辩论能力、说服能力、情绪稳定性、处理人际关系技巧、非言语沟通能力(如面部表情、身体姿势、手势等)等,也可以涉及自信程度、进取心、责任心和灵活性等个性特点和行为风格。主试者可以通过观察应试者的种种表现,如是否善于提出新的见解和方案、能否耐心倾听别人意见、是否善于缓解紧张气氛和调解争议、是否能够说服别人、是否尊重别人、是否侵犯他人发言权,来对应试者的能力、个性、行为风格是否符合招用职位工作的要求做出判断。

【无领导小组讨论实例1】①

近年来,消极腐败现象,引起了广大人民群众的强烈不满,成为社会舆论的热点问题。

导致腐败现象滋生蔓延的原因很多,大体上可以归纳为十个方面问题:① 随着改革开放的深入发展,西方不健康思潮涌入我国,给人们以消极的影响;② 中国传统封建意识中的"做大官发大财"、"当官做老爷"意识复苏,一些干部"为人民服务"思想淡化;③ 市场经济的负效应诱发了"一切向钱看",导致拜金主义和个人主义泛滥;④ 谁都恨腐败,但对反腐败问题无能为力,有时自觉或不自觉地参与了腐败行为,从而助长了腐败问题的蔓延;⑤ 所谓"衣食足则知廉耻,仓廪实则知礼节",由于现在是社会主义初级阶段,商品经济发展还不充分,人民的物质生活水平不高,贫富差距拉大,造成"笑贫不笑娼"等畸形心态;⑥ 政治思想教育跟不上,从而形成"一手硬一手软"的现象,对党的光荣传统不敢理直气壮地宣传;⑦ 国家在惩治腐败问题上,政策太

---

① 资料来源:中国求职指南网,http://www.hao86.org/test-skill/12182.htm。

宽,打击不力,人们反腐败信心不足;⑧认为腐败是任何社会都具有的共同特质,是人类社会无法消除和遏制的;⑨与市场经济发展配套的相适应的民主制度与法律法规不健全;⑩"十年动乱"时期国家穷、人民穷,腐败现象少,现在国富民康,所谓"富贵思淫欲",这助长了腐败的蔓延。

请问:你认为上述十方面原因中,哪三方面是导致腐败现象滋生蔓延的主要原因(只准列举三项)?并陈述你的理由。

【无领导小组讨论实例2】①
某省公开选拔副县级年轻干部无领导小组讨论

情景　某省某山区县近年来的发展相对缓慢,最近,该县政府办公室准备代县委、县政府起草《关于优化政务环境,加快县域经济发展的决定》。现请你和本小组的其他应试者以县政府领导成员的身份,参加党政领导班子联席会议,讨论对《决定》的修订意见。

题目　通过讨论,确定优化该县"政务环境"的举措,力求达成共识。

程序　具体如下:

(1) 准备阶段(30分钟)。① 在认真阅读《某县政务环境中存在的问题与举措》(系《决定》的节选,附后)的基础上,针对每个问题,从备选的两项措施中,选择一项你认为比较可行的措施;② 根据措施的重要性和可行性,对你所选的5项措施进行排序,相对重要、相对可行的措施排在前面,填写《措施选择排序表》(一式两份),准备阐明自己观点的发言提纲。

(2) 面试阶段。① 第一轮发言。根据抽签顺序,依次发言说明措施选择和排序并阐述理由,每人限时5分钟;② 自由交叉讨论35分钟。力求在措施选择和排序上达成共识。在本阶段允许自由插话,但发言要语言简练,不长篇大论,独占发言机会;③ 讨论总结。按原抽签逆向顺序依次进入考场,对本次讨论进行总结、完善、充实自己的观点,或提出自己新的看法,每人限时3分钟。

材料　某县政务环境中存在的问题与举措

(1) 县直机关和乡镇干部严重超编,总体素质不能适应形势发展的要求。且收入偏低,贫困乡镇留不住干部。拟采取的措施:① 压缩县直机关和各乡镇工作人员,出台鼓励机关工作人员"三年带薪下海"政策。人员压缩分流

---

① 资料来源:南方网,http://www.southcn.com/news/gdnews/gdgx/dt/200306270777.htm。

后,适当提高全县机关工作人员职务补贴,较大幅度提高 5 个贫困乡镇工作人员的职务补贴,贫困乡镇干部的家属可以优先办理"农转非"。② 加快推进全县局、科级干部的竞争上岗工作,尽快让一批年富力强、群众认可的干部走上局、镇级领导岗位。加快愿意留在贫困乡镇工作的年轻干部的培养使用。

(2) 政府职能转变相对滞后,部分政府机构职能交叉重叠,行政审批不规范,服务观念淡漠。拟采取的措施:① 清理和规范所有行政审批项目,3 个月内完成。严格实行"收支两条线",深入清理各部门的"小金库",把治理"三乱"作为净化政务环境、优化投资环境的重要环节来抓。② 加大县政府机构撤并力度,同步推进机关作风建设。近期由县委、县政府向各部门派出督查组,重点检查政务公开和制度建设的措施是否落实。在社会上聘请机关作风监督员,在本县各媒体开办常设性的机关作风监督专栏和专题节目。

(3) 部分基层单位的领导班子软弱涣散,脱离群众,因循守旧,不思进取,缺乏凝聚力、战斗力和创造力。拟采取的措施:① 扎扎实实地开展基层组织建设,建设好村党支部,理顺村党支部和村委会的关系。继续排查问题相对突出的镇、村,由县委、县政府领导班子成员分工负责,重点帮助整治。② 选好配强乡镇领导班子。选调县直机关一批素质高、有朝气、有基层工作经验的干部,到村党支部任职或推荐担任村委会主任助理。

(4) 部分综合管理部门办事手续繁琐,效率低。前些年发展中出现的一些遗留问题尚未解决,政府的公信力受损,影响全县投资环境的改善。拟采取的措施:① 县城中心广场、县政府和各乡镇政府门前均要设立政务公开专栏,公开办事程序,宣传本县发展民营经济和引进外资的政策规定。总结推广县民营经济工业园区统一规划,统一管理的经验,为投资者提供低成本、高效率、文明规范服务,加快推进"一个窗口办公"和"一站式"服务。② 缓建县委、县政府新办公大楼,将基建款用于清偿前几年县财政修建大桥拖欠群众的集资款。实行项目引进责任制,内源、外源经济一起上。县委、县政府领导班子成员每年每人至少引进一个投资项目,县直各部门由县计委拟定引资指标,各部门一把手必须亲自抓引资工作。

(5) 政府各部门依法办事水平有待提高,某些领域的腐败现象尚未得到有效遏制。拟采取的对策措施:① 全县各单位一把手集中在县委党校参加"党纪、政纪、法纪培训班"。纪检监察部门要集中力量查处经济领域的违法违纪行为,着力遏制部门和行业的不正之风。要加强政法队伍建设,公正司法,严格执法。② 整顿社会治安秩序,重点打击妨害经济发展的严重犯罪分子,特别是危害社会稳定的黑恶势力。工商管理、税务、质量技术监督等部门,要继续打击制假贩假、偷税骗税行为。

第三节 人员招用中的测试

测试是指通过笔试以及其他手段对应试者的智力、知识、能力、技艺、个性等素质进行评价的活动。随着当代评价技术的发展,测试的种类和方法越来越多。测试的种类和方法可以依据测试的具体目的或主要内容的不同而进行分类。国外近几年出版的人力资源管理著作,把测试的种类区分为认知能力测试(Cognitive Aptitude Test)、工作实例测试(Work-sample Test)、人格或个性测试(Personality Test)、职业兴趣测试(Vocational Interest Test)、工作知识测试(Job Knowledge Test)以及体能智力测试(Psychomotor Abilities Test)等几种[①]。这里主要把前4种测试归纳为3类来加以介绍:测试应试者潜在素质的智力测验;考察应试者实际工作能力和技艺的模拟测试;测评应试者人格、兴趣、偏好等个性特征的 PIP 测验。

一、智力测试

所谓智力,是指认识客观事物并运用知识解决实际问题的能力,常常通过观察、记忆、想象、思考、判断等能力表现出来,在认识客观事物方面,智力的高低集中表现在反映客观事物的深刻、正确、完全的程度上;在运用知识解决实际问题方面,主要表现在解决实际问题的速度和质量上。智力测试是以测量人的智力状况为目标的测验。智力可以区分为一般智力和社会智力,因此,智力测试也就分为一般智力测试和社会智力测试两种基本类型。

(一)一般智力测试

一般智力(General Intelligence)是指一个人学习和获取知识的能力,通常以"智商"(Intelligence Quotient, IQ)来衡量。一般智力测试主要测评一个人的基础性行为能力,包括语言关系能力、文字处理能力、数字运算能力、图表认

[①] 参见〔美〕雷蒙德·A·诺伊等著:《人力资源管理:赢得竞争优势》(英文第5版),北京:中国人民大学出版社2005年版,第262～269页;〔美〕R·韦恩·蒙迪等著:《人力资源管理》(英文第6版),北京:经济科学出版社1998年版,第182～184页;〔美〕亚瑟·小舍曼等著:《人力资源管理》(英文第11版),大连:东北财经大学出版社2001年版,第143～147页。

知能力、形状辨识能力、空间知觉能力、速度感知能力、逻辑推理能力以及记忆能力等,其中,语言关系能力、数字运算能力和逻辑推理能力是最主要的测试内容。常用的一般智力测试工具包括韦克斯勒智力量表(Wechsler Adult Intelligence Scale,WAIS)、瑞文标准推力测验(Raven's Standard Progress Matrices,SPM)等。

我国公务员录用考试科目中的《行政职业能力测验》基本上属于一般智力测试。行政职业能力测验主要测查应考者从事公务员工作必须具备的潜能,涉及五个方面的潜能测试。① 言语理解与表达,着重考查考生对语言文字的综合分析能力。所给的文字材料较长,主要是对词和句子一般意思和特定意义的理解;对比较复杂的概念和观点的准确理解;对语句隐含信息的合理推断;在干扰因素较多的情况下,能比较准确地辨明句义,筛选信息。② 数量关系,有两种类型的题目:一种是数字推理,即根据给定的数列(其中空缺一项)及该数列中各数字之间的关系来推断出符合原数列排列规律的空缺项;另一种是数学运算,主要考查应考者解决四则运算问题的能力。③ 判断推理,是考查考生逻辑推理判断能力的一种测验形式,其题型主要有四种。第一种是考查图形辨识及推理能力的图形推理题目;第二种是考查逻辑推理能力的演绎推理题目;第三种是考查应用标准进行判断的定义推理题目;第四种是考查词语逻辑关系辨识及推理能力的类比推理题目。④ 常识判断,涵盖法律、政治、经济、管理、人文、科技等方面,主要侧重测查考生的法律知识运用能力,涉及宪法、行政法、经济法、民法等内容。⑤ 资料分析,着重考查考生对文字、图形、表格 3 种形式的数据性、统计性资料进行综合分析推理与加工的能力。有关行政职业能力测验的各种例题见表 4-8。

表 4-8 行政职业能力测验的例题

(一)言语理解与表达
　　例题:阅读下文,回答题后的问题。
　　板块的边界并不就是海陆的边界,大部分板块既有陆地又有海洋。作为板块边界的活动构造带,有裂谷、俯冲带、碰撞带这 3 种类型。大洋中绵延数万千米的大洋中脊,中间就是裂谷。地幔物质从这里流出,形成新的洋底岩石,并把两边的板块不断推向两侧,裂谷是洋底的诞生地。某些陆上裂谷(如东非裂谷)可能会产生新的海洋。与裂谷相反,位于大洋边缘的海沟是海洋板块的消亡带。洋底岩石圈在这里俯冲到大陆岩石圈之下,并潜入软流圈而消失。另外,如果边界两边都是陆地,这就成为碰撞带。随着碰撞角度的不同,这里或因挤压而隆起高山,或因剪切而形成断层,或者兼而有之。
　　板块构造说是大陆漂移说和海底扩张说的合理引申。大陆的漂移是板块移动的表现之一。板块运动是地震、火山等事件及岛弧、陆缘山、海沟等地形特征的形成原因。

续 表

① 大陆漂移是板块移动的表现之一,从全文看,这句话是说:(　　)
A. 板块移动是大陆漂移的动力
B. 板块移动表现为大陆漂移
C. 板块移动和大陆漂移的本质是相同的
D. 板块移动造成了大陆漂移
② 下列判断与文义相符合的一项是:(　　)
A. 板块运动的形式有 3 种:碰撞、俯冲和裂谷
B. 板块边界的碰撞或俯冲,和裂谷的情形相反
C. 裂谷位于海洋中或海洋与陆地的交接处
D. 碰撞带和俯冲带位于大洋边缘或陆地之上
解答:题①的答案是 D;题②的答案是 B。

(二) 数量关系

数量关系主要有两种类型的题目。

第一种题型:数字推理。

例题:2　9　16　23　30　(　　)
A. 35　　　　B. 37　　　　C. 39　　　　D. 41
解答:这一数列的排列规律是前一个数加 7 等于后一个数,故正确答案为 B。

第二种题型:数学运算。

例题:$2^2 \times 3^2 \times 4^2 \times 5^2$ 的值为(　　)
A. 1 440　　　B. 5 640　　　C. 14 400　　　D. 16 200
解答:这是一道典型的乘法运算的题,答案为 C。

(三) 判断推理

判断推理的题型主要有 4 种。

第一种题型:图形推理。

第二种题型:演绎推理。

例题:彭平是一个计算机编程专家,姚欣是一位数学家。其实,所有的计算机编程专家都是数学家。我们知道,今天国内大多数综合性大学都在培养着计算机编程专家。据此,我们可以认为:(　　)
A. 彭平由综合性大学所培养的
B. 大多数计算机编程专家是由综合性大学所培养的
C. 姚欣并不是毕业于综合性大学
D. 有些数学家是计算机编程专家
解答:观察 A、B、C、D 四个选项,似乎都有一定道理。只有结论 D 是由陈述"所有的计算机编程专家都是数学家"直接推出来的,是不需要附加任何假设和补充而得出的结论,因此,D 是正确答案。

第三种题型:定义判断。

例题:

健康:指一个人智力正常,行为合乎情理,能够适应正常工作、社会交往或者学习,能够抵御一般疾病。根据健康的定义,下列属于健康的是:(　　)
A. 大学教授老李,虽然 50 多岁但工作起来仍然精力充沛,在今年春天患流感

续 表

B. 张婶 19 岁的儿子肖聪,读书 11 年还是小学二年级水平,但是从小到大没生过什么大病,体力活可以干得很好

C. 小胡硕士毕业后,工作表现一直很优秀。自一次事故后,当工作压力比较大的时候就会精神失常

D. 小刘身体很好,工作非常努力,孝敬父母,但是很多同事说他古怪,不愿与其交往

解答:此题的正确答案为 A。

第四种题型:类比推理。

例题:

义工:职员(　　)

A. 球迷:球员
B. 学生:老师
C. 初学者:生手
D. 志愿者:雇员

解答:此题的正确答案为 D。

(四) 常识判断

例题:

下列属于地方性法规的是:(　　)

A. ××省人大常委会通过的《××省人才市场管理暂行条例》
B. ××省人事厅颁布的《××省人才流动管理暂行办法》
C. ××省人民政府制定的《××省城市供水管理办法》
D. ××省人事厅转发人事部制定的《公务员录用面试考官管理暂行办法》

解答:正确答案为 A。

(五) 资料分析

例题:根据下表,回答①~② 题:

博物馆 4 个入口处自动计数器在不同时间的读数(人数)					
入口(时间)	7:00	8:00	9:00	10:00	11:00
1	7 111	7 905	8 342	8 451	8 485
2	8 432	9 013	9 152	9 237	9 306
3	5 555	5 921	5 989	6 143	6 233
4	954	1 063	1 121	1 242	1 299

① 从早上 7:00 到 11:00 通过入口 1 进入博物馆的参观人数是:(　　)
A. 580　　　B. 94　　　C. 1 374　　　D. 1 594
② 在早上 7:00 到 8:00 之间,通过人数最多的入口是:(　　)
A. 1　　　B. 2　　　C. 3　　　D. 4

解答:题①应为 8 485 - 7 111 = 1374,答案是 C;
题②比较两数之间的差,差值最大的是入口 1 的两个数,故答案是 A。

资料来源:2006 年中央国家机关录用公务员公共科目考试大纲,人民网http://edu.people.com.cn/GB/8216/63960/63966/4584880.html。

经过10多年的运作,我国公务员的行政职业能力测验已经具有相对稳定的结构形式和操作规范,公务员的行政职业能力测验已经渐趋科学化和规范化,在公务员招用中发挥了重要的筛选功能。但是,由于我国公共部门人力资源管理理论和方法的应用研究尚显薄弱,这也在一定程度上影响了行政职业能力测验方法的进一步完善,公务员职业能力指标体系的构建工作亟待加强。另外,目前的公务员职业能力测验的适用对象是担任主任科员以下及其他相当职务层次的非领导职务公务员,在其他类型公务员的招用中如何吸收职业能力测验的有益经验,还有待于深入探讨。随着《公务员法》的实施,公务员职位类别、职务序列和层次以及公务员级别的结构更加丰富,也需要开发相应的职业能力测验体系,以提高测试的效度和信度。

(二) 社会智力测试

社会智力(Social Intelligence)是指一个人在社会或群体活动中适应环境和处理人际关系的能力。社会智力测试主要用以测评一个人在社会或群体活动中的感知能力、沟通能力、行为能力以及处理人际关系的能力。国外发展出了多种社会智力测试方法。例如,经历成熟系列(CMI),主要了解一个人是否知道如何由自己做决定以及是否努力这么做,测试内容包括发现问题、计划、掌握信息、综合分析以及目标选择等方面;人际能力测验(ICT),测验一个人在人际互动中的行为反应,如注意、感知、思考、愿望、情绪、心态、紧张等;社会智力测验系列(SITI),用以测验一个人处理人际关系的能力,如接近他人、领导他人、激励他人的能力等。如果说一般智力相当于"智商",那么社会智力可以说相当于"情商"。

情商(Emotional Intelligence Quotient, EQ)即情感智力商数,反映的是一个人控制自己的情绪、承受外界的压力、把握自己平衡的能力。研究表明[①],情商与所有水平的工作绩效之间都存在正相关关系,高成就者的典型特点是情商,而不是智商。率先提出并研究情商理论的美国学者丹尼尔·戈尔曼(Daniel Goleman)在其于1999年出版的《工作与情商》一书中,对情商的能力结构作出了描述(见表4-9)。

---

① 〔美〕斯蒂芬·P·罗宾斯等著:《管理学》(英文第7版),北京:中国人民大学出版社2004年版,第399页。

表4-9 情商的能力结构

个人能力 决定自我行为的能力	社会能力 决定人际行为的能力
自知：了解自己的能力 • 对自我内心情绪状态及其影响的意识 • 对自己偏好、才智、价值的评价	感知：意识他人感觉及需求的能力 • 意识、理解、关注他人感觉及想法的能力 • 意识并满足他人发展需求的能力 • 了解不同人的长处与短处 • 了解群体情绪倾向及其影响关系的能力
自我管理：驾驭自己行为的能力 • 抑制非理性情绪及冲动的能力 • 对自己行为负责的原则性 • 随机应变的适应能力 • 接受新的思想、方法、信息的创新能力	社交：促进他人作出自己期望行为的能力 • 与他人进行交流的沟通能力 • 影响他人的劝说能力 • 协商解决分歧的处理冲突的能力 • 指导和鼓励他人和群体的领导能力 • 促进变革和驾驭变革的能力 • 与他人合作和协调的能力 • 为实现群体目标而进行多元合作的团队能力
自我驱动：促进自己实现目标的能力 • 随时利用时机采取行动的主动精神 • 驱使自己达到出色或成功的动力状态 • 追求目标的抗挫折、坚韧、自信的能力	

资料来源：摘编于《交流》2003年第1期。

情商反映了个体适应社会的能力，这与公共服务的社会性特质具有内在的一致性。如果公共部门人员具有较高的情商，公共部门内部就可能形成和谐的人际关系和融洽的组织氛围，也才能更好地实现提供公共产品和公共服务的目标。同时，公共部门人员从事的职业具有高度的社会性，公共部门依法管理社会公共事务，公共部门人员以被委托者的身份提供公共产品，以社会公共利益最大化为根本，也只有具备较高的情商，公共部门人员才能主动去关心和理解公众的情绪和感受。另外，只有具备较高的情商，公共部门人员才能形成良好的社会知觉和坚定的社会取向，公共部门人员才会热心于所从事的公共服务事业，继而对整个社会抱有高度的责任心，敢于负责并承担风险。事实上，我国某些地方公共部门人员招用实践中已经开始引入情商测试[1]，但是不足之处在于迄今还没有开发出一个普遍认可的精确有效的测量工具。

---

[1] 余文龙："四川公选副厅首次考'情商'设'测谎'"，四川新闻网（2005年11月3日），http://www.newssc.org。

二、模拟测试

模拟测试(Simulation Test),亦称工作实例测试(Work Sample Test)和成就测试(Achievement Test)。模拟测验通常设定一种模拟或真实的工作情境,受试者充当某一工作角色而从事实际工作,然后根据受试者的行为表现和工作绩效来评价其实际工作能力。选拔不同类别工作人员可以采用不同的模拟测试手段,例如,选拔文秘人员的操作电脑测验,选拔财会人员的绘制财务报表测验等。对于选拔管理人员来说,较为通用的模拟测试方法有文件框法、角色扮演法以及综合性的评价中心法等。

1. 文件框法

文件框法(in-basket)也称公文框测验,是评价候选人能否胜任特定管理岗位的常用情境模拟技术之一。文件框测试方法具体操作流程是:把受试者安排在一个模拟的工作场所,然后给受试者一堆公文,如函件、备忘录、待审批签发的文件、统计资料、报表,以及与工作相关的建议、投诉、抱怨等,要求他在规定的时间内(通常为1.5~3小时)处理好这批公文。在测试过程中,受试者须独自处理这些公文,不得询问或请示他人。在规定时间内处理完毕后,应试者需对他的工作行为作出说明,即解释如何做和为什么这么做。主试者根据受试者处理公文的实际情况、处理方式、处理程序、处理速度、处理结果等,并参考其口头说明的处理理由,对其处理日常公文的总体能力和处理公文中反映出来的决断能力、逻辑思维能力、分析问题能力、文字表达能力等作出评估。

文件框测验最大的优点在于其具有较高的表面效度,它模拟的是真实工作情境,测验材料是实际工作的样本。这种方法具有较好的模拟效果,便于操作,比传统的认知测验和人格测验更能吸引受试者投入测试。

2. 角色扮演法

角色扮演法(role playing)是私营组织人员招用中经常采用的测试方法,要求受试者扮演某一角色并进入角色情境去处理各种问题和冲突,以考查受试者是否具备所需的素质潜能。通常做法是让受试者在特定的工作场所扮演某一角色,如公司总经理充当副总经理,若干主试者或其他人扮演其他相关角色,如总经理、各部门经理、秘书、外单位人员等;在一定时间内(如半天),受试者和主试者及其他人分别按角色要求进行工作。在这一过程中,可设计各种情境,例如,财务部经理请示员工年终奖金发放问题,人事部请批员工招聘方案,产品开发部汇报开发新产品的设想,秘书请示会议安排事项,外单位来电商谈商务问题,公司办公室主任告知刚发生的突发事件并请示处理方法,等等。通过考查受试者与他人打交道和处理各种问题的角色行为,可以从中了解受试者的实际领导和管理能力以及工作风格。

目前,国外公共部门人员招用实践中,也引入了这一有效的测试方法,比如在选择行政管理人员和监督人员时,采用包括角色扮演法在内的各种方法测试应招人员的领导、计划和决策能力[①]。

3. 评价中心法

评价中心(Assessment Center)不是指一个地方或机构,而是一种综合性的测试方法。评价中心在测验中,混合使用模拟测试的各种具体方法以及其他一些技术手段,具有较高的效度和信度,因而被越来越多的组织所采用。它既可以用来在应聘者中选拔管理人才,也可以用于现职管理人员的绩效评估;既可以用来选拔或评价基层管理人员,又可以用于选拔或评价高层管理者。在国外公共部门人员招用过程中,评估中心的测试方法一般用来选择市执行员和提升公共安全管理人员[②]。

评价中心的测试方法可概括为以下几点:

(1) 评价员通常由6～12人组成,包括人事部门、其他职能部门和直线管理部门的代表。评价员事先接受为期几天至几周的培训,培训方式可以是集训,也可以充当受试者进行测试式训练。每次测试的受试者人数可与评价员人数相同,也可少于评价员人数。每次测试的时间长短随需要而定,通常为2～5天,基层管理人员的评价时间可短些,高层管理者的评价时间需更长一些。

(2) 评价内容涉及与工作绩效相关的若干方面。例如,美国国际电报电话公司的测评内容由7大要素构成,即行政管理技能、人际关系技能、智力水平、绩效的稳定性、工作激励、职业取向和对他人的依赖性;7大要素又可分解为25个变量,即组织和计划、决策、创造性、人际关系、行为可变性、个人影响、承受不确定性的能力、压力承受力、学术能力、兴趣范围、工作目标、工作守密、口头沟通、线索知觉、自我客观性、精力、期望的现实性、贝尔系统价值取向、社会客观性、成长需求、承受延期表扬的能力、上级认可需求、同级认可需求、目

[①] 〔美〕Joan E. Pynes 著:《公共和非营利性组织的人力资源管理》(1997年英文版),北京:清华大学出版社2002年版,第94页。

[②] 同上。

标灵活性以及安全需求。

（3）采用多种测试方法进行综合评价。可利用的测验方法有文件框、角色扮演、无领导群体讨论、笔纸智力测验、面试、问卷、系列问题、投射测验、录像带练习（Videotape Exercises）等。各方面内容或要素可用不同方法进行评价。例如，在国际电报电话公司的评价中，行政管理能力用文件框法测试，人际关系能力用无领导群体讨论和系列问题两种方法评价，职业取向用面试、问卷和投射技术3种方法测试。

（4）受试者的测验结果由评价员集体逐项评定。先是由若干评价员通过讨论，对受试者的每一特性或变量的行为表现分别作出评价，并用文字描述或等次表示评价结论；然后在逐项作出评价的基础上，再对每一位受试者的测试结果做出总体评价。

三、PIP 测试

PIP 测试是个性测试（Personality Test）、兴趣测试（Interest Test）和偏好测试（Preference Test）的统称。一个人的个性、兴趣和偏好的特征，与其工作表现具有不同程度的相关性，会影响甚至决定其工作态度和工作行为。不同个性、不同职业兴趣、不同工作偏好的人，适合担任不同的工作，在同一工作状态中会作出不同的反应或表现。

1. 个性测试

个性测试注重测验一个人的心理和行为特征。工作绩效不仅取决于个体的能力高低，其个性特征也是不容忽视的重要因素。因此，在公共部门人员招用过程中，对应招者的个性特征进行考查也是很有必要的。个性测试的具体方法包括：明尼苏达多项个性系列（MMPI），加利福尼亚心理系列（CPI），伯勒特个性系列（BPI），赫麦迪克统觉测验（TAT），哥登个人性向分析（GPP），舍斯托性情调查（TTS）等。其中，伯勒特个性系列主要测试一个人的神经倾向、自主性、内向性、外向性、社交性、自信等特征；赫麦迪克统觉测验是一种常用的投射个性测验，它通过要求受试者回答一些问题或解释一些情景，从中了解一个人的行为动机及成就需求。

个性测试中较为流行的是明尼苏达多项个性系列。这是一种自陈个性测验。它列出550个涉及26个方面的问题，例如，我渴望获得成就，我常常不信任某些人，我常常怀疑自己的能力，我容易感到厌烦、我不喜欢别人告诉我应该怎么做、我在大部分时间里感到无所依靠、我与陌生人交谈不感到困难、我常常无法控制自己的情绪、我不喜欢主动与别人交谈,我常常容易激动,我有时也说谎,我常常做恶梦,我认为生活对我不公平,我喜欢影响别人,等等。受试者对这系列问题按"是"、"不是"、"不一定"作回答,主试者根据受试者的回答并参照确定的标准对受试者的个性特征作出评判。图4-1显示的是我国一家人才测评咨询公司的一份测试报告。该测试内容涉及12项个性特征,并用曲线和文字分别描述出各项个性特征的测验结果。

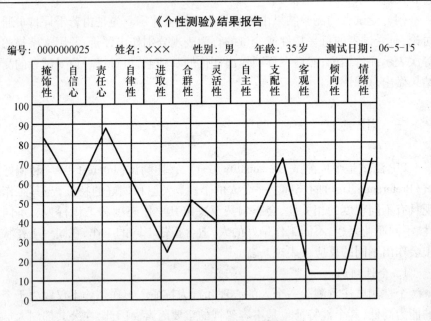

图4-1 个性测验结果范例

近年来,学者们在个性的结构和概念方面的观点已经趋同。他们普遍认同的个性特征的5种标志性因素分别是:外倾性(extraversion)、随和性(agreeableness)、责任意识(conscientiousness)、情绪稳定性(emotional stability)、经验的开放性(openness to experience)。默里·巴克利与迈克尔·芒特(Barrick and Mount 1991)考查了5种职业群体(专业人员、警察、经理、销售人员和技工)的业绩与上述因素的关系,结果表明责任意识与所有职业群体的工作业绩标准之间都存在正相关关系,而其余的个性特征与业绩之间的关系因职业群体和情境的不同而有所差异。外倾性则对管理潜力的评估有最大影响,因为这些职位需要更多的社会交往活动。研究结果也充分说明了个性测试在公共部门人员招用中的重要性①。

2. 兴趣测试

兴趣是注意与研究某种事物或从事某种活动积极态度与倾向,兴趣在个体的职业选择过程中具有重要的导向作用。兴趣测试用于了解一个人的兴趣方向以及兴趣序列。"这类测试设计出来是为了预见求职者会有什么样的工作选择行为,而不是为了预见求职者的工作表现如何。"②因此,通过职业兴趣测试,可以使合适的求职者从事对口的工作。

常用的技术方法有斯庄格职业兴趣表(SVIB)和库得兴趣记录(KPR)等。兴趣测验通常涉及众多的兴趣选项,如运动、音乐、艺术、文学、科学、社会服务、计算、书写等。常用的兴趣测试的题目有两类:一类是用给定的词进行续后造句,如我是……、我喜欢……、我愿意……、我常常……、我不喜欢……、我讨厌……等;另一类是为给定的兴趣项目排序,给出的兴趣项目包括喜欢踢足球、喜欢看球赛、喜欢听流行音乐、喜欢听交响乐、喜欢看画展、喜欢外出写生、喜欢看爱情小说、喜欢看侦探小说、喜欢看科普杂志、喜欢自己做小件家具、喜欢写诗歌、喜欢做数字游戏、喜欢上网、喜欢外出旅游、喜欢独立思考、喜欢下棋等。根据受试者对各种兴趣项目的"是"或"否"选择,依据受试者排列出的兴趣序列,可以对其是否适合某一职业或某一种工作做出判断。

3. 偏好测验

偏好测验侧重了解一个人对工作及工作特征的价值取向。任何工作都具有一些由组织特点、组织文化和工作性质所决定的特征,如工作条件舒适、劳动报酬高、工作安全感强、工作具有刺激性、工作具有趣味性、工作轻松或工作中晋升机会多等。不同的人对工作特征的价值取向存在差异。因此,偏好测

---

① 〔美〕格罗弗·斯塔林著:《公共部门管理》,上海:上海译文出版社2003年版,第402～403页;〔美〕斯蒂芬·P·罗宾斯等著:《管理学》(英文第7版),北京:中国人民大学出版社2004年版,第399页。

② 〔美〕Joan E. Pynes 著:《公共和非营利性组织的人力资源管理》(1997年英文版),北京:清华大学出版社2002年版,第91页。

验的作用在于,在对应聘者的工作特征偏好做出评判的基础上,尽可能使应聘者的偏好与工作特征相匹配。

在国外公共部门人员招用的实际操作过程中,还有许多针对性很强的测试方法①。比如,美国联邦政府、州政府和地方政府以及地方和州政府的附属政治机构有权要求公共部门的雇员接受测谎器测试,在公共部门人员招用过程中,测谎器测试主要用来选择执法人员和公共安全人员。与测谎器测试类似的还有诚实或正直测试,包括明显型测试和个性型测试,前者涉及人们对盗窃的态度和(或)人们对承认盗窃或其他违法活动的态度,后者并不关注诚实本身,而是审视各种有损于效率的行为,如一时冲动、不服从管理以及对权威的厌恶等。在对执法人员和公共安全人员,包括警官、消防队员、囚犯改造人员以及公园和保护区人员等的招用中,还常使用身体能力测试,因为这些工作需要充沛的体力作保障。比如,对那些患有癌症、心脏病、精神病、糖尿病、癫痫病、艾滋病等"隐性"残疾的人士,还要进行就业前的相关测试,包括医疗检查、身体灵活性或身体适应性测试、心理检查等。再如,为了保护弱势群体和倡导社会公平价值,美国公共部门人员招用过程中,还设计出防止歧视妇女和少数民族的辅助性测试方法,以验证测试的有效性。另外,过量使用毒品并对毒品产生依赖性是美国社会的一大问题,为此,许多组织包括公共部门已经开始把毒品测试作为其招用人员的一部分。

案 例

某省公选正职领导的"无领导小组讨论"面试②

2005年下半年,我国某省在公开选拔正职领导干部过程中采用了"无领导小组讨论"面试。这次公开选拔的正职领导职务,包括省信息产业厅厅长、国际经济技术合作公司总经理、海外企业集团有限公司总裁、粮食集团有限责任公司总经理以及该省若干所高等院校的院(校)长等。经过民主推荐和笔试两道程序后,"角逐"正职领导职务的候选人于2005年12月下旬进入了面试阶段。

---

① 〔美〕Joan E. Pynes 著:《公共和非营利性组织的人力资源管理》(1997年英文版),北京:清华大学出版社2002年版,第94～97页;〔美〕唐纳德·克林格勒等:《公共部门人力资源管理:系统与战略》(英文第4版),北京:中国人民大学出版社2001年版,第289～291页。
② 案例来源:育路网http://www.yuloo.com。

面试主要采用结构化面试和"无领导小组讨论"等形式。12月26日,入围参加面试的候选人进入统一安排的考点,预先做一些必要的准备工作,候选人进入考点后,手机即被省公选办"暂时保管",以切断与外界的联系。"无领导小组讨论"安排在结构化面试之后进行。这是该省省管干部公开选拔正职领导职务的历史上首次采取这种形式,省委副书记、省委组织部长等视察了面试现场。

"角逐"国际经济技术合作公司总经理职务的面试点设在某师范大学的校区内,参加面试者有6人,他们的现任职务分别是城建集团董事长、英国剑桥亚洲投资公司执行董事、国际经济技术合作公司人力资源合作公司经理、国际经济技术合作公司总经理助理等。12月29日下午1点半,6人同时领到将要讨论的题目。10分钟准备后,他们集体进入小房间,按事先抽到的序号围坐在一张半圆桌前,没有主次之分,共同面对着一堵特殊的玻璃墙。考官就在这面特殊的"单向"玻璃墙后,面试者看不到考官,而玻璃墙背后的考官能清楚地看到并听到面试者的表现。考官中,除专家之外,还有省属企业的董事长和有关厅局的资深厅长。

"无领导小组讨论"正式开始后,由主考官宣读讨论题目。该组的讨论题目是:"在企业讨论拓展市场的会议上,有人提出,大量的成功企业的经验显示,赢得市场可以通过低成本策略、差异化策略和扩展营销网络的策略实现,但在实际操作中,由于受到资源等各种因素的制约,企业只能优先选择其中的一种策略。"主考官对面试者提出两个要求:一是面试者要选择一种他认为可以赢得市场的策略,并充分阐述理由;二是面试者要尽量说服其他讨论者同意自己的观点。

先由每位面试者用5分钟进行个人发言,然后在接下来的1小时中由面试者自由讨论。这是一场在平等中角逐出领导气质的讨论,是否符合这个职务需要的领导气质,很快随个人的表现自然流露。"我同意刚才1号的观点,但是我认为……"、"这个问题不是主要的,核心问题是……"。言语夹杂着手势,一个节点接着一个节点,当仁不让,据理力争,说服他人,争取统一。因为主考官有言在先,"讨论的最终目的是达成小组的统一意见"。很快,6人形成了分野,3人倾向"低成本",2人认为应该"差异化",1人执意"扩展营销网络"。观点代表者作5分钟的总结陈词后,"无领导小组讨论"结束。

到底什么是无领导小组讨论?这种方式的"考点"究竟在哪里?该省公选办的负责人解释说,无领导小组讨论是采用情景模拟的方式对考生进行集体面试,它是评价中心技术中经常使用的一种测评技术。具体地说,就是对被测试的小组设计一个相同的背景、相同的问题,在完全平等的条件下进行讨论,讨论出统一的思想,通过讨论在小组中形成主导思想或者主导人物。他进而透露,此次竞争正职领导职务的60位候选人面试总成绩中,结构化面试和无领导小组讨论占的权重为7:3。

用这种方式考什么?考官的评分表上写着7栏,即影响能力(引导、驾驭、魄力)、说服能力(有理有据、感染力)、表达能力(准确流畅、逻辑性强)、思辨能力(深刻、全面、系统)、领悟能力(倾听、理解、包容)、总结归纳能力、个性魅力(仪表气质、自信心、感受能力),所占比重依次是20%、20%、15%、15%、15%、10%、5%。

省公选办负责人说,结构化面试和无领导小组讨论都是考察应考者能力的方法,在考查"一把手"的领袖气质方面,后者的优势在于,在同一状态下,围绕一个贴近竞争职务、专门设计的题目,应考者的宏观思维、魄力胆识、协调能力会迅速显现出来,谁强谁弱,一目了然,这种测试的效度更高,更真实。

案例分析题

1. 试结合该案例概括出"无领导小组讨论"的一般特点。
2. 试结合该案例阐述"无领导小组讨论"的适用范围及效用。

复习与思考

1. 人员招用的一般程序步骤。
2. 结构化面试与非结构化面试的区别。
3. 面试中可能出现的障碍及其防范。
4. 无领导小组讨论的组织与实施。
5. 公共部门人员的智力测试。
6. PIP测试的含义。

第五章 公共部门人员的职业生涯发展

近年来,公共部门人员尤其是公务员的职业生涯发展问题受到了越来越多的关注,在理论探讨的同时,某些发达地区政府人事部门开始组织有关的讲座,个别地方政府机关甚至已经开始进行系统的实践尝试。本章首先对职业生涯发展的基本概念和基本理论作了简介,然后在公务员个人层面简单介绍生涯规划的制定方法,最后站在政府机关组织层面,介绍管理当局在组织生涯管理模式下,帮助公务员制定他们个人的生涯规划和实施他们生涯规划的常规管理措施。

第一节 职业生涯发展概述

本节旨在介绍职业生涯发展的基础知识,包括职业生涯等基本概念,生涯发展的代表性理论,以及生涯历程的阶段性划分。

一、生涯发展的基本概念

概念是理论研究和学术交流的工具,当人们对某一概念有相同界定的时候,准确的交流便可以开始了。在探讨职业生涯发展的时候,首先必须明确以下几个相关的概念。

(一) 生涯

生涯(career)可能是一个被使用频率极高,而不同使用者却赋予其不尽相同的内涵与外延的概念。亚瑟(Arthur)等人从社会科学领域识别了 8 种关于生涯的概念,但他们认为没有一种能够反映组织方面的因素,巴鲁(Baruch)等人认为生涯意味着雇员沿着一个或多个组织中的经验和工作的道路的一个发展过程①。其实,归纳起来,人们在使用生涯一词时,只是有两种根本性区分,一种是狭义的理解,一种是广义的理解。狭义的生涯是指人们在职业领域(即 Baruch 所说在组织中)所经历的一系列事件的总和。广义的生涯则是指人们在任何一个特定领域所经历的一系列事件的总和。如在家庭生活领域,不管是否与职业或组织相联系。从广义视角来看在职业领域的人生历程,可称之为职业生涯(occupational career),不过,在英语世界,人们多在狭义的意义上使用,所以几乎没有人使用 occupational career,而只使用 career,但汉语的情况不同,人们多在广义的意义上使用,因此多用"职业生涯"。为叙述简便起见,本文此后将一律使用"生涯"一词。美国麻省理工学院施恩(Edger. H. Schein)教授曾经把人的生涯分为外生涯和内生涯,外生涯是指生涯活动的外显部分,如地位的提升,收入的增长,影响力的扩大,即可由外在标志物标识其发展进程和程度的生涯发展方面。由于外在标志物的标识作用,当一个人出现外生涯发展时,外人容易感知他(她)的发展进程和目前的发展状况,当然自己也能够明确地感知到自己的发展,并借以与他人进行发展速度和发展状况的比较。内生涯即生涯活动的内隐部分,是指个人知识、技能、能力、成就感等方面的提高,这些方面的发展标志物是内隐的,外人难以感知,只有自己心中有数②。

(二)生涯规划

生涯规划(career planning)是指根据个性特征和个人需要,结合环境中的机会而制定的个人在职业领域未来发展计划的活动。计划的内容主要包括职业选择、目标确立和道路设计等 3 个方面。

(三)生涯发展

个体在其职业活动中不断挖掘自己的潜能,并使其潜能得以展现的过程就是人的生涯发展(career development)。如果一个人制定了生涯规划,生涯发展其实就是实施生涯规划的过程。根据内外生涯的划分,生涯发展也可以划分为内生涯发展和外生涯发展,显然,外生涯的发展是内生涯发展的外在表现形式,以内生涯发展为前提和基础,没有内生涯发展作支撑,外生涯发展就成了无源之水,但仅有内生涯发展,而没有外生涯发展,也说明当事人没有很好地实现内生涯发展向外生涯发展的转换,这样的内生涯发展也是没有多少

---

① Baruch Y. and Peiperl M. Career management Practices: An Empirical Survey and Implications. Human Resource Management, 2000, Vol.39, No.4, pp.347～348.
② 〔美〕E·H·施恩著:《职业的有效管理》(1978 年英文版),北京:北京三联书店 1992 年版,第 1～5 页。

意义的,不会得到社会承认。反之,如果外生涯发展顺利,将为自己内生涯发展提供成功的反馈和进一步发展的外部资源支持。

二、生涯发展的理论解读

人的生涯发展是复杂的过程,可以选择不同的角度和切入点去认识和研究,学者们已经就生涯发展的诸多方面进行了研讨,取得了一系列研究成果,提出了一些理论或模型,其中有一些理论带有综合性,把生涯发展的整体作为研究对象,下面介绍两个综合的生涯发展理论。

(一)生涯发展的圆锥体模型

这一理论由施恩教授提出,是从三个维度考查人的生涯发展历程的模型(见图5-1),此模型为深入理解和规划一个人在组织内部生涯发展提供了极为简洁的思路。施恩指出,在一个组织中,一个人的生涯发展历程可分别通过三个维度去考查,这三个维度分别是:职能或技术维度、等级维度和成员资格维度。

职能或技术维度用以刻画人们跨越职业、工作或部门的运动。如图中从 A 向 B 的运动,A、B 分别是圆锥体表面的一个点,代表在组织同一层次上的两个部门或

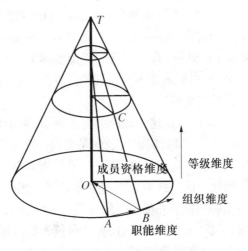

图5-1 生涯发展的圆锥体模型

资料来源:根据〔美〕E·H·施恩著,《职业的有效管理》(1978年英文版),北京:北京三联书店1992年版,第38页图改制。

岗位。职能维度的运动是一种水平方向的流动,没有层次或地位的上升。

等级维度用以说明人们在同一职业内部不同层次上的运动。如图中从 B 向 C 的运动,表明人们获得了"提升",达到了他们所属职业的更高层面,往往意味着在组织中的地位提升了。

成员资格维度用以描述成员向组织"核心"运动的趋势。如图中从 B 向 O 的运动,一个人最初通常只是一个"试用者",尚未取得"正式成员"资格,越过这一阶段才能够取得正式成员的资格,最终可能非常接近组织的核心。接近组织核心最清楚的信号是,获得专门的特权和特殊种类的信息——组织

"机密"①。也就是说,核心成员是指那些靠近权力中心,掌握组织核心机密,任职于要害岗位,被高级管理者视为心腹的人。

这一用于考查在一个组织内个人生涯发展的三维度模型很容易扩展为包括组织跨越在内的四维度模型。当一个人由于某种原因而脱离当前的组织到另外一个组织谋求发展时,这一个维度的发展便产生了,如图所示,如果一个人在 B 职能区脱离当前的组织时,便发生了第四个维度的组织跨越运动,即沿着 B 做切面运动。劳动力市场的建立和支持劳动力流动的社会价值观为人们在这一维度的运动提供了制度和观念环境。

(二) 生涯彩虹图理论

美国生涯专家舒伯(Donald Super)把角色概念纳入发展阶段理论,再引入生命跨度(life-span)、生命空间(life-space)概念,提出了生涯彩虹图(life-career rainbow)理论。这一理论实际上是把角色因素纳入到生涯发展的阶段划分中,以展示在不同发展阶段各种角色的相互作用,不同生涯发展阶段角色的继承与更替。

图 5－2 是这一理论的图形展示,舒伯称之为一生生涯彩虹图(life-career rainbow)。横向层面代表的是横跨一生的生命广度,彩虹的外层显示了生涯发展的各个阶段,当然各个阶段的划分有一定的弹性,各人可有所不同;纵向层面代表的是纵贯上下的生命空间,它由一组岗位和角色组成,舒伯认为人的一生必须扮演九种主要的角色,分别是:儿童、学生、休闲者、公民、工作者、夫妻、家长、父母和退休者,各种角色先后出现或相互重叠,不同角色的组合形成个人独特的生涯类型。另外,角色之间还存在交互使用,某一角色的成功可能带动其他角色的成功,反之,某一角色的失败也可能导致其他角色的失败。但是,如果为了一个角色的成功付出了太大的代价,也可能导致其他角色的失败。

彩虹图中的阴影部分是一个人某种角色的相对重要性或显著程度,不同角色的阴影具有互相替换、此消彼长性,它除了受年龄增长和社会对个人发展任务期待的影响外,还可能与当事人在各个角色上所花的时间和感情投入的程度有关。在每一个发展阶段上,都会有一种角色可能最为重要,这一角色便是这一阶段的"显著角色"②。

---

① 〔美〕E·H·施恩著:《职业的有效管理》(1978 年英文版),北京:北京三联书店 1992 年版,第 36～41 页。
② 沈之菲编著:《生涯心理辅导》,上海:上海人民出版社 2000 年版,第 60～62 页。

第五章　公共部门人员的职业生涯发展

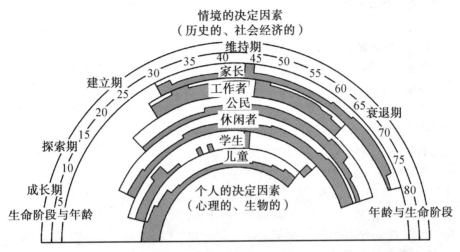

图 5-2　生涯彩虹图

资料来源：沈之菲编著，《生涯心理辅导》，上海：上海人民出版社2000年版，第61页。

生涯彩虹图理论的独特之处在于对多重角色的综合考查，并把角色纳入生涯发展的阶段中进行考查，对于认识和指导人们的角色扮演具有重要意义。但这一理论的线性化处理思路也许无法描述那些过分追求变化的个体，追求独特工作、生活方式的个体。此外，由于20世纪90年代以来，环境的急剧变化以及由此引发的工作剧变，逐渐使人们原本线性化的生涯历程变得曲折、波动和难于预见，因此人们开始认为舒伯的理论已经不能对当前的生涯历程作出解释了①。不过在我们看来，至少在目前阶段，这些变化还不足以完全否定彩虹图理论对人们——包括公共部门人员——生涯历程的普遍解释力，其理论魅力依然存在。

三、生涯发展的阶段性划分

人的生涯历程是连续的，也是分阶段的，每个阶段有其独特的任务，发展形态也会表现出不同的特征，因此可以把人的生涯历程进行阶段性的划分。学者们已经提出了若干种阶段划分的方法，每一种划分都有其合理性，能够给我们理解人的生涯发展过程提供独特视角。在此，我们选择其中的几个划分

---

① Sterrett E. A., A Comparison of Women's and Men's Career Transitions, Journal of Career Development, 1999, Vol. 25, No. 4, p. 252.

方案，读者可以根据自己的理解和需要，在理论研究或方案设计中采取其中的一种。

(一) 舒伯的生涯阶段划分方案

舒伯在他人理论的基础上，提出了自己生涯发展五阶段的划分方案，这一划分方案是目前被运用较多的方案。

第一阶段为成长阶段（出生～14岁）。这一阶段个体开始发展自我概念，以各种不同的方式来表达自己的需要，经过在现实世界中的不断尝试，来修正自己的角色。因此，这个阶段的任务是：发展自我形象，发展对工作世界的正确态度，并了解工作的意义。舒伯把这一阶段又细分为三个时期：一是幻想期（4～10岁），以"需要"为主要考虑因素，在这一时期，幻想中的角色扮演很重要；二是兴趣期（11～12岁），以"喜好"为主要考虑因素，喜好是个体抱负与活动的主要决定因素；三是能力期（13～14岁），以"能力"为主要考虑因素，能力逐渐具有重要作用。

第二阶段为探索阶段（15～24岁）。这一阶段的青少年，通过学校活动等各种活动，对自我能力及角色、职业进行探索。因此，这个阶段发展的任务是：使职业偏好逐渐具体化、特定化并实现职业偏好。这个阶段又可细分为三个时期：一是试探期（15～17岁），考虑需要、兴趣、能力及机会，作暂时的决定，并在幻想、讨论、课业及工作中加以尝试；二是过渡期（18～21岁），进入就业市场或专业训练，更重视现实，并力图实现自我观念，将一般性的选择转化为特定的选择；三是试验并稍作承诺期（22～24岁），初步确定生涯模式并试验其成为长期生涯模式的可能性，若不适合则可能再经历上述各时期以确定方向。

第三阶段为建立阶段（25～44岁）。经过上一阶段的探索，人们在该阶段较能确定在整个生涯中属于自己的"位子"，并在31～40岁开始考虑如何保住这个"位子"并固定下来。这个阶段的任务是：统整、稳固并求上进。这个阶段可细分为两个时期：一是试验——承诺稳定期（25～30岁），个体寻求安定，也可能因生活或工作上若干变动而尚未感到满意；二是建立期（31～44岁），个体致力于工作中的稳固，大部分人处于最具创意时期，业绩优良。

第四阶段为维持阶段（45～65岁）。个体仍然希望继续维持属于自己的工作"位子"，同时会面对新的人员的挑战。这一阶段的任务就是维持已有的成就和地位。

第五阶段为衰退阶段（65岁以后）。个体面对隐退的现实，这一阶段往往注重发展新的角色,寻求不同方式以替代和满足需要。

舒伯的阶段划分方案既粗又细,首先把全部生涯历程划分为为数不多的5个阶段,为人们掌握生涯历程的基本轮廓提供便利,同时又对每个阶段作了进一步划分,这使得人们能够更为深入地了解生涯发展历程,从而完成好属于这一阶段的主要任务,并为下一阶段做好更具体的准备。舒伯还特别指出,在生涯发展中,人们在每个阶段本身都要面对成长、探索、建立、维持和衰退的问题,因而是循环发展的问题[①]。它表明人的生涯发展在各个阶段事实上还嵌套着小的循环,这一观点相当重要,揭示了生涯发展中不为人们所关注的又一规律,认识这一规律,即把每个阶段看作是一个循环周期的观点无疑有助于我们把生涯规划做得更细,准备得更加充分。

当然,舒伯的生涯阶段划分方案也有值得商榷之处。首先,这一划分方案中的第一、第二和第三个阶段划分的时间节点选择未必很确切。其次,把求学与就业初期划为一个时期也值得研讨,因为虽然求学和就业初期确实都面临"探索"的共同任务,但求学与就业初期的其他任务是完全不同的,这两个时期探索的方式和内容也是非常不同的。最后,这一方案中每一阶段的进一步划分也未必均有必要。

(二)格林浩斯的生涯阶段划分方案

另一个被广为采用的生涯阶段划分方案是美国生涯专家格林浩斯(Greenhaus)的五阶段论,具体划分如下。

第一阶段为工作准备阶段(出生~18岁)。这一阶段的主要任务是形成和定义一个职业的自我映像,评估可供选择的职业,试探地进行职业选择,接受未来职业所需要的教育或培训,揭示出关于自己和工作世界的信息。当然人们要评估与所准备选择的职业领域所需要的智力、兴趣、价值观、所需要的生活类型以及需求、机会和报酬。

第二阶段为进入组织阶段(18~25岁)。这一阶段的主要任务是在其选定的职业领域选择一个工作(job)和组织(organization)。这一阶段的积极产出是选择到一个符合其价值观、发挥其智力的工作。不幸的是许多人的工作选择依据不完全或不现实的信息。

第三阶段为生涯初期(进入组织~40岁)。人们在成人世界找到了属于自己的小环境,并按照选定的道路努力向前。由于已经选择了一个职业和初始工作,因此这一阶段的突出任务是在自己的生涯领域和组织立足,必

[①] 沈之菲编著:《生涯心理辅导》,上海:上海人民出版社2000年版,第57~59页。

须不仅掌握其工作所需要的技术，而且必须懂得组织的准则、价值观和期待。生涯初期又可以分为两个阶段：建立期和成就期。建立期的主要任务是领会工作和组织，并且成为组织的有机贡献者。在成就期，个人则应该向上攀升。

第四阶段为生涯中期（40～55岁）。这一时期有大量的任务，其中有两个是重要的：一是面临中年生活转变，人们要评估业已取得的基于自己雄心和梦想的成就，重新检查工作在其生活中的重要性；二是保持高产，处于生涯中期的人们可能出现生涯高原现象和退化现象，这需要提升他们的技能，充分展示他们的技能，发展新的技能，如指导年轻同事的技能。

第五阶段为生涯后期（50多岁中期～退休）。这一时期有两个重要任务，首先，个人必须保持是组织有成效的贡献者并保持其自我价值的感觉和尊严，但保持多产和自尊经常受到个人变化和社会对老人偏见的影响；其次，生涯后期员工必须接受并计划退休，因此脱离工作并非对个人都是破坏性的①。

格林浩斯的方案强调生涯探索的持续性，认为职业选择可以发生在生涯发展的多个阶段，而且在一生中可能进行两到三次职业选择，这使得他的方案更为接近实际，各个阶段的划分分界点也容易确定，各阶段任务同样也比较清晰。但这一方案的划分似乎粗了一些，对退休后也未予重视。

（三）本土化的生涯阶段划分方案

前面的几个生涯阶段划分方法都是由美国人提出来的（还有其他一些方案，如施恩的九阶段方案），各有其合理性，对指导人们进行生涯规划都有一定的借鉴价值，但这些划分方法，特别是时间节点的确定并不非常适合中国的文化传统和社会现实。从文化传统来说，孔子对自己一生的阶段性划分就对后世产生了深刻影响，从现实来看，中国的高等教育的普及性不及美国，由此导致更多中国人较早进入工作世界。另外，中国法定退休年龄也较早，以至中国人退出就业领域的时间也较早于西方许多国家。

为此，提出一个更适合中国文化传统和社会现实的生涯阶段划分方案是必要的，以下是本章作者曾经提出的一个方案，这一方案把生涯历程划分为六个顺次相连且有小幅交叠的阶段②。

---

① Jeffrey H. Greenhaus. Career Management, 1st Edition. Orlando: The Dryden Press, 1987, pp. 86～91.
② 马士斌著：《生涯管理——让辉煌事业伴随人的一生》，北京：人民日报出版社2001年版，第29～31页。

第一阶段为生涯准备阶段(典型年龄:22岁之前)。找到第一份工作,正式进入就业领域之前的时期称为生涯准备阶段。处于这一阶段的年轻人,接受各种形式的教育,特别是要完成中小学基础教育,为未来一生的生涯发展做必要的准备。从发展趋势来看,生涯准备阶段因受教育时间的延长而延长,一个人如果要取得博士学位,即便不间断学业,典型年龄也应该是27岁!

生涯准备期除了接受教育,还包括短暂但各人长短不一的工作寻找期。年轻人在离开教育领域进入就业领域的过程中,要寻找既适合个人能力和兴趣,又能有较高收入和前景的工作。比较顺利的人,工作寻找期叠加于受教育期,不必花费单独的工作寻找时间。劳动力市场的建立为处于这一阶段的年轻人提供了便利。

第二阶段为生涯探索阶段(典型年龄:22~30岁)。这一阶段开始于年轻人刚刚进入就业领域到30岁左右的时间里。虽然在上个阶段结束前可能进行了认真的职业选择,初始职业也可能是慎重选择的结果,但在人与职业结合并互动之前,谁也不能肯定这一选择就是最佳的选择,因此,进入就业领域初期,年轻人的最主要任务就是在与职业的互动中,不断修正不切实际的判断,最终在这一时期结束前决定自己的最佳贡献领域,即自己最喜欢且最能干好的职业——这便是自己的生涯锚(career anchor)——有现实基础的职业自我观。在这个时期,年轻人希望经常调换不同工作(或岗位)的愿望十分强烈,如果在本组织得不到满足,那些有高成就需要的员工——有可能是最优秀的员工——就会跳槽到其他组织,通过变换组织实现这种愿望,以寻找自己的生涯锚。

第三阶段为立业与发展阶段(典型年龄:31~45岁)。研究表明,年轻人通过上一阶段的试错,会逐渐选定自己的职业,找到自己的生涯锚,即通常所说的"立业"。一旦确认了自己的生涯锚,便从生涯探索阶段进入立业与发展阶段,这时,他们在生涯中关心的不再是横向发展以寻找生涯锚,而是在选定的职业领域内部的纵向发展,即沿着职业等级的维度向上攀升。他们的成就感和晋升感强烈,而成就、发展或晋升对他们的激励作用也最大。处于这一阶段的人们,要避免朝三暮四,能够坐得住冷板凳,抵挡得住眼前利益的诱惑,专心于前一时期付出几年代价才确认的职业领域,在人生最富创造力的阶段,眼睛向上,紧盯未来的生涯目标,按照生涯规划,扎实而又快速地在所选定的领域取得成就,奠定在某一领域的地位,取得很可能是一生最重要的成就。

处于这一阶段的人们,要善于利用身边资源,甚至开发潜在资源为自己的发展服务,因为这一阶段的员工也是用人单位最为关注的群体,所以如何把个人的发展与组织发展更好地结合,如何充分利用所服务的组织资源,对于个人生涯发展具有特别重要的意义。

第四阶段为生涯中期阶段(典型年龄:46~55岁)。在上一阶段直线般上升后,生涯中期的人们其生涯发展处于一个巅峰的状态,在一个组织中,这种人往往身居高位,是各个领域的权威,声名显赫。然而,与前一时期相比,这一时期的人们发展速度明显下降,有可能较长时间原地踏步,出现所谓"生涯高原"(career plateau)现象,原因在于两点,其一,个人潜力发掘殆尽,其二,组织内上升空间萎缩。固然还可以继续有出成果的可能,但他们已经开始面对停滞的现实,对成就和发展的期望开始减弱,希望维持或保持自己已经取得的地位和成就的愿望则大为加强;同时,他们也希望更新自己专业领域的知识和技能,或希望学习和掌握一些其他新领域的知识或技能,以便在经济停滞或萧条时保持住自己的地位,以免遭受裁员,或便于在被裁员时另谋出路。一部分人则尝试"生涯转移"(career transition),希望转入一个新的领域,寻求新的感觉和发展。

第五阶段为生涯后期阶段(典型年龄:56岁~退休)。处于生涯后期的人们仍然是组织中的有效贡献者,他们中的部分人可能是组织中的绝对权威,学术上的泰斗,继续有创造性,但多数人则出现明显的生产率下降趋势,许多人要从组织的高位退下来,让位于年轻人,他们希望找到自己的"学生",以便延续自己的经验,并从学生的进步中获得新的成就感。另外,处于这个阶段的人开始准备着退休,并希望为适应退休后的环境而学习或培养自己某些方面的爱好,如书画等,希望参加有利于身心健康的活动,但发挥余热的愿望也十分强烈。

第六阶段为离开就业领域阶段。退休意味着离开就业领域,真正意义上的职业生涯过程宣告结束。对于大多数人来说,他们已经没有足够的能力继续进行劳动,但事实上,在这个阶段的初期,大多数人仍然具有一定的劳动能力,他们中的部分人,尤其是那些高级技术人员、高级管理人员和掌握一技之长的技术工人,仍然保留工作热情,希望为社会和组织发挥一点余热。

第二节 公共部门人员的生涯规划

一些人对公共部门人员是否可以有自己的生涯规划心存疑虑,本节将以公务员为例对此以予澄清,并希望公务员树立起生涯规划的意识。本节还将较为详细地介绍公务员生涯规划的方法,以及如何用生涯规划表(见第二节)来简洁地表达公务员生涯规划的结果。

一、公务员生涯规划的必要性与可行性

目前在公务员中开展生涯规划还有一些障碍,但公务员制定个人的生涯规划将有助于个人的成长,有助于成为合格的公务员。虽然在政府事业单位遵循着服从原则,但随着执政理念和政府功能的渐变,公务员个人生涯规划的环境日益好转。

(一)公务员生涯规划的障碍

提出这一命题并非空穴来风,因为影响公务员生涯规划既有客观原因,也有主观原因,显然,厘清这一问题是非常必要的。

影响公务员个人生涯规划的客观原因缘于公共部门的两个基本特征。一是强制性。在客观原因中,最重要的莫过于在政府部门实行着强制性原则。与企业内部管理中所允许的高度民主的文化(当然,这在于企业自身的选择,企业有选择采取任何管理模式的机会)有所不同,政府部门是公共服务部门和社会监管部门,为了公务员能够切实履行公务,并在履行中真正体现公民和国家的意志,表现出公平、公正和高效的原则,在政府部门必须实行对公务员管理的强制性原则。这一原则自然影响到公务员个人发展模式,因而这一模式只能是:个人发展服从公共需要。二是稳定性。政府部门是超稳定部门,虽然时代变迁,政府的职能、职权和工作流程也会发生一些变化,但与企业经常性的组织变革相比,其稳定性远远超过其变动性,这一特点意味着政府的机构设置、管理流程,包括岗位设置和对其员工——公务员的管理流程:从招用、培训、晋升、辞退和退休,也几乎固定化,没有多少变化,也就是说,一个人一旦成为公务员,其发展的道路已经被规定了,未来是可以预见的,根本就没有规划的余地或必要,公务员需要做的就是耐住性子,按部就班地按照既定的道路缓慢地前进就行了。

影响公务员个人生涯规划的主观原因主要涉及三个层面。首先,旧有思维的惯性作用。近年来,虽然企业界开展组织生涯管理如火如荼,也有人提倡公务员要进行自我规划,但无论是政府官员还是公务员个人,对生涯规划都没有表现出应有的热度,甚至可以用冷漠来形容。其次,公务员个性特征的影响。虽然公务员彼此间存在差异,但因公务员工作特征的内在影响,一方面,国家机关在招录公务员时通过录用指标对应聘者进行了筛选,另一方面,应聘者自己在选择职业时也进行自我筛选,因而最终被录用的公务员的个性特征就表现出相当大的相似性,与其他职业相比而表现出鲜明的"类"特征,公务员的类特征之一就是:沉稳、有耐心,换个说法就是喜欢稳定。第三,缺乏培训。培训可以在短时间内迅速改变整群人的观念,迅速掌握新的知识和技能,但与企业生涯规划的频率相比,政府机关生涯规划方面的培训极少,只有个别发达地区的政府组织过类似的培训,这使得政府官员和公务员缺乏对生涯规划的认识,难以树立起生涯规划的意识,也掌握不了生涯规划的方法。

(二)公务员生涯规划的必要性

面对上述障碍,公务员是否真的就没有进行生涯规划的必要?其实不然,公务员开展生涯规划的必要体现在多个方面。

首先,人人都有发展的愿望和权利,公务员也不应该例外。人类一切活动的根本目的就是为了人类自身的发展,作为社会成员的组成部分,公务员虽然要承担更多的社会责任,所扮演的角色确实比较特殊,在理论上他们的责任就在于维持良好的社会秩序,在于为他人的发展进行社会管理和服务,但服务者自身也有发展的愿望,也有发展的权利。

其次,得到良好发展的公务员能够更好地为社会服务。根据马斯洛的需要层次理论,"自我实现需要"是人的最高层次需要,公务员的受教育程度和收入水平都比较高,自我实现需要程度比较强烈,如果能够满足他们的自我实现需要,就可以有效地提高他们的工作热情;另一方面,通过生涯规划而得到更好的个人发展,可以提高其服务社会和进行社会管理的能力。

第三,市场经济体制的建立和劳动力市场的日益完善,公务员经由劳动力市场与其他组织的联系已经畅通。如果政府机关的管理方式与其他社会组织的管理方式差异过大,那么就会形成公务员流出政府机关的强大压力。这种压力的持续存在必然会转化为政府机关管理变革的动力。

(三)公务员生涯规划的可行性

公务员开展生涯规划不仅是必要的,而且也具有现实可行性。明确这些可行性,可以增强广大公务员进行自我生涯规划的信心和积极性,也有助于提高管理者对公务员生涯规划的认识。

第一,强制性原则只在某些情况下起作用。尽管政府机关在管理中需要贯彻强制性原则,但深入考察后发现,只有在紧急情况下或某些原则性特别强的活动中,才有管理强制性的必要,而在多数情况下并不需要管理强制性,上下级之间也可以体现出相当的平等性来。

第二，公务员的生涯发展与政府自身发展并非冲突关系，处理得好可以形成相互促进的局面。其实，只要政府机关能够把公务员个人的生涯发展引导到政府发展上来，如在公务员个人制定他们生涯规划的时候，引导他们把个人需要与政府机关中的机会结合起来，那么公务员的个人发展不仅与政府功能实现不相矛盾，而且能够起到促进政府功能提升的作用。

第三，人类社会已进入一个多变的时代，政府职责和管理方式也进入多变期。虽然政府与其他社会组织相比，是超稳定的组织，但从人类社会的纵向进程来看，近一二十年来，人类社会步入一个多变的时代，科技、文化、生产、社会生活各领域都出现了前所未有的变化，变化的速度也越来越快，面对这样一个多变的时代，政府自身的稳定性也已经被打破，政府的职能、组织结构形式、管理流程和管理方法都处于不断的变化之中，公务员程式化、可预见的发展模式，正在被随机的、不可预见的发展模式所代替。在这样的情况下，公务员必须通过规划人生，来降低不确定性，抓住机遇，活出精彩人生。

第四，党中央关于"建立和谐社会"、"以人为本"的执政理念为公务员开展生涯规划提供了强有力的理念支撑。和谐社会的含义是多重的，其中也应该包括政府与其主体——公务员之间关系的和谐，而"以人为本"当然就不能把作为社会群体一部分的公务员置于无足轻重的地位。

如果说前两条理由是我们重新发现，或者说是换个视角重新解释的话，那么第三点理由则是时代赋予的，而第四条理由则是中国公务员生涯规划的良好国情。

二、公务员生涯规划的方法

公务员生涯规划的方法与其他组织中的工作人员并没有本质性区别，换言之，在其他组织中员工的生涯规划方法可以直接引入政府机关，为公务员所参考。

（一）职业选择

女怕嫁错郎，男怕入错行！职业选择是生涯规划的第一步，一旦职业选择错误，整个生涯规划的价值就要大打折扣。不过，对于已经选择了公务员职业的人来说，木已成舟，似乎再讨论职业选择就没有意义了。其实不然，理由有三：

其一，在公务员这一大的职业内部还有许多职业细类，不同职业细类的工作内容、工作方式以及对任职者的要求都不尽相同，理想的状态是公务员个体都能够实现人——职业的最佳匹配,从而为自我发展提供最有效的工作平台。

其二,我们所说的"职业选择"并非单纯地指职业本身的选择,实际上是以"职业选择"来指代以职业选择为中心的一组相关决策,具体包括岗位选择、工作部门选择等。在政府机关,同一职业可以提供数量众多的具体岗位,这些岗位的工作内容并不完全相同,而且分布于不同部门。

其三,劳动力市场的存在为公务员在政府机关和其他组织间流动提供可能,如果发现自己选择公务员职业是个错误,除在少数涉密等部门或岗位的公务员外,都有可能实现跨组织流动,即流出政府部门进行职业的重新选择。

在人的一生中,职业选择并非只是一次性进行选择。一般而言,人们有3~5次职业选择需要。第一次职业选择发生在高考志愿填报时;第二次职业选择发生在大学期间;第三次职业选择发生在工作最初的5年期间;第四次职业选择发生在工作最初5~10年后;第五次职业选择发生在生涯中期。

针对职业选择,学者们已经提出许多理论模型,在此,仅介绍可指导公务员这类人群进行职业重新选择的生涯锚理论。生涯锚理论是上文曾提到的施恩教授提出的①,这一概念对于那些有过几年工作经验,需要重新进行生涯设计的人来说,意义重大。

根据施恩的观点,生涯锚是一种"更加清晰的生涯自我观",这种自我观由"三个部件"合成而成,即自省的才干和能力、自省的动机和需要以及自省的态度和价值观。施恩认为,生涯锚这一概念比工作价值观或作业动机的典型概念更宽泛。实际工作经验在个体职业选择中扮演的角色非常重要,生涯锚不能凭各种测试来预测。生涯锚强调了个体由实际经验带来的演变、发展和发现。个体在学校学习后具备的潜在才干和能力,未经实际工作情境的测试之前,不能成为自我观的一个能动部分。多数情况下,个人的才干是接受实际生活情境之间早期相互作用的产物。它们"内含"于一个人的身上,对生涯决策和选择发挥出一系列驱动和制约的功能。如果一个人流向了一个有可能失败,或者不能满足其需要或者使个人价值观折中的环境,那么,这个人会"掉头"进入某种更和谐的环境,这就是"锚"的比喻。

施恩还认为,生涯锚这一概念强调了完整的自我观中的能力、动机和价值观之间具有相互作用。它们的相互作用表现为,人们逐步需要和重视自己所擅长的东西,以及人们在那些自己需要或重视的东西中改善了自己的能力。

---

① 〔美〕E·H·施恩著:《职业的有效管理》(1978年英文版),北京:北京三联书店1992年版,第127~177页。

要认识一种生涯,试图将各种东西仅仅归结为诸如动机、价值观或能力的单一概念是意义不大的。生涯锚概念的目的,是突出个人完整的自我观中的动机、价值观和能力的逐步整合。生涯锚只有在早期生涯的若干年后才能被发现,个人在面临各种各样的实际生活情境以前,不可能了解自己的能力、动机和价值观事实上将如何相互作用,以及将在多大程度中适应可行的生涯选择。这个概念倾向于识别个人内在的一种稳定的成长区,然而,它不意味着个人停止变化或成长。生涯锚本身也会发生变化。但必须认识到,设计这个概念是为了解释,当人们在更多的生活经验的基础上发展了更深入的自我洞察时,其生命中成长的更加稳定的部分。

施恩根据调查,把调查对象的反应模式分为五种类型,在扩大研究的人群后,又发现了四种新的类型,合计有九种类型的生涯锚。

一是技术/职能型生涯锚。有这种生涯锚的人在做出生涯选择和决策时,注意力主要集中在自己正在从事工作的实际技术内容或职能内容,如工程技术、财务等。这组人的自我意象与他们所处特定领域的能力感有密切关系,因而,他们对管理本身并不感兴趣,虽然在其技术或职能能力区内会接受管理职责。他们认为,自己的生涯成长只在此区域内才意味着持续的进步。

二是管理能力型生涯锚。选择管理能力型生涯锚的人把管理本身作为最终目标。具体的技术工作或职能工作仅被看作是通向更高的全面管理层通道上的必经阶段。他们看到了在一个或更多的职能区展现能力的必要性,但没有一个区域能赢得他们的承诺。他们还认为,自己的能力就在于把三个更通用的区域加以组合:分析能力,即在信息不全和不确定的情况下,能够识别、分析和解决问题;人际能力,即能影响、监督、率领、操纵和控制组织的各级人员,更有成效地实现组织的目标;感情能力,即能够为感情危机和人际危机所激励,而不是变得软弱无力,能够使用权力,而不感觉内疚或羞愧。一个人要升到更高的管理层面,接受更高水平的责任,必须在善于分析问题的同时,控制雇员和自己的感情。

三是安全型生涯锚。选择安全锚的人倾向于根据组织对他们提出的要求行事,倾向于寻求一个稳定的生涯、稳定的地位、稳定的岗位、稳定的收入。如果以安全物为锚位的人有强有力的技术才能,他们会升到一种高级幕僚或职能经理的层面。但是,如果他们的心理构造有一部分存在着一定程度的不安全,那么,这种非同一般的不安全往往不能使他们在总经理位置上干下去,它要求高度的感情安全,从而限制了他们沿着等级维度上升。

四是创造型生涯锚。以创造型为锚位的人的主导价值观是：建立或创造某种东西。对这些人来说，创造出一种以其姓氏命名的成果或程序，一家自己的公司，一种衡量其成就的个人命运与自我扩充才是主要的，这种人沉浸在新的冒险中，力求抓住新的项目。

五是自主型和独立型生涯锚。选择这一类型生涯锚的人认为，组织生活是有限制的、非理性的，和/或侵犯人的私生活的。他们喜欢独立的和自主的职业，如高等院校的教师、自由撰稿人、小企业的所有人等，他们的自主需要比其他方面的需要更强烈，这些人尽量避免在组织环境中寻求技术/职能工作，自主之所以成为锚，是因为这些人在被迫选择时决不会放弃自由。自主锚的人很少体验到错过提升机会的冲突，很少会感到失败或缺少更大抱负的愧疚，仿佛离开大组织的决策已经成为解决冲突的一种方法。他们的主要需要是随心所欲，制定自己的步调、时间表、生活方式和工作习惯。

六是基本认同型。这种人将寻求那些明确地由头衔、制服、标志或一目了然的工具外在地定义了他们的角色的职业情境。即便这类外在符号可能与自己从事的工作关系不大。比如，低级公务员会说自己为国家工作，门卫会说自己是某大学的。

七是劳务型。这些人喜欢协助的角色，喜欢与他人合作。他们通常在医疗部门、教育部门、行政部门从事辅助性工作。

八是权力、影响和控制型。这种人看重在职业行为中能够运用权力，影响甚至控制其他人。这些人可能从事管理职业，也可能从事其他职业，如医生、教师或其他职业。但这些人总是在这些职业中寻找那些能够给他（她）带来权力、影响和控制的岗位。

九是多样化型。这种人通常"心神不安"，他们喜欢经常变换。他们可能多才多艺。吸引他们安于本职工作的东西是他们遇到经常性的挑战。厌烦是这些人的致命弱点。寻求多样化是这些人生命周期的组成部分。

根据生涯锚理论，人们在工作的最初10年期间，为了寻找和确认自己的生涯锚，可能需要进行职业的转换，而一旦生涯锚找到，如果当时的职业与其生涯锚类型不相吻合，则要设法调换职业。这一理论也适用于公务员。

（二）生涯目标确立

作出了职业选择的决策之后，接下来要设计的是生涯目标。所谓生涯目标是指在所选定的职业领域某一时点或某一时期要取得的成绩或要达到的高度。通过目标设定，就像在准备攀登的山上树立的一面面旗帜，时时召唤着自己前进，指示着前进的方向。

1. 目标设计中的时间问题

目标总是与时间相连的,脱离时间就不成为目标。生涯目标同样必须联系着时间,在实践中,生涯目标的时间表达可有两种表达方式:

一是以年龄为时间参照的表达方式。这一表达方式所用时间只与自己的年龄有关,使生涯发展的进程伴随着人的生命进程。下面的微型案例就是这种表达方式。

刘强随波逐流地度过了大学时光,同样还稀里糊涂地工作了5年,先后谈的3个女朋友都离他而去,而她们与他分手的原因都是这样一条:她们都认为刘强胸无大志,过一天是一天,嫁给他没有依靠。痛定思痛之后,28岁的他暗暗发誓一定要干出个样子来!于是他首先想到给自己制定一个发展计划,他通过分析,认为自己最适合从事销售职业,于是向单位领导要求从产品研发部门调动到销售公司,接着,他为自己制定了一生的发展目标:30岁时成为地级市场销售经理,32岁时成为省级市场销售经理,34岁时成为大区市场销售经理,并争取兼任销售公司副经理,35～37岁期间争取成为销售公司经理,40岁成为公司副总经理,45岁前争取成为公司总经理,如果在现在的公司没有机会,就换一家公司,从副总经理干起,然后升至总经理。

这种生涯目标表达方式的内在逻辑是:人的生涯发展以人的生命进程为基础,生涯发展客观上与生命进程相伴随。其好处之一是当事人特别容易进行自我提醒,因为时间节点就是自己的年龄,每一个生日可能就是一次自我提醒的好机会。另一个好处是便于进行横向比较,即与同一领域且与自己条件相近的人进行横向比较。

二是以某一起点时间为参照的表达方式。人们通常以第一次正式进行生涯规划制定的时间为计划的"元年",各期计划都以这一年为起始年进行前推。由此产生时限长短不一的计划。这种生涯目标表达方式的好处是便于分清自己的进步,只要与计划"元年"的情况进行纵向比较,就可以搞清楚自己的"净"进步了。

2. 目标的表达方式

按照施恩教授外生涯和内生涯的划分,我们首先可以把目标区分为外生涯目标和内生涯目标。

外生涯目标一般可以用下面所列的一个方面或几个方面的合成来表述。一是岗位目标,即在选择的职业领域要达到的岗位目标。如管理领域的总经理、副总经理、部门经理;技术领域的总设计师、主任设计师、副主任设计师;对跨越两种职业以上的职业选择,如从事技术职业,同时兼职从事管理工作,岗位目标可以在两个领域分别确定,如副总设计师、副总经理。二是技术等级目标。职称通常是技术等级的衡量标准,如助理工程师、工程师、高级工程师、教授级高级工程师,助教、讲师、副教授、教授。此外,还有其他标准,如技术工人的技术等级,称之为"几级工"。三是社会影响目标。贡献大的人,不仅促进了企业的发展,而且推动了人类社会的前进。对于那些志向远大的人,在设计生涯目标的时候,应考虑到对社会的贡献和社会的肯定程度。比如,把目标设定为:"本地区劳动模范"、"在本行业有一定知名度"、"成为国内某领域的著名专家"、"成为国际知名专家"等。四是重大成果或任务目标。比如,负责一项大型工程建设,设计出一流的产品,出版一部有全国影响的学术著作等。五是其他方面。比如,接受培训情况、社会地位、生活状态和方式等。

内生涯目标也可有多种选择。包括知识获取目标,以要学习或获取的知识种类、层次、程度来表达;技能提高目标,以要形成或提高的技能种类、程度来表达;能力提高目标,类似技能;经验积累目标,以要积累的经验种类、时间长度、达到的层次来表达;自我感,对自我的认同,包括在群体中地位变动的预期;等等。

(三) 生涯道路设计

生涯道路就是一个人生涯发展所经历的路径。生涯道路设计就是对一个目标通向另一个目标的路径设计。在踏上生涯征途的初期,设计一条有远见又可操作的生涯通道,是人生目标得以实现的有力保障,也是矫正现实人生的罗盘。

1. 生涯道路设计的基本流程

生涯道路设计实际上就是设计选择怎样的一条路径(方案),采用怎样的方式方法从一个目标实现下一个目标,说得简单一点,就是考虑如何把各个时期的目标给连接起来。基于这样的理解,生涯道路设计可用图5-3表示。

假定我们为从 X_n 期目标到 X_{n+1} 期目标进行生涯道路的设计。我们可以把生涯道路方案的设计划分为三个环节,即差距分析、方案设计和方案选择。

第一个环节是差距分析。差距分析的目的在于找到两个目标间(如图5-3中 X_n 期目标与 X_{n+1} 期目标间)存在的差距,为应对策略提供依据。这一分析可以分以下几个方面进行。

一是差距性质与大小判别。从种类、数量、质量、效率等方面分析两个目标间的区别,这一分析是差距分析中其他分析的基础。例如,X_n 期目标是业务处副处长,而 X_{n+1} 期目标是成为局长,这两个目标所要求完成的任务有相同之处,也有不同之处。相同的地方是这两个目标(这里用岗位表示)都是管理性岗位,主要任务都是管理,不同之处在于两者的管理内容相去甚远,相应地在管理质量、管理效率、管理方法等方面都不完全相同,而且 X_{n+1} 期目标在管理层次上要高一级。

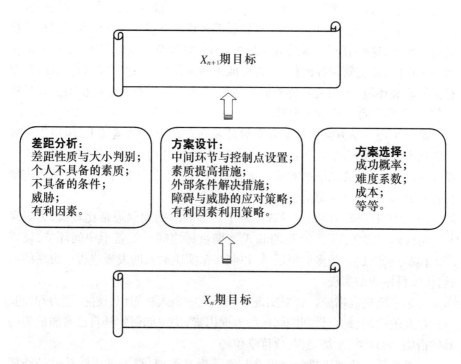

图 5-3 生涯道路设计示意图

二是个人不具备的素质。接下来我们要分析某公务员由业务处副处长成长为局长,个人还不具备的知识、技能、能力和经验有哪些。这一分析过程是这样进行的:首先分析完成 X_{n+1} 期目标所规定任务对任务完成者有什么样的知识、技能、能力和经验要求,然后对照在 X_n 期时的素质状况,就可以找到差距所在,判断差距大小了。

三是不具备的条件。从 X_n 期目标到 X_{n+1} 期目标的实现过程中,除了自己个人要具备一定的素质条件,还需要具备一定的外部条件,例如单位提供的培训机会、及时的轮岗晋升、家庭的支持等。通过预测在两个目标期间,需要具备条件的具体情况,可以找出可能不具备的条件,并分析其原因。

四是威胁。威胁是指对目标实现有明显阻碍的因素。与不具备的条件不同,威胁对自己的下一个目标实现是一种破坏性的力量,当事人往往是希望这一因素最好不存在。但威胁是不以当事人的意志为转移的,例如,政府机构调整、人员精简、政府职能重心的位移等都可以成为公务员生涯目标实现的威胁,再如,本单位或部门内部强有力的竞争者、劳动力市场中的潜在替代者也可能成为威胁,甚至激烈的工作——家庭冲突也可能成为目标实现的威胁。

五是有利因素。任何人的生涯发展都客观的会存在一些有利于目标转换的有利因素,这些有利因素既可能是客观的,如单位里良好的工作条件,也可能是主观的,如主管领导的信任,既可能来自工作单位,也可能来自家庭,甚至社会的宏观环境,如相关的公务员法律法规等。有利因素可以帮助公务员树立信心、争取外部条件和战胜威胁。

第二个环节是方案设计。方案设计是在差距分析的基础上,运用生涯规划的基本原理,结合个人在计划方面所积累的经验和可能具备的现实条件来设计的,针对差距要采取的对策。通常可以为一个目标向下一个目标迈进制订若干方案,每一方案都应包括下面内容。

一是中间环节与控制点设置。两个目标的时间间隔通常比较长,为确保 X_{n+1} 期目标的实现,需要在 X_n 期和 X_{n+1} 期目标之间设置若干中间环节,设置若干控制点,以建立较多的负反馈,以利将来实施时及时发现进程中出现的问题,保障目标如期实现。

二是素质提高措施。针对实现目标存在的个人在知识、技能、能力和经验方面存在的差距,结合计划期间的各方面因素,决定如何弥补自己素质缺陷的具体措施,如自学、参加培训、攻读学位等。

三是外部条件解决措施。思路与素质提高类似,只不过要弥补的是外部条件,尽管如此,个人仍然要发挥主观能动性,积极争取。

四是威胁的应对策略。威胁虽然是自己难以控制的,但也不是对其绝对无能为力,针对不同的威胁,总是可以找到应对的一些策略。例如,由于有力竞争者造成的威胁,可以激发自己更高昂的激情,通过极大限度地挖掘自己的潜力,满腔热情地投入到工作中去,就有可能赢得竞争的胜利。当然,威胁必然会提高不确定性,有一些威胁是个人几乎无法控制的,因此在计划时设计应急预案是必要的。

五是有利因素利用策略。有利条件只是一种潜在资源,只有在充分利用时才对一个人的生涯发展起作用。因此,我们需要珍视有利因素,并在计划中制定如何充分利用有利因素的一些策略,否则,有利因素也可能从身边溜走。

第三个环节是方案选择。一般而言,要在设计的方案中选择一个较好的方案,"较好"的含义在不同的人理解也许意义不同,衡量的依据通常根据成功概率、难度系数和成本等因素。

2. 生涯道路的维度

生涯道路通常可以被简单地用两个维度,即横向维度和纵向维度来进行设计,也可以根据施恩圆锥体模型,分别从职能、等级和成员资格三个维度来

第五章　公共部门人员的职业生涯发展

进行设计,还可以根据扩展的圆锥体模型,即再加上组织维度的四维度来进行设计,由于成员资格维度的设计比较敏感,衡量也比较困难,所以这一维度通常只是"在心中绘制",而不一定要在图上表达出来。下面以最简单的二维设计思路作一介绍,这一方法被用得最多,三维和四维的思路类似,只是要先绘制出圆锥体,然后在圆锥体上进行设计,图形会显得比较复杂。

二维度设计是最简洁的设计方法,包括横向维度的设计和纵向维度的设计。横向维度的设计就是根据等级定义(如公共部门对职位等级的划分),把属于一个等级上的几个连续的目标进行设计(见图5-4)。纵向维度的设计也是根据等级定义,把属于不同等级上的目标进行设计(见图5-5)。

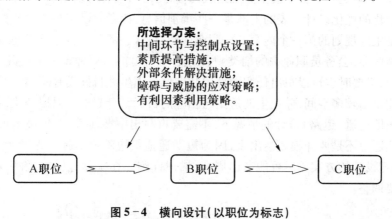

图5-4　横向设计(以职位为标志)

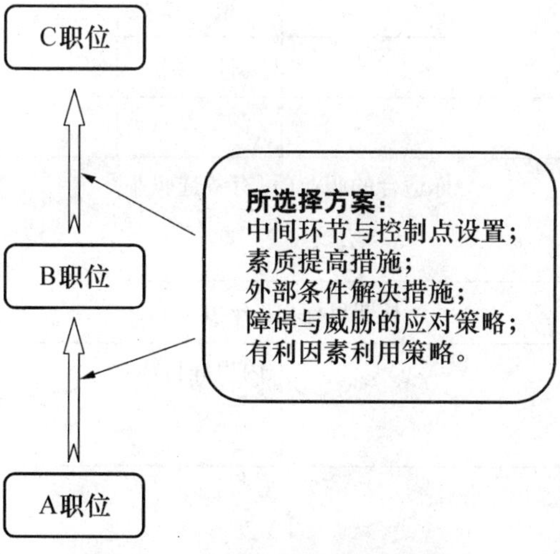

图5-5　纵向设计(以职位为标志)

三、生涯规划结果的简洁化表达

从上面的介绍我们已经知道,生涯规划的主要内容包括职业选择、目标确立和道路设计3个方面,看上去内容并不多,但生涯规划的具体内容还是相当丰富的,如果全部用文字表述,阅读起来会比较费时,也不容易理清逻辑关系,对自己如此,对他人更是如此。因此,使生涯规划简洁化有其现实意义。实践证明,运用生涯规划表的形式,可以达到很好的简洁化要求。

表 5-1 是一个公务员生涯规划表的参考样式,读者可以依照这一样式进行个性化的优化设计。表的上部是一些辨别信息,读者可以作必要的补充,接下来是生涯规划的第一个内容——职业选择,在这一部分,读者把自己所选择的具体职业(公务员职业中的细类)写出来,有时可能需要确定一个或几个备选职业,必要时也可以写出任职的部门和岗位。因生涯目标具有时间性,该表要为此留出较多空间,并把生涯道路与相应的目标结合起来。根据经验,在表示出长期通道(道路)设计的情况下,不需要再写出中期通道,以免过多重叠,但短期通道还是要详细表达出来,因为短期通道很快就要实施。在设计过程中,通道设计的方案要尽可能考虑周全,描述详细。在实际应用中,表中空间视需要调整。

表 5-1 公务员生涯规划表　　设计时间:　年　月　日

姓　名		编　号	
年　龄		性　别	
……		……	
你适合的职业(可有备选职业)			
长期目标(10 年以上)			
外生涯目标:		内生涯目标:	
长期通道:			

续 表

中期目标(5年以上)	
外生涯目标：	内生涯目标：
短期目标(1～5年)	
外生涯目标：	内生涯目标：
短期通道：	
备 注	

本表参照：马士斌著，《生涯管理——让辉煌事业伴随人的一生》，北京：人民日报出版社2001年版，第60～62页的计划表重新设计。

第三节 公共部门人员的生涯管理

帮助员工制定及实施他们的生涯规划的一切活动称为组织生涯管理。组织生涯管理已经成为许多企业的成功实践，国外某些国家的政府机关也已经引入组织生涯管理[1]，目前我国极少数地方政府也正在作此尝试。

---

[1] 〔美〕托马斯·G·格特里奇等著：《有组织的职业生涯开发》(1993年英文版)，天津：南开大学出版社2001年版，第11页，第14页。

一、公务员生涯规划制定中的组织帮助

在企业界,帮助员工制定生涯规划的方法主要有:举办生涯讨论会,编写生涯手册,提供生涯咨询,以及提供发展信息等。这些方法被证明是行之有效的,在应用到政府机关的时候,应该说没有什么实质性障碍。

(一) 举办生涯讨论会

生涯规划讨论会(Career Planning Workshops)是由组织举办的、帮助员工制定生涯规划的有计划的学习和练习活动,是帮助员工制定生涯规划的最重要的形式。参加讨论会的人员包括:准备制定生涯规划的公务员、这些人员所在机关的负责人、人事部门工作人员和外部生涯管理专家。

这一活动的目的在于帮助公务员通过短暂的学习和练习活动,尽快接受生涯规划的观念,掌握生涯规划的方法。在这种活动中,参加的公务员被希望能够积极主动参与,通过自我评估、环境评估,通过成功生涯规划的研讨和成功人士的指导,通过计划练习,从而树立生涯规划观念,掌握生涯规划方法,直至制定出既切合其个性特征和个人需要,又符合政府工作和发展需要的个人生涯规划。生涯讨论会应由机关人事部门组织实施,其活动程序一般如下。

第一步,准备活动。在生涯讨论会举办之前,机关人事部门要做好一系列准备活动,这些活动主要包括:生涯讨论会的参加者、生涯讨论会中所需要的各种评估工具、所需要的各种组织内部和外部信息、讨论会的场地、日程安排等。

生涯讨论会分为针对新员工和针对老员工两种情况。前一种情况,是为同一批次招聘进来的新员工举办的,讨论会穿插在岗前培训中举办。后一种情况,是定期——如2~3年一次为老员工举办,旨在帮助他们修改生涯规划,老员工可自愿参加。凡有员工参加的部门,其主要负责人也应该参加讨论会,人事部门还应邀请部分成功人士参与讨论会的部分日程。讨论会上,地方行政首长,或行业主管领导最好能够出席开幕式并致辞。在生涯讨论会中,需要运用一系列用于自我评估和环境评估的工具,这些工具应在讨论会举办前准备好。人事部门还要把与生涯规划有关的组织信息和环境信息准备成册,以供公务员评估时参考,其中重要部分要在讨论会中作详细讲解。

第二步,正式举办生涯讨论会。在规定的时间、地点,由人事部门主持,正式举办生涯讨论会。这是生涯讨论会的主要活动,内容和程序一般可作如下安排。

开幕式。由人事部门主持人宣布生涯讨论会的开始,介绍参加者及讨论会期间的日程安排。在开幕式期间,地方行政首长或行业主管领导最好发表一个致辞,致辞中要向公务员传达至少两个方面重要信息:一是要真诚地对公务员提出期望,期望他们与政府机关一起成长,希望他们能够在机关的舞台上实现人生理想;二是做出承诺,愿意为公务员的成长提供帮助,并指出,公务员的成长,意味着政府机关的发展。

主题演讲。在主要负责人致辞后,人事部门的内部生涯专家或从外部聘请的生涯专家做主题演讲。主题演讲的目的在于详细阐述生涯规划的目的、生涯规划对公务员个人成长和政府发展的巨大作用、生涯规划的内容,介绍评估技术、生涯规划模型或案例、计划制定的方法等。

评估活动。评估共分两大部分进行,一是公务员的自我评估,以搞清楚他们自己的个性特征和个人需要,即:喜欢干什么,能干好什么,需要什么,为什么要干;二是对机关中可能属于自己的机会进行评估。评估活动是生涯讨论会最重要的两个内容之一,占生涯讨论会近一半左右的时间。

生涯选择练习。生涯选择练习就是在评估的基础上,分别进行职业选择、目标确立和生涯通道设计的练习,这是生涯讨论会另一最重要的内容。

案例分析或/和经验介绍。生涯选择练习之后,公务员已经具备了初步制定生涯规划的能力,这时再进行一两个案例分析,最好是成功人士的现身说法,可增加公务员的感性认识。

生涯计划表的填写。在生涯讨论会的最后,主持人或生涯专家要向公务员详细介绍生涯规划表的标准格式和填写注意事项。至此,生涯讨论会结束。

第三步,完成生涯规划。为慎重起见,可允许公务员在讨论会之后一周到两周内完成生涯规划。这一过程,需要部门负责人和公务员保持联系,公务员还可以征求包括家人、同事在内的其他人的建议,最终完成对日后职业生涯发展有重大影响的生涯规划。

第四步,审查和协调生涯规划。公务员把生涯规划表先交到机关负责人手中,后者先在部门范围内对各公务员的规划表进行审查和作必要的协调修改,然后交到人事部门,人事部门再进行审查,并在所辖范围内进行协调和修改。

(二)编写生涯手册

通过生涯讨论会,绝大多数公务员在生涯规划的制定中都不会有多大困难。但仍然会有部分公务员可能会有某些不甚明白的地方,此外,更常见的情况是,在生涯发展中,公务员需要得到不断的书面指导,以自我解决许多生涯发展中遇到的问题,或者反思生涯规划,进而修改生涯规划。因此,一本随手可得的参考书——生涯手册是十分必要的。生涯手册的内容可包括以下方面。

生涯管理理论介绍。通过对生涯管理有关概念和理论作简要介绍,使手册使用者形成对生涯管理比较完整和理性的认识。

评估方法与评估工具。在生涯手册中,详细介绍各种自我评估、组织环境评估和外部环境评估的方法与工具,公务员可以有选择地选用,从而进行生涯规划的制定或修改。

组织环境信息。包括机构变动、人事政策与人力资源管理方面的规章制度等。

外部环境信息。把当时所能收集到的、将来可能影响公务员生涯发展的国家政策及其他有关信息汇集到生涯手册中。

生涯规划方法与工具。介绍如何进行职业选择、人生目标与阶段目标确定、生涯通道设计的方法。

案例介绍与分析。在手册中,最好介绍不同类型职业的生涯规划及生涯发展的案例各若干例。

(三) 生涯咨询

作为一种补充形式,生涯咨询(career consulting)可以一对一地帮助那些通过生涯讨论会和使用生涯手册仍然存在生涯规划问题的公务员。公务员的生涯规划问题存在于自我评估、环境评估、职业选择、人生目标确立、生涯通道设计直至最后生涯计划表填写的各个环节,当他们遇到问题时,也许生涯手册不能完全解决他们的问题,这时,就需要有人来给他们面对面的指导。

人事部门的工作人员和各部门的负责人都是法定咨询人,他们有义务向公务员提供生涯辅导。另外,人事部门还可以聘请生涯发展比较成功的公务员和外部生涯专家承担咨询任务,亦可在内部设立专门的咨询机构。这一咨询通常与下面要介绍的实施生涯计划的咨询结合在一起。

(四) 提供发展信息

公务员无论是第一次制定生涯规划,还是日后修改生涯规划,都需要足够的信息来支撑。政府管理部门,特别是人事部门应该及时披露有可能影响公务员生涯发展的信息,帮助他们及时抓住机遇,及时修改生涯规划。可能影响公务员生涯发展的信息很多,如政府职能转变、机构调整、人员精简计划、培训计划、考核方式改变、岗位空缺等等。

（五）提供心理测量

大多数自我评估和环境评估项目在技术上并不困难，但对某些个性特征的评估不仅有技术障碍，而且还需要专门的工具。因此，政府机关可购进专门评估工具——如测量软件、测量纸笔问卷、测量设备，聘请心理测量专业人员为公务员的自我评估提供支撑。

上面介绍的都是作为政府管理当局帮助公务员制定他们生涯规划的正式形式，企业的经验给我们两个重要启示：其一，在帮助下属制定他们生涯规划的过程中，政府官员们所表现出来的诚意对组织生涯管理的效果影响极大，公务员正是通过与他们直接打交道的上司个人的态度来感受政府部门对他们发展的关心，如果他们感觉到自己的直接上司在"帮助"自己制定生涯规划时只是为了应付差事，那么政府机关开展的组织生涯管理将不可能收到预期效果。其二，政府官员在帮助公务员制定他们生涯规划的时候，一定要平衡好个人与政府的关系，既要尊重公务员个人的意愿，给予一定的选择自由，同时也要引导他们把个人的发展有效地与政府职能履行结合起来，保障政府高效正常地运行，当某一公务员的个人生涯规划与政府职能履行相抵触时，要与之进行深入交流，共同探讨一个有效平衡个人发展与政府职能发挥的生涯规划方案。

二、公务员生涯规划实施中的组织帮助

当公务员已经制定了一个充分结合了个人需要和政府需要的个人生涯规划之后，政府对公务员个人生涯发展的帮助还仅仅是个开始，接下来更为长期的任务是如何帮助他们实施他们的生涯规划，不断促进他们的生涯发展。

在企业中开展组织生涯管理的经验告诉我们，与帮助员工制定生涯规划有一些独特的活动不同，帮助员工实施他们生涯规划的活动基本上都是由日常的人力资源管理来实现的。为叙述的方便，我们把这些活动划分为两大类，一类措施被用来帮助解决公务员生涯发展的各个时期的独特问题；另一类措施被用来帮助解决公务员在各个时期都会面临的问题。

（一）公务员各发展阶段所面临的独特问题及组织帮助

由于存在个体及其发展阶段的差异，不同员工往往会出现某些独特的生涯问题，如新入职员工与其他阶段入职的员工就会面临完全不同的阶段性问题。

其一，新成员的现实震动及其避免。组织新成员，特别是那些第一次就业的新成员，在进入组织的最初一段时间（通常1年之内）最大的生涯问题，也

是具有极大破坏力的生涯问题是现实震动(reality shock)。现实震动用以表示在就业初期,新员工的工作预期面对令人厌烦的现实以及不具有挑战性的工作而产生的结果。现实震动既有来自组织的原因,如招聘中信息披露的不全面或不真实、进入组织后定位(orientation)不到位、岗位职责不清、管理者对新员工关心不够等;也有来自员工个人的原因,如理想主义、缺乏社会经验等。不管来自何方的原因,现实震动的危害都不容忽视,轻则引起有关员工情绪低落,重则导致组织生产率下降,非期望流动率上升。作为组织,在招聘中提供现实的预演(realistic job previews)、进行高质量定位、尽可能提供挑战性初始岗位、经常性沟通等可以有效避免员工的现实震动,降低震动强度。

其二,年轻公务员生涯锚及其寻找。根据上面介绍的生涯锚理论,我们知道,人们在工作的最初 5~10 年内,致力于寻找自己的生涯锚。因此,在此期间,政府机关管理当局应该设法给年轻公务员提供尽可能多一些的轮岗或类似轮岗的措施,从而为他们提供较多的"试锚"和比较的机会。

其三,员工的纵向发展。处于立业与发展期的公务员,生涯锚已经找到,方向十分明确,通常神情专注于所选择职业领域内部的纵向发展。他们常感"有话要说",感到自己在不断进步,所以这一时期管理当局为公务员提供的帮助主要是为他们提供必要的发展条件,包括学习培训机会,必要的工作条件,公平的晋升机会,越来越大的表演舞台,使他们体会到比较明显的外生涯发展感,排除对他们的干扰因素。

其四,生涯高原及生涯转变。经过立业与发展期的发展,大多数人都能够取得个人天赋所可能允许的快速发展,并且达到组织结构的较高层次,因而发展速度明显放缓,甚至其外生涯的主要形式——岗位晋升较长时期保持不变,出现生涯高原现象。生涯高原虽然可以发生在任何一个阶段,但最多发生在生涯中期。处于生涯高原状态的人,一部分人会出现失望、烦躁、情绪低落等心理反应,甚至出现生产率下降、进取性下降、难激励等现象。管理当局应引导处于生涯高原的公务员认识到出现生涯高原的客观必然性,可给岗位附加功能(如兼有顾问职责、督查职责、辅导职责等),使岗位"增值"(如使岗位的地位、权力增加),指出在原来道路上继续前进的可能性,或帮助其转入新的职业领域——生涯转变。

其五,退休准备与退休。即将退休的公务员存在的生涯问题主要在于如何继续为政府作出贡献,继续有成就感,为退休做好准备。管理当局可以通过给他们安排"学生"来延续他们的经验,增加工作时间的弹性、安排集体活动和举办老年保健讲座之类的活动来帮助老年公务员向退休状态过渡。

(二) 公务员生涯发展中各阶段共性问题及组织帮助

在公务员生涯发展中,除了阶段性生涯问题,各阶段还存在一些共性问题需要个人和管理部门去认真面对。

其一,通过绩效评估进行发展盘点。作为人力资源管理的传统项目,绩效评估在生涯管理中仍然扮演着重要角色。在组织生涯管理中,绩效评估的作用在于帮助员工判断其生涯计划正在被达成的程度。为此,部门主管应充分重视一对一的绩效面谈,甚至可以举办绩效研讨会,分析公务员的生涯计划被达成情况。通过绩效反馈,或使员工坚定生涯计划的信心,或促使其调整行为以保证计划落实,或促使其修改生涯计划,以更符合个人条件和改变了的组织需要。

其二,提供培训,不断解决发展矛盾。在公务员的生涯发展中,始终有一对矛盾存在,这就是下一个目标对公务员的素质要求与他们当前的素质状况之间存在差距,弥补这一差距的办法就是进行学习,包括自学和接受培训。管理当局通过提供培训项目,可以有效帮助公务员克服素质不足的矛盾。

其三,帮助公务员平衡工作与家庭。身处职场的人们多能体会到工作生活与家庭生活的相互影响,当然人们更多地研究的是工作与家庭的冲突(work-family conflict)。这些冲突可能表现在许多方面,例如:时间冲突、地点冲突、精力冲突和情感冲突等。工作生活可能会引起工作者本人与家人,特别是配偶的孤独和不适,并进而引起家庭中的人际冲突,尤其是夫妻关系的恶化。有研究证明,工作对家庭的冲突主要与工作的满意度、流动的意向和压力有关,而家庭对工作冲突则与压力和旷工有关[1]。很多管理者意识到关注员工的家庭生活并非是干预他人的私生活,而是能够给员工提供更多的便利,使员工的家庭生活更好地与工作生活紧密结合起来。组织提供的帮助包括正式的形式和非正式的形式,前者如弹性日程、附属照料援助等,非正式形式通常指"管理者支持",即针对个别员工的特定需求由管理人员提供的一对一帮助。

其四,帮助公务员进行压力控制。研究发现,引起压力的组织因素包括:角色冲突、角色模糊、角色超负荷、时间压力、低工作自主、低能力运用、低参与、低控制、管理-监督问题、组织气氛、群体矛盾。工作的无趣、工作的丰富性

---

[1] Anderson. S. E. et al. 《Formal Organizational Initiatives and Informal Workplace Practices: Links to Work-Family Conflict and Job-Related Outcomes》, Journal of Management, 2002, Vol. 28, No. 6, pp. 787~810.

和工作负荷量等工作特点本身也会引起压力。一些研究者认为外部压力因素并不普遍适用于所有的工作者,某个压力源对于一个人来说可能是有压力的,而对另一个人来说则可能构不成压力。引起压力的社会因素则有双重职业、组织机构减少、竞争增加和技术变化等①。工作压力会产生一系列不良后果,对员工的影响主要表现在情绪、行为和身体3个方面。过度的工作压力可能危及对组织的承诺、内在满意感和工作动机,出现低效率、缺勤、离职等行为。在身体方面,则会引起诸多疾病或加重病情。因此,如何在高质量完成任务的情况下,尽可能地缓解工作压力,是摆在政府管理人员面前的现实课题。

其五,提供生涯咨询,解决疑难问题。在生涯发展中,公务员难免会出现一些生涯问题,常见的生涯问题包括:完全抛开生涯计划,无目的地随风摆动;刻板地执行生涯计划,情况发生了变化也不调整;好高骛远,急于求成,不从点滴做起;人际关系紧张,不与他人搞好合作;培训不足;忽视健康;心理压力过重等等。这些问题的出现都需要管理当局来帮助解决,各级机关管理人员都有责任向公务员提供这方面的帮助,政府机关还可以设立专门的生涯咨询机构,聘请专业人士来担任咨询工作。

其六,其他帮助。除上述问题外,公务员还有其他一些方面需要政府机关的帮助,或者说政府机关还可以为公务员的生涯发展提供更多积极的帮助,如为各类公务员设计可晋升的阶梯,提供轮岗机会,年度举办生涯发展盘点讨论会等。

案 例

法国公务员的职业生涯发展[②]

近年来,公务员职业生涯规划已成为公共部门人力资源管理的重要课题,也受到各国政府的普遍关注。公务员作为执行公共决策,提供公共服务的特殊群体,其工作积极性受到诸多因素的影响,其中公务员职业生涯发展目标及其现实状况,是影响其工作积极性、主动性和创造性的重要因素,继而也是影响公共部门人员绩效状况的重要因素。因此,必须强化公务员职业生涯发展规划的制定和常规管理。

---

① 石林:"工作压力的研究现状与方向",《心理科学》,2003年(第26卷)第3期。
② 资料来源:根据赵庆梅:"法国公务员的职业生涯制度",《国际人才交流》,2000年第8期整理。

法国的公务员管理很久以前就选择了职业生涯制度。公务员一旦被公职部门录用,则成为某一公职团(即公职系列中的一个分支,每一个公职团包括一个或若干等级,受同一特殊章程制约)或某一等级的成员,担任不同级别的职务,并在不断提升及相继担任不同职务的过程中度过其整个从业时期。这种制度使得公务员在很大程度上享受职业保障。

法国公务员管理的职业生涯制度在结构上与职位制度有很大的不同,主要体现为职等与职位相分离。职等视授予进入公职队伍并正式担任职务的公务员的一个等级,是公务员工资报酬的基本依据。职位是一个预算的概念,它是行政机关的一个具有一定报酬的工作岗位。在这个岗位上可以配置一名公务员。职位是根据任务确定的。在职位制度体系下,公务员拥有的不是一定的等级,而是某个职位,一旦取消这个职位,就得解雇公职人员。

然而在法国职等与职位相分离的原则下,公务员一旦进入一个职等,公务员就有权获得一个与这个职等相符的空缺岗位。如果某公务员所担负的职位被取消,他的等级却不会改变。他将被委派到另一个与其等级相应的职位上去。职等与职位相分离,一方面使得公务员可以在其职业生涯中有不断发展的机会,可以相继担任好几个职位,另一方面也使得行政机关能够更有效地进行人事管理。

与此同时,职业生涯这一管理方式还在公务员制度的某些环节有所体现。

1. 公务员的晋升

由于公务员被招聘到行政机关工作后,要度过其一生的从业生涯,公务员就有权得到职业发展和报酬提高,在以职业生涯为原则的公务员制度中,晋升是公务员职业发展的重要方式。法国公务员晋升遵循三条重要的原则。一是公开原则,即对公务员晋升的职位、时间、条件、方式、程序等各部门都要向公务员公开,具备基本条件的都可能有提升机会。二是公平原则,即统一考试考核标准,最后依据考试成绩或考核结果晋升。三是逐级原则,即不准越级晋升职务。由此保证公务员晋升的规范性和科学性。

法国公务员的晋升包括正常晋升和内部晋升。正常晋升又包括两种情况。一是晋级,即根据公务员的年资和工作成绩提高工资档次,这只是一种工资待遇的提高而没有职务的变化。二是根据职位空缺情况,由有关部门通过职业竞争这种考试或公务员系统内的晋升考试,再依据其业绩进行晋升。这种晋升,职务和工资都会发生变化。内部晋升,是指通过内部竞争考试的晋升,或者通过行政机关选拔而进入另一个更高级别的公职团担任更高职务的晋升。内部晋升是一种最值得称赞的加速公务员职业生涯发展的形式。

2. 公务员的培训

培训目的在于开发公务员的职业潜质和职业能力,为实现公务员职业理想创造了重要的外部条件,这种方式能为公务员的职业发展提供很好的帮助,是公务员职业生涯管理的重要发展路径。

通过培训,能在个人暂时看不到晋升机会的时候,通过培训提升自身的水平,使之更加接近下一个职业目标的要求,能够缓解个人职业生涯发展过程中暂时出现的停滞现象,保证个人职业生涯管理路径的畅通。此外,组织的纵向晋升路径毕竟有限,如果个人都把晋升作为职业发展的唯一目标,容易导致个人职业生涯发展受挫,打击了公务员个体的积极性。

由于公务员在他的职业生涯中要担任多个不同的职务,那么公务员要不断地接受相关的培训。从20世纪60年代开始,法国开始重视公务员的职业培训。为了鼓励公务员参加培训与进修的积极性并使这种培训与进修制度化和经常化。1971年,法国国民议会通过的《继续教育法案》对公务员的培训与进修专门作了规定。1985年,法国政府在法律上又作了进一步的规定:(1)行政机关可以要求公务员继续培训;(2)公务员有为参加考试要求进行继续培训的权利;(3)公务员有对自己感兴趣的题目申请培训的权利。公务员在职业生涯中,一方面必须服从所在部门定期安排的培训,即每3年至少要接受一次更新知识、提高能力的培训与进修;另一方面,本人可以自愿要求参加培训与进修。凡以提高工作能力为目的的进修,费用全部由国家负担。凡为参加晋升考试作准备的进修,每个人每年享受8天的考试假期,此间工资照发,自愿申请被批准的脱产培训,每个公务员在其职业生涯中,按照工龄长短,可以享受1年至3年的培训假期,第一年拿85%的工资,奖金停发,第二、三年停发工资和奖金,但还保留其晋升的资格。

3. 公务员的流动

流动在一定程度上避免了组织的僵化,有利于公务员全面熟悉环境,开拓其视野,获得在各种岗位上的工作经验和资历,使之既具有较强的专业领导能力,又具有"通才"的素质和协调配合的能力。一方面为晋升创造了条件;另一方面,通过流动,使一些优秀的公务员有更强的适应能力,当组织有新的变化时,能及时承担相关工作。可见,流动制为公务员职业生涯发展提供了更多的路径选择。

流动可以是应本人要求而进行的工作调动,也可以是单位根据工作需要对公务员进行的调动,或者是根据惩处的程序而改变公务员的职务。法国公务员在国家公务员、地方公务员和医疗系统公务员3支队伍之间的流动,是公务员的一种基本保障,受法律保护。这种调动一般是临时调动。法律还规定,对于临时调动和离职的公务员,在其离开公职部门几年后仍然可以回到原来的公职团,因为根据公务员职业生涯的原则,公务员在临时调动或离职几年以后,只要其本人愿意,他就有权再回到原来的公职部门中去,而对于被辞退或被解雇的公务员来说,则没有这个权利。

20世纪90年代以来,法国公务员制度进行了一系列的变革,其中鼓励人才流动是这次改革的重要方面。人才交流政策的要点包括:其一,总体上人才流动是非强制性的,但在政策上鼓励主动的人才交流。其二,部门负责人和中央行政机构的副职任职期限被限定为3年,可连任一届,届满后必须流动。其三,每个部保留一定比例(20%~30%)的高级职位以供区域性交流。其四,对机构中外派服务人员可以在限定外派的期限内提供激励措施,提高他们的奖金。其五,要求各部门建立人才库,出现空缺岗位而本部门人才库无合适人选时,应从外部门人才库中选用。这些措施对公务员流动起到了积极的推动作用。

案例分析题
1. 法国公务员职业生涯发展的基本路径有哪些?
2. 上述案例对中国公务员的职业生涯发展有哪些启示?

复习与思考
1. 生涯、生涯规划和生涯发展等概念之间的关系。
2. 生涯发展的圆锥体模型和生涯彩虹图理论的内容。
3. 生涯发展的阶段性划分。
4. 公务员生涯规划的方法。
5. 如何帮助公务员制定其生涯规划?
6. 如何帮助公务员实施其生涯规划?

第六章　公共部门人员的培训

培训是人力资源开发的中心环节。公共部门人员的绩效状况与其知识、能力、技能、工作态度等相关,而公共部门的绩效则与公共部门人员的整体素质相关。培训的目的是为了改善公职人员与职位工作相关的知识、能力、技能以及工作态度,适应不断变化的工作要求,提高其工作绩效,进而提升公共部门的整体绩效和综合竞争力,并在这一过程中实现组织发展与个体发展的双赢。本章首先概述培训的含义、作用、类型以及培训的流程;然后分别论述培训的需求分析、内容及方法;最后阐述培训效益的实施和评估。

第一节　公共部门人员培训概述

一、公共部门人员培训的含义

培训是指组织为了实现组织自身和工作人员的发展目标,根据组织实际工作情况和员工发展需要,有目的、有计划、有组织地对全体工作人员进行培养、教育和训练活动,使之提高与工作相关的知识、技艺、能力以及态度等素质,以适应并胜任职位工作[1]。其特征主要表现在以下四个方面。

第一,培训的最终目的是提高员工的绩效和更好地实现组织目标。培训是以现职人员为主要对象,以工作为重心的定向训练,其目的是使受训者掌握履行岗位职责所必须具备的知识、能力和技巧,从而更好地实现组织目标。同时,为实现组织的战略目标,组织必须创设良好的工作环境,关心公职人员的需求,充分发挥其主动性和积极性,使他们在达成组织目标的同时也能实现个

---

[1] 吴志华主编:《人力资源开发与管理》,北京:高等教育出版社2004年版,第246页。

人的发展。

第二，培训的直接任务是提高员工的知识、技能，改进员工的工作态度和行为。培训的直接目的是为了提高员工的素质，使其工作行为符合职位工作的要求，以有效履行工作职责和完成工作任务。培训内容主要体现在培养道德、树立观念、传授知识和发展能力4个方面，其中前两者是弹性的、间接的，是培训的宏观目标；后两者是刚性的、直接的，是培训的核心内容。

第三，培训是员工职业发展的需要和人才开发的需要。培训是终身的和不断进行的过程，伴随员工职业生涯的始终。培训是针对组织工作的实际情况和员工的需要，有计划实施的培养和训练活动。培养和训练的基本途径是学习，通过有针对性的学习，工作人员的相关素质才得以不断提高。有效的培训不仅能够促进组织目标的实现，而且能够提高员工的职业能力，拓展他们的发展空间。同时，培训也是组织人才开发的主要手段，是造就一支优秀的人才队伍的需要。

第四，培训是组织精心筹划的系统管理过程。培训不应是一种权宜之计，而应该是计划性、战略性和经常性的活动，组织中工作人员的培训应形成一种制度。同时，培训是一项与组织其他人力资源管理活动密切相关，且本身又较为复杂的系统工程。它既要服务于组织的发展战略，又与其他部门的工作相关联，还涉及其自身的诸多决策活动，如确定培训对象及目标、设计培训内容、区分培训种类、选择培训方式、评价培训效果等，上述活动都需要进行精心筹划。

公共部门人员的培训是指公共部门根据国家经济和社会发展的需要，按照公共部门自身组织发展及其员工发展的实际需要，采取各种方式对员工进行有目的、有计划、有组织的培养、教育和训练的一系列管理活动，其目标是使员工持续地更新知识，拓展技能，改进工作的动机、态度和行为，使其更加适应并胜任现职工作或进入更高职位，从而促进公共组织绩效的提高和目标的实现。除了具备培训的一般特征外，公共部门人员培训还具有自身显著的特点。比如，特别注重公职人员政治素质和道德素质的培养；培训效益评估的难度较大；注重通才发展与专才发展的结合；培训相对滞后，回应度和主动性不高等。随着时代变迁的加速，公共部门培训的内涵及其表现特征也在不断演变。

近年来，人们逐渐认识到仅仅通过培训使公职人员掌握现职工作所必需的知识和技能是远远不够的，尤其对于中上层管理人员和领导者而言，他们必须学会在一个难以预测的变化环境中，更加灵活地调整组织战略，并提前做好应对各类变化的准备。开发公职人员积极应对未来各种变化和挑战的能力意味着传统培训的拓展。于是,以培训为基础和主要手段的公共部门人力资源开发应运而生。

二、公共部门人员培训的作用

众所周知,组织发展归根结底取决于其员工素质的高低。培训的基本功能在于使受训员工的知识、技能、态度等得到明显改善,由此带来工作效能和效率的提高,产生明显的社会、经济效益和组织文化效应(见图6-1)。一般认为,培训在组织发展中的作用体现在以下几个层面:其一,对新员工而言,培训可以促使其更快适应职位要求;其二,对老员工而言,培训可以有效督导其改善工作业绩;其三,对管理者而言,培训可以督促其自主改善管理方法并实现自我提高;其四,对组织而言,培训可以创造更好的组织文化并更好地实现组织目标。

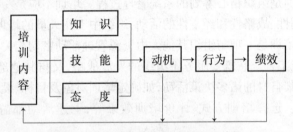

图6-1 公共部门人员培训作用过程

资料来源:赵曼主编,《公共部门人力资源管理》,北京:清华大学出版社2005年版,第108页。

同时,加强我国公职人员的培训还具有以下作用。

第一,进一步适应国内外形势的发展,不断提高公共管理能力。从国际形势来看,经济全球化进程加快,科技进步日新月异,综合国力的竞争日趋激烈。当今和未来世界的竞争,从根本上说是人才的竞争。中国要在未来激烈的国际竞争中处于优势地位,必须建设一支政治坚定、统揽全局、勇于开拓创新、善于把握机遇、能够稳妥处理国内外事务和驾驭市场经济、善于应对和处理各种复杂局面及问题的公职人员队伍。从国内形势来看,改革开放进入了一个新的发展时期,全面建设小康社会,推进经济结构的战略调整,实施科教兴国战略和科学发展观,完善市场经济体制,处理好改革、发展、稳定的关系,建设社会主义和谐社会等,都对公职人员的素质提出了更高的要求。只有科学的培训,才能持续不断地强化公职人员的自身素质并提高公共管理能力,进而适应国内外形势的发展。

第二,有利于实施人才开发战略,提高公职人员素质。当前,许多国家都正在提出和实施人力资源开发战略。发达国家为了维护在国际社会政治经济上的强势地位,在加紧争夺国外尖端科技人才的同时,也制定了21世纪人才计划,加大了教育培训经费的投入,强化了人才培训的一系列措施。我国具有巨大的人力资源优势,通过加大公职人员的培训力度,能够把潜在的人力资源优势转化为现实的人才优势、国力优势和竞争优势。实践证明,培训是人才开发的重要途径,对公职人员素质的提高具有重要作用,是增强公职人员竞争能力的关键环节。

第三,有利于保障国家长治久安,提高执政能力。我国公职人员总体素质良好,一般都受过长期的培养教育和实践锻炼,具备较高的政治素质、业务水平和丰富的实际工作经验。但是,公职人员中还有一些人在知识、技能和态度等方面难以适应新形势、新任务的要求。只有加强和改进公职人员的培训工作,才能不断提高党和政府的执政能力。中共中央组织部在2006年3月颁布的《干部教育培训条例(试行)》中也明确规定:公职人员的培训要"以增强执政意识、提高执政能力为重点,推动学习型政党、学习型社会建设,为全面建设小康社会、加快推进社会主义现代化提供思想政治保证、人才保证和智力支持。"①

第四,有利于公共部门依法行政,提高公共服务能力。依法行政是实施依法治国方略的核心内容,关键在于广大公职人员依法行使职权,不断提高公共服务能力。党的十六大以来,法治国家建设的速度加快,特别是以《行政许可法》、《公务员法》等相关法规的出台为标志,依法行政的推行也进入了一个全新的阶段。政策法规培训是公职人员培训的重点内容之一,其目的是加强国家法律法规的教育,提高各级公职人员科学执政、民主执政、依法执政的能力,进而增强公共服务能力,不断提升公共部门的公众形象。

三、公共部门人员培训的类型

不同组织往往会根据自身的特点、环境需求、组织文化和员工素质状况等要素的不同,设计各自的培训体系以及培训类型,况且随着培训领域的变化和

---

① 中共中央组织部2006年3月颁布的《干部教育培训条例(试行)》,http://www.mop.gov.cn/。

发展,培训类型也在发生相应变化。近年来,企业培训经验被迅速吸纳进公共部门培训领域。一般而言,公共部门人员的培训可以从培训活动的内容、培训对象的层级和培训时点的安排等角度来划分类型。

(一) 根据培训活动的内容来划分

培训的具体内容因培训的不同类别(如职前培训和在职培训)而有所不同,而且培训的内容在不同的国家也会有不同的设计。但不管培训的具体内容有何差异,通过培训要达到的目的却都是使公职人员适应职位的要求和实现高效的公共管理。因此,各国公职人员培训的内容会有某些共性的方面。

公职人员培训的内容一般涉及以下几个方面的内容。① 专业知识培训。即与公职人员工作密切相关的专业理论、专业技术知识和专业操作知识的训练,目的在于提高公职人员的知识素养,提高行政效率。② 行为能力培训。即通过理论知识的灌输和管理活动的实践,开拓中高级公职人员的视野,提高其处理实际问题的能力。③ 职业道德的培养。即培养公职人员的职业道德和行为规范,主要包括忠于国家、忠于政府、忠于职守、严守国家机密,不得从事与本部门业务有关的营利活动等。④ 智力训练。即通过培训,提高公职人员敏锐、机智及获得知识的能力。

我国公职人员培训活动的内容包括以下六个方面[①]。① 政治理论培训。重点进行马克思主义理论教育,树立和落实科学发展观和正确政绩观,引导公务员坚定共产主义理想和中国特色社会主义信念,坚持马克思主义的世界观、人生观、价值观和正确的权力观、地位观、利益观,夯实理论基础、开阔世界眼光、培养战略思维、增强党性修养。② 职业道德培训。即培养公职人员的职业道德和行为规范,主要包括政治坚定、忠于国家、勤政为民、依法行政、务实创新、清正廉洁、团结协作、品行端正等方面[②]。③ 政策法规培训。重点加强党的路线方针政策和国家法律法规的教育,进行党和国家的重大部署和要求的培训,提高公务员科学执政、民主执政、依法执政的能力。④ 业务知识培训。包括专业知识的培训和更新知识的培训,重点是加强履行岗位职责所必备知识的培训,更新公职人员的知识结构,提高公职人员的实际工作能力。⑤ 文化素养培训。包括人文素养、科学素养和审美素养的培训,重点是按照完善知识结构、提高综合素质的原则,对公职人员进行文史哲、自然科学、艺术

---

① 中共中央组织部 2006 年 3 月颁布的《干部教育培训条例(试行)》和《中华人民共和国公务员法》,http://www.mop.gov.cn/Desktop.aspx? PATH = rsbww/sy/zhxx/zcfg。
② 人事部关于印发《国家公务员行为规范》的通知(2002 年 2 月 21 日),http://www.mop.gov.cn/。

审美、社交礼仪等方面的培训。⑥ 技能训练培训。通过对公职人员岗位技能和通用技能的培训,持续提高其工作能力和工作绩效。

(二) 根据培训对象的层级来划分

不同层级公职人员所应具有的技能类型是不同的,其所承担的工作职责、具体能力要求以及针对性培训的内容也应有所差异。比如,在英国,按公务员的等级划分为高级公务员培训,中级公务员培训和初级公务员培训等多种类型。就我国公职人员而言,既有针对高层管理者(省部级领导干部)的培训,也有针对中层管理者(厅局级、县处级领导干部)的培训,还有基层管理者(科级及以下公职人员)的培训。这类培训的主要目标是帮助受训者按照自身在组织不同层级中的职位要求,获得相应的工作技能、态度和行为方式。因此,针对不同层级公职人员的培训重点和要求也各不相同。

高层管理者是负责整个组织的资源运用及工作成效的高层领导者和管理者。高层管理者承担着建立公共组织使命、设计组织结构与制度、培养组织关键人才、调和部门间冲突、处理突发性事件的职责。因此,他们更需要侧重理念、战略和人际沟通的培训,以系统把握当今全球社会、政治、经济形势,深刻理解和洞察组织内外各种因素的作用,提高从全局观点对组织的战略、目标、方针及发展的洞察、规划、决策和统筹等能力。

中层管理者维系着组织各种职能的具体计划、组织、领导和控制工作,是组织的"中坚力量"。因此,他们不仅需要一定的专业能力,同时更需要具备较强的沟通能力和管理控制能力,并掌握先进的管理理论和技术。就培训内容而言,主要应开发他们的任职能力,使他们具备关于组织内外形势的认识和发展观点,提高他们的业务决策能力和计划能力,使他们深刻理解现代公共组织管理活动中人的行为,提高他们对员工的判断、评价能力以及与人沟通交流的能力。

基层管理人员是公共组织第一线执行管理职能的直接管理层。由于他们与基层员工最接近,其管理水平的高低将直接影响普通员工的积极性及其对组织的忠诚度。因此,培训应该为他们提供如何有效处理第一线日常工作中各种问题的技巧。基层管理者还往往是组织中的业务骨干和督导者,因此也应该让他们有机会学习技术领域的先进技能。

(三) 根据培训时点的安排来划分

根据公职人员培训在职业生涯中时点的选择,可以将培训划分为职前培训、在职培训和离职培训。

职前培训是公职人员在正式上岗前所接受的培训。职前培训的目的是使培训对象不仅了解组织的基本情况,如组织结构、各部门职能、组织历史、主要政策法规、组织发展方向及员工的权利、义务与责任等,增进员工对组织的了解与信心,而且使他们能够切实了解处理业务的原则、技术、程序与方法,以便在培训结束后能迅速适应并胜任工作。

在职培训是指公职人员在不脱离本职岗位的情况下进行的培训。在职培训的最大特点在于能够与实际工作紧密结合,保证了培训的有效性和针对性,能够迅速提高公职人员的工作适应性,但在职培训需要培训人员具备高度的责任感和训练技巧。我国公共部门正在加紧建立健全在职自学制度,鼓励公职人员利用业余时间参加学习培训。

离职培训是指公职人员暂时全脱产或部分时间脱产参加学习的培训形式。根据培训时间的安排以及培训对象脱产时间的长短,离职培训可分为全日式、间日式与兼时式①。我国干部教育培训管理部门负责制定公职人员脱产培训计划,选调干部参加脱产形式的离职培训,其所在单位按照计划完成调训任务,被抽调的公职人员必须服从组织调训。

此外,还可以从其他的角度对公职人员培训进行分类。比如,根据培训目的的不同,将培训区分为任职培训、转职培训和晋职培训;根据培训机构的不同,可以将培训划分为部内培训、部际培训、交流培训和院校培训;根据培训地点的不同,可以将培训划分为本地培训和异地培训、境内培训和境外培训等。

四、公共部门人员培训的流程

现代人力资源管理倾向于将培训看作一个系统的过程,提出了系统培训模型。系统培训模式把设计与实施培训方案的整个过程视为一个循环系统,以实现组织和接受培训者个体对培训的具体要求为出发点和终极目标,对培训方案的目标、内容、方式和方法、时间和空间以及所需的各种资源进行整体规划和设计,其中囊括了培训活动的关键性环节,而且各环节之间彼此环环相扣,逐步演绎和展开整个培训过程(见图6-2)。英国学者博伊代尔(Boydell)全面阐述了这一模式,并提出了一个10个步骤的循环过程②。在实际运用中,系统培训模式虽然有很多改进形态,但一般都包括5~8个关键性环节。

---

① 〔美〕加里·德斯勒著:《人力资源管理》(英文第8版),北京:清华大学出版社2003年版,第257页。
② 〔英〕马丁·所罗门主编:《培训战略与实务》,北京:商务印书馆1999年版,第31页。

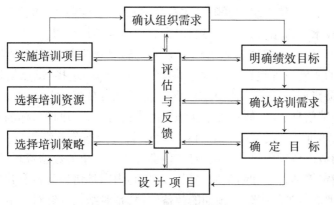

图6-2 系统培训模式

资料来源：黄健著，《成人教育课程开发的理论与技术》，上海：上海教育出版社2002年版，第133页。

系统培训模式给我们的直接启示是，从人力资源开发与管理的意义上来说，公职人员培训至少应该包括培训需求分析、培训方案的设计、培训内容的确定、培训方法的选择、培训方案的实施、培训效益的评估等必不可少的六个阶段。

第一，培训需求分析。培训需求分析是了解对公职人员进行培训的必要性及其程度，把组织需要与员工需求相结合，确定哪些人员需要培训以及需要参加何种培训的过程。需求分析的结果既是确定培训目标、设计培训方案的前提，也是进行培训评估的基础，因而需求分析成为开发与实施培训方案的首要环节。

第二，培训方案的设计。分析了公共组织及其人员的需求之后，培训组织者就可以设计具体的培训方案，主要包括如何在培训过程的各个环节使用人力、物力、财力和信息资源，设计整个培训过程的步骤、时间以及进度，确保培训目标的实现。这是培训过程能否顺利进行的关键步骤，也是培训效益评估的主要依据。

第三，培训内容的确定。确定公共部门人员培训内容是设计培训方案的重要任务，它的主要依据是培训的目的或目标。培训目标的不同和变化决定着培训内容的不同和变化。近年来，我国公共部门人员培训内容的变化速度加快，特别是知识和技能的培训与时俱进，层出不穷，这主要是由于进入新世纪以来，我国社会经济发展的速率有了极大提高所决定的。

第四，培训方法的选择。培训方法选择的正确与否直接影响到培训效果。培训组织者必须充分考虑到各种方法的优势和不足，进而联系组织的具体实际做出抉择。随着人力资源管理理论和实践的进一步发展，各种培训方法层出不穷,这就要求培训组织者随时注意学习和掌握这些新的培训方法,并与传统方法和技术有机结合、综合利用,以求获得最佳培训效果。

第五,培训方案的实施。培训方案的实施是培训目标实现的根本环节。培训方案的实施过程包括培训对象的选定、培训师的选择、试点培训、方案的执行和反馈修正等环节。这要求培训组织者具备良好的执行能力和沟通能力,有效反馈信息,及时修正方案实施中的失误,以保证培训目标的实现。

第六,培训效益的评估。培训效益评估就是依据公共组织自身的目标和要求,运用适当合理的科学方法,对在培训过程中收集的数据资料进行整理和分析,以确定培训价值和质量的过程。其核心内容是培训项目及其效益,它追求的是培训能否为组织带来预期的效益回报,是对结果的针对性追求。同时,它也是一个环环相扣、极其复杂的系统过程。

值得强调的是,以上各环节可反复进行,以便根据各阶段评估反馈的信息及时调整培训各环节的工作,确保培训目标及时有效的实现。以下将对上述系统培训模式中所涉及的 4 个重要环节,即培训需求的分析与设计、培训内容的确定、培训方法的选择以及培训方案的实施与评估,进行更为深入的论述。

第二节 公共部门人员培训的需求分析

公共部门人员的培训需求分析,是指在培训活动展开之前,由培训组织者运用适当的技术方法,对公共组织的工作要求,公职人员应该具备的知识、技能、行为及其现状等进行系统的评价与分析,以确定员工现有绩效和组织预期之间是否存在一定差距,进而明确是否需要进行相应的培训来消除这些差距的过程。培训需求分析既是确定培训目标、设计培训方案的前提,也是进行培训效益评估的基础,因而需求分析成为培训基本流程的首要环节。

一、培训需求分析的理论[1]

(一)培训需求分析问题的提出

培训需求分析是麦吉(W. Mcgehee)和赛耶(P. W. Thayer)等人于 20 世

---

[1] 廖泉文主编:《人力资源发展系统》,济南:山东人民出版社 2000 年版,第 272～277 页。

纪60年代提出的一种通过系统评价确定培训目标、培训内容及其相互关系的方法,该方法目前仍是人力资源教科书中人员培训需求分析的最常用方法。到了80年代,戈德斯坦(Goldstain)使培训需求评价方法得以系统化。他指出,培训需求评价应从三个方面着手,即组织分析、任务分析和人员分析。组织分析是研究整个公共部门战略,确定培训和开发在何时何处进行。任务分析(也称动作分析或工作分析)是以工作任务研究为基础,来确定培训项目内容的过程。人员分析是从员工实际状况的角度,分析现有情况与理想的任务要求之间的差距,以形成培训目标和内容的依据。在这里,组织分析是任务分析和人员分析的前提,任务分析更侧重于职业活动的客观要求方面,即理想状况,而人员分析更侧重于员工个人的主观特征方面的分析。通过这三方面评价结果的比较和综合,就能揭示出培训任职者最必要的知识、技能和态度。显然,这一方法体系的提出对于组织编制培训计划及设计培训方法是大有裨益的。

(二)培训需求分析理论的发展

培训需求分析问题提出后,随着人力资源管理理论和实践的发展,学者们又从绩效、组织文化、知识技能、个人因素、胜任特征等不同角度对培训需求问题进行了更深入和细致的探讨,由此推动了培训需求分析的理论与实践的发展。

1. 基于意图的需求分析理论

近年来,罗塞蒂(Rossett)从操作性的角度提出了基于意图的培训需求分析理论。他认为,需求分析应从不同角度收集具体信息。这些信息包括:理想状况的信息,包括理想的绩效状况和职位对知识、技能和态度的要求;实际状况的信息,即员工对所要求的知识、技能和态度的实际拥有程度;受训者及相关人士对工作的感受;产生绩效问题的可能原因;解决问题的可能途径。分析这类信息的目的是为了判断员工的工作动机状况,确定员工的态度是否是绩效问题产生的原因。罗塞蒂同时认为,对产生绩效问题的原因分析是培训需求评价的关键环节。他把产生绩效问题的原因划分为四类,即环境阻碍、激励、知识技能和动机。环境阻碍问题包括组织人事上的阻碍、政策问题和技术工具原因;激励问题即管理层给予的激励形式是否有效;知识技能问题即员工对工作需要的知识技能的掌握是否有不足;动机问题即员工对工作所持的态度,即工作动机。

2. 组织气氛的需求分析理论

约翰·瑞文(John Rein)指出,人的称职行为不仅取决于价值观和能力,也取决于员工所处的组织气氛环境。组织气氛代表了组织内部环境的一种较持久的特征,这些特征包括成员的经验、可能影响成员行为的因素和可资利用的组织特征或属性。乔治(George)则认为,组织气氛包括 9 个因素,即结构、责任、奖酬、风险、情谊、支持、绩效标准、冲突、归属程度。麦克利兰(McClelland)指出,组织的成就定向是揭示不同组织气氛的根本要素。其所在的明尼苏达大学的研究人员在多年对比研究的基础上,提出了高/低绩效组织在组织气氛上最具差异的 7 种特征:规范的灵活性、灵活的环境背景、赋予的责任、绩效标准、奖罚方式、组织目标和规划的清晰度、团队精神。

3. 知识、技能的需求分析理论

阿诺尔德(John Arnold)等人在考查知识需求时,主张从三方面进行需求分析,即对组织系统和人员信息网络知识的分析;对产品服务、竞争者的知识分析;对专业性知识的分析。在技能分析方面,根据员工心智技能模拟培训法的研究结果,主张将心智技能作为培训的重点,并在实际的技能培训中采用了专家口语报告方法和汇编栅格法(Repetery Grid Methods)来建立专家解决问题的认知模型,明显提高了培训效果。

4. 个体因素的需求分析理论

恩佐·瓦伦齐(Enzo Valenzi)等人认为,个体行为是组织行为的基本组成单元。个体的需要、动机、个性、感知、学习、态度和技能等因素都会对组织行为产生影响。此外,工作满意度与员工的工作士气、工作绩效等有密切的关系,一些实际的工作条件因素,如报酬、监督方式、工作本身的特点、工作伙伴、安全、晋升等,也对工作满意度有相当影响。这些因素是培训需求评价中应考虑的重要因素。明尼苏达大学的多年研究证明,高/低绩效员工在个人心理因素方面有显著差别的特征是成就定向、自信心、主动性、组织责任感和学习新知识的兴趣。

5. 胜任特征的需求分析理论

所谓胜任特征(competency),是能将某一工作(组织或文化)中卓越成就者与表现平平者区分开来的个人特征。麦克利兰(McClelland)尤其强调对胜任特征的测量,他所在的明尼苏达大学的研究人员通过多年的研究和实践,提出了 20 多种胜任特征,如获取信息的技能、分析思考的技能、概念思考的技能、策略思考的技能、人际理解和判断技能、帮助/服务定向的技能、对他人的影响技能、对组织的知觉技能、建立和管理人际关系的技能、发展下属的技能、指挥技能、小组工作和协作技能、小组领导技能等。这些胜任特征的提出,对改进培训需求分析的内容结构设计有重要的价值。

二、公共部门人员培训需求分析的内容

正如美国人力资源专家诺伊(Raymond A. Noe)所说,"培训的一个主要压力点就是业绩不良或业绩低于标准要求。"[1]任何组织对自身的绩效都会做出一定的回应(见表6-1),从这个意义上来讲,培训通常被看作是一种解决组织绩效问题的方法。确定培训目标是培训需求分析的直接目标,而确定员工以及组织的绩效是否已经达标是最终目标。培训需求分析是一个复杂的系统,其中组织、工作和人员三个层面的培训需求分析构成了此系统的主体部分。因此,从内容上来看,以组织绩效为焦点的公共部门人员培训需求分析应从以下三个层面展开。

表6-1 公共组织对绩效问题的回应

具体情况问题	组织的回应	人事管理活动
1. 问题是不显著的	忽略它	无
2. 选录准则不适当	增加对选录准则的注意	工作分析
3. 雇员意识不到绩效标准	设置目标和标准,并提供反馈	引导培训,绩效评估
4. 雇员不具备适当的技能	提供培训	培训
5. 好的绩效没有得到奖励,坏的绩效也没得到惩罚	提供奖励或惩罚,并把它们与绩效联系起来	绩效评估,惩罚

资料来源:〔美〕唐纳德·克林格勒等著,《公共部门人力资源管理:系统与战略》(英文第4版),北京:中国人民大学出版社2001年版,第382页。

(一)组织层面的培训需求分析

组织层面的培训需求分析依据公共组织的目标、结构、内部文化、政策、绩效及未来发展等因素,分析和找出组织中存在的问题及其原因,以确定针对此类问题进行培训的必要性和有效性,进而确定在整个组织中哪个部门、哪些业务、哪些人员需要进行培训。因此,公共部门培训需求分析涉及影响培训方案

---

[1] 〔美〕雷蒙德·A·诺伊等著:《人力资源管理:赢得竞争优势》(英文第3版),北京:中国人民大学出版社2001年版,第270页。

的有关组织的各个方面,包括对组织目标的检验、组织资源的评估、组织特征的考察以及环境作用的分析等方面的内容。

第一,公共组织目标的分析。明确组织的发展目标,是确立相应的人力资源战略的依据,也对培训方案的设计与实施起决定性作用。公共组织目标的分析主要围绕组织目标的达成、政策的贯彻是否需要培训,或者组织目标的未达成、政策未得到贯彻是否与没有培训有关等展开。比如,新加坡就把公务员的培训需求分析放在国家社会经济发展的大环境中去考虑,围绕公务员职能领域和称职情况开展分类别、分层次的培训。

第二,公共组织资源的分析。组织资源的分析包括对组织的人力、物力、财力、时间等资源的分析。人力资源的分析包括人员的数量、年龄、知识、技能和态度以及工作绩效等。物力和财力主要是指公共组织对培训的投入,它将影响培训的宽度和深度。时间是培训得以顺利进行的保障,如果时间紧迫或安排不当,就会影响培训的效果。

第三,公共组织特征的分析。组织特征对培训的成功与否起着重要的作用。它主要是对组织的系统结构、文化、信息传播情况的分析了解。系统结构特征分析即通过审视组织运行系统能否产生预期效果、组织结构是否需要改变以及有否相应的培训需求等。文化特征分析涉及培训工作中的组织哲学、组织理念、组织精神、组织道德、组织风气等不同方面。信息传播特征分析能使培训组织者深入了解组织信息传递及沟通的风格和特性。

第四,公共组织环境的分析。国际政治经济格局的变幻,国内政治、经济、社会的发展,使公共组织所处环境的变化速率大大加快。为了迎接挑战,适应环境,公共组织必须进行经常性的培训。培训是使公共组织在新环境中提高绩效,增强竞争力,赢得公众信任和支持的有效途径。

(二) 工作状况层面的培训需求分析

工作状况层面的培训需求分析需要确定培训的内容,即员工达到理想的工作绩效所必须掌握的技能和能力,包括系统地收集反映工作特性的数据,并以这些数据为依据,制定每个岗位的工作标准。同时还要明确员工有效的工作行为所需要的知识、技能和其他特性。工作分析、绩效评价、质量控制和服务反馈信息都为这一层面培训需求分析提供了重要的依据。工作状况层面分析内容有:

第一,职位工作职责的分析。它主要包括各项工作任务及其难易程度等。例如,在公共组织中执行部门工作大多是琐碎而繁杂的,工作时间相对固定,而决策部门的工作相对宏观,责任重大,工作时间弹性大。如果对这两个部门的公职人员进行培训,其内容自然就不同。

第二,职位任职资格的分析。它是指履行工作职责应具备什么样的素质条件,需要掌握哪些相关的知识、技能。重点是分析现有任职资格与预期绩效所要求的任职资格之间的差距,进而确定通过培训能否弥补这一差距以及培训要把员工素质提高到何种程度等。

(三) 任职者层面的培训需求分析

从任职者的角度来考察培训需求,将员工目前的实际工作绩效与公共组织的员工绩效标准进行比较,或者将员工现有的知识技能水平与组织对员工知识和技能的要求进行比照,发现两者之间存在的差距,进而确定哪些人员需要培训及需要何种培训。任职者层面的分析主要是对员工的工作背景、学识、资历、年龄、个性、工作能力及工作绩效等进行分析。它的信息来源包括绩效考核的记录、员工技能测试结果和员工个人填写的培训需求问卷。为了将来评价培训的结果和评估未来培训的需要,对培训需求的分析应该形成一种定期进行的制度。

三、公共部门人员培训需求分析的方法

公共部门人员培训需求分析的方法大致包括两种基本类型,即问题分析方法和全面分析方法。问题分析方法又称绩效差距分析方法(performance gap approach),主要集中于组织或组织成员存在的问题,即在分析组织及其成员现有状况和理想状况之间差距的基础上,确认并透视差距产生的症结,明确培训是否是解决上述问题,提升组织绩效的有效途径。全面分析方法(comprehensive approach)是指通过对组织内部各个层面进行系统全面的调查和分析,确定现实状况和理想状况的差距,进而决定是否需要培训及培训内容的方法。与问题分析方法针对某些问题的思路不同,全面分析方法注重组织运作的各个层面,其分析结果也因此被广泛运用于人力资源开发的诸多环节。

培训需求分析的实践中,组织和培训主管部门常常采用一些具体的分析方法,包括顾问委员会法、评价中心法、态度调查法、集体讨论法、面谈候选培训对象法、调查管理层法、员工行为观察法、业绩考核法、关键事件法、技能测试法、评估过去项目法、绩效档案法等,各种不同的具体方法各有利弊(见表6-2),事实上,没有一种需求分析技术方法可以满足组织的所有需要,况且各种具体分析方法的差别也是比较模糊的,上述评价表只具有参考价值,需要结合组织的现状和培训的目的,将各种方法有机结合和综合运用。

表 6-2 培训需求分析方法比较评价

培训需求 分析技术	被培训者 参与程度	管理层 参与程度	分析过程 耗时程度	培训需求 分析成本	分析过程 量化程度
顾问委员会	低	中	中	低	低
评价中心	高	低	低	高	高
态度调查	中	低	中	中	低
集体讨论	高	中	中	中	中
面谈候选培训对象	高	低	高	高	中
调查管理层	低	高	低	低	低
员工行为观察	中	低	高	高	中
业绩考核	中	高	中	低	中
关键事件法	高	低	中	低	中
问卷调查与清单	高	高	中	中	高
技能测试	高	低	高	高	高
评估过去项目	中	低	中	低	高
绩效档案	低	中	低	低	中

资料来源：参见 George T. Milkovich and John W. Boudreau：Human Resource Management, Richard D. Irwin, 1994, p. 497。

上述方法在私营组织人员培训需求分析中经常出现，在结合公共部门具体情况的基础上，公职人员培训需求分析也不断借鉴其他组织的有益经验。一般说来，公共部门人员培训需求分析过程中的常见方法有以下几种[①]。

（一）绩效评估法

绩效评估法就是应用定期或不定期的绩效评估结果来进行培训需求分析的方法。运用绩效评估法需要把握以下四个方面的问题：首先，将明确规定

---

① 赵曼主编：《公共部门人力资源管理》，北京：清华大学出版社 2005 年版，第 118～119 页。

并得到一致同意的标准作为评估的基线;其次,集中注意希望达到的绩效水平;再次,确定未达到理想绩效水平的原因;最后,确定通过培训是否能够达到理想的绩效水平。但也要注意的是,有时绩效评估不够全面,进行培训需求分析时会感到欠缺,此时需要专门进行一次为培训需求分析提供依据的绩效评估。

(二)差距分析法

差距分析法就是将现实状况与理想状况进行比较,找出差距及其程度并分析原因,以确定培训需求的方法。它包括两个层面,一是差距程度判断,在确定存在差距的前提下进一步判断差距的大小,以确定培训的力度;二是分析差距原因,确定不良绩效的根源在于公共组织工作设计和标准制定不合理,还是因为员工对职责任务不了解,或者是员工缺乏所需知识技能,并以此确定培训的内容。

(三)现场观察法

现场观察法就是通过在工作现场直接观察员工的实际工作行为来确定培训需求的分析方法。这种方法比较适合对操作性工作的任职者进行培训需求评估。观察者应是该工作的主管人员或有关方面的专家,且熟悉职位工作的情况。所需观察的工作行为包括员工的熟练性、动作的准确度、工作速度、工作数量、工作质量、操作设备的技能等。观察时间长短依据工作的特点而定,一般要求观察一个工作周期,并做好观察记录,以便完整了解任职者的工作行为。

(四)面谈征询法

面谈征询法就是通过交谈方式来征询有关人员意见,以确定员工培训需求的方法。这种方法比较适用于管理人员的培训需求分析,包括个人面谈和小组面谈两种形式。与特定员工发生工作关系的人员,由于对该员工的能力及其工作情况比较了解,通过与他们交谈,可以由此确定该员工的培训需求。在实际运用中,面谈征询法可以逐一征求各有关人员的意见,可以通过座谈方式进行专门咨询,也可以直接与当事人本人交谈。

(五)资料分析法

资料分析法是利用现有的有关公共组织发展、职务说明书等文件来综合分析培训需求的方法。这种方法比较适合新录用员工。可以直接把职务分析说明书对任职资格的规定与新录用员工档案材料记录及其学历、专业、特长、技能等情况进行比较,以决定新录用员工的培训需求。对于老员工来说,也可利用职务分析说明书和工作日志等资料进行分析。可以选用的资料还包括组织发展规划、人力资源规划、工作分析材料、人力资源信息系统数据库等。

(六) 问卷调查法

问卷调查法就是使用事先设计的调查表格向任职者本人或其他相关人员进行调查,通过对所收集资料的分析来培训需求的方法。这种方法必须根据职位工作的性质和特点,依据工作说明书对不同职位所提出的要求和条件,列出调查评估项目,然后由被调查者对每一培训项目的重要性和任职者的培训需求进行等级评估。问卷调查法在使用过程中需要有较高信度和效度的问卷,遵循严格的调查过程与程序,并对所收集资料进行科学的分析与评估。

四、公共部门人员培训需求分析的程序

如前所述,培训是公共组织对绩效问题所作出的反应。以绩效为焦点的公共部门人员培训需求分析主要考察员工现实绩效与理想绩效之间存在的偏差及其原因,然后决定是否可以通过培训来弥补偏差,以保证组织理想目标的实现。在这一过程中,培训组织者应遵循以下步骤进行培训需求分析(见图6-3)。

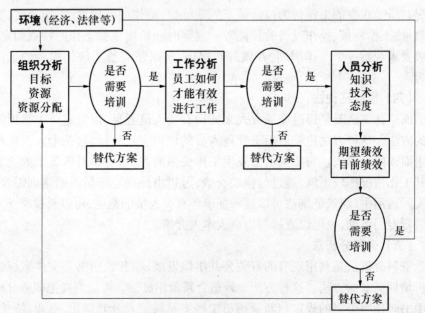

图6-3 培训需求分析模式

资料来源:参见 Wayne F. Cascio, Managing Human Resources, 3rd ed, New York, McGraw-Hill, 1992, p.237。

第一,组织分析。培训组织者首先要对组织目标、组织结构、组织行为、组织文化、组织资源及资源分配是否与组织预期的绩效目标相适应等问题进行考察,以确定是否需要通过培训来解决此类问题。

第二,工作分析。工作分析的目的在于了解与绩效有关的工作的详细内容、标准,以及完成工作所应具备的知识和技能。主要包括工作的复杂程度、饱和程度、内容和形式的变化等方面。

第三,人员分析。主要是当前公共组织内部的人力资源状况,比如员工的年龄结构、知识结构、技艺水平,在各岗位上工作的年限,劳动报酬构成及其水平,员工的出勤率、离职率、保有率和满意度等因素。

第四,环境分析。主要涉及公共组织外部环境的有关信息,比如社会经济的发展变化、公共产品市场状况、劳动力市场状况、公职人员劳动关系以及法律法规的变动等方面。

在培训需求分析的过程中,培训组织者可以依据上述步骤对公共组织的环境、行为目标、运行机制、人力资源等方面展开分析,探求公共组织工作绩效和员工知识、技能及态度上的理想状况,进而找出现实状况和理想状况之间的差距,分析如何通过培训来弥补这一差距。值得注意的是,在公共部门培训需求分析的过程中不能片面将培训当成解决绩效问题的唯一手段,应将员工绩效与公共组织的评价系统、报酬系统、奖惩系统及其他问题进行联动分析。通过培训来更新员工的技能和知识,提高工作能力是有效的,但要改变员工的工作态度就需要通过薪酬管理、工作设计、职业生涯发展及其他激励途径来实现。

第三节 公共部门人员培训的内容

公共部门人员培训的内容在公共部门人力资源培训中占有相当突出的地位,它不仅决定着培训的性质,同时也决定着培训的质量和效果。因此,全面正确地规划公共部门人员培训的内容事关培训工作的方向和成败。如前所述,公共部门人员培训有某些共通的方面,但也因培训的不同类别的差异而有所不同,而且培训的内容在不同的国家也会有不同的设计。因此,这里分别简要介绍国内外公共部门人员培训的内容。

一、国外公务员培训的内容

各国公务员培训的内容各有特色,但国外公务员培训都特别注重公务员态度、技能和知识3个方面的训练,融会了当前政府推崇的文化理念。至于每次培训的具体内容,则结合政府部门的业绩评估工作,根据培训对象的胜任力与岗位需求和个人发展目标的差距而定。

(一) 美国公务员培训的内容

早在1931～1935年,美国许多大学就曾多次同政府讨论公务员培训的问题。为此,一些大学着手开设公共管理或行政管理的课程,以适应培养都市行政管理人员的需要。1958年,国会通过了一项公务员训练法案,授权各行政机关与学术教育团体密切合作,加强公务员的培训事宜。此后,州政府及其他地方政府普遍设立培训机构,负责公务员管理技能的训练工作。

美国公务员的培训大多在人事管理机构的组织下进行,其培训内容因各个层次的区别而有所不同。比如,1968年成立的联邦行政长官学院,专门培训政府各部门和地方政府的高级行政官员。该学院开设3个班,其中高级主管教育班的课程涉及国家建设目标、国防、外交、经济发展、司法行政、国会关系、预算决算、管理程序、领导行为等;新任主管培训班设置的课程包括公共行政、组织与管理、领导方法、国家建设目标等;高级特别研究班,如常务次长、助理次长国家研究班,国家需要研究班,计划考核研究班等短期培训班,其课程内容设置也依需要开设。联邦行政长官学院的培训旨在提高受训者对国家目标的认识,加深对政府各项政策的了解,交流现代管理知识和经验,培养管理技能和领导能力,因此,在教学方法上主要不是进行课堂授课,而是更多地启发和引导学员自学,并充分发挥他们的互教能力。

联邦行政长官学院对受训学员的培训时间安排为4周,每周安排不同的培训内容。第一周安排约30门必修课程,主要包括宪法及其意义、联邦政府常务官员的作用、未来的领导、在相互矛盾的多种价值观念与权力中心之间进行管理等课程。受训者可根据自己的需要和兴趣选定其中几门课。第二、第三周安排自由选修课,受训者每天上午根据个人爱好与需要选上课程。同时,学院在这两周内还开设实用课,由受训者根据自己的工作经验准备课堂报告,与其他学员一起分析讨论。第四周大多安排受训者做实地调查或帮助某个机构解决实际问题,最后由小组集体写出报告并在大会上宣讲,作为4周学习的结业论文。此外,在4周培训时间内,学院还经常在晚饭后安排报告会,邀请现任或退休的政府高级官员介绍美国的政策、政府工作的经验等,使受训者加强对各部门工作的了解。

美国公共部门还借助高等院校丰富的教学资源培养各部门的公务员。建立于1935年的哈佛大学肯尼迪政府学院是一所专门培养政府高级官员的学院,该学院每年都会为国会和行政部门的议员和官员进行短期培训。学院的一些教授曾在政府担任高级官员,或正在兼任政府的高级顾问,他们非常熟悉政府的工作,可以现身说法地进行教学,将理论与实际紧密结合。同时,学院还经常邀请各政治派别的代表人物、国内外政府高层领导人和高级官员以及国内外著名专家学者来学院演讲,扩大受训公务员的信息量,增进他们对国内和国际问题的了解。

(二)英国公务员培训的内容

受通才观念的影响,英国公务员的培训制度直到20世纪中叶才正式建立。"二战"前,英国对公务员的培训,既无明确计划,也无专门机构,只是对新录用公务员进行一些职前教育,不可避免地导致公务员整体素质的滑坡,加之政府职能日益复杂化和专门化,公务员培训的问题愈显急迫。1946年,财政部正式设立文官教育训练司,同时还成立惠特利联合文官培训委员会,其后,邮政、税务等重要机构也陆续设立文官培训机构,负责高级文官的培训事宜。1970年,根据富尔顿委员会的建议,成立了英国文官学院,统一培训高级行政官员。

英国公务员培训开设一些基本的共同课程。包括如何领导部属、如何主持会议、如何演讲、如何简化工作、如何有效利用时间、如何激励士气等。这些课程均拍摄有生动的电影,以加强训练效果。培训课程分为政府与经济、政府与管理、培训与发展、个人技能、证书考试与论文指导、新技术、法律、欧洲研究等8个部分,这些类目只是培训服务的框架,不妨碍客户提出自己的培训方案或独特要求,学院可根据以客户的需要单独设计实施培训,并注意对培训效果进行评估。

为不同职级公务员开设的课程内容均视实际需要而定。英国公务员培训内容的原则要求是:培训要与工作或事业有关,有利于提高机构的工作效率;培训要与提高公务员的潜在能力有关。为此,英国文官学院针对机关或个人需要而开设不同的课程,可为不同经历、资格、技能的学生提供约566种课程,每年开展大约7 566个培训项目,培训学员上万人。英国文官学院为不同层次培训班开设不同的课程:高级管理培训班的培训内容主要是由授课者提出行政管理研究报告,由参加训练者讨论,同时作个案分析和个案研究;科长级培训班,其培训内容主要有政府行政概论、统计、电脑作业、资讯系统、经济设计、资源分配、管理与作业分工、工业发展、人事管理等课程;高级执行官培训班的培训内容主要有计量分析、政府组织、统计学、会计学、地方政府等一般课程。执行官培训班,其培训内容主要有一般行政管理、会计技术及授权领导等。此外,英国新任职文官正式上任前的工作实习培训内容,主要由负责培训的官员介绍机关的组织情况、工作性质、法令规章、历史背景、公务员的职责与规范。

(三)法国公务员培训的内容

法国公职人员培训机构比较成熟和完善。早在1945年,法国就创建了国立行政学院,由总理府直接领导,进入法国政府最高一级职类的人员,都必须经过国立行政学院的培训。自20世纪70年代以来,法国更加重视公务员的培训工作。国家从法律、机构、投资和设施等方面给予公务员培训以充分保障,从中央到地方,形成比较健全的培训网络体系。目前,由总理府直接领导的培训公务员的国家级院校包括:国立行政学院、巴黎综合工科大学、国际公共行政管理学院。由公职部领导的地方行政学院有5所。由各部门领导的专门技术院校有70多所。此外还有各部门和地方政府领导的28个培训中心。由此,法国公务员培训取得显著效果并形成鲜明的特色。

法国国立行政学院的课程设置坚持以实用为首要原则,根据培养目标和国家行政管理的需要不断更新,体现了全能型素质教育的特色。其办学目标在于培养真正能进行行政管理改革的国家官员,使国家机构不断适应社会发展。为保证上述培训目标的实现,培训强调理论与实践相结合,课堂教学和实习时间各半。

实习分为国内外的行政实习和国内的社会实习两部分。行政实习时间通常为1年,学员被安排到中央和地方的国家行政机构、驻外机构、国际组织,甚至是他国地方政府机构中去担任不同职务,通过参加实际工作和处理实际事务,培养学员独立解决问题的能力。实习后要写出一篇实习简报,由实习部主任给定分数,实习分数在总成绩中占有很大比例。社会实习为期2~6周,学员深入社会,到能源、工业、农业、运输、服务等行业调查研究,了解和掌握不同行业的工作性质、业务范围、管理方法等,使学员广泛接触和认识社会①。

学院将高级公务员初任培训的内容分为三大类:一是共同培训,包括草拟法律文件、国际问题和欧盟问题、经济分析和决策实践、公共管理和代数、统

---

① 谭融编著:《公共部门人力资源管理》,天津:天津大学出版社2003年版,第207~208页。

计学、金融数学等专业基础课;二是应用性课题分组研究,旨在培养学生的分析和研究能力,提高他们的实际工作才能,也加强国家行政学院作为政府部门"思想实验室"的使命;三是个性化培训,包括职业伦理、语言训练(每位学员至少掌握1门至2门外语)、体育训练、专门技能训练,以及阅读能力、谈判技巧、速读训练、口头表达和非强制性的专题讲座等。

在职培训的内容更具有综合性、实用性和灵活性。比如,在职培训班还采用模块教学法,开设若干教学模块,在职高级官员可根据自己的需要有选择地参加。要求学员参加3个专题研讨课,对国内外政治、经济、社会热点问题进行深入研究,并写出长达80页的研究报告;要求学员就劳动、就业、劳资关系,吸毒与犯罪等社会现实中的突出问题进行实地调研,提出解决方案。

二、中国公共部门人员培训的内容

(一) 中国公务员培训的内容

根据中组部2006年颁布《干部教育培训条例(试行)》和《公务员法》的相关规定,中国公务员的培训重点主要集中在政治理论、职业道德、政策法规、业务知识、文化素养和技能训练等六个方面[①]。

1. 政治理论培训

政治理论培训是公务员培训的首要内容。公务员是国家机构的中坚力量,负有维护公共组织正常运转、保持社会安定团结的重大使命,在公众面前代表公共利益,维护公共管理的合法性。因此,必须重视对公务员政治素质的培养,提高他们的政治理论水平。

现阶段,公务员政治理论培训的重点是进行马列主义、毛泽东思想、邓小平理论和"三个代表"重要思想的教育,树立和落实科学发展观、正确政绩观的教育,党的历史、党的优良传统作风、党的纪律的教育,国情和形势的教育,引导公务员坚定共产主义理想和中国特色社会主义信念,坚持马克思主义的世界观、人生观、价值观和正确的权力观、地位观、利益观,夯实理论基础、开阔世界眼光、培养战略思维、增强党性修养。

坚持不懈地开展公务员党性、党风、党纪教育和思想道德教育。不断增强公务员党的意识,提高党性修养。加强反腐倡廉教育,剖析典型案例,经常进行全心全意为人民服务的宗旨和党的优良传统作风教育,社会主义道德和中

---

① 参阅《干部教育培训条例(试行)》和《公务员法》,http://www.mop.gov.cn/。

华民族优良传统的教育等等,使广大公务员具备良好的思想品德和凝聚群众的人格力量,真正起到表率作用,促进社会主义精神文明建设。

2. 职业道德培训

职业道德的培训是指培养公务员的职业道德和行为规范。开展公务员思想道德和行为规范教育,要特别强调加强反腐倡廉教育,教育和帮助广大公务员树立正确的理想、信念,自觉贯彻执行党的路线、方针和政策,增强全心全意为人民服务的观念和廉洁自律意识。

人事部制定的公务员职业道德和行为规范主要包括以下八个方面①。① 政治坚定。努力学习马列主义、毛泽东思想、邓小平理论和"三个代表"重要思想,树立共产主义理想信念,坚持党的基本理论、基本路线和基本纲领,坚定地走中国特色的社会主义道路,坚定不移地贯彻执行党和国家的路线方针政策,与党中央保持高度一致。② 忠于国家。热爱祖国,忠于宪法,维护国家安全、荣誉和利益,维护国家统一和民族的团结,维护政府形象和权威,保证政令畅通。遵守外事纪律,维护国格、人格尊严,严守国家秘密,同一切危害国家利益的言行作斗争。③ 勤政为民。忠于职守,爱岗敬业,勤奋工作,钻研业务,甘于奉献。一切从人民利益出发,全心全意为人民服务,密切联系群众,关心群众疾苦,维护群众合法权益,自觉做人民公仆,让人民满意。④ 依法行政。模范遵守国家法律、法规和规章,按照规定的职责权限和工作程序履行职责、执行公务,依法办事,严格执法,公正执法,文明执法,不滥用权力,不以权代法。⑤ 务实创新。解放思想,实事求是,理论联系实际,说实话,报实情,办实事,求实效,踏实肯干。勤于思考,勇于创新,与时俱进,锐意进取,大胆开拓,创造性地开展工作。⑥ 清正廉洁。克己奉公,秉公办事,遵守纪律,不徇私情,不以权谋私,不贪赃枉法。淡泊名利,艰苦奋斗,勤俭节约,爱惜国家资财,反对拜金主义、享乐主义。⑦ 团结协作。坚持民主集中制,不独断专行,不搞自由主义。认真执行上级的决定和命令,服从大局,相互配合,相互支持,团结一致,勇于批评与自我批评。⑧ 品行端正。坚持真理,修正错误,崇尚科学,破除迷信。学习先进,助人为乐,谦虚谨慎,言行一致,忠诚守信,健康向上。模范遵守社会公德,举止端庄,仪表整洁,语言文明,讲普通话。

3. 政策法规培训

政策法规培训是公务员培训的重点内容。公务员是法律的执行者,他们的法律意识和法律素养的高低,直接关系到依法行政的水平。因此,要加强对

---

① 人事部关于印发《国家公务员行为规范》的通知(2002年2月21日),http://www.mop.gov.cn/。

公务员的政策法规培训,不断提高公务员的法律意识、法治观念和依法行政的能力。现阶段,公务员政策法规培训的重点是加强党的路线方针政策和国家法律法规的教育,进行党和国家在经济、政治、文化、社会、外交、国防等方面的重大部署和要求的培训,提高公务员科学执政、民主执政、依法执政的能力。当前,要继续推进对公务员现行政策法规的培训,特别是"十一五"规划、正确政绩观等政策和行政许可法、统计法、审计法、公务员法等新法规的培训。

4. 业务知识培训

业务知识培训是公务员培训的中心内容。现代社会的公共管理事务日益复杂,对公务员的管理知识和能力提出了更高要求。公务员必须掌握公共管理的理论、准则、方式与方法,掌握公共管理的一般规律,并勇于实践,从而不断提高管理绩效。业务知识培训包括通用知识培训和专业知识培训,公务员业务知识培训的重点是加强履行岗位职责所必备知识的培训,提高公务员的实际工作能力。

要重点学习社会主义市场经济知识、法律法规知识、现代管理知识、现代科技知识等通用知识。值得强调的是,面对经济社会发展的新形势和新的公共管理需求,必须加强对政策科学和领导科学的学习和研究,提高公务员的政策水平和领导能力。政策训练课程主要涉及国家的战略目标和政策问题的讨论,其基础知识包括经济学、公共政策、管理学和人力资源管理学等。领导力训练的基础知识主要包括公共管理学、领导学、组织行为学等。要把学习各种知识与研究解决实际问题结合起来,围绕现实工作中的重点和难点问题,开展专题研究和讨论,努力使公务员精通本职业务,提高工作水平和创新能力。

同时,要强化公务员专业知识的学习和更新,重点培训与岗位工作密切相关的专业理论、专业技术知识和专业操作知识的训练,提高公务员的知识素养和管理绩效。专业知识的培训要根据社会经济的发展和科学技术的进步来确定,主要结合具体岗位规范,使公务员有的放矢地了解和掌握有关专业方面的新理论、新技术、新方法、新信息。现代公务员的业务知识应向博专结合、以博促专、一专多能的方向发展,并随着社会科学技术文化的发展而不断地调整和充实。

5. 文化素养培训

为适应公务员成长和社会发展的要求,还要加强文化素养的训练,以开阔视野、陶冶情操,全面提高公务员素质。公务员文化素养培训包括人文素养、科学素养和审美素养的培训,重点是按照完善知识结构、提高综合素质的原则,对公务员进行文史哲、自然科学、艺术审美、社交礼仪等方面的培训,使广大公务员成为社会公共精神的支柱,使公共部门的管理更成功,更有智慧,更加人性化。

人文素养是个体文化素养的基础和核心,科学素养和审美素养以人文素养为出发点和归宿。人文素养的主题是人文精神,泛指人文科学体现出的对人类生存意义和价值的关怀。人文精神追求人生美好的境界、推崇感性和情感,着重想象性和多样化的生活,使一切追求和努力都归结为对人本身的关怀。简言之,人文精神就是对人的价值和尊严的肯定。科学素养包括运用科学观点理解自然界并能做出相应决定的能力,以及能够确认科学问题、使用证据、做出科学结论并就结论与他人交流的能力。审美素养是指人所具备的审美经验、审美情趣、审美能力、审美理想等的总和。既体现为对美的接收和欣赏能力,又转化为对审美文化的鉴别和创造能力。培养人文素养和科学素养、完善审美素养,不断提高综合素质是公务员文化素养培训的基本理念和目标。

6. 技能培训

公务员技能培训包括通用技能和岗位技能的训练,它是公务员培训的核心内容,直接关系到公共组织管理绩效的提高。对于新录用的和晋升领导职务的公务员坚持先培训后任职,必须在试用期内接受培训。新录用公务员的培训要突出适应性,着力提高新录用人员适应职位要求、胜任本职工作的能力。晋升领导职务的公务员进行培训,要根据所任职务分层次进行,重点提高担任领导职务公务员的政治鉴别力和拒腐防变的能力,总揽全局和战略思维的能力,领导经济、社会发展等工作和运用社会主义市场经济规律的能力,科学决策和依法行政的能力,统筹协调和处理复杂问题的能力。

近年来,公务员通用能力建设成为公共人力资源培训的重要内容。国家人事部颁布的《国家公务员通用能力标准框架(试行)》规定了公务员的九大通用能力[1],即政治鉴别能力、依法行政能力、公共服务能力、调查研究能力、学习能力、沟通协调能力、创新能力、应对突发事件能力、心理调适能力。公务员的能力与党的执政能力和政府的行政能力紧密相关,公务员通用能力的提高是提高党和政府执政能力的关键和先决条件。2004年,党的十六届四中全会通过《中共中央关于加强党的执政能力建设的决定》,指出当前和今后一个时期,加强党的执政能力建设的主要任务是[2]:按照推动社会主义物质文明、政治文明、精神文明协调发展的要求,不断提高驾驭社会主义市场经济的能

---

[1] 国家人事部关于印发《国家公务员通用能力标准框架(试行)》的通知(国人部发〔2003〕48号),2003年11月18日,http://www.mop.gov.cn/。

[2] 《中共中央关于加强党的执政能力建设的决定》,《人民日报》,2004年9月27日,第1版。

力、发展社会主义民主政治的能力、建设社会主义先进文化的能力、构建社会主义和谐社会的能力、应对国际局势和处理国际事务的能力。这也为公务员通用技能培训确立了基本方向。

通过岗位技能培训,不断提高公务员在计算机、写作、外语等方面的通用能力,以及自身工作岗位特有的工作技能,持续提高其工作能力和工作绩效。随着现代技术在公共管理中的应用,公务员必须努力学习和使用现代管理技术和方法,熟练使用现代办公自动化技术设备,变革传统的工作观念、工作方式,使工作手段走向智能化,从而提高自己的实际工作能力和管理技能,为实现科学的公共管理奠定坚实的能力素质基础。

(二) 中国事业单位人员培训的内容

随着科技的迅猛发展和社会的不断进步,对事业单位人员的要求也越来越高,必须加强事业单位人员的培训工作。事业单位有专业技术人员、管理人员和工勤人员,不同岗位有不同的规律和特点,管理制度和方法包括人员培训机制也应有所不同。专业技术人员是事业单位的主体,这里以专业技术人员为例说明事业单位人员培训的内容。

1995年,人事部发布的《全国专业技术人员继续教育暂行规定》指明了事业单位专业技术人员培训的方向。规定强调,应通过继续教育(培训)不断更新、补充、拓展和提高专业技术人员的知识和技能,完善知识结构,提高创造能力和专业技术水平。同时,该规定对专业技术人员培训的内容作了原则性的规定,认为培训内容应"根据社会主义市场经济和现代科学技术的发展需要确定。主要结合本职工作,使专业技术人员了解和掌握有关专业技术方面的新理论、新技术、新方法、新信息。"同时要求地区、行业继续教育主管部门,根据具体情况,加强对培训内容的教学指导,根据不同学科、专业和行业领域的发展趋向,以及对专业技术人员素质的要求编制科目指南,确定培训的导向性内容。

国家人事部于2002年发布的《2003～2005年全国专业技术人员继续教育规划纲要》对事业单位专业技术人员的培训作了全面部署[1]。纲要提出,以专业技术人员能力建设为主线,以高层次人才培养为重点,以改革创新为动力,以提高专业技术人员队伍的整体素质和能力水平为目的,全面加强专业技术人员继续教育工作,培养造就一支高素质、社会化的专业技术人员队伍,为

---

[1] 国家人事部,《2003～2005年全国专业技术人员继续教育规划纲要》(2002年10月28日),中国继续教育网,http://www.cacee.org.cn/PHP_file/jijiao/zhengcfg/guojiafg/jijiao.htm。

改革开放和社会主义现代化建设服务。同时明确了专业技术人员培训的重点,即"考虑专业技术人员职业生涯设计的需要,以能力建设为重点,在不断拓展知识面,学习新技能的同时,注重培养专业技术人员的学习能力、实践能力、创新能力和跨文化交流能力。"2005年,人事部副部长王晓初进一步强调①,继续教育工作必须紧密结合生产实践和专业技术工作岗位的实际需求,紧跟世界科技发展的步伐,在内容和形式上不断创新。要充分体现科技发展对人才的新要求,突出高素质、创新型人才的培养,坚持以能力建设为核心,把能力建设贯穿于继续教育工作的始终。

能力建设是事业单位专业技术人员培训的重点。专业技术人员能力建设的内容包括:① 创新能力。鼓励各类专业技术人员参与国家知识创新体系建设,培养他们的创新意识和创新能力,鼓励他们积极开展知识创新和科技创新活动,引导他们积极参与具有战略意义的高技术研究。② 业务能力。随着经济结构和产业结构的调整,知识更新的速率大大提高,专业技术人员的业务能力急需提高,相当数量的专业技术人员甚至面临着二次创业。专业技术人员要适应这种变化,就必须不断获取新的知识,充实、强化和提高自己的业务能力。③ 学习能力、实践能力和跨文化交流能力。要满足日新月异的科技发展对专业技术人员提出的更高要求,在不断拓宽专业技术人员知识面,学习新技能的同时,还应注重培养专业技术人员的学习能力、实践能力和跨文化交流能力。

同时,在培训工作中还必须加强事业单位专业技术人员的思想道德教育。事业单位对专业技术人员的培训工作普遍重视能力建设,但涉及组织文化、理想、价值观、道德观的培训相对较少,对思想道德建设方面培训的重视程度亟待提高。为此,在专业技术人员培训过程中,要注重引导专业技术人员树立正确的世界观、人生观和价值观;弘扬"求实、创新、拼搏、攀登"的科学精神;提倡"诚信、团结、协作、奉献"的人文精神。在专业技术人员队伍中大力提倡顾全大局、甘于奉献的崇高精神;提倡严谨的科学态度和实事求是、踏实认真的工作作风;提倡尊重合作者和他人劳动、权益的道德风尚;提倡健康的学术讨论和尊重学术领域中不同意见的学术民主风气;要加强爱国主义教育、理想信念和职业道德教育,增强专业技术人员献身科技、服务社会的历史使命感和社

---

① 王晓初:"坚持以人为本 加强能力建设 努力开创专业技术人员继续教育工作新局面",中国继续教育网,http://www.cacee.org.cn/PHP_file/jijiao/title/wang.htm。

会责任感①。

第四节 公共部门人员培训的方法

各项准备工作完成后,培训工作就面临着具体选择培训方法。在培训方法的选择上,组织者必须充分考虑各种方法的优势和不足,进而联系组织的具体实际做出抉择。随着组织形式和管理方法、管理理论的进一步发展,人员培训方法还会不断增加和更新,这就要求培训工作者随时注意学习和掌握这些新的培训方式及方法,并与传统方法和技术有机结合、综合利用,以求获得最佳培训效果。下面介绍一些常用的公共部门人员培训方法的特点和适用条件。

一、经典培训方法

经典培训方法是指在组织培训中使用的一些传统方法。根据受训者参与培训的程度高低,可以将经典的培训方法分为呈现式培训法和参与式培训法两类②。

(一)呈现式培训法

呈现式培训法,是指由培训者将知识和技能直接和单向地向受训者传授的各种方法。呈现式培训法的特点是节省时间,单位时间内传递信息量的效率较高。但这种方法的弊端也很明显,由于培训过程中信息单向交流,培训对象比较被动,不符合成人学习法则,培训效果不一定好。呈现式培训法的主要方法有两种。

(1)讲授法,即培训者通过逻辑的、体系化的语言表达他想传授给受训者的内容,主要是由培训者讲授知识,受训者记忆知识,中间穿插一些提问之类的交互作用方式。讲授法是最典型的呈现式方法,也是"成本最低、最节省时间又是按一定组织形式可以有效传递大量信息的培训方法之一。"③其优点是

---

① 苏开荣:"谈如何推进专业技术人员继续教育",《继续教育》,2005年第8期。
② 吴志华主编:《人力资源开发与管理》,北京:高等教育出版社2004年版,第260～261页。
③ 〔美〕雷蒙德·A·诺伊著:《雇员培训与开发》(英文1999年版),北京:中国人民大学出版社2001年版,第132页。

操作方便,易于控制培训过程,可在较短时间内使受训者系统地吸收有关知识,常被用于一些理念性知识的培训。缺点是单向信息传递使得培训者与受训者间缺乏必要的思想交流和信息反馈,而且效果主要取决于培训师的演讲水平。

(2)视听法,即利用现代视听技术(幻灯、电影、录像、录音、多媒体等工具)进行培训。视听材料生动形象,运用视觉与听觉的感知方式,给受训者以直观的感受,比较容易激发其动机和兴趣。视听材料还可以重播、慢放或快放,从而更好地适应受训者的个体差异和不同水平的要求。视听法的缺点是受训者的反馈与实践较差,且制作和购买的成本高,内容易过时。它多用于针对新员工的培训,以及组织概况、传授技能等培训内容。在现代培训中,如果将讲授法、视听法同其他参与性较强的方法结合起来运用的话,会提高这些方法的有效性。

(二)参与式培训法

参与式培训法,是指受训者积极主动地参与培训活动,从亲身体验中获得知识、技能和正确的行为方式。参与式培训法主要包括以下几种具体方法。

(1)研讨法,即通过培训师与受训者之间或受训者之间的讨论来解决疑难问题的一种培训方法。研讨法可以分成一般小组讨论与研讨会两种方式。小组讨论法的特点是信息交流方式为多向传递,学员的参与性高,费用较低。研讨会多以专题演讲为主,中途或会后允许学员与演讲者进行交流沟通,反馈效果较好,但费用较高。研讨法多用于巩固知识,训练学员分析、解决问题的能力及人际交往的能力,其最大特点是鼓励参与者发表不同意见,有助于激发学员的学习兴趣,培养学员的综合能力。值得注意的是,培训师的组织技巧、受训者的自身水平以及讨论课题选择得好坏将直接影响培训的效果。

(2)角色扮演法,即让受训者处于模拟工作环境中,要求他模拟实际工作职位所承担的职责处理各种工作事务。运用这种方法,可以帮助受训者站在不同的角度思考问题,体验各类人物的心理感受,训练其自我控制力和随机应变能力,以发现和改进自己的工作态度和行为表现,从而使受训者尽快熟悉工作环境和工作流程,掌握必要技能,迅速适应实际工作的要求。由于信息传递多向化,这种培训方式反馈效果好、实践性强、费用低,多用于人际关系能力的训练。

(3)案例分析法,即向培训对象提供相关的背景资料,针对案例进行讨论以寻求解决问题的方案。案例分析法与单纯的讲案例不同,而是使受训者面对同一案例,在培训者的引导下各抒己见,以引起争论并经过充分讨论,取得可行的最佳方案。在对特定案例的分析、辩论中,受训人员集思广益,共享集体的经验与意见,有助于他们将受训的收益应用于未来的实际业务工作中。这一方式费用低,反馈效果好,近年的培训研究表明,案例讨论的方式也可用于知识类的培训,且效果颇佳。

(4) 情景模拟法,即受训者被置于模拟的现实工作环境中,解决实际工作中可能出现的各种问题。通过对被测对象的行为加以观察与评估,从而鉴别、预测受训者的各项能力和潜力。情景模拟法与角色扮演法类似,但更侧重于对操作技能和反应敏捷度的培训。

(5) 观摩范例法,即通过现场演示方法进行培训。这一方式较适合于操作性知识的学习,由于成人学习具有偏重经验与理解的特性,让具有一定学习能力与自觉意识的学员在观察过程中学习,是一种既经济又实用的方法,但此方法也存在监督性差的缺陷。

二、现代培训方法

随着现代科技和社会的发展,员工培训的手段与方法也在不断的革新与发展,尤其是新技术在培训中的应用,对培训信息的传递产生了深远的影响。目前比较流行的现代培训方法包括电子化培训、管理游戏、自助培训和拓展训练[1]。

(一) 电子化培训

电子化培训(e-learning)是指一种利用计算机及其他支持性资源进行的培训方法,包括计算机辅助培训、网络培训、多媒体远程培训等类型。电子化培训极大提高了培训效率,突破了培训的时空限制,增强了培训的灵活性。电子化培训是近年来流行的一种新型的计算机网络信息培训方式,投入较大,但由于使用灵活,符合分散式学习的新趋势,节省学员集中培训的时间与费用。而且这种方式信息量大,新知识、新观念传递优势明显,尤其为实力雄厚的组织所青睐,也是公共部门培训发展的一个重要趋势。

(二) 管理游戏培训

管理游戏培训(management game)可以分为普通游戏和商业游戏两种基本类型。普通游戏是指一些经过精心设计、看似与其他游戏相差无几的活动,其实内含许多与管理或员工工作有密切关系的活动。普通游戏很受受训者的

---

[1] 吴志华主编:《人力资源开发与管理》,北京:高等教育出版社 2004 年版,第 261～262 页。

欢迎,参与积极性高,因此培训内容与技能很易掌握,对其结果的分析涉及工作的延伸。普通游戏是培训的一种较好方法,但设计要求较高。商业游戏需要受训者作出一系列决策,每次作出决策不同,下一个情景也将变化,可以看作是案例分析的动态变化。商业游戏效果良好,受训者参与度高,实用性强,但由于设计费用昂贵,推广受到限制。

(三) 自助培训

自助培训(self-service training)的理念简单而明确:借助培训光盘软件,用户可以随时(anytime)、随地(anyplace)、以任意形式(any form)、任意人数(any number)、任意次数(any time)地自由组织相关培训活动,所需硬件条件只是一台电脑,或影碟机加电视机。例如,组织者觉得大家的会议技巧需要学习和改进,便可在一次会议后临时增加一个议程,要求所有与会者通过"会议技巧改进 SST"教程进行学习,并结合刚才的会议实况进行分析研讨,以便取得实质性的改善。SST 培训对象的人数不定,只要把 SST 光盘教程拿到自己的电脑或影碟机上,就可以开始自我研修了。一套 SST 教程可以任意次的重复培训,可以做到一次投入,多次使用,使培训的边际成本降低到最低限度。当然,这种方法的缺点也是显而易见的,即在受训者和培训者之间缺乏即时的交互。

(四) 拓展训练

拓展训练又称外展训练(outward bound),原意为一艘小船驶离平静的港湾,义无反顾地投向未知的旅程,去迎接挑战。拓展训练通常利用崇山峻岭、瀚海大川等自然资源,通过精心设计的活动达到"磨炼意志、陶冶情操、完善人格、熔炼团队"的培训目的。通过拓展训练,受训者将逐步认识到自身的潜能,增强自信心,改善自身形象;克服心理惰性,磨炼战胜困难的毅力;开发想象力与创造力,提高解决问题的能力;认识群体的作用,增进对集体的参与意识与责任心;改善人际关系,学会关心他人,更为融洽地与群体合作。值得注意的是,偶尔的拓展培训难以改变受训者身上存在的长期的积习,只有经常和反复的训练才能有效改变受训者的行为模式。同时,要组织好这类培训对培训机构的要求也较高。

三、管理开发培训方法

管理开发培训是组织为了提高员工与组织整体的绩效,确定和持续追踪高潜能员工,帮助组织内领导者或管理者职业发展和能力提高的培训项目。

管理开发培训实际上是以开发、发展为中心的在职培训,它包括与组织内部和管理人员有关的许多政策和惯例,如绩效评估、工作轮换、职业发展、领导继任、高潜能人员确认和特别项目咨询等活动。一项有效的管理开发培训项目,可以不断地提供称职和经过良好训练的管理者和领导者,并使新任管理人员接受组织的价值观和准则。在公共部门的管理开发培训中,通常针对管理者的自我意识、管理和领导技能、胜任能力等方面的提高,采取不同的方法来进行①。

（一）自我意识的培训

所谓自我意识的培训,是指通过培训和开发项目改变管理者的自我意识,让管理人员更好地认识自己及其在组织中应该承担的责任,意识到管理风格和组织文化、管理哲学的相融性,并且通过认识别人是如何看待自己来提高自己的人际技能。自我意识的培训主要有以下两种方法。

(1) 敏感性训练(sensitive training)主要用来培养管理人员的自我认识和与人相处的能力,又被称为T小组讨论。敏感性训练的基本过程是通常以8～14人的小组方式把一批管理人员集中起来,在培训者的指导下,经常让他们进行一种既无议事日程也无中心内容的自由讨论,讨论自己感兴趣的问题,自由发表意见,分析自己的行为和感情,并接受他人对自己的意见,以期改进管理人员有关"我怎样认识自己"、"别人怎样看待我"和"我怎样认识别人"的"敏感性"。敏感性训练的优点在于能够使受训者重新认识建构自己,进一步认识他人和群体过程。其局限性在于所需时间较长,有造成受训者心理伤害的危险,对讨论主持人素质的要求较高。此外,受训管理人员可能不愿透露内心深处的秘密,也会影响到整个培训的程序与效果。

(2) 相互作用分析(transactional analysis)理论,是由加拿大的伯恩博士提出的一种人际交往能力和促进信息沟通的方法,又被称为PAC理论。该理论指出,每个人在心理上有三种自我状态：父母自我状态(P)、成人自我状态(A)、儿童自我状态(C)。这三种状态是一个人在其成长过程中逐步形成而成为心理结构的组成部分。父母自我状态以权威与优越感为标志,表现为统治、责骂和其他专制特征。成人自我状态的特征是客观与理智,一般能与人平等交往。儿童自我状态以冲动、偏执为特征。父母状态与儿童状态对客观世界的感受和反应往往并非一贯,而成人状态的思考与反应则具有统一性和一般性,因此理想的相互作用是"成人刺激"和"成人反应"。上述三种心理状态

---

① 石金涛主编：《培训与开发》,北京：中国人民大学出版社2003年版,第127～133页。

汇合为人的性格,而且蕴藏在人的潜意识中,在一定条件下会不自觉地表现出来,倾向于某一种状态,从而影响人际沟通的效果。管理人员的 PAC 结构和行为特征如表 6-3 所示。

表 6-3 管理人员的 PAC 行为特征

P	A	C	行 为 特 征
高	低	高	喜怒无常,难以共事,个人支配欲强,有决断能力,喜欢被人颂扬和照顾
高	低	低	家长作风,墨守成规,照章办事
低	低	高	喜欢寻求友谊,用幼稚的幻想进行决策,讨人喜欢但可能并不是称职的管理人员
低	高	低	客观,重视现实,工作刻板,待人较为冷淡,只谈公事,从不愿谈论私事,别人不愿与之谈心
高	高	低	客观理智,沉稳,易从父母状态过渡到成人状态
低	高	高	兼具"成人"和"儿童"的特点,对人对事都能处理好,被认为是理想的管理人员的交往风格

进行相互作用分析的培训,目的在于让受训人员了解在人际交往中,自己和对方的行为出自哪一种心理状态,保持平行性持续交流,避免发生交叉性沟通障碍,使信息畅通无阻。值得注意的是,在培训中要让受训者了解的重要原则是尽量以成人的自我状态控制自己,并以成人的语调、姿态和行为对待别人,同时作为管理人员,要鼓励和引导对方进入成人的自我状态。

(二) 管理和领导技能的培训

所谓管理和领导技能的培训,是指通过多样化的培训方法和内容来不断提高公共组织中管理者或领导者的领导力和管理技能。它作为脱产培训的主要形式,越来越受到公共部门的重视。前述各种方法都可以用于此类培训,这里简要介绍评价中心方法。评价中心(assessment center)是基于领导有效性行为理论基础上的,将管理者或领导者置于多种模拟的工作情景中,由专业测评人员采用多种评价技术对其完成任务的情况、所表现的行为及其心理特点进行观察和评价的一系列方法。评价中心可以对受训者是否适合某项工作、需要哪些方面的培训提供建议,并对受训者的能力和潜力进行预测。现代测评技术强调"多方法验证"的理念,因而,评价中心使用的具体方法是多样化的。下面简要介绍以下几种方法。

(1)结构化面试法,即由各类专家组成面试委员会,根据面试在测评整体设计中的地位和功能以及对管理人员的具体要求,确定评价要素,然后根据每个要素设计问题,最后依据精心设计的评分表,将测评人员的主观评价转换为数量化的指标,对被测人员作出全面的分数评定。

(2)无领导小组讨论法,即由应聘人员组成一个小组,每个组的人数控制在7～8人,在讨论中不指定领导,在无领导的情况下让小组讨论实际业务问题,专家在旁自由观察每个应聘者如何参加讨论,但不得干预讨论。这种方法可对领导能力、个人对小组目标实现的贡献、社交能力和表达能力等进行评价。

(3)公文处理法,是指应聘者在指定的时间内,按照指定的角色来处理一些由这一级管理人员日常需处理的各种文件(文件量一般在10～15份之间),包括电报、电话记录、会议通知、备忘录等。专家从口头沟通能力、计划组织能力、书面沟通能力、自信心、决策能力、风险承受能力和管理能力等维度,根据应聘者对文件的处理对其进行评分。

(4)心理测验法,包括智力测验和人格测验,如投射测验和主题统觉测验等,通过测验对被测人员的心理特点和过程有更好的了解。

(5)情境模拟测验法,即提供一个模拟的情境,要求参加者以小组为单位完成某些特定的任务,小组成员必须努力协作才能完成任务。这种方法通常和角色扮演、管理游戏结合在一起使用。通过练习,测评人员可以观察被测人员的领导能力和特点、人际交往能力、团队合作、情绪稳定性等多方面的特点。依据测验的结果,公共组织可以对那些能力强、有潜力的管理人员制定进一步的发展计划,而对那些能力较弱、潜力不足的管理人员也可以考虑制定适当的培训计划,提高他们胜任工作的能力。

(三)基于胜任力的管理与开发

所谓基于胜任力的管理与开发,源于麦克利兰(David C. McClelland)《测量胜任力而非智力》一文中提出的用胜任力取代传统智力测量的观点。他指出,用学术上的智力测验等来预测工作绩效或以后生活中的成功时,其预测效度比较低,而且具有严重的偏差。因此,他认为应该更加关注于"胜任力",即造成绩效出色和绩效一般之间差异的那些最显著的特征,包括知识、技能、能力及其他个人特征等(KSAOs)。基于胜任力的管理与开发项目,首先要明确管理人员的胜任力内容,根据组织发展战略要求形成针对管理人员的胜任力特点和要求,接着对管理人员的胜任力进行评估,最后在此基础上对他们进行开发。

私营组织以胜任力为基础的管理人员开发项目确定了管理人员所需要的三大类胜任力:成就结果导向、关注市场和不断寻求更好的方法。针对每一类胜任力,又列出了一些主要指标,并对这些指标给出具体的行为描述。在制定管理人员开发项目时,对照这些具体的描述对管理人员的行为表现进行评估,从而了解其不足和需要提高的地方,由此制定开发计划和项目。私营组织的成功经验为公共部门人员的培训提供了良好借鉴。胜任力的开发已经引入公共部门人员的培训,对公共部门管理者和领导者的能力提高起到了重要作用。

四、培训方法的选择

培训方法的选择在培训过程中至关重要,它直接关系到公共部门人员培训工作的成败。现代培训方法多种多样,加之不同的培训方法各有利弊,其应用范围也各不相同,这就使得培训方法的选择尤为关键。大量的培训实践表明,选择科学的培训方法必须注意以下几点①:

首先,在选择培训方法时,要把培训目标的考量放在首位。培训组织者要首先确定培训能够产生的学习成果,选择一种或几种最有利于实现培训目标的培训方法,再结合开发和使用已选择的培训方法的成本,做出最佳选择,以最大限度地保证培训成果的转化。

其次,应根据受训者的不同特点来决定需要采用的培训方法。在选择培训方法时,要区分职位的差别,不同的职位运用不同的培训方法。比如,对组织来说,一线员工和管理职位的员工,培训方法应有很大差异。即使是管理层的培训,也应分出层次,针对高层、中层和基层管理者进行的培训应选择不同的方法。如果在培训方法上分不出层次,针对不同员工进行的培训效果也不会理想。

再次,根据公共部门的培训预算成本来进行选择。公共部门培训方法的选择依赖于预算经费的支持,预算经费紧张时培训组织者应该选择讲座法,这样既可以节省资源,又可以使培训在较大范围进行。当资金条件比较好时,则可以考虑使用角色扮演、情景模拟等方法。

---

① 谢晋宇著:《人力资源开发概论》,北京:清华大学出版社2005年版,第201页。

此外,在选择培训方法时,培训组织者还要考虑不同培训方法的优缺点、使用范围和效果等因素。表6-4表明不同的培训方法在获得知识、改变态度、解决难题、人际沟通、参与许可、知识保持等方面的效果存在差异,排列的次序越高,说明这种方法越有效。

表6-4 不同培训方法的效果比较

培训方法	获得知识	改变态度	解决难题	人际沟通	参与许可	知识保持
案例研究	2	4	1	4	2	2
讨论会	3	3	4	3	1	5
讲课(讲座)	9	8	9	8	8	8
商业游戏	6	5	2	5	3	6
电影	4	6	7	6	5	7
程序化教学	1	7	6	7	7	1
角色扮演	7	2	3	2	4	4
敏感性训练	8	1	5	1	6	3
电视教学	5	9	8	9	9	9

资料来源:Terry L. Leap and Michael D. Crino:Personal, Human Resource Management, Macmillan, 1989, p.291。

在通过不同层面对比选择培训方法时,值得强调的是,各种培训方法的培训目标之间有交叉和重叠。比如,通过讲座法和角色扮演法的比较可以看出,后者较前者更加重视给受训者提供实践机会和反馈信息,因而较前者更有利于培训成果的转化。即使培训组织者不受预算经费等因素的限制,也应尽量选择相对便宜又有效的角色扮演、情景模拟等方法。实际上,没有一种培训方法是万能的,也没有一种方法将永远是最佳的。对培训组织者来说,重要的是根据培训目的、内容、对象、时间以及地点的不同,选择不同的方法或者一组最佳的方法组合。在培训方法选择的过程中,培训组织者要重点了解不同方法的优缺点及其在应用中应注意的问题。

西方国家普遍采用现代的培训方法,讲究根据不同的学员、不同的培训目的和内容,选择实用且有效的培训方法。对公共部门人员培训而言,提出要基于问题而学习,基于项目而学习,基于行动而学习,十分重视培训对象的参与,尽量采用互动的方式来培训。比如,瑞士联邦铁路总局的团队辅导法,法国的关于现实政治、经济生活中面临的重要问题的小组研究法。在新加坡,公务员培训以受训者为中心,突出启发参与式,并着眼于多样化,如讲授过程中结合使用讨论式教学法、案例分析教学法、情景模拟角色扮演教学法、"游戏式"教学法、流动参观考察教学法等,使得培训者与受训者在教中学,学中教,教学现场生动活泼,轻松易接受。另外,新加坡还重视公务员培训的环境气氛和硬件建设。培训过程中广泛采用投影仪、电视、录像等现代化教学手段,教师编写电子教材,充分利用电脑教与学,对培训环境的场地选择、色调、温度,甚至课桌的摆设也根据培训的需要经常变换组合,极大提高了培训工作的效率和科学化管理水平。

第五节 公共部门人员培训的实施与评估

任何培训理念的实现都有赖于各种培训方案的落实,在分析培训需求、明确培训内容和选择适当培训方法后,便开始设计培训方案,对公共部门人员实施培训。培训评估则贯穿于整个培训过程,通过对培训过程诸环节的持续测量和追踪,及时发现存在的问题,提出改进措施,提高公共部门人员培训的效果。

一、公共部门人员培训方案的实施

培训方案的实施是公共部门人员培训过程的关键环节。在进行培训的需求分析之后,培训组织者就可以制订具体的培训方案,包括培训目标、设计培训内容和培训方式等。科学合理的培训方案可以为培训工作提供明确方向,为具体操作和培训效果评估提供依据。培训方案的实施过程包括以下具体环节。

(一)确定受训者

受训者可以是组织的任何成员,但对任何一个组织来说,可以分配给培训工作的资源毕竟是有限的,因此,培训工作很重要的一个方面,就是确保受训者在其时都是确实需要某类培训的人。在选择培训对象时必须考虑员工掌握培训内容的能力,以及他们重新回到工作岗位以后应用所学内容的能力。这不仅是一个特殊员工的激励问题,同时也是一个重要的效率问题。

(二)选定培训师

培训师的选择直接影响到培训的效果,要根据培训项目的内容、所要达成的目标、资源的限制等因素来选聘培训师。培训师的知识经验、培训师的培训技能以及培训师的人格特征是判别培训师水平高低的三个维度。优秀的培训师既要有广博的理论知识,又要有丰富的实践经验;既要有扎实的培训技能,又要有高尚的人格。美国对培训师资的选择强调一定要与工作实际相结合,任教一段时间后必须回到所在组织中去工作一段时间,以了解和掌握最新情况,充实教学内容,改革教学方法,提倡师资应来源于从事过实际工作的人员。

(三)确定教材和教学大纲

受训者的知识背景、工作性质是不同的,选用合适的教材是培训工作取得成功的重要环节。一套好的培训教材应该具备围绕目标、简明扼要、图文并茂、引人入胜等特征。教学大纲根据培训计划,具体规定课程的性质、任务和基本要求,规定知识与技能的范围、深度、结构、教学进度,提出教学和考试(考核)的方法。教学大纲要贯彻理论联系实际的原则,对实践性教学环节作出具体规定。

(四)确定培训的种类和方法

培训的种类和方法很大程度上影响到培训的有效性。培训的种类和方法,要视不同培训要求以及各种培训类型与方法的特点而定。常见的培训类型与方法在前面已有论述,公共部门可以根据自身的具体情况以及培训的目的、内容等因素来选用或混合使用不同的培训方式。

(五)选择培训的时间和地点

培训时间的合理分配要依据训练内容的难易程度和培训所需总时间而定。一般说来,内容相对简单的、短期的培训可以使用集中学习的方法,而内容复杂、难度高、时间较长的培训,则宜采用分散学习的方法,以节约开支,提高效率。培训地点的选择通常基于以下考虑,包括视觉效果、听觉效果、温度控制、教室大小和形状、座位安排、交通条件和生活条件等。

(六)准备好培训的经费和设备

培训经费的来源、投入以及分配使用,关系到培训的规模、水平和质量。公共部门应改变由国家财政单一拨款的局面,争取多渠道筹集培训经费,同时严格经费管理制度,确保经费的合理分配与使用。在培训经费的合理范围内事先准备好培训所需的设备器材,如电视机、投影仪、屏幕、放像机、摄像机、幻灯机、黑板、白板、纸、笔等。一些特殊的培训则需要专门的设备。

在培训方案实施过程中还应注意以下问题:参加培训的人员的身体和心理上的舒适和满意程度;使用各种培训技巧来引起受训者的兴趣,适应他们不同的学习风格;培训师在培训过程中必须给受训者一定的时间,使其可以实践新获得的技巧;对受训者的培训情况进行反馈,告之受训者的表现并提示其如何纠正不足。具体来说,在培训的不同阶段都有一些针对性的注意事项(见表6-5)。

表6-5 各培训阶段的注意事项

培训阶段	注意事项
培训前	制定培训计划;编写培训教材;聘请培训教师;安排培训场所;准备培训设施;安排好培训人员食宿;安排好受训人员食宿
培训中	保持与培训人员的联系;保持与受训人员的联系;观察受训人员的课堂表现;及时将受训人员的意见反馈给培训人员;保证培训设施的便利使用;保证培训场所的干净整洁;适当安排娱乐活动
培训后	评价受训人员的培训效果;听取培训人员和受训人员的改进意见;酬谢培训人员;培训总结;跟踪调查受训人员工作绩效;调整培训系统

资料来源:吴志华主编,《人力资源开发与管理》,北京:高等教育出版社2004年版,第264页。

二、公共部门人员培训评估模型及选择

(一)柯克帕特里克培训的四级评估模型

最著名的培训评估框架是美国学者柯克帕特里克(Kirkpatrick)提出的四层次培训效果评估模型(见表6-6)。他将培训效果分为4个递进的层次,即反应、学习、行为、效果。具体来说,一级评估需要注意受训者的反应,因为无论培训者如何认真准备,只要受训者对某方面不感兴趣,就不会去认真学习。二级评估需要检查受训者所学的东西,这种检查可能以考卷形式进行,也可能是实地操作。三级评估试图衡量受训者工作表现的变化,这是为了记录受训

者是否真正掌握了课程内容并运用到工作中去。四级评估要衡量培训是否有助于组织业绩的提高,如考察培训对员工工作态度的改变能否对提高组织绩效起到应有的作用。培训实践证明,要使与工作相关的培训做得好,至少对其中一些项目要进行三级评估(衡量培训前后的工作表现)和四级评估(衡量组织绩效的变化)。

表6-6 柯克帕特里克培训四级评估模型

评估级别	主要内容	可以询问的问题	衡量方法
一级评估:反应层评估	观察受训者的反映	(1)受训者喜欢该培训项目吗?(2)项目对自身有用否?(3)对培训讲师及培训设施等有何意见?(4)课堂反应是否积极主动?	问卷、评估调查表填写,评估访谈
二级评估:学习层评估	检查受训者的培训结果	(1)受训者在培训项目中学到了什么?(2)培训前后,受训者知识及技能方面有多大程度的提高?	培训调查表填写,笔试、绩效考试,案例研究
三级评估:行为层评估	衡量培训前后的工作表现	(1)受训者在学习的基础上有没有改变行为?(2)受训者在工作中是否用到培训所学到的知识?	由上级、同事、客户、下属进行绩效考核、测试、观察和绩效记录
四级评估:结果层评估	衡量组织绩效的变化	(1)行为的改变对组织的影响是不是积极的?(2)组织是否因为培训而经营得更顺心更好?	考察事故率、生产率、流动率、士气

资料来源:马本军,《2003年12月20日,栖息谷—上海培训专题论坛》专题讲座。

(二)考夫曼的五级评估模型

考夫曼(Kaufman)结合组织培训效益评估的实践,对柯克帕特里克的培训四级评估模型作了进一步的修正和增补。考夫曼将柯克帕特里克四级评估模型中一级评估的定义给予了扩展,并增加了第五级评估来讨论社会问题。他认为培训能否成功,培训前的各种资源的获得是至关重要的,并且培训所产生的效果不应该仅仅对本组织有利,它最终会作用于组织所处的环境。在一级评估中,在反应层次内增加了可能因素一项,说明的是针对培训成功所必需的各种资源的可靠性和可用性问题。第五级评估说明的是社会和客户的反映以及利润的结果,这使得评估超越了本组织的范围,它检查的目的是改进业绩的培训项目给社会带来的价值以及给组织周边环境带来的影响。

(三) CIRO 模型

CIRO 模型最初由沃尔(Warr)、伯德(Bird)和瑞克汉姆(Rackham)等人提出,认为评估必须从情境(contextual)、投入(input)、反应(reaction)和结果(outcome)四个方面进行,它比一般的培训评估的范围更宽泛。情境评估是指获取和使用当前情境的信息来明确培训需求和培训目标。情境评估的三个目标分别是:最终目标(组织可以通过培训克服或消除特别薄弱的地方)、中间目标(最终目标所要求的员工工作行为的改变)和直接目标(为达到中间目标,员工必须获取的新知识、技能和态度)。投入评估是指通过可获取的培训资源(内部资源和外部资源)来确定培训方法。反应评估是指获取和使用参与者的反应来提高培训的过程,其典型特征是依赖于参与者的主观信息。结果评估是指收集和使用培训结果的信息,包括四个阶段,即界定趋势目标、确定测量方法、选择测量时间和评估结果以改善后续的培训。

(四) CIPP 模型

CIPP 模型与 CIRO 相似,包括四种评估:情境评估(contextual)、投入评估(input)、过程评估(process)和结果评估(product)。情境评估界定相关环境,识别需求和机会,诊断具体问题。投入评估可以提供如何最佳使用资源去成功实施培训的信息,有助于制定培训项目计划和设计培训的一般策略。过程评估可以反馈给培训主管,它可以监控可能的失败来源,或给预先的决策提供信息。结果评估对培训目标进行测量和解释。这种方法与 CIRO 模型的主要区别在于:一是过程评估认为应该监控可能的失败来源或给预先的决策提供信息,以为培训评估做准备;二是结果评估中除了要对培训目标结果进行测量和解释外,还包括对预定目标和非预定目标进行衡量和解释,这个级别的评估可发生在培训的全过程。

(五) 菲利普斯的五层次 ROI 模型

菲利普斯(Phillips)的 ROI(return on investment)模型主要是针对培训发展的投入进行评估的一种评估模型,它在柯克帕特里克模型的基础上增加了第五个层次。这五个层次分别是反应和已经计划的行动、学习、工作应用、组织结果和投入回报率。第一层次测量受训者的满意度以及他们将如何应用培训所学。第二层次测量受训者在培训过程中所学。第三层次判定受训者是否将所学应用于实际工作中。第四层次测量受训者在培训后对组织产生的积极影响。第五层次通常表示为成本与收益的比率。在实际操作中,组织很少进行 ROI 评估,因为 ROI 评估过程是一个困难并且昂贵的过程,如果要进行第五层次评估,那么前四个层次的评估都是必不可少的。

此外,还有许多定性和定量的培训评估模型,但是当前占主导地位的培训评估模型仍然是柯克帕特里克的四层评估模型,其他模型大多是在此基础上的发展和完善。尽管培训模型从组织的各个层次为培训效能的评估提供了思路,但面对众多的评估模型,选择本组织需要的评估模型是组织必须作出的抉择。对此,任何组织都必须根据自身的特点,研究组织的具体适应情况以及培训项目情况,来选择真正适合的模型。

三、公共部门人员培训效益评估的内容[①]

培训需求分析以绩效问题为焦点,这必然要求培训的效益评估要以绩效问题的改善为核心。因此,任何培训计划都应该建立测评程序。克林格勒等人认为,"可以在五个层次上对培训活动进行评估,即反应、学习、行为、结果和成本有效性。"[②]五个层次的评估重点如表 6-7 所示。

表 6-7 培训效益评估的内容构成

评 估 层 次	结 果 标 准	评 估 重 点
1	反 应	学员满意度
2	学 习	学习收获
3	行 为	工作行为的改进
4	结 果	工作结果的改善
5	成 本	成本的有效性

培训评估的主要目的是保证培训的顺利进行,确保培训目标的实现,获得培训效益。结合公职人员培训的实际情况,培训效益评估的五个层面具体如下。

[①] 参阅滕玉成等主编:《公共部门人力资源管理》,北京:中国人民大学出版社 2003 年版,第 253～255 页。
[②] 〔美〕唐纳德·克林格勒等著:《公共部门人力资源管理:系统与战略》(英文第 4 版),北京:中国人民大学出版社 2001 年版,第 386 页。

（一）反应层面

受训者的反应是培训效益评估需要考虑的首要因素。反应即是指受训者对培训项目，包括培训材料、培训师、设备、方法等的评价。受训者反应评估从三个方面进行：一是培训内容方面，如培训内容是否有用、清晰、有趣，培训教材、速度是否适当等；二是有关培训师的情况，如控制教学内容、驾驭课堂气氛的能力等；三是相关后勤保障情况，如受训者的生活条件、教学设备和环境等。反应评估一般采用调查表、面谈、公开讨论等形式获取信息。这个层面的评估易于进行，是最基本、最普遍的评估方式，便于掌握培训信息，找到解决问题的方法。但其不足也是显而易见的，受训者的知觉、兴趣、价值观的差异，会使评估带有较强的主观色彩。此外，为了使反应评估更好地进行，还需要特别注意信息的收集、评估目标的设计、评估标准的确定、受训者的反馈等问题。

（二）学习层面

在培训中传授的内容包括知识、技能和态度，学习层面的评估主要测量受训者知识原理、工作经验、工作态度和技能的获得程度。学习评估侧重于两个方面：一是受训者的学识增长情况，可通过书面考试和诊断性测试来进行；二是受训者的技能增长情况，可通过观察、角色扮演、模拟环境、工作实例、表现测试等多种方法进行。此外，对受训者综合能力的评价，还可以利用项目研究和论文写作等予以考察。学习评估一般采用考试、演示、讲演、讨论、角色扮演等多种方式获取信息，其中比较广泛使用的是考试，即在对受训者学习成绩评价的基础上，判断培训的成效。学习评估的优点是：对受训者的压力督促他们更加认真学习，对培训师的压力使其更加负责和精心地准备课程。其缺点在于，评估的压力也有可能降低培训的参与度，致使培训难以展开。

（三）行为层面

受训者工作行为的改变是培训活动的直接目标。行为改变是测量受训者在培训项目中所学习的知识、技能和态度的转化程度，以及其工作行为有无改善。行为评估侧重于受训者能否将培训中所获得的学识和行为转化为良好的工作表现，进而评价培训最终目标是否达成。行为评估可采用直接观察、主管人员评价、同事评价、服务对象评价、比较等多种方式获取信息。行为评估的优点是可以直接反映培训课程的效果，取得高层领导和直接管理者对培训的支持。但这种评估的时间和精力的耗费都比较大，评估标准和内容的科学性难以把握，员工的工作表现复杂等问题都制约着其评估有效性。

（四）结果层面

由于培训的最终目标是提高组织的绩效，所以结果评估是培训评估中最重要也是最困难的评估。结果评估侧重于组织效益的评估,它用来评估培训方案给组织带来的绩效改进。组织效益的评估是一项系统的工程,涉及质量、数量、生产率、投资回报率等因素。结果评估有利于组织确定生产力提高与成本降低的幅度,以及组织目标的实现程度。一般采用两种方法:一是客观指标测量法,包括工作准确率、顾客满意度、工作完成率、工作准时率等;二是主观衡量法,由于不可能量化所有的指标并通过客观方式体现出来,因此主观衡量也是评价绩效的一种重要方式。虽然公共部门也在不断寻求测量指标的量化,但基于公共部门产出的特性,主观衡量法使用较多。

(五)成本有效性

培训成本是培训效益评估的中心内容。培训成本一般包括培训需求分析费用、教师费用、场地费用,以及组织为培训者在培训期间支付的工资、福利费用等。培训收益因不同的培训项目而有所不同,较易得到的指标包括工作准确率、数量和质量、出勤率提高等带来的收益等。但培训成本的有效性是由扣除了计划成本的问题成本来决定的,问题成本是指组织使用未受培训人员所承担的实际经济损失,包括设备故障、工资福利、监督和质量控制、人事费用等。因此,即使一项培训被确定是有效的,仍然要探究它的成本是否低于问题本身的成本,或低于其他可供选择方案的成本,否则就不具备成本有效性。

四、公共部门人员培训效益评估的流程

科学的培训效益评估对于了解组织培训的效益、界定培训对组织的贡献以及证明员工培训所提高的绩效都非常重要。一般说来,有效的培训效益评估应该包括下述基本步骤①:

第一,培训需求分析。进行培训需求分析是培训项目设计的第一步,也是培训评估的起点。如果对没有充分需求分析的培训项目进行评估,那么评估的结果大多是令人失望的。对许多组织的管理层来说,培训工作之所以"既重要又茫然",关键问题在于其虽然意识到了培训的重要性,但对组织自身的培训需求却不明确。

第二,界定评估目的。在培训项目实施之前就必须把培训评估的目的明确下来。多数情况下,培训评估的实施有助于对培训项目的前景做出决定,对培训系统的某些部分进行修订,或是对培训项目进行整体修改,使其更符合组

---

① 吴志华主编:《人力资源开发与管理》,北京:高等教育出版社2004年版,第267~270页。

织的需要。

第三，评估训练前的准备。有效培训是多方积极参与的结果，有效的培训评估主要参加对象包括：组织领导、培训组织者、受训员工、培训师、培训机构等。培训主管要想充分有效地开展培训评估活动，那么最好能够对受训部门和受训员工进行培训前、培训中、培训后三方面的准备。

第四，选定评估对象。由于培训需求呈不断增长的态势，因而实施培训的直接费用和间接费用也在持续攀升，因此，不一定所有的培训活动结束后都要进行效益评估。评估主要应针对新开发的项目、新教员的课程、新的培训方式、外请培训机构进行的培训、出现问题和投诉的培训等情况进行评估。

第五，全面考虑评估活动。在培训评估正式实施前，培训组织者应该通盘考虑并精心筹划培训评估活动。

第六，构建培训评估数据库。培训评估之前，培训组织者还必须将培训前后发生的数据收集齐备，因为培训数据是培训评估的直接依据，尤其是在进行培训三级、四级评估过程中必须要参考这些数据。

第七，确定培训评估层次。从评估的深度和难度看，柯克帕特里克的培训评估模型包括反应层、学习层、行为层和结果层4个层次。培训组织者要确定最终的培训评估层次，因为这将决定培训评估开展的有益性和有效性。

第八，选择评估衡量方法。在决定对培训进行评估后，评估工作在培训进行中就可以开始了。采取的方法主要是培训主管部门或有关部门管理人员亲临课堂听课，现场观察受训者的反应、培训场所的气氛和培训师的讲解组织水平等。虽然这样可以获得一手材料和信息，但因培训还未结束，除非特别要注意的重大培训项目，为获得完整数据，一般在培训结束后才开始进行评估。

第九，统计分析原始资料。培训主管要对前期的培训评估调查表和培训结果调查表进行统计和分析，将收集到的问卷、访谈资料等进行整理合并和统计分析，摈弃其中的无效资料，同时得出相关结论。

第十，撰写培训评估报告。培训主管在统计分析上述调查表的基础上，再结合受训者的结业考核成绩，对此次培训项目给出公正合理的评估报告。

第十一，调整培训项目。在对收集到的评估信息进行认真分析的基础上，培训主管就可以有针对性地调整培训项目了。

第十二，沟通培训项目结果。很多组织虽然重视培训评估，但其评估活动却与实际工作脱节。如果培训效果的检验仅局限于培训过程中，而没有在实际的工作中进行，必然造成培训与实际生产服务脱节。在培训评估过程中，有些组织往往忽视对培训评估结果的沟通。尽管经过分析和解释后的评估数据应该转给相关人员,但当应该得到这些信息的人没有及时得到时,就会出现问题。在沟通有关培训评估信息时,培训部门一定要做到不存偏见和有效率。

培训结果的多样性决定了培训效益评估的复杂性。为了更加科学有效地对培训效益进行评估,还应注意以下问题:首先要选择合适的评估方法;其次要注意评估的时效性;最后要在评估之前确定效益评估的标准。培训效益评估的标准还应该与组织发展的目标高度相关。公共部门人员培训的评估标准包括培训之后公职人员的工作准确率是否大大提高了,服务质量是否有明显的提高,培训的成本有多大等诸多方面。

西方国家除了注重对培训本身的评估和管理以外,还把培训评估与公务员的业绩考核、职位晋升结合起来,综合评定。欧盟国家把公务员的培训结果与考核晋升紧密结合。比利时安特卫普省规定,要从低一级晋升到高一级,必须接受100小时以上的与工作相关的培训,而且须考试合格获得培训证书。法国政府规定,B类公务员要想升入A类,必须经过3个月严格的脱产培训,而且一般来说只有国立行政学院毕业生才能担任高级公务员。欧盟总部对公务员的培训效果进行监控,要求公务员培训结束后写出培训报告,半年以后进行一次检查,并且还通过调查问卷的形式,向参训者的领导、同事了解培训结果的应用情况。比利时联邦政府和荷兰政府虽然没有明文规定培训与晋级挂钩,但公务员是否主动申请培训,提升能力,是与其职业发展直接相关的。在加拿大,政府一旦为公务员出资培训,公务员必须接受政府的严格考核,一方面是由政府人力资源管理部门来进行考核,另一方面由培训承办者来进行考核,培训单位根据公务员在培训中的表现提出不同的评定结果,作为公务员管理机关考核公务员的依据。公务员必须在接受培训后,写出详细的培训过程、培训收获及培训心得,要求公务员在培训后能提出今后工作改进的方案报领导审阅,领导将会根据公务员的报告对公务员进行长期的监督与考核,基本做到长效管理与日常管理相结合。

案　例

澳大利亚国家培训包计划[①]

澳大利亚政府高度重视国家职业教育与培训体系的建立和完善。20世

---

① 案例来源:"澳大利亚国家培训包制度述评",《教育与职业》,2005年第2期。

纪80年代建立的公立技术和继续教育学院（TAFE），负责实施全国的初级和高级职业教育和培训。从20世纪90年代起，澳大利亚联邦政府致力于建立和发展一个高效的、竞争的职业培训市场，在这个市场中既要包括公立的培训机构，也要包括私人参与和投资的机构，以打破国家职业教育和培训完全由TAFE学院独自承担的局面，使职业教育能够更好地适应产业需求。这项政策在开展之初就遇到了很大的困难，可以说建立国家培训市场的重重阻力直接催生了国家培训包计划。

澳大利亚政府认为建立国家培训市场首先要建立全国统一的国家资格证书框架、国家职业培训和资格认证标准体系，并且要确立这些资格证书能够在全国范围内得到共同承认的原则。国家培训包制度则成为其中提供国家职业培训和资格认证标准的重要体系。国家培训框架有两个关键的组成部分：即国家认证框架（Australian Recognition Framework）和国家培训包（National Training Package）。前者规定了国家职业资格证书发放的机构和全国公认的原则；后者则致力于解决职业培训和认证中的能力标准、评价方针以及资格证书认证的条件和标准。

国家培训包是一套国家认可的用以认定和评价人技能的职业标准和资格的体系，它并不规定为使个体达到这种要求应当采取怎样的教育和培训方式，一项培训包根据产业对其工作者所提出的知识和技术要求，详细地规定了受训者所要达到的能力标准和评价原则。因此，培训包的设计理念是出于规定适合培训和评价模式的能力。每项培训包均针对特定的产业、产业部门或企业而设计，都包括3个组成部分：产业认可的能力标准、评价方针、培训包内授予的资格证书。

1. 培训包中的能力和资格证书

培训包里所规定的能力标准集中反映出在特定产业的工作过程而不是学校学习过程中所要求的能力，而且体现出将知识和技术转化并应用到新形势和新环境中的能力要求。它所强调的是实实在在的培训结果和知识、技术的最终应用，而不只是简单的规则说明书。因此，能力标准关心个体能做什么，也关心其能够在多大的环境范围内去完成这些任务的能力。

培训包所规定的多种能力以不同的方式进行组合就构成资格证书所要求的标准。例如，社会服务培训包覆盖了下列9项资格证书领域：① 老年照顾工作。② 酒精和其他药品工作。③ 儿童的服务工作。④ 儿童保护、法令监督、青少年工作。⑤ 社区家务工作。⑥ 社区工作。⑦ 残疾人工作。⑧ 心理健康工作（非临床的）。⑨ 青年工作。这9种资格中既含有普通能力，也包括专业能力。同时还具体规定了这些能力如何组合与构成每种资格。在每种资格中，又分有多种水平，通常从资格证书水平Ⅱ，一直到高级证书水平。这些资格水平与澳大利亚资格证书体制中相应的要求是完全一致的。

2. 培训包中的能力单元、要素和标准

培训包中的每个能力单元包含多种要素。能力要素是使个体经过培训，在其特定的工作领域中能够完成的活动，必须是能在个体行为中明确地显现出来并且可以评价的行为或结果。每一项能力要素都有实施标准，规定了要评价的内容以及实施的要求水平。通常每个能力要素都有相关的几个实施标准。例如，上面所举的"社区服务培训包"中有一项能力单元是"为当事人辩护"，它包括下列三个能力要素：一是协助当事人确定他们的权利和阐述他们自己的需要；二是代表当事人的要求进行辩护；三是能够为当事人辩护。与上述三个要素相联系的实施标准分别为：协助当事人去确定他们自己的需要和权利，以及去确定是否他们的权利被侵犯或者没有什么变化；根据当事人的具体要求，确定并且联系最适当的个人或组织，清楚地表明当事人的观点，为当事人争取最好的结果；协同最合适的人选，以维护当事人的权利和支持当事人合理要求的方式解决问题。

与此同时，每项能力都有可变化的范围，这主要因为评价和执行能力的环境条件可能会因产业不同而存在很大差异。针对"为当事人辩护"的能力而言，可变化的能力范围包括：与其他工作者、管理者及其他机构组织共同代表当事人的要求辩护；与社区内的重要人物讨论；采访；问卷调查；出庭等等。

3. 培训包中的能力评价

培训包受训者的评价方式采取总结性评价。它必须直接依靠能力，而且必须要遵循培训包中所规定的指导方针进行，后者直接与实施标准和可变的范围相联系。它的目的是在产业或培训计划中指导能力单元的评价。评价并不是在教学过程中进行；而是必须在产业中或相似的工作环境中进行。通过受训者在完成指定的任务中所表现出来的能力进行评价。

4. 培训包支持材料

培训包中并不提供如何达到能力标准和资格证书的方式。因此，培训机构和教师只能依赖学习者的需要、能力和环境来发展教学策略。为解决这个问题，每项培训包通常有相关支持材料。支持材料包括学习策略，评价支持材料和专业发展材料，包括印刷品、光盘、录像带、图书馆和以网络为本的材料。培训包支持材料必须要适合培训要求，并且要满足教师、培训提供者、产业指导者、辅导教师和学习者的需要。这些材料必须被 ANTA 进行质量认证，标明其适用范围。

案例分析题
1. 澳大利亚国家培训包计划有何特点?
2. 请结合案例谈谈我国公共部门人员培训制度的改革与完善。

复习与思考
1. 公共部门人员培训的含义。
2. 培训在公共部门发展中的作用。
3. 公共部门人员培训需求分析的内容。
4. 我国公共部门人员培训的内容。
5. 公共部门人员培训评估模型。
6. 常用的公共部门人员培训方法。
7. 公共部门人员培训效益评估流程的基本步骤。

第七章 公共部门人员的激励

激励是组织人力资源管理的核心问题,它对于充分调动组织成员工作的积极性、吸引和留住人才以及提高个人和组织绩效都具有决定性的意义。公共部门人力资源管理过程中的绩效管理、职业发展管理、培训与开发、薪酬设计与管理等环节都涉及激励问题。本章首先对主要的激励理论进行简要梳理,包括内容型激励理论、过程型激励理论、状态型激励理论和综合型激励理论;然后分别介绍中外公共部门人力资源管理中具体体现激励的制度——奖励和惩罚制度、职务升降制度,从而勾勒出公共部门人员激励的基本制度框架并力求反映其最新的进展。

第一节 激励理论概述

激励理论就是研究如何激发动机的理论。自20世纪20~30年代以来,西方的管理学家、心理学家和行为学家从不同的角度研究应如何激励人的问题,并提出了诸多激励理论,尤其是行为学派的产生和发展更加促进了激励理论的繁荣。根据不同的标准,学者们把激励理论分为不同的类型。有的将其分为内容型激励模式与过程型激励模式两类,也有的将其分为内容型激励理论、行为改造型激励理论以及过程型激励理论三类。较为公认的是根据这些理论的不同特征,把它分为内容型激励理论、过程型激励理论、状态型激励理论和综合型激励理论。

一、内容型激励理论

内容型激励理论着重对激励的原因以及起激励作用的因素的具体内容进

行研究。由于需要和动机是推动人们行为的原因,也是激励理论的起点和基础,所以,研究需要的内容和结构以及如何推动人们的行为是内容型激励理论的主要任务。内容型激励理论主要包括马斯洛的需要层次理论、阿尔德弗的ERG理论、麦克利兰的成就需要理论和赫茨伯格的双因素理论。

(一)需要层次理论

美国行为科学家亚伯拉罕·马斯洛(A. H. Maslow)在对默里(Henry A. Murray)所著的《人格的探索》一书中列举的人类20种不同的需要进行分析归纳的基础上,于1943年出版了《动机激发论》,提出了"需要层次理论"(Hierarchy of Needs Theory)。

马斯洛认为,人的价值体系中存在着两类不同的需要,一类是沿着生物谱系上升方向逐渐变弱的本能或冲动,称为低级需要或生理需要,另一类是随生物进化而逐渐显现的潜能或需要,称为高级需要。据此,马斯洛把人类的需要按其重要性和产生次序分为5个层次,即生理需要、安全需要、归属与爱的需要、尊重需要以及自我实现需要(见图7-1)。

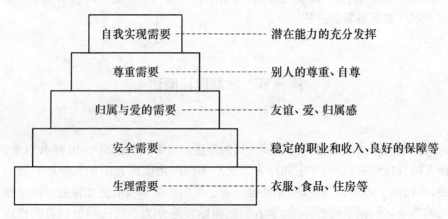

图7-1 马斯洛的需要层次理论

第一层是生理需要(the physiological needs)。这是人类最原始的、最基本的需要,诸如饥饿有食品,渴有饮料,寒暑有衣服和庇护所,疾病有药物治疗等。这些需要是人类最强烈、最迫切、不可回避的需要,由此而产生的动力和效力也是很强大的。当一个人的基本生理需要占很大优势时,其他的需要一般就会居次要的地位。但是,生理需要的作用是有限的,如果这种基本需要得到相应的满足,则其推动力就要相应的减少,激励作用也会相对降低。

第二层是安全需要(the safety needs)。安全需要是指人们寻求保护自己免受生理与心理上的侵害的需要,主要涉及四个层面,一是经济安全的需要,包括对疾病、职业危害、失业、财产剥夺等造成的经济生活贫困的担心;二是心理安全的需要,包括希望解除严酷的监督和威胁,避免遭受不公平的待遇等;三是劳动安全的需要,包括不出事故、不患职业病、能胜任工作等;四是环境安全的需要,包括不受意外、天灾、地震、战争等的危害。安全需要是每一个现实生活中的人都有的需要,它直接影响到人们的工作情绪和态度。

第三层是归属与爱的需要(the love needs)。归属与爱的需要包括社交欲和归属感。社交欲说明人需要获得别人的同情、安慰和支持,需要友谊、伙伴和爱情。归属感表明人希望成为某群体中的一员。归属与爱的需要与个人性格、经历、生活区域、民族、生活习惯、宗教信仰等都有关系,这种需要较前两种需要更加细微和难以捉摸。

第四层是尊重需要(the esteem needs)。尊重需要可从两个角度来描述:一是渴望实力、成就、适合性和面向世界的自信心,以及渴望独立与自由。二是渴望名誉与声望,即渴望来自别人的尊重、受人赏识、注意和欣赏。满足自我尊重的需要导致自我信任、价值、力量、能力、适合性等方面的感觉,而阻挠这些需要将产生自卑感、虚弱感和无能感。通常,尊重的需要很少能得到完全的满足,但这种需要一旦成为推动力,就将会具有持久的干劲。

第五层是自我实现需要(the needs for self-actualization)。这是一种最高级的需要,是指人们希望完成与自己的能力相当的工作,使自己的潜在能力得到最充分的发挥,成为自己所期望的人物。

在此基础上,马斯洛进一步描述了各需要层次间的相互关系。其一,这五种需要像阶梯一样从低到高依次排列,但这种次序不是完全固定的,可以变化,也有种种例外情况。其二,一个层次的需要相对地满足了,就会向高一层次发展。这五种需要不可能完全满足,愈到上层,满足的程度愈低。其三,同一时期内,可能同时存在几种需要,因为人的行为是受多种需要支配的。但每一时期内总有一种需要是占支配地位的。任何一种需要并不因为下一个高层次的需要的发展而告消失,各层次的需要相互依赖与重叠,高层次的需要发展后,低层次的需要仍然存在,只是对行为影响的比重减轻而已。其四,当一种需要满足后,就不再是一股激励力量。

后来,马斯洛又在尊重需要和自我实现需要间加入了求知的需要和求美的需要,被称为"七层次说"。但似乎"五层次说"更为流行。尽管关于这一学说还存在着许多争论,但其影响力已经证明它是一种极具实践生命力的理论。行为学家们依据马斯洛的需要层次说,将需要的层次、激励的因素以及管理的策略对应成表,为管理的实践提供指南(见表7-1)。

表7-1 需要层次、激励因素与管理策略对应表

需要层次	激励因素(追求的目标)	管 理 策 略
生理需要	工资和奖金;各种福利;健康工作环境	工资和奖金制度;贷款制度;医疗保健制度;工作时间(休息);创造健康工作环境;住宅和福利设备
安全需要	职业或职位保障;意外事故防止	安全生产生活条件;危险工种的营养福利制度;合理的用工制度;离退休养老金制度;健康和意外保险制度;失业金制度
隶属与爱的需要	友谊(良好人际关系);团体接纳;组织的认同	和谐工作小组和良好人际关系;协商和对话制度;互助金制度;工会及其他团体活动;娱乐制度;教育训练制度
尊重需要	名誉;地位;权力与责任;被人尊重与自尊;与他人工资奖金之比较	人事考核制度;工作职称晋升制度;奖金、奖励、表彰制度;责任制度;选拔择优的进修制度;委员会参与制度与提合理化建议制度
自我实现需要	能发挥自己特长的组织环境;承担有挑战性的工作	决策参与制度;提案制度;建立攻关小组,提倡创造性工作;发动职工研究发展规划;交给职工挑战性工作;破格晋升制度

(二) ERG 理论

ERG(ERG Theory)理论是美国行为科学家克莱顿·阿尔德弗(C. Alderfer)在《生存、关系以及发展:人在组织环境中的需要》《关于组织中需要满足的三项研究》等著作中提出的一种关于需要和激励的理论,也是对马斯洛需要层次理论的修正。阿尔德弗在大量调查研究的基础上指出,人的基本需要有三种,即生存(existence)、相互关系(relatedness)和成长(growth)。

生存需要是指人在衣食住行等方面的物质需要。这种需要一般只有通过金钱才能满足。只有这项最基本的需要得到满足以后,才能谈到其他需要,这一类需要大体和马斯洛的需要层次中的生理和某些安全需要相对应。

相互关系的需要是指与其他人(同级、上级或下级)和睦相处、建立友谊和有所归属的需要。这一类需要类似于马斯洛需要层次中部分安全需要、社

交需要以及部分尊重需要。

成长的需要是指个人在事业上、前途方面的发展。成长需要的满足,表现为个人所从事的工作能否充分发挥他的才能,以及通过工作能否培养新的才能。这一类需要相当于马斯洛需要层次中的自我实现和某些自我尊重的需要。

阿尔德弗认为,各个层次的需要得到的满足越少,这种需要越为人们所渴望;较低层次的需要越是能够得到较多的满足,对较高层的需要就越渴望;如果较高层的需要一再受挫,得不到满足,人们就会重新追求较低层次需要的满足。例如,成长需要受挫,有时会导致人际关系需要甚至生存需要的急剧上升。ERG 理论不仅提出了需要层次的"满足—上升"趋势,而且也指出了"挫折—回归"的趋势。这一原理可以有效地解释现实中人们行为的特点,在管理实践中很有启发意义。因此,领导者不仅应时刻注意了解并设法满足组织成员的需要,而且还要引导员工的需要向高层发展。

(三)成就需要理论

成就需要理论(Theory of Achievement Need)是美国哈佛大学教授戴维·麦克利兰(David McCelland)于 20 世纪 60 年代提出来的。麦克利兰在《促使取得成就的事物》一文中曾指出,世界上的人大致可分为两类:少数人愿意接受挑战、艰苦工作,以便有所成就;而大多数人则对取得成就的愿望不是那么强烈。他还用一个简单的实验来说明这点:要一个人去完成某项工作,并告诉他可以选择一个或者是亲密朋友,或者是他所不熟悉的该项业务的专家作为工作伙伴。结果发现,那些"高成就需要"的人往往选择他所不熟悉的专家,"而情谊需要高"的人往往选择自己亲密的朋友,由此可见,人们对成就的需要的确有高低之分。麦克利兰把人的需要分成三种:成就需要(追求成功,实现目标的需要)、友谊需要(建立友好、亲密的人际关系的需要)和权力需要(施加影响和控制别人的行为的需要)。

成就需要理论的基本要点是:第一,具有强烈成就需要的人,往往把个人成就看得比金钱更重要。一个人在工作上取得了成功或攻克了难关,解决了难题,从中得到的乐趣和兴奋会大大超过物质的激励。肯定、承认他的进步和成就,是对他最好的奖酬;第二,具有高度成就需要的人对企业和国家都有重要作用;第三,成就需要理论研究了如何发现有高度成就需要的人。麦克利兰教授等人进行了一系列的心理试验。比如,他运用主题统觉试验原理,进行想象力试验,让受试者用很短的时间(15 秒钟)看一张照片,然后用 5 分钟的时间对图中所暗示的内容写一个想象出来的故事。故事要反映这样几个问题:

图中发生了什么情况？图中是什么？他正在想什么？将会发生什么事情？会产生什么结果？对同一张照片,不同的受试者往往会有不同的反应,他们的回答很大程度上反映了他们各自的内心需要。分析者可以根据这些回答确定受试者的需要及其强弱程度；第四,高成就需要的人是可以通过教育培养的。麦克利兰在美国、墨西哥等地进行了这种培训试验。在联合国的帮助下,为许多国家的企业家开办了"发展成就动机训练班",并取得了显著的效果。一般训练班为期7～16天,其课程大纲有4个主要目标：教给参加者像高度成就需要者那样思考、谈论和行动；促使参加者在下两年中为自己建立较高的但经过仔细计划和现实的工作目标；使用参加者自己设想出来的创新的方法；让学习者从希望与恐惧、成功与失败的相互学习中获得一种共同的情绪体验。课程通常也创设一种小组的团体精神,每个学习者都将得到小组成员的同情和支持。另外,他还为虽然聪明但成就感不足的青少年开设夏季训练班。

此外,成就需要理论还给出了具有高成就需要者的特点。这些特点包括：① 高成就需要者喜欢能够发挥独立解决问题的能力的环境；② 高成就需要者事业心强,有进取精神,也比较实际,敢于冒一定的风险,但不赌博；③ 这种人经常需要明确的、不间断的关于进展的反馈。管理者可以根据高成就需要者的这些特点来激励下属。一是给下属自己设定目标的机会；二是帮助下属设定具体而又可行的目标；三是定期向下属反馈其工作绩效；四是给下属树立可以效仿的榜样。

（四）激励—保健因素理论

激励—保健因素理论(Motivation-Hygiene Factor Theory)又称双因素理论,是美国心理学家弗雷德里克·赫茨伯格(Frederick Herzberg)于1959年提出来的。他在美国匹兹堡地区对200名工程师和会计人员进行了访问调查,结果发现使职工不满的因素与使职工感到满意的因素是不同的,不满意的因素往往是外界的工作环境所引起的,满意的因素通常是由工作本身所产生的。据此,赫茨伯格提出了双因素理论,其要点可概括为两个方面：第一,有些出自工作本身的因素,可以构成对职工的很大强度的激励和对工作的满足感。这些因素的改善,能够激励职工的积极性和热情,从而推动生产率的增长,而且它具有较长时期的激励效能。这些因素包括工作上的成就感、工作上得到认可和奖赏、工作本身具有挑战性、工作职务上的责任感、工作有发展前途、在工作上有得到发展成长的机会。赫茨伯格认为,如果这些因素不具有,虽然也会引起职工不满,但影响不是很大,不会构成很大的不满意。他把这类因素称为"激励因素"。第二,有些来自工作环境的因素有缺陷或不具备时,会引起职工的不满意,改善这些因素,只能消除职工的不满,并不能使职工受到巨大的激励。这些因素包括:公司的政策与行政管理、技术监督系统、与上级主管之间的人事关系、与同级之间的人事关系、与下级之间的人事关系、工作条件和薪金、个人的生活、工作的安全性等。这些因素被称为"保健因素",意思是只能防止疾病,但不能医治疾病,它们的改善只能防止消极怠工,保持积极性,维持工作现状,当它们有缺陷或不具备时,就会引起人们的不满意(见图7-2)。

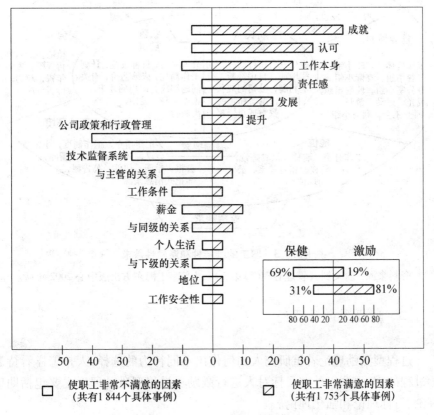

图7-2 满意与不满意因素比较

根据以上分析,赫茨伯格认为传统的满意—不满意观点(即满意的对立面是不满意,不满意的对立面是满意)是不正确的。他提出满意的对立面应该是没有满意;不满意的对立面应该是没有不满意。也就是说,缺少保健因素,职工会感到不满意,有了保健因素,并不必然导致职工的满意,而只能说没有不满意;有了激励因素,职工会感到满意,没有激励因素,职工不会感到不满意,而是没有满意。双因素理论提出后,影响广泛。西方据此把职工的需求分为两大类:一类为维持性的保健因素需要,包括物质、经济、安全等多种多样的内容;另一类为激励性的高层次需求,包括成长、成就等内容(见图7-3)。

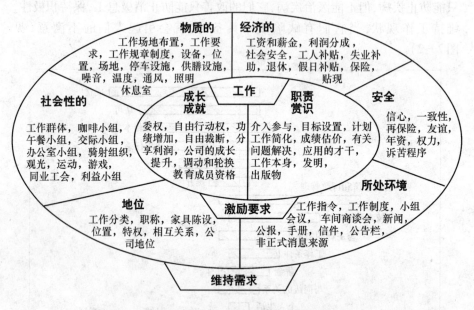

图7-3 职工的维持性和激励性需求

资料来源:俞文钊,《管理心理学》第3版,上海:上海东方出版中心2002年版。

二、过程型激励理论

过程型激励理论着重研究人如何作出不同行为的选择,人是怎样看待激励过程的,并强调以外在目标对人进行激励。过程型激励理论主要包括期望理论、目标理论和强化理论。

(一)期望理论

期望理论(Expectancy Theory of Motivation)是美国心理学家维克多·弗鲁姆(V. H. Vroom)在1964年出版的《工作与激励》一书中提出的,受到西方管理学者的极大重视。弗鲁姆认为,每个人都有需要,需要引导行为达到一定的目标;有需要就有动力,当目标没有实现的时候,这种需要只是一种期望,而期望本身就是一种潜在的力量,能够激励人们的积极性。因此,在弗鲁姆看来，一个人被激发出来的力量与他所追求的目标和达到这个目标的可能性是有关系的。期望理论就是研究期望与目标之间关系的规律的理论。期望理论的基本公式如下：

激发力量(Motivation) = 效价(Expectancy) × 期望值(Valence)

这一公式表明激发力量取决于效价和期望值的乘积。效价也称目标价值，是指某项工作或一个目标对于满足个人需要的价值。期望值，或称期望概率，是根据一个人的经验判断一定的行为能够导致某种结果和满足需要的概率，其值介于 0～1 之间。目标价值和期望概率的不同结合会产生不同的激励作用，其情况有：

E 高 × V 高 = M 高

E 中 × V 中 = M 中

E 低 × V 低 = M 低

E 高 × V 低 = M 低

E 低 × V 高 = M 低

根据期望理论，人之所以努力工作，是因为他觉得这种工作行为可以达到某种结果，而这种结果对他有足够的价值。换言之，人们是否努力工作，一是要看自己的努力是否能导致良好的业绩和评价。如果员工觉得自己工作能力有限(也可能是自卑感)，无论如何努力也不可能取得高绩效；或者员工认为组织对工作业绩的评定还取决于非绩效的因素，如人缘、与上司的关系，那么努力工作未必能得到一个良好的绩效评定结果。总之，当员工对取得工作绩效的期望很低时，他工作的动机水平也会很低。二是要看良好的工作绩效能否带来组织的奖励，如奖金、加薪或提升。如果员工认为组织的奖励不明确；或者组织奖励的不是绩效，而是资历、忠诚和对上司的巴结；或者组织对奖励出尔反尔，那么他自然会降低工作的积极性。三是要看组织的奖励是否符合个人的需要，它们对员工是否有吸引力。如果员工付出了巨大努力所取得的成绩，却只获得了微不足道的奖励；或者一个人努力工作以期获得晋升，但得到的却是加一级工资；或者员工期望一个比较有挑战性的、符合自己专业的岗位，但得到的只是一个荣誉称号，在这些情况下员工的激励水平都会降低。总之，期望理论说明了工作动机是否受到激发以及强度如何，关键是员工如何理解以下关系：一是个人努力与工作绩效；二是工作绩效与组织奖励；三是组织奖励与个人需要满足。

(二) 目标理论

目标理论(Goal-Setting Theory)最早由美国马里兰大学心理学教授洛克(E. A. Locke)于1968年提出。洛克及其同事通过大量的实验研究和现场试验,发现大多数激励因素,如奖励、工作评价与反馈、期望、压力等,都是通过目标来影响工作动机的,目标是引起行为的最直接动机,重视并尽可能设置合适的目标是激励动机的重要过程。洛克由此提出了目标理论的基本模式(见图7-4)。

图7-4 目标理论基本模式图

这一模式表明,绩效即目标的效果主要同目标的难度和明确性相关。目标的难度是指目标设置要有挑战性,必须是经过努力才能实现的。目标的明确性要求所设置的目标必须有明确的指向,即具体性。洛克等人的研究表明,从激励的效果或工作行为的结果来看,有目标的任务比没有目标的任务要好;有具体目标的任务要比空泛和抽象的目标的任务要好;难度较大但又能经过努力达到、能被执行者接受的目标要比没有困难、能轻易达到的任务要好。换言之,合适的目标,即具体的、难度较大的而又为员工所接受的目标所具有的激励作用最大。

目标理论对管理实践的意义在于,管理者要善于利用目标来调整和控制人的行为。在利用目标进行管理时,应注意:第一,要让全体员工了解组织目标;第二,要有一套方法控制目标的实施;第三,目标效果与奖惩相联系。

(三) 强化理论

强化理论(Reinforcement Theory)的代表人物是美国哈佛大学教授斯金纳(B. F. Skinner)。强化理论特别重视环境对行为的影响作用,认为人的行为只是对外部环境刺激所做的反应,是受外部环境刺激所调节和控制的,改变刺激就能改变行为。所谓强化,从其最基本的形式来讲,指的是对一种行为的肯定或否定的后果(报酬或惩罚),它至少在一定程度上会决定这种行为在今后是否会重复发生。在实践中,常用的强化手段有三种类型,即:正强化、负强化和消退强化。正强化是指对人的某种行为给以肯定和奖赏,以使其重复这种行为。良好的行为得以强化,好的行为就会持续下去,否则,人的积极性就会消退。负强化是指对人的某种行为给予否定或惩罚,使之减弱或衰退,以防止类似的行为再度发生。消退强化是指管理者对员工的不良行为不予理睬,采取视而不见的态度,让行为者感到自己的行为得不到承认,慢慢终止该行为。

应用强化理论的行为原则涉及三个方面。第一,经过强化的行为趋向于重复发生。第二,在激励一个人按某种特定方式工作时,报酬(正强化)比惩罚(负强化)更有效。第三,期望取得的工作成绩应予明确规定和表述。第四,强化的一种重要形式是对工作成绩的反馈。第五,应明确区分训练的需要和激励(强化)的需要。

三、状态型激励理论

状态型激励理论是从需要的满足与否或状态来探讨激励问题的。需要的满足方式有公平和不公平之分,需要的不满足将给人带来挫折。状态型激励理论研究的重点就是要探讨公平或不公平和挫折对人的行为的影响,以找到有效的手段和措施消除它们对人的行为造成的消极影响,最大限度地发挥人的积极性。状态型激励理论主要有公平理论和挫折理论两种。

(一) 公平理论

公平理论(Equity Theory)由美国心理学家亚当斯(J. S. Adams)提出。公平理论指出,职工的工作动机,不仅受其所得的绝对报酬的影响,而且受其相对报酬的影响,即一个人不仅关心自己收入的绝对值(自己的实际收入),而且关心自己收入的相对值(自己收入与他人收入的比较)。每个人会不自觉地把自己付出的劳动所得的报酬与他人付出的劳动所得的报酬相比较,也会把自己现在付出的劳动所得的报酬与自己过去的劳动所得的报酬进行个人历史的比较。如果当他发现自己的收支比例与他人的收支比例相等,或现在的收支比例与过去的收支比例相等时,便认为是应该的、正常的,因而心情舒畅,努力工作。如果当他发现自己的收支比例与他人的不相等,或现在的收支比例与过去的收支比例不相等时,就会产生不公平感。这里的"相对值"是个人同"参照人"比较的结果。"参照人"是个人在组织中选定的可以比较的一类人。个人用"参照人"进行比较和衡量时,既考虑投入要素或每个人对组织所作的贡献,又考虑各种成果或组织给予个人的奖励。

公平理论在管理学上具有重要价值。这表现在:第一,公平理论强调公平对激励效果及人们行为的重大影响,要求组织以尽可能公平的方式对待每一个员工,并且让每一个员工感受到组织对他们真正公平。对组织内的所有员工都应一视同仁,给予他们公正的报酬和待遇,体现按劳付酬、按贡献和业绩进行奖励和评价。第二,引导员工正确地认识和对待公平,要在组织内树立有效率的公平观,树立促使组织发展的公平观。第三,要从组织的全局来给予员工报酬,激励员工。

(二)挫折理论

挫折理论研究行为和目标之间的行为变化规律。目标导向理论告诉我们,行为在达到目标之前要经过一个目标导向。但行为导向目标有两种可能:一是达到目标;一是达不到目标。当目标导向行为受到挫折时,人的心理会发生什么变化,其变化的规律是什么,这就是挫折理论研究的内容。这个理论是从心理学角度,运用心理学的概念,来研究人的需要得不到满足时,也就是受到挫折时,人的心理状态及其行为。主要探讨的内容包括挫折及挫折产生的原因,受挫折后的行为表现以及应付挫折的方法。

作为一种普遍存在的社会心理现象,挫折是指个体实现目标的努力遭受阻碍后导致其需要和动机不能满足时的情绪状态。形成挫折的原因包括客观因素和主观因素。前者如自然方面的天灾、人祸、衰老、疾病等所引发的挫折;又如社会方面的政治、经济、道德、宗教、风俗习惯、人际关系等限制因素所造成的挫折。后者则主要指个人生理和心理上的条件与需要发生冲突所带来的挫折感。

人经常会遇到挫折,但遇到挫折后的行为表现有很大差异。有的人采取的是积极进取的态度,比如加倍努力、化悲痛为力量,或者重新修订目标和计划以期获得成功;有的人采取的是消极甚至对抗的态度,其主要特点表现为攻击、冷漠、幻想、退化、忧虑、固执或妥协。对管理者来说,最重要的是找到对待受挫折成员的有效方式,化消极因素为积极因素。一般可采用的方法有:采取宽容的态度,善待受挫折者;提高认识,分清是非;改变环境;精神发泄法;帮助受挫折者设立目标重树信心;提供心理咨询服务等。

四、综合型激励理论

综合型激励理论是试图将各种激励理论归纳起来,克服各个激励理论的片面性,从系统的角度解释人的行为的激励过程。这一类型的激励理论我们主要介绍波特—劳勒激励过程模式和豪斯—迪尔综合激励公式。

(一)波特—劳勒激励过程模式

波特—劳勒激励过程模式是由美国管理学家波特(L. W. Porter)和劳勒(E. E. Lawler)在弗鲁姆的期望理论基础上提出来的,它综合考虑了努力、绩效、能力、环境、认知、奖酬和满意等变量以及它们之间的关系(见图7-5)。

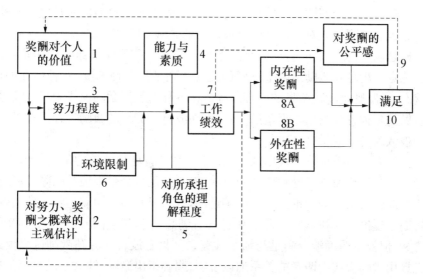

图 7-5 波特—劳勒激励过程模式

上列模式包括以下主要变量:

一是努力程度(effort)。努力程度指个人所受到的激励强度和所发挥出来的能力。如图 7-5 所示,个人所作出努力的程度取决于个人对某项奖酬,如工资、奖金、提升、认可、友谊、某种荣誉等价值的主观看法及个人对努力将导致这一奖酬之可能性的主观估计。奖酬对个人的价值因人而异,决定于它对个人的吸引力。而个人每次行为最终得到满足,又会以反馈的形式影响个人对这种奖酬的估价,如图中虚线 10~1 所示。同时,个人的努力可能导致奖酬之概率的主观估计,和个人的经历或经验密切相关。每一次的工作绩效也会以反馈形式影响个人对成功可能性的估计,如图所示,努力程度和绩效有一定的联系,但并不一定导致较高绩效,即两者之间并无直接的必然联系,绩效还受到更多因素的影响,比如环境因素和对自己承担角色的理解程度等。

二是工作绩效(performance)。工作绩效是指工作表现和实际成果。如图所示,工作绩效不仅仅取决于个人所作出的努力程度,而且也有赖于一个人的能力与素质,如必要的业务知识、技能等,以及对自己所承担角色应起作用的理解程度,如对组织的目标、所要求的活动、与任务有关的种种因素的认识程度等。

三是奖酬(reward)。奖酬是绩效所导致的奖励和报酬。内在奖酬和外在奖酬主观上所感受到的公平感糅合在一起,影响着个人最后的满足感。此外,公平感也会受到个人对工作绩效自我评价的影响,如图中虚线 7～9 所示。

四是满足(satisfaction)。满足是当个人实现某项预期目标时所体验到的满意感觉。满足和激励是两个不同的概念。满足是一种态度,一种内在的认知状态;激励则是动机激发的心理过程。在各种内容型激励模式中,工作满足被看做是各种各样的内在因素的总和,而在波特—劳勒的激励过程模式里,满足则被认为是诸变量之一。

自从人际关系理论出现以来,一直存在着对满足与绩效的争论。内容型理论曾含蓄地假设满足导致绩效的改善,而不满足将会带来绩效的降低;赫茨伯格的双因素论充分地论述了工作满足的理论,但并未阐明满足将导致绩效;尽管期望理论模式在"效价"概念中包含有满足因素,在期望的结果中有绩效的含义,但没有明确涉及满足与绩效的关系。只有波特—劳勒激励过程模式才直接用激励模式把两者的关系加以说明,明确指出激励、绩效和满足都是独立的变量。满足取决于绩效,甚至绩效取决于满足。波特和劳勒根据收集到的资料认为,传统的观念是满足导致绩效,但实际上可能是绩效导致满足。其他人的一些研究也支持了这一假设。

（二）豪斯—迪尔综合激励公式

美国学者罗伯特·豪斯(Robert House)和迪尔(Dell)所提出的综合激励模式,试图通过一个模式把上述几类激励理论综合起来,把内外激励因素都归纳进去。这一模式可用公式表示为:

$$M = V_{it} + E_{ia}(V_{ia} + \sum_{j=1}^{n} E_{ej}V_{ej})$$

其中,i(internal)表示内在,e(external)表示外在,t(task)表示工作任务,a(accomplishment)表示完成。公式中各变量的基本含义如下:等式左边的 M 表示对某项工作任务的激励水平。等式右边的第一项 V_{it} 表示对该项活动本身所提供的内在奖酬之效价,它所引起的内在激励不计任务完成与否及其后果,故不包括期望因素。第二项括号外的变量 E_{ia} 表示对该项活动能否达成任务之完成的期望值,即主观上对任务完成可能性的估计。括号中首项 V_{ia} 表示对工作任务完成的效价,次项则为一系列双变量之乘积的代数总和。其中,E_{ej} 表示任务完成能否导致获取某项外在奖酬的期望值,即个人对获得某项外在奖酬之可能性的主观估计;V_{ej} 则表示该项外在奖酬的效价。

将公式中的 E_{ia} 乘入,括号除去,则该式中各部分的意义就更加明确。此时公式表现为：

$$M = V_{it} + E_{ia}V_{ia} + E_{ia}\sum_{j=1}^{n} E_{ej}V_{ej}$$

上式右边第一项 V_{it} 表示该项活动本身所提供的内在奖酬之效价，反映了工作任务本身所引起的激励强度，这是一种内在激励。右边第二项 $E_{ia}V_{ia}$ 中 E_{ia} 与 V_{ia} 分别表示对工作任务完成的期望与效价，它们的综合作用反映了工作任务完成所引起的激励强度，这也是一种内在激励。右边第三项中的 E_{ej} 与 V_{ej} 分别表示对工作任务之完成能否导致某项外在奖酬的期望及对该外在奖酬的效价，其乘积的代数总和与 E_{ia} 的乘积则综合反映了各种可能的外在奖酬所引起的激励效果之和，很明显这是一种外在激励。等式右边的第三项包含了两项期望值，即 E_{ia} 和 E_{ej}，前者是对任务完成可能性的主观估计，这是各种外在激励能发挥作用的前提；后者则是对任务的完成与能否进一步导致某种外在奖酬的主观估计，因此是各种外在激励能否发挥作用的充分条件。两者结合起来，才能充分体现第三项所表示的外在激励作用。

总之，公式右边第一、第二两项表示内在激励，第三项表示外在激励，该3项之和则代表了内外激励的综合效果。这一模式对分析激发工作动机的复杂性和提高激励水平，具有一定的参考价值。管理者可以从改善影响内在激励和外在激励水平的各个变量入手找到激发员工工作动机的方法或者途径。

第二节　国外公务员的激励制度

公共部门人力资源管理改革是近20多年西方国家政府改革浪潮中的重要组成部分。伴随着新公共管理运动的推进以及人力资源管理战略理念的深入人心，公共部门人力资源管理中激励机制的理念和具体行动也发生了巨大的变化。本节将讨论主要西方国家在对公务员实施奖励、惩罚、晋升及降职等方面制度、理念以及政策的特点和变化方向。

一、国外公务员的奖励制度

公务员的奖励，是指依据有关法律、法规和政策规定，根据公务员的现实工作表现对其实行的物质或精神的奖励。作为一种激励手段或机制,奖励是通过满足公务员物质和精神需要,以调动其积极性,最大限度地刺激和挖掘其潜能的一种有效管理方法。由于国情的不同,各国关于公务员奖励所规定的具体内容及实施方法也表现出一定的差异。

(一) 国外公务员奖励的条件

公务员奖励的条件就是指对公务员实行奖励所参照的标准和依据。各国对公务员的奖励大致可分为以下三种类型。

一是以考绩为标准的奖励。即公务员管理机构以定期或不定期的公务员工作考核成绩作为实施奖励措施的标准和依据。比如,在美国,通过年度考核,每年约有一半人可领取到不超过薪金20%的考绩奖金。获奖者一般按照考绩结果分为三个等次,即"优异"、"满意"、"不满意"。优异者可获得提薪一级、优先提职的奖励;满意者可获提薪一级的奖励;不满意者则酌情给予减薪、降级、免职等处分。美国的考绩制度还实行"提前警告"的办法,即单位主管人在正式考绩前三个月向本部门工作成绩不佳者提出警告。由于这种警告,考绩被评为"不满意"的人很少。美国《工作考绩法》规定,公职人员如果对考绩结果不服,可以向"考绩委员会"或"复审委员会"申诉。"复审委员会"受理审查后作出的决定是最后裁决,不得再有改变。英国、法国、澳大利亚、瑞士、奥地利、日本等西方发达国家也都在有关的公务员法规中,规定了对考绩优秀者给予适当奖励的条文。

二是以工作成绩为标准的奖励。即以公务员在日常工作中作出特殊贡献或发明创造等作为奖励的依据和标准。比如,超工作量;改进工作方法,提高工作效率;提出合理化建议,或改进工作的建设性意见;降低成本、节约开支、发明创造;使文秘工作大幅度下降等。美国《公务员改革法》规定,各主管机构的领导和总统应给提出合理化建议、发明创造、超额完成任务、提高政府工作的质量和效率,或使文秘工作大幅度下降的公务员颁发奖金。

三是对特殊贡献公务员的奖励。这种奖励主要指在日常工作之外,公务员所做的某种特殊贡献或长期兢兢业业、忠于职守地工作所获得的奖励。如公务员在抵抗自然灾害、保护国家财产、预防或挽救恶性事故的工作中作出重大贡献。美国《公务员改革法》规定,各机构的领导和总统可以给出色完成某项特别任务的人员颁发特别奖金。

(二) 国外公务员奖励的种类和方式

各国公务员管理机构授予公务员的奖励大体也有三种,即荣誉奖励、物质奖励和晋升奖励。

荣誉奖励是通过一种精神上的赞赏和鼓励,激发公务员的荣誉感和自豪感。比如,美国公务员每年有总统授予的"优秀行政官员"、"卓越行政官员"等荣誉奖励;日本政府对公务员的荣誉奖励有总理表彰、大臣表彰、长官赏赐、业务成绩表彰、功劳章和各种不同等级的勋章和奖章。

物质奖励主要是通过物质或经济的刺激方式实施的,是对公务员为国家付出超额劳动而给予报酬的形式,以发放奖金为其主要方式,此外还有休假、出国旅游等方式。在美国,各政府部门和独立机构,对那些通过自己的建议和突出的工作表现,从而为改进政府工作作出贡献的公务员,给予现金和荣誉奖励。奖金数额依据其所提建议和从事工作为政府带来的价值确定。根据美国联邦预算局颁布并执行的有关规定,政府各部必须连续而不是中断性地对每项活动、每一职能或机构单位的实际工作效率和经济效益进行评定,并且把那些由于其个人努力而促使本单位在某些方面作出显著成绩的监督人员和雇佣人员找出来。由政府各部领导人指定专人组成"工效奖赏委员会",选拔和确定做出成绩的人员,在报各部部长审核批准后,对上述人员实施奖励。美国公务员的奖金项目主要有特殊成绩奖、质量优异奖、建议奖、节约奖、考绩奖等。每种奖励的标准有所区别。比如,节约奖发放的标准是:节约一万美元以上,奖给节约数额的10%,节约一万美元以下的,按少于节约额10%的金额,视情况发放奖金。如果奖励的是个人,奖金额不得超过受奖者所属等级中逐步加薪金额的3倍。如果奖励的对象是集体,其奖金总数不得超过该集体在出色完成任务时为政府创造财富而节省的总金额的25%。除了发放奖金的方式以外,有些国家还规定,授予或奖励优秀公务员某些特殊的待遇或优先的权利,这也是物质奖励的一种形式。

晋升奖励也称"职务奖励",即对考核成绩优异者或多次获得荣誉奖励者,予以晋升职务或级别。晋升奖励具有荣誉奖励和物质奖励的双重性质。在美国,凡获得节约奖的公务员,除获得一定的奖金外,还对其职位晋升到更高一级,给予特别重视。日本公务员中成绩优异者,除获得各种勋章和奖章外,还可获得提职或缩短晋升某一职务的年限。

(三)国外公务员奖励制度的新理念

当前,国外公共部门人力资源管理正在试图引进一种新的奖励战略理念,即将奖励、雇员与组织战略结合起来,吸引、留住和激励人才并促使雇员为组织生产出最佳的绩效成果。同时,奖励方案的设计和运用更加体现追求效益的目标,使所花费的每一元用于奖励的钱的绩效作用最大化。我们将之称为

"全面奖励战略"(Total Reward Strategy)。

1. 全面奖励战略的内涵

所谓"全面奖励战略"是指奖励能够充分体现雇员在工作中的全部价值，尤其是对雇主的价值。其主要内容包括：① 通过建立用于奖励的投资和雇员绩效之间的联系使用于奖励的投资效益最大化；② 就全面奖励包与雇员进行有效的沟通；③ 确保全面奖励包中所有因素体现的目的是一致的，并且这些目的能够支持组织传递的重要目标。

根据英国人事与发展宪章学会(Chartered Institute for Personnel and Development)的研究报告(2004)，全面奖励战略的特征表现为：① 全面待遇(holistic)。组织运用一系列金钱的和非金钱的奖励吸引、保留和激励员工为组织成功而贡献力量。② 最佳适应(best fit)。奖励计划应当适应组织自身的特殊文化、结构、工作程序和业务目标。③ 完整性(integrative)。全面奖励战略倡导那些与其他人力资源管理政策与实践一体化的创新的奖励。④ 战略性(strategic)。它使奖励的每个方面都能与组织战略相一致。⑤ 以人为中心(people centred)。全面奖励战略的起点是工作环境中雇员的价值，是以人为中心的。⑥ 顾客取向(customised)。它主张一个弹性的、混合的奖励体系，这个体系为员工提供多种选择，并且能更好地满足员工的需要、生活方式以及不同的生活阶段。⑦ 有特色的(distinctive)。它通过运用复杂的和多样化的奖励体系，使组织和它的竞争对手区别开来。⑧ 渐进的(evolutionary)。全面奖励战略是基于渐进的，而不是突变的基础上的长期战略。

2. 全面奖励战略的实施

根据研究奖励机制专家们的探讨和一些组织取得的实际经验，一般把全面奖励战略的实施总结为诊断、变革和沟通三个阶段(见图7-6)。

诊断阶段的主要任务包括：① 确立组织以及全面奖励战略的目标。包括充分讨论组织以及全面奖励战略的目标；评估组织、员工和奖励等方面战略之间的关系，考虑这些关系是否一致、奖励战略是否支持人力资源管理政策和实践等；形成适应组织的奖励哲学，即你试图在奖励方面做什么，你打算发展何种组织。② 奖励审核。绘制出组织所能提供的全面奖励图(见表7-2)；进行奖励投资成本分析；与参照组织进行比较。③ 了解员工想法。组织需要了解是什么使员工感到被激励并投身于工作的，关于这一问题的不同假设决定了全面奖励战略的具体实施方向。可以运用员工调查、面谈等手段评价员工对于奖励方案的认知(他们对现行的奖励体系满意吗？他们希望看到什么变化等等)、对奖励方案进行再评估(哪些在运作？哪些地方比较薄弱？什么应该被优先考虑？)，以及区分需要不同奖励的员工群体(如果员工调查是匿名的，则这项工作比较困难)。

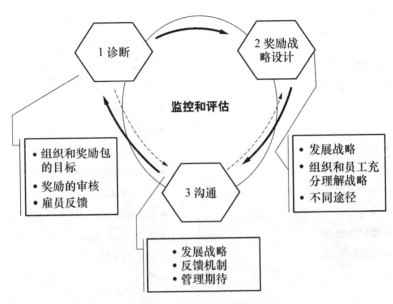

图7-6 全面奖励战略实施步骤图

资料来源：Treasury and Cabinet Office, UK. Total Reward Preliminary Report, September 27, 2004. www.cabinetoffice.gov.uk。

表7-2 全面奖励计划图

工资	收益
• 固定工资 • 可变工资	• 养老金 • 假期 • 福利
个人成长	工作的质量
• 培训 • 关于工作的学习和训练 • 绩效管理 • 职业发展	• 对工作价值的知觉 • 挑战/兴趣 • 获得成就的机会 • 自由和自治

续　表

• 继任计划 • 雇员参与 • 指导 • 学习和发展	• 工作量 • 工作关系的质量
组织的文化 • 组织价值和行为 • 领导的质量 • 风险分担 • 认可 • 沟通 • 组织风格 • 参与 • 视野和价值 • 组织的成功	**积极的工作环境** • 以人为中心 • 工作内容 • 自治 • 组织的声誉 • 开放的沟通 • 信任和承诺 • 物质的环境、工具和装备 • 安全/个人保障 • 信息和流程 • 参与 同事
非金钱的认可 • 轻轻拍背 • 代金券 • 奖励的公平性 • 庆典 • 承认 • 欣赏	**工作—生活　平衡** • 认可生活的需要/灵活性 • 在家工作 • 收入保障 • 支持的环境 • 方便的服务 • 社会的支持（比如儿童照看服务）

资料来源：Treasury and Cabinet Office, UK. Total Reward Preliminary Report, September 27, 2004。

变革阶段的主要任务是进行奖励战略设计，目的在于运用新标杆改善整个奖励体系并使其发挥最大的激励作用。这一阶段的工作主要包括三个层面的内容。

第一，基于诊断基础上的全面奖励战略的开发。通常需要考虑：① 目标（aims）。组织拥有清晰和一致同意的、且与组织和员工需要相连的目标是奖励计划有效的重要保证。因此,全面奖励战略的理论基础和目标应当能够被员工理解和同意,且这一目标与组织目标、领导、绩效管理具有一致性。② 差距(gap)。界定奖励战略与所期望目标之间的差距。③ 定义成功标准(define success criteria)。清晰的成功标准对全面奖励战略的实施至关重要。④ 保持简洁(keep it simple)。全面奖励计划应该简洁、明了,如果人们不能理解奖励制度,它就无法获得期望的效果。⑤ 努力预见变化可能带来的结果(try to foresee all consequence of change)。事先应当科学预测全面奖励战略可能给组织及其成员带来的影响。⑥ 将奖励与人力资源管理的过程融为一体(integration of reward into HR process)。奖励、工作设计和职业发展应当形成人力资源管理的有机组成部分,而不是彼此割裂。⑦ 重视每一个人(valuing everyone)。全面奖励战略应努力奖励多数人中的绩效改进,而不仅仅是少数人当中的优秀者。⑧ 工资(pay)。保障员工基础工资的获得权是全面奖励有效运作的必要条件,但如果仅仅关注工资将会损坏员工在其中工作的动力。⑨ 不要忽略那些成本难以测量的奖励(do not ignore rewards whose cost is hard to measure)。⑩ 公正和透明(farness and transparency)。⑪ 避免过快固定(avoid the quick fix)。全面奖励战略应当保持适当的弹性和灵活性,以适应发展变化的情况。过于僵化的奖励体系难以达到有效激励的效果。

第二,组织员工充分理解全面奖励战略。包括在奖励战略及其组成部分中体现员工之间的理解、支持和承诺;增强员工设计、传递和维持奖励制度的能力等。

第三,开发奖励的不同途径。不同的员工在他们职业的不同阶段期待不同的奖励,全面奖励战略中的灵活性是满足这种需求的保证。比如,一些组织有员工可以买或卖年休假的规定,以适应不同员工的需求。公共部门可以通过弹性福利和非现金奖励来体现这种灵活性。这两种途径常用的工具包括:工资—养老金包、义务性的福利(与相关商家签约使员工在约期内购买到一定折扣的商品)、工作的质量和数量、对公共服务的信仰和观念、工作生活平衡、物质的工作环境、学习和发展、职业发展与绩效联系、绩效管理、非现金认可等。

沟通阶段主要的工作是就全面奖励战略的价值与员工进行沟通,从而增进员工对他们所得到的奖励价值的理解。良好的沟通包括与员工之间的心理契约,确保领导、绩效管理与全面奖励战略的一致性以及运用有效的沟通工具。

最后,还需要对全面奖励战略进行监控,以确保其在良性的轨道上运行。

从近年西方国家公共部门人力资源改革的举措来看,全面奖励战略在公共部门应用的理论和实践都取得了一定的进展。英国财政部与内阁办公室2003年开始倡导全面奖励战略,并组织人力资源管理团队展开相关的讨论、研究和实践。全面奖励战略与传统人事管理中的奖励机制相比,其优势在于:通过给予公务员更加适合他们需要的奖励以激励其改善工作;使组织传递的信息更具一致性;通过把员工注意力引向工资以外的激励因素而达到控制成本,以及使雇主投资效益最大化的目的;有助于减少人员更新从而降低招募新成员的费用;等等。

美国重塑人力资源管理报告中改革奖励制度的最主要的内容是"授权机构为改进个人与组织绩效而开发激励性奖赏和奖金制度"[1]。该报告认为,"一种理想的绩效激励制度应该是由行政机构根据实际需要来自行选择激励工具或手段"以形成"属于行政机构的多样化激励项目"[2]。目前,这种多样化的奖赏项目包括各种现金奖、荣誉及正式赞扬、休假奖等。另一项主要内容是"鼓励机构设立被称为联邦绩效分享的生产力成果分享项目",即"一种由雇员和组织共同分享由于生产力提高后而产生的剩余成果激励制度"[3]。从这些描述中我们可以发现美国公共部门人力资源管理正在倡导一种多样化、弹性化以及更为灵活的奖励制度,来促使公共部门绩效的改善和提高,在方向上与英国公共部门的"全面奖励战略"有一定的趋同性。

二、国外公务员的惩戒制度

惩戒是督促公务员履行义务、遵守纪律、达成绩效目标的手段之一,它与公务员的权利和义务、职业道德、纪律以及绩效评估紧密相连。国外公务员的惩戒强调雇主与雇员权利和义务的平衡、明确的规则、相对客观的惩戒标准和相对公平的申诉程序。

(一)惩戒的条件

各国关于公务员惩戒条件的规定不尽相同,但归纳起来,它们的共性在于:第一,公务员有违法或违纪行为。例如,美国《公务员行为细则》之5第4条规定:如公务员委员会发现某项任用违反公务员法、公务员行为细则或其

---

[1] 转引自吴志华著:《美国公务员制度的改革与转型》,上海:上海交通大学出版社2006年版,第122页。
[2] 同上。
[3] 同上。

体规定,或有关雇员违反上述法令、细则与规定,或违反上述法令、细则与规定而占据某一职务,该委员会应通知有关雇员与业务机构后,要求进行澄清解释,并有权向有关任命官员提出事实,发出有关纪律处分或开除的指示;日本《国家公务员法》第82条、《地方公务员法》第20条也规定:职员违反该法或该法命令,或违反职务上的义务或玩忽职守,或作出与全体国民的服务者不相称的不良行为时,作为惩戒,可作出免职、停职、减薪或警告的处分;法国1983年《国家和地方公务员一般地位法》第29条规定:公务员在公务执行中或和公务执行有关的情况中所犯的任何违法行为,应受纪律制裁。第二,考绩成绩低劣者也应受到惩戒。把惩戒同考绩联系起来是各国相同之处,根据考绩的低劣程度给予处分,体现了"功绩制"的原则。

此外,基于西方国家的政治、法律制度,在什么情况下对公务员予以惩戒往往与雇佣关系的法律条款、雇员与雇主的心理契约,惩戒中雇员权利(免受性骚扰;对揭露黑幕的检举人的保护;言论、结社和隐私权;各种财产权等)的保护、惩戒中的公平与正义的价值追求、弱势群体的保护等问题相关。

（二）惩戒行动的步骤

对公务员的惩戒将影响到公务员对于组织公正的感知。因此,在西方公共部门人力资源管理中,惩戒是一项被要求审慎对待的工作,"惩戒行动是处理那些没有达到绩效标准的雇员的最后一个行动步骤——它从来不是最先使用的措施",①这意味着,负责监督产出不佳雇员的行政主管,应该首先考虑与工作设计、录用、职位规范、绩效评估、培训和报偿相关的一系列问题后,才能作出惩戒的行动。① 工作设计:一个特定职位上的工作任务、绩效标准的水平是否合理与公平? ② 录用:被选录的公务员是否符合这个已有特定职位的最低资格条件? ③ 职位规范:组织的规则和规章,以及职位要求是否被清晰地传达给特定职位上的公务员。④ 绩效评估:公务员的绩效是否被准确记录? 公务员有没有对自己的绩效品质提出反馈的意见或建议? ⑤ 培训:公务员是否能够保质保量完成组织期望的工作任务,是否经过相应的培训? ⑥ 报偿:业绩优异的公务员是否得到了奖励? 环境中存在使公务员不能有效完成或阻碍其有效完成工作任务的因素吗? 基于上述考虑,对公务员惩戒行动的步骤如图7-7所示。

---

① 〔美〕唐纳德·克林格勒等著:《公共部门人力资源管理:系统与战略》(英文第4版),北京:中国人民大学出版社2001年版,第493页。

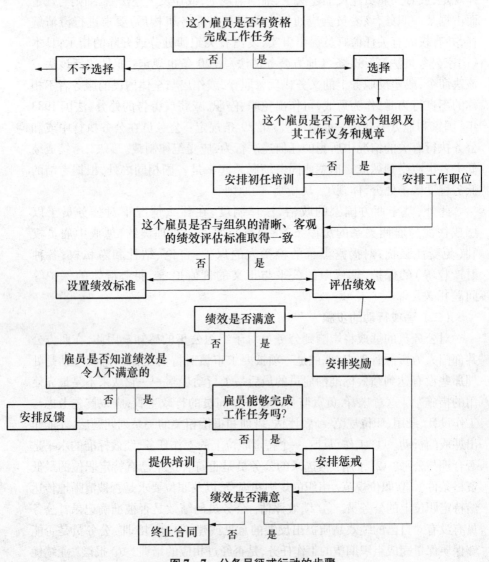

图7-7 公务员惩戒行动的步骤

资料来源：〔美〕唐纳德·克林格勒等，《公共部门人力资源管理：系统与战略》（英文第4版），北京：中国人民大学出版社2001年版，第495页。

从上图中可以看出，公共部门人力资源管理者拥有三项与惩戒行动相关的重要责任。首先是要负责建立涉及惩戒活动的行动步骤和适当进程。其次，惩戒程序作为人力资源管理规则或规章的一部分建立起来后，人力资源管理者就要经常性地负责对那些低生产力员工的咨询活动,并协助行政主管来贯彻、执行有关的绩效评估和培训项目,为的是提高员工的工作绩效,或实施相应的惩戒行为。最后,人力资源管理者应当确保惩戒行动或机制被公平地执行。

关于对公务员实施的惩戒的种类,各国规定不尽相同。除自由罚和身份罚以外的各种法律制裁在公务员惩戒中都有表现,包括名誉罚,比如警告;还有身份罚,如降级、降职、调职、撤职、强制退休等。较为普遍的形式有:申诫、减薪、降级、免职等,还有的国家将退休、取消退休金、暂时休假、从晋升册中除名等也作为惩处的形式。比如法国《公务员总法》第五篇"惩戒"第 30 条指出惩戒的形式有:① 警告;② 训诫;③ 从晋升名单中除去;④ 减薪;⑤ 降职;⑥ 调动工作;⑦ 降级;⑧ 强制退休;⑨ 撤职,但保留领取退休金权利;⑩ 撤职,停止领取退休金权利。临时解除职务也是主要的处分或补充的处分,时间不超过 6 个月,在这期间,不付给一切报酬。瑞士《联邦公务员法》第四章"失职与后果"第 31 条第 1 项规定:"纪律处分包括:① 训诫;② 100 法郎以内的罚款;③ 撤销交通优惠;④ 减少或取消薪金的暂时停职;⑤ 维持原薪或减少薪金的强制调动工作;⑥ 减少预定薪金;⑦ 减少或取消正常加薪;⑧ 停职;⑨ 撤职。"

(三) 对受惩戒公务员的救济

根据一般的法理,有惩戒必有救济。在公共组织中,建立关于惩戒的申诉制度与程序,对保护公职人员的实质性和程序性权利是十分重要的。因此,对受惩戒公务员的救济也是有关公务员惩戒的重要组成部分。它所要表达的是,公务员必须被赋予充分的机会,来回应对他的一些惩戒措施。通常的救济手段有行政救济和审判救济。此外,各国受惩戒公务员申诉的程序依各自的法律和制度的不同而有所差别。以美国为例,通常的申诉程序为:① 非正式咨询。受到伤害的公务员应该能够约见他的监督者,并与后者讨论自身的境况;如果投诉涉及该公务员的直接主管,鉴于回避的原则,该公务员应该能够约见直接主管的上一级部门的主管。② 正式的申诉。如果非正式咨询不成功的话,受到伤害的公务员应该能够有机会,以书面的方式提出一个正式的申诉文件。在本人的要求下,人事管理部门可以帮助他准备一些必需的文件。③ 监督者和人事部门管理者之间的讨论。当申诉文件被提交出来以后,人事部门应该对情况进行核实,然后与申诉的各方关系人一起磋商,看能否达成协议。④ 调查、裁定或仲裁。人事管理部门可以通过采用第四方调查、听取各方陈述等手段最终作出决定。如果上述内部申诉程序不能解决问题,则可以在此基础上诉诸司法诉讼。

三、国外公务员的晋升与降职

晋升与降职共同构成了国外公务员激励机制中卓有成效的部分。依据法定的程序，以恰当的方式和途径对符合条件的公务员进行擢升或降职，以达到促进组织和个人发展并提高组织生产力的目的。

（一）国外公务员的晋升

随着公共部门人力资源管理战略理念的推进，国外公务员的晋升被当作公务员职业发展的重要环节，同时它与公务员的招募、培训与开发、绩效管理、奖励等环节密切相连。公平的、以能力和业绩为本位的晋升途径有助于提升公务员的工作热情，激励其承担责任与面对挑战。

大多数国家公务员的晋升都有一定的条件限制。归纳起来，这些条件可以概括为：① 德才条件，包括公务员的政治态度、政治品质、思想作风以及与所任职务相适应的工作能力和业务水平等方面的要求；② 身体条件，公务员必须具备健康的身体条件才能得到晋升，美国、法国、日本等国家的公务员法中明文规定了对健康条件的要求；③ 业务条件，主要包括学历和工作年限；④ 特殊条件，即担任某些特殊职务所应具备的特别条件。

公务员晋升的基本途径包括职务晋升（position promotion）和级别晋升（rank promotion）。职务晋升是组织激励最为有效的手段，也是员工自我发展评价最倚重的因素。但随着职务上升，晋升资源就会变得越来越稀缺，中间层会积压一些人才，这增强了晋升的人员之间的竞争，提高了晋升的标准，同时也可能导致一些人才的流失。因此，通过全面奖励战略，寻求与组织发展相匹配的晋升资源和通道，增加晋升通路的可容性也是目前国外公共部门人力资源管理中致力于解决的问题。

根据职位空缺状况和职位本身的要求，管理人员需要选择一定的考评晋升手段，达成晋升管理的目标。在这一问题上，各国公务员晋升的方式多种多样。有直接由上级行政首长委任晋升职务的；有依据公务员的年资和功绩给予晋升的；还有通过公开招聘而获得晋升的。不同的晋升条件决定了不同的晋升方式。

根据人员选拔方法，可以分为委任晋升、考试晋升、招聘晋升、自荐晋升与登用晋升。委任晋升是指根据行政首长或有任命权限机构的任命获得职务晋升；考试晋升是指公务员通过竞争性考试，以考试成绩作为晋升依据的晋升制度；招聘晋升是指公务员通过公开招聘，而获得晋升职务机会的晋升方式；自荐晋升是指公务员可自己申请出任空缺的政府职位;登用晋升是日本公务员的一种特殊的职务晋升方式,即没有资格参加职务晋升考试的公务员,如果确属工作成绩优良,有突出才能者,经三人推荐,由"登用委员会"进行审查,合格后可以晋升的一种方式。在实际的晋升中,上述方式有时候被单独采用,更多的时候是被综合使用。

根据晋升的依据,可分为功绩晋升、年资晋升与越级晋升。功绩晋升是以工作成绩作为公务员职务晋升依据的晋升制度;年资晋升是以公务员工作年限为依据的晋升方式,主要以晋升职级为主;越级晋升是指公务员工作成绩特别突出或工作能力特别强的,可以获得越级晋升的机会。

此外,根据晋升人员的来源,可以分为内升晋升制与外补晋升制。内升晋升制是指当领导职位出现空缺时,由本部门内职务较低的公职人员晋升补缺的制度。其优势在于,维持本部门工作的稳定性和连续性,激励和鞭策本部门其他公职人员;缺点是选才视野小,限制新鲜血液流入,易使组织变得封闭,缺乏活力。外补晋升制是指当组织领导职位出现空缺时,由本部门以外的公职人员进入补缺的方式。其优势在于,扩大了选择范围,可以吸收卓越人才;能够因事择人,促进组织创新,提高工作效率。问题是新任人员对工作环境不熟悉,与原组成成员融合需要时间,外补过程对原部门公职人员的情绪也将产生一定的影响。

晋升的程序因晋升方式不同而有一定的差别。年资晋升的程序最为简单,西方国家的公务员法一般都明确规定,公务员服务到一定年限,便可自动升级,并且人人有份,无须经过评议。委任晋升的程序通常由有任命权的机构或该机构的行政首长任命,即可晋升,无须评议。但如任命一定级别以上的职位,须报上级机关批准备案。其他的晋升方式大体要经过提名、评选、批准3个阶段,具体到操作层面,又表现出一定的差别。比如,美国公务员人员配置的基本步骤为:明确人力资源需求情况;为创造或填补这一职位空缺寻求预算支持;开发有效的选录准则;进行招募;测试或者以其他方式筛选一下工作申请者;准备一份合格的工作申请者名单;面试符合要求的工作申请者;选录最佳的工作申请者。

西方公务员制度在近20年来日益向更加注重市场、更加弹性和灵活的方向转变,其中的晋升制度也不例外。总的来看,其变化的方向可以概括为:

(1)晋升制度更加趋于开放,竞争被引入到公务员的各个层级。过去,一旦出现职位空缺,除美国允许公务员系统以外的人员参与竞争外,其他国家只限于公务员系统内部,而且有的国家只限于某一职类的公务员参加考试。现在,除日本仍维持比较封闭的结构外,其他国家都在不同程度地引入竞争机制,实行更为开放的晋升机制,允许公务员以外的人员参与各个层次公务员职位空缺的竞争。同时,打破了公务员系统内部各个职类之间的界限,允许公务员跨越等级的晋升。像英国和法国,过去分4个职类等级,彼此不能跨越,现在均可由低级职类等级升入高级职类等级。比如,英国公务员制度改革后,执行级人员可以升入行政级的行列。

(2) 行政长官的绝对权力逐步弱化,晋升中程序和规定的作用日益强化。主要表现在两个方面:一是晋升工作除个别国家外,整个过程公开;二是各国对于晋升过程的监督、审查和把关相对越来越完善。

(3) 在晋升过程中更加注重绩效。晋升与绩效管理的关系日益密切,"结果导向"的新公共管理的推进使得在公务员晋升中,公务员实际工作的绩效对晋升的结果起至关重要的影响。

(二) 国外公务员的降职

在传统的西方公务员制度体系中,降职并不是一种普遍发生的情况。只要公务员在任职期间无重大过错,就可以保全职位。随着西方公务员制度的改革,对公务员来说,降职发生的可能性似乎增大了。通常,公务员降职的原因主要是能力不强或不符合任职条件、身体欠佳、缩减编制等。公务员法规中一般对降职都有明确的规定。如美国规定有"竞争性公务系统中的任何雇员,如果他的免职、降级或重新分配有利于促进该系统的工作效率的话,该业务机构负责人可以免除和降低他的职务,或把他调到另一工作岗位";日本《国家公务员法》第78条规定:"职员符合下列条件之一时,根据人事院规则规定,可以违反本人意愿强行降职或免职:① 工作成绩不佳;② 因身心不健康,对执行职务不利或有困难;③ 缺少任其官职的其他必备条件;④ 由于管制和定员的变动或预算减少,出现废职或人员过剩。"

各国降职的方式主要是降职和降薪两种。这两种方式可同时实行,也可分别实行。由于裁员或公务员自身条件不符合职位要求而导致的降职,通常是职、薪皆降。由于机构调整或机构撤销,并非由于公务员自身条件不符合职位需要而引起的降职,一般只降低职务而不降低薪金。

各国公务员的降职都要严格遵循法定的程序,此外,公务员依法有权就降职提出申诉或控告。如美国《公务员细则与具体规定》第九部分规定:"由于行政原因而对非退伍军人提出降级要求,应以书面形式写明为什么他的降级会提高工作效率的理由,通知被降级者,并告诉他有权按业务机构规定的申诉程序向该机构负责人提出申诉。"

第三节 中国公共部门人员的激励制度

随着公务员制度的确立和实施以及事业单位改革的推进,中国公共部门人员的激励制度正处于不断变动和分化之中。1993 年的《国家公务员暂行条例》以及在此基础上颁布实施的《公务员法》,确定了公共部门人员奖惩及升降的制度性框架。公务员制度确立并实施以后,事业单位人员从过去笼统的"国家干部"队伍中分离出来,虽然现实的惯性使得公务员的奖惩与职务升降制度对事业单位人员的管理仍然具有实质性的影响力和参照意义,但不可否认,随着事业单位改革的不断推进,其激励机制日益显现出有别于公务员的特征。因此,我们将主要以公务员的奖惩和职务升降制度为基础介绍我国公共部门人员的激励制度,并对事业单位激励制度变革的现实走向进行初步的探讨。

一、中国公务员的奖励制度

中国公务员的奖励,是指依据相关管理法规,对在工作中表现突出,有显著成绩和贡献的,以及有其他突出事迹的公务员给予一定荣誉或物质利益以示鼓励的做法。根据《中华人民共和国公务员法》第 48 条的规定,公务员奖励坚持精神与物质奖励相结合、以精神奖励为主的原则进行。

公务员奖励必须符合特定的前提条件。总的来讲,我国公务员应当受到奖励的情形有三个方面:一是公务员在本职工作中表现突出的;二是在工作中做出显著成绩和贡献的;三是公务员在一些与本职工作无关的突发事件中有突出事迹的。具体而言,我国《公务员法》第 49 条规定公务员有下列情形之一的,给予奖励:忠于职守,积极工作,成绩显著的;遵守纪律,廉洁奉公,作风正派,办事公道,模范作用突出的;在工作中有发明创造或者提出合理化建议,取得显著经济效益或者社会效益的;为增进民族团结、维护社会稳定做出突出贡献的;爱护公共财产,节约国家资财有突出成绩的;防止或者消除事故有功,使国家和人民群众利益免受或者减少损失的;在抢险、救灾等特定环境中奋不顾身,做出贡献的;同违法违纪行为作斗争有功绩的;在对外交往中为国家争得荣誉和利益的;有其他突出功绩的。

应根据公务员的先进事迹和贡献大小给予其不同种类的奖励。公务员奖励的种类包括嘉奖、记三等功、记二等功、记一等功、授予荣誉称号等。对受奖励的公务员或公务员集体予以表彰，并给予一次性奖金或其他待遇。

奖励实施的程序通常有四个步骤。第一步，提出。当公务员达到受奖的条件时，一般由受奖人所在单位，通过平时对公务员所做的考核，采取走群众路线、民主集中制的方法，提出受奖人名单。必要时，上级机关也可以直接提出要奖励的对象。第二步，申报与审批。奖励申报工作是由受奖人所在单位认真核查，整理成书面材料，充分听取群众意见，如实填写奖励申报表，写出请示报告，并以所在单位名义签署授予何种奖励和奖励理由，再向规定的审批机关申报。申报时，附上受奖人的考核成绩与事迹，有关证明和群众座谈记录等。被授予审批权的承办单位应及时作出审核，经会议讨论研究后作出审批决定。第三步，公布与表彰。公务员奖励申报材料，一经主管审批机关批准，就可通知受奖者本人，并以召开会议、上光荣榜、广播报道或登报等形式给予公布。有重要影响的成绩与事迹，更要广为宣传，以增大教育效果。授奖机关同时要为受奖者颁发证书或奖章，也可颁发奖品、奖金或晋升工资等。第四步，材料归档。凡有关对公务员进行奖励的决定及主要附件，均应存入本人档案。

根据公务员的管理权限及不同奖励种类的批准权限，对公务员奖励分别由公务员所在机关或上级机关作出。按照1995年人事部发布的《国家公务员奖励暂行规定》的规定，公务员奖励的批准权限如下：① 嘉奖。由公务员的任免机关批准，其中县级以上人大选举、决定任命的公务员由上一级政府批准。② 记三等功。县级以下行政机关任命的公务员，由县级人民政府批准；市（地）级以上行政机关任命的公务员由任免机关批准；县级以上人大选举、决定任命的公务员由上一级行政机关批准。③ 记二等功。县处级以下公务员由市（地）以上人民政府或国务院各部门批准；司局级公务员由省、自治区、直辖市人民政府或国务院批准。④ 记一等功、授予省部级荣誉称号。司局级以下公务员由省、自治区、直辖市人民政府或国务院工作部门批准；副省级、副部级以上公务员由国务院批准。⑤ 授予国家级荣誉称号。依据授予层次和国务院管理权限，由国务院批准。《公务员法》对公务员的奖励权限只作出了"按照规定的权限和程序决定或者审批"的原则规定，一般说来，公务员奖励批准权限有两重制约：一是公务员的管理权限，行政机关必须是对自己管辖范围内的公务员予以审批；二是不同奖励种类要求不同层次的审批，越是级别高的奖励种类要求审批机关的级别越高。

二、中国公务员的惩戒制度

公务员有违法违纪行为的,有权机关应当给予其惩戒。根据《公务员法》第53条规定,公务员必须遵守纪律,不得有下列行为：散布有损国家声誉的言论,组织或者参加旨在反对国家的集会、游行、示威等活动;组织或者参加非法组织,组织或者参加罢工;玩忽职守,贻误工作;拒绝执行上级依法作出的决定和命令;压制批评,打击报复;弄虚作假,误导、欺骗领导和公众;贪污、行贿、受贿,利用职务之便为自己或者他人谋取私利;违反财经纪律,浪费国家资财;滥用职权,侵害公民、法人或者其他组织的合法权益;泄露国家秘密或者工作秘密;在对外交往中损害国家荣誉和利益;参与或者支持色情、吸毒、赌博、迷信等活动;违反职业道德、社会公德;从事或者参与营利性活动,在企业或者其他营利性组织中兼任职务;旷工或者因公外出、请假期满无正当理由逾期不归;违反纪律的其他行为。如果国家公务员严重违反上述纪律,并触犯了刑法,构成了犯罪,那么必须依法追究公务员的刑事责任。如果公务员违反上述纪律,但尚未构成犯罪的,或虽然构成犯罪但依法不追究刑事责任的,国家行政机关应给予违纪公务员行政处分。我们这里的惩戒主要指后者。

根据公务员违纪行为对国家和人民利益造成损失的大小,可分别给公务员以：警告、记过、记大过、降级、撤职、开除等处分。

同时,《公务员法》还规定：对公务员的处分,应当事实清楚、证据确凿、定性准确、处理恰当、程序合法、手续完备。据此规定,惩戒公务员的程序一般为：

（1）立案。公务员任免机关或纪检监察机关发现和受理检举公务员有违法失职行为需要查处时,首先要按照公务员管理权限和案件管理范围,履行立案审查手续。

（2）调查核实。要坚持实事求是、严肃谨慎的科学态度,运用合法手段和方法,查清犯错误的时间、地点、人证、物证,分清情节、后果、本人应负的责任,以及犯错误的主、客观原因。在调查中,要听取各种不同意见。公布调查结果时,应通知公务员本人到会,允许本人申辩,也允许别人为其辩护。

（3）申报与审批。报送审批机关的材料主要有：处分审批表、证据材料、调查报告、受处分人的检查和对处分的意见。具有审批权限的机关,在受理审批时,应认真核查材料,经会议充分讨论,再作处分审批决定。在报送审批案件未得到批复前,处分不能生效,一经批准,即可生效,并书面通知本人。

（4）结案归档。为保障公务员的民主权利,以防官僚主义、徇私舞弊、打击报复等弊端的发生,处分的结案工作,应有时间的规定。一般情况下,公务员的违纪行为,从立案算起,到审批结案止,应在3个月内处理完毕。如遇特殊情况,或案情复杂,也不得超过6个月。否则,无充分理由,应当追究有关主办人员的责任。案情处理完毕,就应当宣布结案归档。总之,整个惩戒的过程要做到事实清楚、证据确凿、定性准确、处理恰当、手续完备。

行政处分必须由具有法定权限的行政机关作出,其他机关无权作出行政处分决定。按照1996年人事部发布的《关于国家公务员纪律惩戒有关问题的通知》规定,我国有权进行行政处分的机关有两类。一类是公务员任免机关,就是按照公务员管理权限,具有任免权的行政机关。另一类是行政监察机关,各级行政监察机关可对违反政纪的人员直接给予监察范围内的公务员撤职以下的行政处分。由于公务员法扩大了公务员的范围,人事部的上述规定已经不能完全满足实践的需要,公务员批准权限的问题还有待于中央公务员主管部门作出新的规定。

惩戒的根本目的在于"惩前毖后,治病救人",在于教育和挽救犯了错误的公务员。因此,我国《公务员法》中还规定了行政处分的期限及其终止。不同处分的期限分别为:警告,6个月;记过,12个月;记大过,18个月;降级、撤职,24个月。公务员在受处分期间不得晋升职务和级别,其中受记过、记大过、降级、撤职处分的,不得晋升工资档次。受撤职处分的,按照规定降低级别。公务员受开除以外的处分,在受处分期间有悔改表现,并且没有再发生违纪行为的,处分期满后,由处分决定机关解除处分并以书面形式通知本人。解除处分后,晋升工资档次、级别和职务不再受原处分的影响。但是,解除降级、撤职处分的,不视为恢复原级别、原职务。

三、中国公务员的职务升降制度

公务员职务升降制度是公务员激励机制的重要组成部分,它是有关公务员职务升降条件、标准、方法、程序等方面规定的总称,包含着公务员职务晋升与降职两方面的基本内容,是公务员职位的纵向调整。

(一)中国公务员的晋升制度

公务员职务晋升,是指公务员管理机关按照国家有关法律、法规的规定,根据工作需要和公务员本人的德才情况与工作业绩,提高公务员职务与级别的活动。晋升意味着公务员所处地位的上升、职权的加重、责任的加大以及待遇的提高。

1. 晋升的原则

我国公务员的晋升一般遵循以下原则:

第一,德才兼备、任人唯贤原则。"德"主要指公务员的政治态度、政治品质和思想作风。"才"主要指公务员具有的与其所任职务相适应的工作能力和业务水平。坚持任人唯贤的原则,是为了防止任人唯亲,只有如此,才能有效地保证公务员队伍的政治素质与业务水平。

第二,注重实绩原则。即把公务员的工作实绩和贡献作为考察其德才、决定其升降的重要依据。

第三,依法逐级晋升原则。所谓依法,是指在职务晋升的过程中,公务员升降的范围、数量、原则、条件、方法、程序都必须依法律的形式确定,并严格依法进行。逐级晋升,是指在一般情况下公务员的晋升,只能按照职务等级,由低向高,一级一级地晋升。只有个别工作实绩和才能特别突出的,经过一定的审批程序后,方可越级晋升。

第四,公开民主原则。即要求扩大晋升工作的透明度,使公务员能够关心、了解和参与晋升的全过程,也便于把晋升工作置于广泛的监督之下,从而避免领导人凭主观意向决定晋升的不正常现象和其他晋升工作中不正之风的产生,使每个公务员都能得到公正、平等的待遇。

2. 晋升的条件

通常,晋升的条件包括标准条件和资格条件。标准条件即对公务员在政治立场、思想品质及工作能力、业务水平等方面的要求。资格条件主要是学历、资历等方面的要求。我国公务员的晋升的标准条件是:必须能坚定地贯彻执行党的基本路线和国家的各项方针、政策;有较强的事业心和责任感,努力为人民服务,工作实绩突出;能廉洁奉公,遵纪守法,作风正派,团结共事,具有拟任职务所需的文化专业知识和工作能力。晋升领导职务,特别是晋升较高层次领导职务的公务员,还必须具有胜任领导工作的理论政策水平和组织领导能力,并符合领导集体在年龄结构等方面的要求。

公务员晋升的资格条件是:① 考核结果。晋升前,公务员要连续2年考核被定为优秀等次或连续3年被定为称职以上等次。② 任职经历。晋升科、处、司(厅)级正职,应分别任下一级职务2年以上;晋升科、处、司(厅)、部级副职和科员、副主任科员、主任科员职务,应分别任下一级职务3年以上;晋升助理调研员、调研员职务,应分别任下一级职务4年以上;晋升助理巡视员、巡视员职务,应分别任下一级职务5年以上。其中晋升处级副职以上领导职务,一般应具有5年以上工龄和2年以上的基层工作经历;晋升县级以上人民政府工作部门副职和国务院各工作部门司级副职,应具有在下一级两个以上职位任职的经历。③ 文化程度。晋升科级正副职和科员、副主任科员、主任科员职务,应具有高中、中专以上文化程度;晋升处、司(厅)级正副职和助理调研员、调研员、助理巡视员、巡视员职务,应具有大专以上文化程度;晋升部级副职,一般应具有大学本科以上文化程度。④ 身体条件。健康程度适应工作需要。⑤ 符合任职回避规定。

3. 晋升的程序

人力资源管理中晋升的一般程序包括:① 确定晋升方法。可供选择的晋升方法包括职位阶梯、职位调整、职位竞聘及职业通道。② 明确并公开晋升条件。每一个职位都有特定而明确的工作职责,要求具备的条件与资格都应列明其中。③ 评估候选人资格。对潜在的候选人进行资格评估,评估内容包括知识、技能和个人品质等,评估方法包括3个方面,即绩效评估、直线上司/下属的反馈建议、人力资源管理者平时收集的信息。④ 与候选人沟通。这个过程是评估潜在候选人对新职位的渴望及胜任力情况。一方面,考察候选人对承担新职位的意愿,另一方面,直接通过沟通了解候选人的胜任力。这个过程类似于对外公开招聘的面试过程,不可或缺。⑤ 公开晋升决定。完成与候选人的沟通后,领导者或人力资源管理者对职位需求与候选人的资格与胜任力有了一个较为准确的把握,即可做出晋升决定。

公职人员晋升的程序大致也包括了上述环节。我国《公务员法》第44条规定:公务员晋升领导职务,按照下列程序办理:① 民主推荐,确定考察对象;② 组织考察,研究提出任职建议方案,并根据需要在一定范围内进行酝酿;③ 按照管理权限讨论决定;④ 按照规定履行任职手续。公务员晋升非领导职务,参照前款规定的程序办理。

4. 公务员晋升制度的改革

我国公务员晋升制度遭人诟病已有时日,主要问题在于现行的公务员晋升制度无法有效解决公务员晋升领导职务需求的无限性与政府机关领导职务供给的有限性之间的矛盾。在我国,92%的公务员职务层次在科级以下,只有8%的公务员是副处级以上职务,有的公务员,特别是基层公务员,几十年的职业生涯中,只有副科和正科两个晋升台阶,其职业发展空间非常狭小。当前,县乡两级公务员占全国公务员总人数的58%,其中的大部分以科员退休。比如,河北省三河市公安局1998~2003年离退休的106人中,有68人是三级警督(科员级),这68人在30年工作中没有得到过一次晋升的机会。这种状况带来了诸如公务员千军万马过独木桥,都往领导职务上挤;基层公务员职业发展空间极其狭小;晋升无望的公务员事业心和工作热情下降;行政机关内设机构膨胀,队伍结构失调;官本位思想泛滥等一系列现实问题。

从目前的研究和讨论来看,改革公务员晋升制度的方向是构建公务员职务晋升和职级晋升的"双梯制",两条楼梯上楼,拓宽公务员的职业发展空间。具体的思路大致有两种①:第一种思路是取消现行非领导职务设置,建立单一的职务序列;建立以资历和实绩为主要依据的级别系列;通过级别与职务相分离的运作拓宽公务员的晋升空间。第二种思路是在职位分类的基础上,通过改造非领导职务,建立职务与级别相结合的公务员晋升制度。2005年颁布的《公务员法》实际上反映了这一主张。这一思路具体操作的步骤如下。

(1) 非领导职务细分为综合管理类职务、专业技术类职务和行政执法类职务。综合管理类非领导职务不负有领导职责,而是承担岗位职责,其中,部分较高层次的非领导职务,可协助同级领导职务工作,或者经授权负责或协调某一方面的工作。专业技术类职务只在专业技术类职位(如公安部门中的法医、外交部的翻译等)设置,在机关中承担专业技术职责,为实施公共管理提供直接的技术支持和保障。专业技术职务名称可分为社会通用(如工程师、翻译)和行业特有(如公安部门法医、海关部门原产地评估师)两种类型,前者可适用国家统一规定,后者由中央一级的主管部门提出,经中央一级公务员综合管理部门批准后设置。设置专业技术职务主要是为从事专业技术工作的公务员提供职业发展阶梯,吸引和稳定机关不可缺少的专业技术人才,激励他们立足本职岗位,成为本职工作的专家。行政执法职务只在工商、税务、质监、环保等行政执法部门的基层单位的行政执法职位中设置,主要履行行政监管、行政处罚、行政强制、行政稽查等现场执法职责。行政执法职务名称,由中央主管部门提出,经中央公务员综合管理部门审批后设置。设置行政执法职务,主要解决基层工商所、税务所等一些基层执法部门公务员职业发展空间狭小,晋升困难的突出问题,激励一线执法公务员更好地做好本职工作,同时也有利于加强对他们的管理和约束。

(2) 设置合理的职级。新的级别体系要能够体现三种人事管理职能,一是级别是对不同类别公务员职务进行平衡比较的统一标尺;二是级别的晋升成为除职务晋升外的公务员职业发展的重要渠道;三是职级与职务一样,成为

---

① 参见宋世明:"公务员晋升:两种思路的碰撞",北京:《瞭望新闻周刊》(2004年8月2日),第31期,第37～39页。

公务员工资待遇确定的重要的依据。这样,不升职务的公务员,也可以随着级别的提高而提高待遇。通过上述对于非领导职务的改造以及合理设置职级,职务与职级对应,从而构建更为合理的、渠道较宽的公务员晋升制度。另外,公务员晋升制度的改革与职位分类制度的改革以及奖惩、考核、工资等制度的改革是紧密相连的。

当然,公务员晋升制度的改革还包括晋升的条件、方式、程序等方面的调整,这些调整使得公务员的晋升更加体现公平、正义、公开、民主等价值理念的要求。

(二) 中国公务员的降职制度

公务员降职,是指公务员管理机关按照国家有关法律、法规的规定,根据工作需要和量才适用原则,将由于各种原因不能胜任现职的公务员,改任较低职务的一种活动。降职意味着公务员所处地位的降低、职权和责任范围的缩小、待遇的减少。需要说明的是,我们更倾向于认为降职是一种正常的人事调整。以往在我国的人事管理中,一直将降职视为一种"行政处分",这在理论上是不充分的,也是有害的,这种认识对导致公务员"能上不能下"、"能官不能民"的官本位主义的泛滥多少起到了推波助澜的作用。尽管有的受惩处的公务员职务需要下降,但不应把降职笼统地视为处分。其中,公务员不胜任本职工作,即使没有犯错误,也应该作职务上的正常调整。实行正常的降职制度,有利于打破坐"铁交椅"、做"太平官"的陋习;有利于公共部门职位事得其人,提高工作效率。

1. 降职的条件

降职作为职务关系的变更,应该依据一定的法律事实。通常,发生下述情况时应考虑公务员降职。① 本人工作不努力,思想作风差,工作成绩不佳,在年度考核中被定为不称职等次的。② 不能胜任现职工作。包括因健康原因,不能很好地履行职责;缺乏相关的专业知识和技能,无法从事现任工作的;因机构撤并,应予转任,又不能胜任同级职务的。③ 因某些工作需要,如预算减少、精简机构、职位精简等原因引起的。

2. 降职的程序

由于降职关系到公务员地位和待遇的变化,因此必须十分慎重,严格按照法定程序来进行。我国公务员降职的主要程序如下:

(1) 所在单位提出降职安排意见。首先通过年度考核或者在平时考核的基础上实施专门组织的任职考核,来认定当事人是否符合降职条件。降职条件认定后,所在单位应提出降职安排意见。

（2）对降职事由进行审核。所在单位向主管机关人事任免部门提出降职安排意见，提请主管机关人事任免部门审核。人事任免部门应本着认真负责的态度，对当事人的降职事由进行审核。审核通过后，由人事任免部门和所在单位领导向拟降职公务员说明情况，征求本人意见。这是必须的程序，体现对公务员权利的尊重和保障。但并非本人不同意就不能实施降职，降职决定是任免机关的人事行政行为。

（3）按照管理权限由主管机关领导集体研究决定，依法办理。任免机关应根据拟降职公务员所在单位提出的降职安排意见、降职公务员本人的意见等材料经集体研究讨论，作出是否降职的决定。降职决定作出后，则应依照有关规定，办理降职手续。

根据公务员申诉控告制度的规定，公务员本人如果对降职决定不服时，可在接到降职决定之日起30日内向原处理机关申请复核，也可在接到降职决定之日起30日内或者在接到复核决定之日起15日内向同级人民政府人事部门提出申诉。受理公务员申诉的机关必须按照有关规定作出处理。复核和申诉期间，不停止对公务员降职决定的执行。

四、中国事业单位人员激励制度变革的现实走向

在公务员制度确立之前的很长一段时期，事业单位人员作为笼统的"国家干部"的一个组成部分，其管理基本上参照党政机关人员的管理模式进行，难以从独立意义上论及其激励制度。甚至直到今天，事业单位人员的分类、录用、任免、奖惩与考核、职务升降、工资与福利以及退休制度等依然缺乏相应的法律法规来调整，尽管有一些改革的尝试和试点，也可以看到一些令人振奋的变化，但很多地方事业单位的人事管理在很大程度上依然是根据公务员管理的模式进行的。这直接导致了事业单位的高度行政化现象，对其人员运用行政手段实施管理，缺乏有效的激励，并且形成了事业单位人员与单位的行政依附关系。事业单位及其人员对应相应的行政级别，按行政级别的高低享有工资、福利和待遇。用人机制僵化，人员能进不能出、能上不能下，缺乏对优秀人才的激励机制，不能很好地调动员工的工作积极性；收入分配机制缺乏自主性、不能体现工作业绩和工作贡献的大小等国家行政机关人事管理中存在的问题，也同样表现在事业单位的人事管理中。随着我国社会主义市场经济体制的建立和加入世界贸易组织，形成和发展于计划经济体制下的事业单位人事管理制度已经越来越不能适应当前客观形势的需要，甚至阻碍着专业技术

人员的创造精神和积极性的发挥，因此，实质性地推进事业单位人事管理制度改革的要求也日益迫切。

从政策的进程看，早在20世纪80年代中期，中国政府就已经着手推行一些改革的措施，但由于缺乏整体性的战略，成效并不十分显著。1992年党的十四大政治报告强调，"加快人事劳动制度改革，逐步建立健全符合机关、企业和事业单位不同特点的科学的分类管理体制和有效的激励机制。"1993年，《国家公务员暂行条例》颁布实施。同年，进行了建国以来的第三次工资制度改革。这两项措施将国家机关和事业单位的人员以及工资制度区分开来。1995年，国家人事部下发了《事业单位职员管理暂行办法》，对事业单位人事制度改革进行意见性指导。2000年，中组部、人事部下达了《关于加快推进事业单位人事制度改革的意见》，就事业单位人事制度改革提出了原则性纲要。2002年，国家人事部颁发《关于在事业单位试行人员聘用制度的意见》，倡导在事业单位全面推行人员聘用制度。2005年，我国决定加快推进事业单位人事制度改革的步伐。与此同时，各地区、各部门也陆续出台了关于推进本地区、本部门事业单位人事制度改革的实施意见。

从实践的进程看，改革开放以来，各地区、各部门在事业单位人事制度上已进行了积极的改革和探索。据不完全统计，到目前为止，已有上海、深圳、江苏、河南等14个省市制定并出台了事业单位人事制度综合配套改革或聘用制方案；绝大多数省市也都开展了不同层次的试点工作。如以中国科学院、北京大学、清华大学、文化部直属院团等为代表的国家事业单位，在全面推进聘用制，搞活内部分配，实行一流人才、一流业绩、一流报酬等改革中进行了或正在进行着有益的尝试。深圳市在事业单位人事制度改革方面也作出了一些举措。2004年，深圳市通过《深圳市机关事业单位雇员管理试行办法》，在机关和事业单位全面推行雇员制。2005年又颁布《深圳市事业单位职员管理办法（试行）》，对事业单位职员实行职位分类制度。2005年的《深圳市事业单位人事制度配套改革实施方案》提出，事业单位在职位设置和确定工资分配方案的基础上，全面推行职员聘用聘任制和雇员制。

通过对事业单位人事制度改革政策进程和实践进程的回顾和梳理，可以洞察出正处于变革中的、日益有别于公务员激励制度的我国事业单位人员激励制度变革的现实走向。根据国家人事部副部长在2005年12月23日答记者问当中的阐述，可以将其概括为以下三点。

（一）全面建立和推行聘用制

聘用制度，将是今后多数事业单位的一项基本用人制度，它要求事业单位与其职工按照国家有关法律法规,在平等自愿、协商一致的基础上,通过签订聘用合同,确定双方的人事关系和权利义务。这一制度的实施,将打破事业单位基本上还是按照国家干部身份管理员工的局面,变单纯行政管理为法制管理,促使员工和用人单位由行政依附关系向平等人事主体关系的转变,从而实现单位自主用人,职工自主择业,并依法保障单位和职工双方的合法权益。

事业单位以聘用制度为基础,将逐步实现:

(1)选人用人实行公开招聘和考试制度。事业单位选拔和任用人才,应当按照法定的程序,通过公开招聘和考试制度,引入竞争机制,从而把优秀人才吸引到事业单位中来,提高事业单位人员的整体素质。要防止通过非正当途径向事业单位安排人员。

(2)事业单位领导人员的选拔任用中引入竞争机制。在党管干部的原则下,对不同类型事业单位的领导人员,按照干部管理权限和一定程序,可实行直接聘任、招标聘任、推选聘任、委任等多种任用形式。领导班子和领导人员根据任期目标责任制开展工作,按照任期目标完成情况考核,考核结果与任用、奖惩挂钩。

(3)建立解聘和辞聘制度。事业单位可以按照聘用合同解聘职工,职工也可以按照聘用合同辞聘。通过建立解聘辞聘制度,事业单位人才得以流通,从而增强事业单位用人的活力。针对可能出现的人事争议案件,一方面要推进人事争议立法,积极开展人事仲裁工作;另一方面要建立健全人事争议仲裁机构,及时受理和仲裁人事争议案件,切实维护用人单位和职工双方的合法权益。

(4)人力资源的绩效管理。人员聘用后,其续聘、解聘、增资、晋级、奖惩等都要以聘用人员的工作绩效为依据,因此,需要完善事业单位人员考核制度,修改并制定更为科学、合理、有效的《事业单位工作人员考核暂行规定》。

有的地区、部门在试行或推行聘用制的过程,还创造性地尝试人事代理制度,并取得一些有益的经验。总之,通过聘用制,事业单位僵化的用人机制将逐步被人员能进能出、能上能下、待遇能高能低的,新的充满活力的用人机制所取代。

(二)建立符合事业单位性质和工作特点的岗位管理制度

我国事业单位门类繁多,情况复杂,队伍庞大,包括科技、教育、卫生、文化、广电、新闻等140多万个单位,拥有人员总数多达2 922万,是全国公务员总人数(636.9万)的4.6倍,因此,建立符合事业单位性质和工作特点的岗位管理制度,是对各类人员进行有效激励的前提和基础。

首先,不同类型的事业单位要根据本单位的职能和特点,科学设置岗位,明确不同岗位的职责、权利和任职条件,变身份管理为岗位管理。目前,事业单位人员包括专业技术人员、管理人员和工勤人员3类,不同的岗位有不同的规律和特点,管理制度和方法也应有所不同。专业技术岗位,坚持按照岗位要求择优聘用,逐步实现专业技术职务的聘任与岗位聘用的统一。适应我国加入世界贸易组织的需要,按照国际惯例,对责任重大、社会通用性强、事关公共利益、具备一定专业技术才能胜任的岗位,逐步建立执业资格注册管理制度,实行执业准入控制。通过深化职称改革,强化并完善专业技术职务聘任制,建立政府宏观指导下的个人申请、社会化评价的机制,把专业技术职务聘任权交给用人单位。管理岗位,要建立体现管理人员的管理水平、业务能力、工作业绩、资格经历、岗位需要的等级序列,推行职员制度。工勤岗位,建立岗位等级规范,规范工勤人员"进、管、出"等环节的管理办法。应根据本单位性质特点和工作需要,合理确定3类岗位的比例结构,职员、专业技术人员、工勤人员岗位均按有关规定实行职务(等级)数额和结构比例控制。岗位设置方案必须经过职工大会或职工代表大会讨论通过和有关主管部门的审批。

其次,逐步建立流动与固定相结合的用人制度。改变现有单一的固定用人方式,有条件的单位应积极实行固定岗位与流动岗位相结合、专职与兼职相结合的用人办法。鼓励和支持事业单位的人才流动,促进专业技术人才资源配置的社会化和市场化。从激励的角度看,保持一定比例的固定岗位,是对那些为组织作出特殊贡献、拥有较高声誉职位的人才的一种肯定和奖赏,或者有些职位从人力资源成本的角度考虑不宜频繁流动的岗位,也应当采用固定岗位。而流动岗位的设置,则一方面促使了人才的流动,保障用人单位的用人自主权和职工的择业权,另一方面也使组织能够优胜劣汰,使那些不符合组织绩效要求的成员被淘汰出局。流动与固定相结合的用人制度,也是国际通行的一种做法。

最后,建立岗位绩效工资制度,使工作人员的收入与其岗位职责、工作表现和工作业绩相联系。岗位绩效工资包括岗位工资、薪级工资、绩效工资和津贴补贴四部分,其中岗位工资、薪级工资为基本工资,实行"一岗一薪、岗变薪变","一级一薪、定期升级"。对在特殊岗位或关键岗位工作的人才,实行一流人才、一流业绩、一流报酬。

(三)建立形式多样、自主灵活的分配激励机制

1993年工资改革以后,事业单位工资制度分为专业技术人员工资制度、管理人员工资制度、工人工资制度3种。3种工资制度均分别由固定工资和活的津贴两部分组成。职务(岗位)标准工资部分由国家统一调整、统一管理。活的津贴部分的分配,地方和单位有一定的自主权。国家通过管理工资

总额,宏观调控分配总量。这种以"经费由国家财政拨款"为基点设计的工资改革方案,难以满足门类繁多、规模庞大事业单位工资分配的客观需要。事业单位既有财政拨款的社会公益型,也有经费自筹以创收营利为目的的经营服务型。现行的职务等级工资制虽然在工资构成上设立了活工资,但由于其所占份额相对较少,加之与单位整体效益没有联系,仍属于直接干预微观分配层次的集权工资管理模式,阻碍了市场导向作用的发挥和竞争手段的介入,难以有效发挥收入分配的激励功能。因此,建立形式多样、自主灵活的分配激励机制成为事业单位人事管理制度改革的重点和难点。

根据国家人事部《关于加快推进事业单位人事制度改革的意见》,事业单位收入分配制度要贯彻按劳分配与按生产要素分配,效率优先、兼顾公平的分配原则。党的十四届三中全会和十五大的文件,一方面肯定了按劳分配的主体地位,另一方面则把其他分配方式从"补充"的地位提高到"并存"的地位,并明确指出了资本、技术等生产要素参与收益分配的必要性和合法性。强调生产要素参与收益分配,并不会影响坚持按劳分配为主体的原则。从广义来说,劳动本身也是生产要素,而且是一种特别重要的生产要素。强调劳动以外的其他生产要素参与收入分配,不会冲击按劳分配的主体地位。实行按劳分配和按生产要素分配相结合,有利于促进资源的合理使用和有效配置,有利于推动市场体系的培育和发展,有利于将竞争机制引入分配。

在这一原则指导下,事业单位收入分配制度面临的主要任务包括:

(1) 完善分类分级工资管理体制,将按财政预算拨款方式分类管理,转变为按单位性质功能、经费来源、资源配置等因素分类管理。

(2) 将以"职称"为主要依据的工资制度,转变为以"岗位"、"绩效"工资为主体的多元化工资制度。岗位绩效工资制度是一种强化岗位管理、注重工作实绩、充分尊重知识、尊重人才的收入分配制度。

(3) 将以国家分配为主体,转变为以单位分配为主体,扩大事业单位内部分配自主权。在国家政策指导下,允许搞活内部分配,自主决定分配结构和方式,允许事业单位经批准高薪聘请个别拔尖人才;允许事业单位从科技成果转化取得的收益中,提取一定比例,用于奖励项目完成人;允许有条件的事业单位试行工资总额同经济效益挂钩办法;允许部分单位和岗位,在完成本职工作的前提下,兼职兼薪;允许实行按岗位定酬、按任务定酬、按业绩定酬的分配办法;允许对有重大科技发明、贡献突出的人才,实行重奖等。

(4) 将单一按劳分配方式,转变为"按劳分配为主体,多种分配方式并存"的制度。要按照生产要素投入的数量、质量以及稀缺程度进行分配。实现形式主要有按劳动力要素分配、按资本要素分配、按技术要素分配和按经营管理要素分配。

(5) 将对事业单位收入分配的直接微观控制,转变为运用必要行政手段和经济、法律手段的间接宏观调控。

通过建立形式多样、自主灵活的分配激励机制,不同类型的事业单位将建立起适应单位性质功能的收入分配机制。

(1) 监督管理类的事业单位,经批准依照国家公务员制度管理的,实行机关工资制度,并执行机关相应的奖金福利待遇;未批准的,仍执行事业单位工资制度。对接受政府委托,承担经济社会管理职能,或为政府行政行为提供政策研究、政策咨询等保障服务的事业单位,实行事业单位工资制度,也可依据聘用合同试行岗位工资或协议工资。

(2) 纯公益性事业单位收入分配可按基本保障和激励搞活相结合的办法进行管理。原则上可将现行基本工资结构中的固定部分纳入到"基本保障"部分,也可根据单位实际把部分省、市规定津补贴项目纳入"基本保障"部分进行管理,"基本保障"部分应严格执行国家和省统一制定的工资政策;现行工资性收入中未纳入"基本保障"部分的项目及单位按规定提取用于发放的奖金、福利等纳入到"激励搞活"部分进行管理,"激励搞活"部分由单位自主决定。

(3) 准公益性事业单位可参照纯公益性事业单位收入分配模式进行管理,但应加大搞活分配的力度。可根据实际自主选择内部岗位津贴制、内部结构工资制、特殊岗位工资制、生产要素参与分配这几种办法搞活内部分配。

(4) 中介服务与生产经营类事业单位,要以市场为导向,结合岗位聘用,按岗定酬、按任务定酬、按业绩定酬。完善生产要素参与分配的方法和途径,使工作人员的收入与其贡献、绩效挂钩,建立起岗位靠竞争、收入靠贡献的自主、灵活、激励的分配机制。

案 例

北京大学教师聘任和职务晋升制度改革方案[①]

传统的人事管理体制下,我国高等学校教师基本上实行终身制的管理模

[①] 案例来源:根据《北京大学教师聘任和职务晋升制度改革方案》,www.cas.ac.cn/html/Dir/2003/07/12 整理。

式,这种缺乏活力和竞争的模式既阻碍了人力资源的合理流动,造成了人才短缺和浪费并存的局面,也扼杀了高校教师工作的积极性和创造力。为此,一些高校开始探索新的教师激励制度。北京大学作为中国高等教育的龙头,其2004年4月正式施行的《北京大学教师聘任和职务晋升制度改革方案》(以下简称《改革方案》)尤其引人注目。方案的特色在于在教师聘任和职务晋升中实行合同聘任制、分级流动制和引入外部竞争机制,从而达到提高教师队伍整体水平的目的。

1. 教师聘任制度的改革

北京大学教师聘任和职务晋升在遵循学术标准第一和公开、公平、公正原则的基础上,实行合同聘任制。讲师(部分单位的助教)岗位向国内外公开招聘;副教授和教授岗位空缺通过外部招聘和内部晋升两种方式实现,平等竞争,择优聘任。除教授和部分副教授为长期职位外,其他职位为流动岗位。教师聘期内按合约进行奖惩、考核、晋升、续聘以及解聘。新聘讲师和副教授实行固定聘期合同,合同期3年。教师在讲师岗位上最多有两个合同期;理工医科专业教师在副教授岗位上最多有3个合同期,人文社会科学专业教师在副教授岗位上最多有4个合同期。每个聘期结束前6个月,在评估基础上决定是否续聘。超过规定最多合同期而未能成功晋升者,除符合特定条件外,将被解聘。

《改革方案》规定了新聘教师的资格条件。新聘教师应具有博士学位(或本学科最高学位),北京大学各单位原则上不直接从本单位应届毕业生中招聘教师。新聘讲师及助教须有相关专业领域扎实、系统的基础理论和得到研究方法的严格训练,有突出的学术贡献,有希望成为本领域的杰出学者和优秀教师;晋升或新聘副教授须有重要和有影响的研究成果,是本领域国内优秀的青年学者,达到相应年龄段所从事研究领域国内的前列,圆满完成教学工作量,教学效果优良;晋升或新聘教授须是国内或国际同行公认的所从事学科领域有杰出成就的学者,有标志性的重要研究成果,圆满完成教学工作量,教学效果优良;教师聘任和晋升必须充分重视申请人的学风和师德。

新聘教师的招聘程序是:① 在国内外公开招聘信息;② 接受申请;③ 院(系)学术委员会或招聘小组初选;④ 候选人来校参加面试;⑤ 由院(系)学术委员会(或教师聘任委员会)决定是否同意聘任;⑥ 正式候选人报学校人事部,由学校决定是否录用。

2. 教师职务晋升制度的改革

《改革方案》中职务晋升制度的改革主要体现为分级流动制和外部竞争

机制的引入,即通过采取有限聘期和有限申请晋升次数等措施在讲师和副教授队伍中实行择优和分流。具体的措施包括:

新聘讲师在该级岗位工作两年之后的合同期内有两次申请晋升副教授的机会;新聘副教授在该级岗位工作5年之后的合同期内有两次申请晋升正教授的机会。若首次申请不成功,第二次申请须在相隔一年之后;若第二次申请也不成功,除已获得长期职位的副教授外,聘任关系从学校通知本人之日算起一年后自动解除,不再续约。若晋升申请成功,聘任关系按新岗位规定执行。

现职讲师到校任现职不足2年(含2年)的,累计工作年限2～7年内,最多有2次申请晋升副教授的机会;任现职3～5年(含5年)的,累计工作8年内,最多有2次申请晋升副教授的机会;任现职6年(含)以上,从2003年算起3年内,有1次申请晋升副教授的机会。在上述期限内不能晋升为副教授的,在接到学校通知后一年内离开原岗位(满足一定条件者除外①)。

现职副教授从2003年算起按下列条件最多有2次申请晋升正教授的机会:① 理工医类:任现职不足2年(含2年)的,累计现岗位上工作5～10年内;任现职3～5年(含5年)的,累计现岗位工作5～12年内;任现职6年以上的,累计现岗位工作13年内。② 人文社科类:任现职不足2年(含2年)的,累计现岗位工作5～13年内;任现职3～5年的,累计现岗位工作5～14年内;任现职6年以上的,累计现岗位15年内。在上述期限内不能晋升为正教授的,须在接到学校通知后一年内离开原岗位(满足一定条件者除外②)。

教师在晋升(或受聘)为教授后,即获得长期职位并聘任至学校规定的退休年龄。定期对教授和已取得长期职位的副教授进行考核,连续3年未完成岗位合同所规定任务者,须离开原岗位,根据本人能力和校内岗位需要申请到其他系列岗位工作,经规定的申请和审批手续,签订新的岗位聘任协议,完成相应的岗位任务,享受相应的待遇;本人愿意也可以离开学校。对连续多次考核不合格的教授,可以降低级别聘用。单位被解聘的教授,除非另有聘任,不再享有长期职位。

关于晋升的限制性规定还包括:现职教师学士到校任教6年,硕士到校任教4年不能晋升为讲师的,即终止聘任。已达以上期限的助教,最长延聘1年,须离开本校教师岗位;现职教师1963年1月1日以后出生的晋升副教授、

---

① 根据《改革方案》规定:在本方案执行前,在北大工作已满25年或者在北大连续工作满10年且年龄距国家规定的退休年龄已不足10年的教师,按照聘任制的有关规定,可以在北大工作到法定退休年龄。

② 已获得长期职位的副教授和满足上述规定者除外。

1958年1月1日以后出生的晋升教授,须有博士学位(或本学科最高学位)。特别优秀者可不受任职年限、学历的限制,按学校有关规定破格晋升(或招聘)。破格晋升计入正常晋升申请次数。

职务晋升的程序是:① 本人提出书面申请;② 同行专家评议;③ 申请人向本单位全体教授参加的"教授会"报告自己的研究成果,教授会应对申请人是否达到所申请职务水平进行广泛讨论,并通过无记名投票作民意测验,同意票超过半数的,方可提交学术委员会审议;④ 院(系)学术委员会审议;⑤ 学部学术委员会审议;⑥ 校学术委员会审议;⑦ 校长批准。

3. 改革的配套措施

为保证此次改革的顺利推进,北京大学相应地完善了教师分类制度、教师聘任和职务晋升的运行体制以及其他一些制度。

《改革方案》把教师岗位分为教学科研岗位和专任教师两类,后者比例不超过教师总编制的15%。教师职务分为助教、讲师、副教授、教授。

北京大学聘任教师和教师职务晋升实行行政审核和学术审核并行体制。行政审核由院系和学校两级构成,学术审核由院系(学科组)、学部、校学术委员会三级构成。完善这一体制的具体措施包括:① 各院系成立教师招聘小组或招聘委员会,负责招聘工作的实施和协调。② 在基层学术职务聘任中建立由本单位全体教授参加的"教授会议"评议机制,对聘任教师和教师职务晋升进行民主评议。③ 各级学术委员会行使对聘任教师和教师职务晋升的学术资格评议权力。其中,院系学术委员会(学科组)和学部学术委员会是教师任职资格的基本审议机构;校学术委员会是教师任职资格的复审机构,并对规章制度和重大学术问题作决策。④ 院(系)一级的学术评议中加强同行评议、特别是校外专家评议在决定职务晋升中的作用。鼓励有条件的院系外聘知名大学和科研机构获得终身教职的教授担任学术委员会委员。⑤ 各级学术委员会组成应保持一个合理的年龄结构。⑥ 院系和学部学术委员会内部委员应为本院系和学部学术骨干,并有良好的公信力。院(系)和学部学术委员会委员和主任由院(系)和学部向学校提名候选人,校长审批任命。校学术委员会委员由校长直接任命。

此外,学校将加强对教师的业绩考核和纪律管理,保证教师能集中精力做好本职工作。学校将定期对教学科研单位进行评估。对优势学科,学校将予以重点扶植;对于教学和科研业绩长期不佳的单位,学校将对其采取限期整改、重组和解散等措施。被解散的单位的教师(包括教授)原聘任合同不再有效。

案例分析题

1. 该改革方案反映了北京大学校方在教师激励制度建构方面的哪些理念？
2. 试联系案例谈谈你对这一改革方案的评价。

复习与思考

1. 分别阐述需要层次理论、成就需要理论、双因素理论的主要观点及其在管理实践中的应用。
2. 分别阐述期望理论、公平理论以及豪斯的综合激励模式的主要观点及其在管理实践中的应用。
3. 试述"全面奖励战略"的特征和实施步骤。
4. 简要说明国外公务员实施惩戒的程序。
5. 谈谈我国公务员晋升制度的主要问题及其解决思路。
6. 如何理解中国事业单位激励制度变革的现实走向？

第八章　公共部门人员的绩效管理

绩效管理是在汲取功绩评议、目标管理、绩效评估等管理理论精髓的基础上发展起来的一种先进管理机制和思想,绩效管理的推行为提高组织绩效和完成组织战略目标开辟了一条全新道路。公共部门绩效管理是指基于公共部门的战略目标和绩效计划,对公职人员的绩效状况进行考察和比较,通过持续的绩效反馈和改进,使其工作行为和绩效状况与公共部门战略保持一致的管理过程。本章首先对绩效管理的内涵、模型和功能作简要概述;然后探讨公共部门人员绩效计划的制订,并重点介绍公共部门人员绩效指标体系的设计;接着说明公共部门人员绩效评估过程的具体环节;最后阐述公共部门人员的绩效反馈和改进。

第一节　绩效管理概述

随着经济全球化步伐的推进,组织面临的环境更加复杂,传统的绩效评估已经难以帮助组织有效确立竞争优势,绩效评估的固有缺陷也日益暴露。随着人们对人力资源管理理论和实务的日益重视,绩效管理已经成为被理论和实践普遍认可的人力资源过程。作为公共部门人力资源管理的核心模块,绩效管理是提升公共服务的品质和实现公共部门战略目标的重要工具。

一、绩效管理的含义

绩效(Performance)也称为业绩,原意是指能力、成绩、工作成果等。绩效概念最早运用于社会经济管理方面,后来逐步引入组织人力资源管理方面。

目前对绩效概念的理解大致有两种主要的观点①，一种观点认为绩效是工作所达到的结果，是组织、群体或个体工作成绩的记录。贝尔纳丹（Bernadin）等人（1995年）认为，"绩效应该定义为工作的结果，因为这些工作结果与组织的战略目标、顾客满意感及所投资金的关系最为密切"。另一种观点则认为绩效是达到组织、群体或个体目标的行为。坎贝尔（Campbell）（1993年）指出，"绩效是行为的同义词。……绩效由个体控制下的与目标相关的行为组成，不论这些行为是认知的、生理的、心智活动的或人际的"。我们认为，绩效是一个多元的概念，上述对绩效概念的理解各有侧重，但单纯将绩效界定为结果或行为，也都有失偏颇。绩效本身是行为过程和结果的统一，行为的目的是为了达到某种结果，结果的产生也离不开行为过程，两者缺一不可，相辅相成。换言之，绩效的概念既包括成就、业绩的含义，也内蕴执行、过程的意思。本书将绩效定义为组织或个体的行为在满足目标的过程中达到的客观效果。绩效涉及3个层面，即组织绩效、群体或团队绩效以及个体绩效。组织人力资源管理理论关注的是个体的绩效状况。

除了具备多因性、多维性和动态性等绩效的一般特征之外，公共部门人员的绩效还具有其独特的特征。一是绩效目标的社会性。公共部门以被委托者的身份提供公共产品，对公共部门人力资源的管理是为了最大化的社会利益服务，私营组织的绩效目标指向利润，而公共部门的公共性本原要求公职人员的绩效目标关注社会需求。二是绩效形态的特殊性。私营组织人员的绩效形态具有可见性的特征，而公职人员的绩效形态可见性较低，因为公共部门提供的相当部分的服务是无形的。三是绩效标准的复杂性。私营组织人员的绩效标准往往可以通过量化的形式客观地表现出来，而公职人员的绩效标准不但考虑到公平、正义、责任等诸多难以量化的范畴，而且还会涉及多重的甚至是不明确的层面。

绩效管理（Performance Management，PM）是20世纪80年代后期，在汲取功绩评议、目标管理、绩效评估等管理理论精髓的基础上发展起来的一种先进管理机制和思想。绩效管理被认为是组织人力资源管理的一项重要职能，绩效管理的推行为提高组织绩效开辟了一条全新道路。正如绩效概念的多样性一样，人们对绩效管理的理解也不尽相同。目前关于绩效管理的界定有3种主要的观点②。罗杰斯（Rogers，1990年）等人认

---

① 仲理峰等："绩效管理的几个基本问题"，《南开管理评论》，2002年第3期。
② 付亚和等主编：《绩效管理》，上海：复旦大学出版社2005年版，第61页。

为,绩效管理是管理组织绩效的系统;艾恩斯沃斯(Ainsworth)(1993年)等人将绩效管理看成是组织对工作人员工作成绩和发展潜力的评估和奖惩,认为绩效管理是管理员工绩效的系统;而考斯泰勒(Costello)(1994年)则把上述两种观点结合起来,将绩效管理看作是管理组织和员工绩效的综合系统。基于本书对公共部门人力资源研究的目的和角度,我们倾向于第二种观点,即将绩效管理看成是对组织员工绩效的管理。

公共部门绩效管理是指基于公共部门的战略目标和绩效计划,对公职人员的绩效状况进行考察和比较,通过持续的绩效反馈和改进,使其工作行为和绩效状况与公共部门战略保持一致的管理过程。这一定义包括两层要义,一是在公共部门战略目标的指引下,通过科学的绩效计划和绩效评估活动,对公职人员的绩效状况进行科学定位;二是将公职人员的绩效状况与事先确定的绩效目标进行比对,通过绩效改进方案帮助公职人员提升绩效,并确定下一阶段的绩效目标,由此达成并推进公共部门的战略目标。

公共部门绩效管理是一个系统和过程有机统一的完备和权变的体系。从系统角度看,公共部门绩效管理可以从三个层面考察。一是宏观层面的绩效管理,即对公共部门组织绩效的管理;二是中观层面的绩效管理,即对公共部门团队或群体绩效的管理;三是微观层面的绩效管理,即对公共部门人员绩效的管理。公共部门的人力资源管理是以整体态势出现,但实际管理中的行为却是发生在每个具体的公职人员身上,对公共部门人员的绩效管理是政府绩效管理网络体系的前提和基础;同时,公共部门个体和团队的绩效管理离不开公共部门的战略目标,微观层面的公职人员绩效管理也离不开群体和组织的绩效管理。上述三个层面的诸要素相互制约、相互影响,通过有机耦合构成了网络式的公共部门绩效管理系统。本章探讨的是公共部门人员的绩效管理。

从过程的角度看,公共部门人员绩效管理的流程(见图8-1)是一个螺旋式上升或波浪式推进的过程。这一过程包括绩效计划制订、绩效评估实施和绩效反馈与改进等三个基本阶段。首先根据公共部门的战略目标制订绩效计划,在绩效沟通的基础上确立绩效管理的目标,将绩效目标层层分解成绩效评估的指标体系和评估标准;然后全面收集公共部门人员的绩效信息,实施绩效评估活动;最后将公共部门人员的绩效评估结果与事先制订的绩效标准相比较,反馈绩效状况并制订绩效改进方案,重新调整和设定公共部门人员绩效管理的目标。

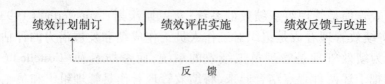

图8-1 公共部门人员绩效管理的基本流程

二、绩效管理与绩效评估

绩效评估(Performance Appraisal,PA)又称考核,是指按照一定的程序、方法及标准定期对工作人员的绩效状况进行科学的评估,以期达到提升组织绩效和完成组织战略目标。这一界定包含四层要义。其一,绩效评估是绩效管理的重要环节。绩效管理过程包括绩效计划制订、绩效评估实施和绩效反馈与改进3个基本阶段,绩效评估是其中的一个重要环节,如果没有对工作人员绩效状况的科学评估,绩效计划的内容无从落实,绩效反馈与改进也无法有针对性地实施。其二,绩效评估本身不是目的。通过绩效评估的实施,可以对工作人员的绩效状况有准确和全面的评判,从而知晓工作人员的实际能力及其与组织期望的差距,以利于工作人员改进工作。但绩效评估工作并非就此结束,绩效评估的最终目的是为组织人力资源管理其他环节的决策提供客观依据,使组织人力资源管理建立在公正和科学的基础上,以期达到提升组织绩效和完成组织战略目标。其三,绩效评估的结果必须适时反馈。关注工作人员绩效水平的持续提高是现代绩效管理理论的出发点,缺少及时反馈的绩效评估对组织而言没有任何实际意义,必须构建绩效反馈系统,使绩效结果落到实处。在评估中获得的重大相关信息必须及时反馈和运用到组织各项管理活动中,帮助不良绩效者找到不足和明确方向以改进工作和提高绩效。同时,还要将总结的经验和问题及时反馈到下一次绩效计划的制定中去,为下一次的绩效目标的设立提供信息。

绩效评估的目标不但体现在组织整体目标的达成方面,而且也为组织人力资源管理过程若干环节的决策提供重要参考。对大多数组织而言,绩效评估的首要目的在于通过鉴定组织成员的工作绩效,帮助其改进不足,由此提升组织整体效益。绩效评估通过对工作人员绩效信息的考察,作为规划或修正某项工作或某个工作人员的驱动力量,以强化对工作人员及实际工作的开发。因此,绩效评估是组织对其战略目标实现过程的重要的控制机制。此外,绩效评估还可用于解决人力资源管理其他具体环节的决策问题。通过绩效信息的整理和分析,组织可以及时发现政策中的不足和问题,从而为改进组织在预算、人力资源规划等方面的政策提供有效的依据。

绩效评估的技术性特质,使其在实际运用中仅被作为一种评判工作人员绩效状况的手段来使用。在许多组织中,绩效评估的目标只被停留在对工作人员的工作行为和绩效状况进行衡量,强调事后的评估结果。随着经济全球化步伐的推进,组织面临的环境更加复杂,传统的绩效评估已经难以帮助组织有效确立竞争优势,绩效评估的固有缺陷,如消极沟通、评估的主观性较强、结果缺乏反馈或反馈不及时等问题也日益暴露。为此,组织探索出各种提升竞争力的途径,如组织结构扁平化和分散化,工作时间弹性化,组织裁员,完善评估技术等,但实践也证明这些措施并不能有效改善和提升工作人员绩效,它们只是提供了改善绩效的机会,真正促使组织成员行为改变的动因在其内部,只有进行有效和持续的绩效沟通,才能充分调动组织成员的工作积极性,不断提升组织绩效。在这样的背景下,学者们在分析绩效评估不足的基础上,于20世纪70年代后期提出了绩效管理的概念,随着人们对人力资源管理理论和实务的日益重视,绩效管理已经成为一个被理论和实践普遍认可的人力资源过程。

绩效管理是组织人力资源管理的核心内容,而绩效评估则是绩效管理的关键环节。一方面,绩效评估和绩效管理有着密切的联系,绩效评估是控制和指导绩效管理全过程的重要的检查程序。绩效管理的功能在于促使组织提高整体绩效水平从而达到其战略目标,而为了保证组织绩效的实现,首先必须有效提升组织成员的绩效水平。要提升组织成员的绩效水平,就必须对其绩效状况进行全面和科学的考察,即实施绩效评估活动。如果说绩效管理是实现组织战略目标的一套有效工具,那么绩效评估就是这套工具中的命脉。因此,绩效评估是绩效管理的重要组成部分,作为绩效管理的重要阶段和鉴定环节,绩效评估不仅可以完善绩效目标,而且能够检查和促进绩效目标的实施,从一定意义上甚至可以说,绩效评估决定绩效管理的成败。

另一方面,绩效管理和绩效评估有着诸多区别,脱离绩效管理的绩效评估不可能达成组织既定战略目标。无论是从基本概念的阐释,还是从具体操作环节把握来看,绩效管理和绩效评估都有着较大的差异,一般说来,绩效管理和绩效评估的区别主要表现在这样几个层面(见表8-1)。事实上,正如莱文森(Levinson)所指出的那样,由于缺乏绩效管理的有效支撑,"多数正在运用的绩效评价系统都有许多不足之处,这一点已得到广泛的认可。绩效评价的明显缺点在于:对绩效的判断通常是主观的、凭印象的和武断的;不同管理者的评定不能比较;反馈延迟会使员工因好的绩效没有得到及时的认可而产生挫折感,或者为根据自己很久以前的不足做出的判断而恼火"[1]。在政府再造的过程中,绩效评估也起着重要的作用,然而仅有绩效评估是不够的,因为"绩效评估指明了方向,但却不一定让某人采取行动——特别是当变革道路上存在官僚和政治障碍时"[2]。实践证明,提高组织整体绩效水平的工具只能是绩效管理,绩效评估只是绩效管理的环节之一。绩效评估的成效不仅取决于绩效评估本身,更大程度上还取决于与评估相关联的整个绩效管理过程。

表8-1 绩效管理和绩效评估的区别

绩效管理	绩效评估
从战略高度进行管理	对个人绩效状况进行评价
管理系统	管理系统的环节之一
管理全过程	特定时期
未来的绩效	过去的绩效
关注能力的培养	关注绩效高低
侧重信息沟通和绩效提高	侧重评估和判断
评价性	引导性

三、绩效管理的模型

个体的绩效状况不单纯取决于个人特征这一基本要素,而是受到主、客观多种因素的影响。绩效管理是一个系统过程,绩效管理的过程必然要将组织战略、个人特征和组织文化等要素纳入其中,这一点在绩效管理模型图(图8-2)中可以得到说明。个体必须具备工作所需的个人特征,同时采取一系列正确的工作行为才能取得客观结果(绩效),而为了达成组织目标,个体的个人特征、行为和绩效状况又是和组织战略密切相关的。同时,工作环境也

---

[1] 仲理峰等:"绩效管理的几个基本问题",《南开管理评论》,2002年第3期。
[2] 〔美〕戴维·奥斯本等著:《政府改革手册:战略与工具》,北京:中国人民大学出版社2004年版,第232页。

是绩效管理过程制约个体特征和行为的不容忽视的因素。

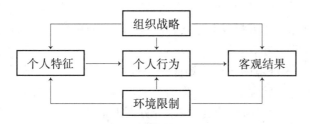

图8-2 绩效管理模型图

资料来源:〔美〕雷蒙德·A·诺伊等著:《人力资源管理:赢得竞争优势》(英文第3版),北京:中国人民大学出版社2001年版,第344页。

首先,工作人员的个人特征是影响其工作行为和绩效状况的内在前提。工作人员的个人特征,包括知识、技能、能力及其他个人特征等(KSAOs)方面的要求是产生工作绩效的前提和基础,不具备特定工作所要求的个人特征就难以产生期望的绩效状况。知识是指任职者从事工作所需的专业或业务学识,包括同工作相关的专业和学历等要素。技能是指任职者从事工作所需具备的熟练水平。能力是指任职者从事工作所需具备的比较通用且持久性的才能,包括智能、体能和心理运动能力。其他个人特征包括态度、人格特征、性情和价值观等基本要素。不同公共部门工作所要求的个人特征有所侧重。一般说来,专业技术类的工作对技能要求较高,综合管理类工作对能力要求较高,而行政执法类的工作则对体能要求较高。必须强调的是,工作人员的个人特征是其绩效状况的必要而非充分条件,具备绩效要求的个人特征并不意味着一定会出现组织所期望的绩效状况,个体绩效状况还取决于其他因素。

其次,绩效管理必须将组织战略纳入其中。组织所有工作的目标都是为了实现组织的战略目标,"在理想的情况下,绩效管理系统将会确保组织内的所有活动都支持组织的战略目标"①。组织战略是人力资源管理的出发点,也是绩效管理流程的起点和制定评估计划的前提。绩效管理活动的展开是在组织战略目标的指引下完成的,组织战略目标和绩效管理的密切关系是通过绩效计划与评价系统来实现的。体现这种密切关系的基本过程包括:在绩效管理的起点即绩效计划制订的过程中,将组织的战略目标层层分解,使绩效项目、绩效指标以及绩效标准等与组织战略密切联系;在绩效评估过程中,将工

---

① 〔美〕雷蒙德·A·诺伊等著:《人力资源管理:赢得竞争优势》(英文第3版),北京:中国人民大学出版社2001年版,第345页。

作人员的绩效状况与体现组织战略目标的绩效标准相比较,以此评价工作人员的绩效状况;绩效反馈与改进过程也是紧密围绕组织战略来展开的,通过绩效改进方案帮助工作人员提升绩效,并确定下一阶段的绩效目标,由此达成并推进组织的战略目标。

再次,应重视环境因素在绩效管理中的客观影响。环境是影响个体特征、行为和绩效的客观状况。组织面临的客观环境大致涉及三个层面:一是外部环境要素,包括政治、经济、文化、技术等方面因素;二是组织系统要素,包括组织特征和组织文化等因素;三是组织人力资源系统其他若干管理环节的相关因素。以经济因素为例,在计划经济体制下,政府需要大量服从型和执行型人才;而在市场经济体制下,政府更多需要竞争型和创新型人才,两者对工作人员的能力要求是截然不同的。再如,随着网络信息技术的发展,电子政府对行政人员的思维理念、行为方式、知识结构、管理能力都提出了新的挑战。同样,客观存在的环境要素也必然制约和影响工作人员的工作行为和绩效状况。有些情况下,消极的群体规范可能会阻止工作人员采取显然更有效的工作方式,而在另外一些情况下,工作人员仅仅是因为缺乏组织文化的有效激励而不去展示某种正确的工作行为。

四、公共部门人员绩效管理的功能

绩效管理是公共部门人力资源管理的核心模块,也是提升公共服务品质和实现公共部门战略目标的重要工具。作为一种全新的管理理念和管理实践,公共部门人员绩效管理的重要功能体现在以下几个方面。

首先,有助于提升公共部门人员结果导向的绩效意识。传统公共行政的理论及范式下,公共部门人员关注的焦点是过程、程序以及如何将政策转化为实际的行动,公共部门以职位分类、等级制和统一标准作为评价和激励工作人员的主要手段,公共部门人员的评价标准不仅是统一的,更重要的是它是事先确定的,其主要内容是满足政府提出的以责任心为核心的一系列要求,这些要求基本没有成本—收益观念的痕迹,这也往往导致公共部门的机构臃肿、繁文缛节和人浮于事。引入绩效管理的理念和实践后,公共部门人员更多关心的是取得结果以及对结果的获得承担责任,也强化了公共部门人力资源管理对成本—收益的结果考量。作为公共部门人力资源管理的有效工具,绩效管理以提升组织绩效和公共服务品质为最终目标,从一定意义上说,结果为本的绩效意识的确立和巩固,既是公共部门人员绩效管理的前提,也是公共部门人员绩效管理的结果。

其次,有助于强化公共部门人员的服务观念。公共选择理论认为,公职人员存在谋求自身利益的自然倾向,公职人员是理性自私的经济人,也有"自利的、理性的效用最大化者"的一面,"他们也会追求财富"[①]。公共机构尤其是政府部门及其官员追求自身的部门目标或自身利益而非公共利益的这种现象称之为内部(在)性。根据沃尔夫(Charles Wolf)的界定,所谓的内部性是公共部门自身的目标,是公共部门用以评价全体成员,决定工资、提升和津贴,比较次一级组织以协助分配预算及办公室、停车管理的标准;或者说,是指导、规制和评估机构运行和机构人员行为的准则[②]。对公共部门人员评价的标杆,是公众而非政府规模或公职人员的个人需求,与以往的政府为中心的评判标准截然不同,使公共部门人员的责任观念落到实处。正是这种可操作性的管理机制,不断激发和有效实现公共部门人员的以公众为本的服务观念。

第三,有助于满足公众的不同要求。美国经济学家肯尼思·阿罗(Kenneth J. Arrow)在其《社会选择与个人价值》一书中提出了著名的"阿罗不可能性定理"(Arrow's Impossibility Theorem),认为简单加法不足以在个人偏好中排出一个一致的共同次序,因为这些个人偏好本身也是根据不同的标准而分类的。阿罗的这一理论假设说明了将个人偏好或利益加总为集体偏好或利益的内在困难,也同样表明多样性、混合性和分散化的公众需求常常使公共部门所谓的公共利益决策面临尴尬的境地。如何表达和执行多元的公众利益需求已成为公共部门亟待解决的问题,通过引入私营组织的更为灵活的管理工具和技术方法,公共部门人员绩效管理可以设计出较为合理和精细的绩效指标体系,较之以往更能够有助于满足社会公众不同的利益需求。

第四,为公共部门人员提供了规范而简洁的沟通平台。公共部门内部往往存在不同程度的沟通障碍,基于个体的身份背景、教育程度以及需求的差异,容易形成工作人员之间不同的价值判断与团体意识。绩效管理倡导参与式的管理,改变了以往基于官僚层级体制的自上而下发布命令的做法,要求管理者和被管理者双方定期就工作行为与绩效状况进行沟通。从绩效计划的形成,到绩效评估的实施,再到绩效反馈与改进,都需要所有工作人员积极参与其中。这种双向沟通式的管理机制客观上为公共部门人员提供

---

① 〔美〕丹尼斯·C·缪勒著:《公共选择理论》,北京:中国社会科学出版社1999年版,第4、304、307页。
② 〔美〕查尔斯·沃尔夫著:《市场或政府:权衡两种不完善的选择》,北京:中国发展出版社1994年版,第58～60页。

了一个规范而有效的沟通平台，工作人员由此认识到绩效管理是一个帮助而非责备的过程，他们会更积极的合作和坦诚相待，工作人员还将会因为对工作有更深入的理解，明确自己的工作职责范围，从而进一步激发自己的智慧潜力和工作潜能。

最后，为公共部门人力资源管理其他环节的决策提供客观依据。绩效管理在公共部门人力资源管理中处于核心地位，而作为绩效管理的关键环节，绩效评估体系按照一定的程序、方法及标准，定期对工作人员的绩效状况进行科学评估，为正确识别人才和客观评价工作人员提供了技术手段，进而有利于实现人力资源在组织内部的合理配置，优化公共部门人员的组成；绩效结果可以为工作人员的薪酬调整、奖金发放等提供重要的客观依据，反映工作人员的实际贡献和获取回报的对应关系，体现了报酬分配上的公平性，也更容易获得工作人员的认同；通过绩效评估可以发现任职者的素质、技能、知识同组织期望的差距，有针对性地对工作人员进行培训，从而提高培训效果。通过持续的绩效反馈，组织管理者及时发现人力资源规划中的潜在问题和可能的新增长点，从而为改进和完善下一阶段的人力资源规划提供参考。

第二节　公共部门人员绩效计划的制订

制订绩效计划是公共部门绩效管理的起点，绩效计划的目的在于使组织中不同层次的人员对组织目标达成一致的见解。绩效计划的制订是一个复杂的过程，首先必须在公共部门战略目标的指引下明确公共部门人员的绩效目标，然后将绩效目标进一步分解为可测量的绩效指标，以使下一阶段的绩效评估实施有明确的评判标准。在绩效计划制订过程中，还必须通过持续的双向沟通，使管理者和被管理者就绩效目标和绩效标准达成共识。

一、绩效目标的确立

明晰的绩效目标对衡量公共部门人员的绩效状况至关重要。绩效计划是管理者与工作人员经过双向沟通，对工作人员的工作目标和绩效标准达成一致的过程。换言之，公共部门人员绩效计划是一个关于工作目标和标准的契约。明确目标是组织的核心战略，"如果处于公共组织或体制之中的每个人都明确自身的根本目标,那么,改进绩效则更为容易"①。因此,"绩效评估系统应该始于政策成果目标,然后继续推进"②。在美国《政府绩效与结果法案》(The Government Performance and Results Act,GPRA)中,联邦政府绩效计划的主要内容都是围绕目标展开的③。可见,明确绩效目标并在此基础上设定绩效标准,是制订公共部门人员绩效计划的主要内容,由此也可以看出目标设定在公共部门绩效管理中的重要作用。"绩效涉及成果及其影响。而成果是根据一个公共组织已设定的目标来进行测量的。"④从一定意义上说,目标提供了一种衡量工作人员绩效状况的标准。

绩效目标是建立绩效标准的重要参照。绩效目标是指工作人员根据自己的工作对象、任务和自身能力,结合组织目标和上一期的绩效水平,在部门主管的指导下,设定未来努力工作会达成的行为水准和结果水准。绩效目标的确立具有战略相关性,如果绩效计划所设定的目标方向与组织战略背道而驰,不仅无助于组织战略的达成,甚至会给组织带来致命的打击。"通常,当组织的目标在一个战略规划的背景下进行设定时,它通常是最有效的,因为它预先考虑了将来的需求,并且准备采取行动去满足这些需求。"⑤当然,对任何组织而言,期望的多样性决定了绩效目标的多元化,但每一次绩效评估不可能服务于组织的所有目标。因此,管理者确定绩效目标时,应在组织总体目标的指引下,从若干目标中选择那些与被评估者工作职责密切相关,并能切实得以实现的重要目标作为特定的具体评估目标,然后按目标的重要性将其依次排序。还需要强调的是,管理者必须修改随着环境的变化不断修订绩效目标,或者完全废止原目标,重新制定目标。

设置合理的绩效目标才能激发工作人员的工作积极性。设置合理的绩效目标必须具备可达性和挑战性,即绩效目标的设定既不能太高,也不能太低,经

---

① 〔美〕戴维·奥斯本等著:《政府改革手册:战略与工具》,北京:中国人民大学出版社2004年版,第12页。
② 同上书,第235页。
③ 美国《政府绩效与结果法》中绩效计划的内容包括:建立绩效目标以界定计划活动实现的绩效水平;用客观、量化的、可衡量的形式表述目标;简要描述实现计划目标所要求的运作过程、技能和技术、人力、财力、信息其他资源;建立绩效指标,以此衡量或评价每一个计划活动的相关的产出、服务水平和结果;为比较实际的计划结果和已确定的绩效目标提供基础;描述用以证明和确认可衡量的价值手段。转引自刘旭涛著:《政府绩效管理:制度、战略与方法》,北京:机械工业出版社2003年版,第124页。
④ 〔美〕雅米尔·吉瑞赛特著:《公共组织管理——理论和实践的演进》,上海:上海译文出版社2003年版,第184页。
⑤ 同上书,第185页。

过努力既要能够实现又要对工作人员产生一定的压力。一方面,绩效目标必须具备可达性,保证工作人员将注意力持续集中于绩效目标上,否则工作人员就可能因目标不可实现而失去信心或兴趣,进而漠视绩效目标的存在。另一方面,绩效目标要具有一定的挑战性,保证工作人员不会因为目标太容易达到而产生自满情绪,进而因失去进取心导致行为松懈,不能顺利引导工作绩效的提升。因此,只有同时具备可达性和挑战性的绩效目标才是设置恰当的工作目标。

较之私营组织人员的绩效目标,公共部门人员绩效目标设计的难度要大得多。从理论上讲,公共部门战略需要转化为组织的阶段性目标,在此基础上形成各部门的目标,继而分解为公共部门人员的绩效目标,然而,公共部门人员绩效目标设计在实践中面临的难度颇大。绩效管理的一个重要前提是尽可能将绩效目标量化,这在私营组织基本上不存在问题,因为其产品或服务可以出售,并且可以用货币形式予以衡量。公共部门则面临着如何将公共服务量化的问题,事实上,公共部门的产出是很难用客观具体的数据形式展示出来的,这也使公职人员绩效目标的设计增加了难度。确切界定公共部门的目标远非简单的任务,"一方面,公共机构所应当关心的价值,并没有提供适于特定决策问题的充分具体的指标。另一方面,如果用价值指标取代价值本身,'目的'就很可能被更具体的手段所代替——舍本求末。"①由此,公共部门人员绩效目标的设定经常处于两难的处境。公共部门价值取向的模糊性和多元性使绩效目标的价值取向具有更多的争议性和主观性,而且,公共目标的确立并非理性选择的过程,而是一个政治过程,其间往往充满了多元目标的冲突,公职人员绩效目标的设定也必然因此受到限制。

公职人员的绩效目标应该与公共部门的战略目标高度相关。公共部门战略目标应着眼于提供公共服务以及实现和发展公共利益。公共部门战略目标的模糊性和多元性一直是人们批评的焦点,前者是指公共部门的战略目标表达抽象且难以量化,后者是指公共部门的战略目标涉及政治、经济、文化、军事等多个层面。虽然如此,公共部门战略目标的公共性本原却是不可否认的,正是基于公共部门本身的公共性才造成了多重目标的相互冲突和矛盾。公共部门战略目标不可避免地具有强烈的公共性,公共部门是公共利益的代表者,公共部门产生和存在的目的是为了公共利益、公共目标、公共服务以及创造具有公益精神的意识形态等。因此,公共部门人员绩效目标也应该围绕公共性本

---

① 〔美〕赫伯特·西蒙著:《管理行为——管理组织决策过程的研究》,北京:北京经济学院出版社1988年版,第170页。

原展开。例如,我国某省民政厅工作人员的绩效目标可设定为:"进一步健全和完善城镇居民最低生活保障制度;全面推进村民自治活动,加强居委会建设;年内完成城镇退伍兵、志愿兵安置任务,等等。"

在实践中如何结合公职人员的工作内容和性质设计绩效目标,尚需在公共部门人员绩效管理的理论和实践中不断探索。对私营组织人员而言,绩效目标大多用盈利水平、投资回报率、销售收入等定量指标表达,且体现私营组织的盈利性特征。与此不同,公共部门人员绩效目标除涉及经济性(即降低运作成本)外,还包括可得性(即公众对其所提供服务的知晓程度)、效率、服务质量、社会效果等诸多层面的因素。国外公共部门管理实践为我们提供了改进绩效目标制订的有益经验[1],包括:将目标宣传为一种实现公众所关注的目标的方法;观察其他组织或地方的做法,但不要抄袭;设置现实的目标;确信公民同意成果目标所表达的基本优先事项和价值;以使用者容易掌握的方式制定可以达到的目标;定期更新目标;将目标与预算过程及政府联系起来;不要制定过多的目标;不要忽视没有数据的领域。

二、绩效指标体系的设计

公共部门绩效指标体系构建的前提是在公共部门战略目标的指引下确定绩效项目,在此基础上进一步将其分解或细化成较为客观和可操作性的绩效指标及其标准。

(一)绩效项目

绩效项目也称绩效模块,是指从哪些方面对工作人员的绩效状况进行评价,也可看成是外延最大的绩效指标范畴。绩效项目通常包括工作业绩、工作行为、工作能力和工作态度等内容。工作业绩是指在特定条件下对任职者的工作结果的评价。作为最客观和本质的评价维度,工作业绩直接体现了工作人员在组织中的价值。工作行为是指衡量任职者的工作行为是否符合组织的需要以及是否有成效。一般说来,不同岗位需要的工作行为是有所差异的。工作能力是指评定工作人员的工作能力与其承担的岗位职责是否匹配。工作能力一般包括任职者的专业性工作能力和相关的基本能力。工作态度是指工作人员对工作持有的评价和行为倾向,是任职者在实施工作行为时所带有的

---

[1] 〔美〕戴维·奥斯本等著:《政府改革手册:战略与工具》,北京:中国人民大学出版社2004年版,第31~33页。

主观感情色彩及其心理状态,不同工作态度会导致不同的工作行为。在实际操作过程中,往往根据组织的环境、特点、工作的性质甚至是管理者的偏好重点选择其中的一项或几项进行评价。

公共部门绩效项目的选择涉及三种不同的基本导向,即人员导向型绩效项目、任务导向型绩效项目和混合型绩效项目①。人员导向型绩效项目中,绩效评价主要集中在人员特质方面,涉及工作人员的品质和性格特征,包括忠诚度、勤奋度、判断力、分析力、合作能力、创新能力等要素。人员导向型项目选择简单易行、成本较低,但也存在诸多不合理之处,因为个人特质仅代表了行为的趋势,与行为本身及工作结果之间并不存在必然的逻辑联系,而且这种项目选择的主观性较强,评价标准通常模糊不清,不同评估者对个人特质的理解和把握会有所差异。任务导向型绩效项目中,以先行确定的绩效标准为基础评价工作人员的绩效状况。任务导向型项目选择以工作结果为中心,客观性较强,不易受到评价者主观因素的干扰,但这种方法往往缺乏变通的灵活性,而且容易忽视任职者的个人特质差异,非人格化的特征不利于发挥任职者的特长和调动任职者的积极性。为全面评价工作人员的绩效状况,公共部门人力资源管理的理论和实践对绩效项目的选择进行了较为深入的探索,汲取了上述两种绩效项目选择导向的长处,逐渐采用混合型的绩效项目选择方法。混合型绩效项目结合了任职者的个人特质和完成工作的情况,综合评价任职者的绩效状况。混合型绩效项目继承了人员导向项目选择的优势,仍将其纳入绩效项目的评价要素之中,同时注重功绩制的原则,以任职者的工作结果作为评价的中心,使公共部门人员绩效测评的结果更加客观,推进了公共部门人员绩效管理的不断发展和完善。

我国公务员的绩效项目包括德、能、勤、绩、廉5个方面的内容。《公务员法》第33条规定:"对公务员的考核,按照管理权限,全面考核公务员的德、能、勤、绩、廉,重点考核工作实绩。"德是指公务员的政治思想和道德品质等表现。公务员在政治思想上必须自觉地与党的路线保持一致,认真贯彻党的各项路线方针政策,道德品质是指公务员在遵守社会公德和职业道德方面的表现。能是指公务员的业务知识和工作能力,涉及三方面的内容:一是基本素质,包括文化水平、表达能力、辨别能力、应变能力、合作能力等;二是工作能力,包括独立工作的能力、分析解决问题的能力、专业知识水平、创新精神、组织协调能力等;三是

---

① 〔美〕唐纳德·克林格勒等著:《公共部门人力资源管理:系统与战略》(英文第4版),北京:中国人民大学出版社2001年版,第404页。

身体上的要求,即身体和心理素质等是否符合职位要求。勤是指公务员的出勤情况和工作态度。前者指公务员是否有迟到、早退、缺勤,病事假是否按规定办理等;后者指公务员对本职工作是否认真负责、积极肯干、任劳任怨、精益求精等。绩是指公务员的工作业绩,包括公务员的工作数量、工作质量和工作效率等。廉主要从党风廉政建设有关规定的执行情况方面对公务员进行评价。

事业单位人员绩效考核项目选择大致也遵循公务员管理的思路,近年来,各地结合事业的实际情况,对工作人员绩效考核进行了进一步的探索。按照2006年施行的《北京市事业单位工作人员考核试行办法》的规定,对不参照《公务员法》进行管理的事业单位人员,其绩效项目主要分为品德、能力、知识、业绩4个方面,重点考核工作业绩。品德主要考核职业道德、遵纪守法、工作态度、工作作风和勤奋敬业的表现。能力主要考核适应本岗位的工作能力以及创新能力。知识主要考核应掌握的与本岗位相关的理论知识和业务知识。业绩主要考核完成工作任务的数量、质量、效率、取得的社会效益或经济效益以及专业技术人员的获奖、发表论文、获得专利、出版论(译)著等情况。

国外公共部门人员的绩效项目选择,一般包括个人特质和工作成果两个方面的内容,以评价工作成果即考绩为主。美国公共部门人员的绩效项目涉及考勤和考绩两个方面。在考绩方面,按照1950年《工作考绩法》的规定,公共部门人员的绩效项目包括工作数量、工作质量和工作适应能力等3项内容,结合了任务导向和人员导向的绩效项目选择的优势,以工作业绩作为考评的重点。20世纪90年代以来,美国公共部门人员的绩效管理制度进一步完善,"以改进个人和组织的绩效为目的,在完全下放绩效管理职权的框架内,授权联邦政府各行政机构形成自己的绩效管理项目。"[1]英国公共部门人员的绩效项目包括工作勤勉程度和工作成绩两个方面,重点考察工作成绩,其中考绩的内容涉及工作知识、人格性情、判断力、责任心、创造力、可靠性、机敏适应性、监督能力、热心状况和行为道德等10个方面。由于各国政治、经济和文化传统的差异,绩效项目的选择不尽相同,但一般都围绕任务导向和人员导向两个方面展开。

(二) 绩效指标

绩效项目只抽象地列出了公共部门人员绩效评价的基本框架,尚需进一步进行分解或细化,绩效指标就是分解或细化后的较为客观和可操作性的具

---

[1] 吴志华著:《美国公务员制度的改革与转型》,上海:上海交通大学出版社2006年版,第118~119页。

体内容。公共部门人员的绩效指标涉及五个方面的内容①：一是数量(quantity)，如警察破案的数量、每天接待来访的人数等；二是效率(efficiency)，如每次得到许可的成本、间接成本和直接成本之比等；三是效能(effectiveness)，如导致逮捕的调查的比例、设备检修的比例等；四是质量(quality)，如顾客满意度、公众投诉被确认的比率等；五是成本—效能(cost-effectiveness)，如空气污染程度/成本、犯罪率/成本等。

指标问卷统计法是设计指标体系的通用方法。指标问卷统计法的实施步骤是：首先设计指标问卷。以工作分析为基础并结合评估要求，在问卷中列出备选指标，选择若干熟悉指标设计的人员填写；其次对填写好的问卷作分值统计。问卷分值统计可采用一元统计法或多元统计法。最后根据均值和权值大小筛选指标。凡均值和权值较高者予以保留，选取多少指标应据评估实际而定。确定指标体系后，还应设计与之配套的权数体系。各个指标的重要程度需要通过在各指标中分配不同的权重系数来体现。层次分析法(Analytic Hierarchy Process, AHP)是一种比较流行的设计权数体系的技术方法。层次分析法的实施步骤是：首先确定评估量表指标体系的层次结构；其次运用两两比较法建立评估矩阵；最后计算出各评估矩阵权重排序并作一致性检验。

关键绩效指标(Key Performance Indicator, KPI)是指基于组织战略目标的，用于评价和管理被评估者绩效状况的量化的或行为化的标准体系。KPI的目的在于将公共部门的战略目标转化为其内部的管理过程和活动，使公共部门人员绩效管理不仅成为一种约束或激励的手段，更成为公共部门战略实施的工具。个体绩效指标由组织整体目标分解而成，在明确组织KPI后，在专家指导下，各部门管理者对相应部门的绩效指标进行分解，由此确定部门KPI，然后在组织工作人员的参与下，部门管理者将部门KPI进一步细化，分解为更为详尽的工作人员KPI。不同工作岗位和同一工作岗位不同工作任务的公职人员，其KPI设计应有所区别，例如，对行政首长应重点评估其决策能力、组织指挥能力、协调能力等，而对基层执行人员的测评则应侧重于办事能力和勤奋精神等。随着组织环境的变化和组织战略目标的变革，公共部门人员的绩效指标也要随之予以调整。例如，2001年，英国地方政府公务员绩效指标共有196项指标，其后每年要根据实践对指标调整更新，到2005年，绩效

---

① 〔美〕戴维·奥斯本等著：《政府改革手册：战略与工具》，北京：中国人民大学出版社2004年版，第236～238页。

指标比以前减少了近一半,只剩下94项①。

确定关键绩效指标可利用聪明(SMART)法则。SMART是5个英文单词首字母的缩写,S代表具体化(Specific),即根据被评估者工作特点和评估要求设置绩效指标,不同类别人员的绩效指标应有所区别;M代表可测性(Measurable),即绩效指标应尽可能量化处理,且验证这些指标的信息是可以获得的,对于不能量化的指标要素,可通过定性的等级划分进行转化;A代表可达性(Achievable),即绩效指标在控制范围之内,付出努力的情况下可以实现,避免设立过高或过低的目标;R代表结果导向(Results oriented),即绩效指标应注重工作结果而非和绩效无关的个人品质;T代表时限性(Time bound),即应该注重完成绩效指标的特定期限,否则据此进行的评估将失去其应有价值。

可利用平衡记分卡法(The Balanced Scorecard,BSC)来改进公共部门人员的绩效指标。平衡计分卡的评价指标体系包括财务指标、客户指标、内部业务流程指标和学习与成长指标,上述四部分内容虽然各自有其评价对象,但彼此间存在着密切联系,共同构筑了一个完整的绩效指标体系。所谓平衡,是指绩效指标的确定必须包含财务性因素和非财务性因素,前者为结果性指标(result indicator),后者是决定结果性指标的驱动指标(driver indicator),两者均源于组织的整体目标和战略。平衡记分卡的优点在于既强调了绩效评估与组织战略之间的紧密关系,又提出了一套具体的指标框架体系,能够将人员绩效与组织整体绩效有机联系起来。平衡记分卡法目前主要应用于对部门或部门管理者绩效指标设计中,但对普通员工个体的绩效指标的设计,也提供了一种新的思路。

尽管平衡记分卡法的理论和实践源于私营组织,但同样适用于公共部门人员的绩效指标设计。平衡记分卡的精髓在于注重组织战略,把以顾客为导向,提高产品或服务竞争力,建立全面和多元的绩效指标体系作为核心价值观念。平衡计分卡这种追求多元目标之间平衡的思想与公共部门工作特点及要求存在价值的一致性。对公共部门人员而言,基于承担的社会责任,其绩效指标必须强调长期目标和近期目标、民主和秩序、公平和效率等要素之间的平衡。同时,平衡记分卡法强调绩效源于流程设计与员工行为等因素,将结果导向和过程控制有机结合起来,有助于将许多难以量化的公共部门人员绩效指标通过过程与行为予以测定。更重要的是,平衡计分卡法还将组织战略进行层层分解,落实到个人的具体行动当中。因此,构建基于平衡计分卡的公共部门人员绩效指标体系应该是切实可行的。事实上,美国、新西兰、澳大利亚等

---

① 陈炜华:"英国对公务员的绩效考核与管理",《国际人才交流》,2005年第12期。

国都开始在政府绩效评估中引入平衡记分卡法,作为绩效管理的有效工具并取得了显著效果①。

(三) 绩效标准

设计绩效指标后还需要确定绩效标准。绩效指标指的是从哪些方面对工作产出进行评估,绩效标准指的是在各个指标上分别应达到什么样的水平。换言之,绩效指标解决的是评估"什么"的问题,绩效标准解决的是被评估者做得"怎样"的问题。对于量化的绩效指标,设定的绩效标准通常是一个范围,如被评估者的绩效表现超出标准上限,则说明其绩效表现卓越;如被评估者的绩效表现低于标准下限,则表明其绩效不足,需要加以改进。绩效标准一般可分为绝对标准和相对标准。前者是指以客观现实而非主观判断为依据的标准,如被评估者的受教育程度、出勤率、产品合格率等。后者是指在不同被评估者之间相互比较其绩效。

绩效标准的评价格式主要有两种。一种是单一评价标准式,只描述一种理想的绩效标准,由评价者参照这一标准评定被评估者的等级(见表8-2)。另一种是等次评价标准式,分别描述不同等次的评价标准(见表8-3)。

表8-2 单一评价标准式范例

绩效指标	评 价 标 准	评定等次			
		优	良	中	差
工作表现	奋发向上,工作扎实,积极主动,团结协作,尽职尽责				

表8-3 等次评价标准式范例

绩效指标	分值	评 价 参 照 标 准	评 分	得分
开拓能力	6	思想解放、工作有魄力、能开创工作新局面	6分	
		思想活跃,有一定工作魄力,能提出一些设想	4～5分	
		思想不活跃,工作魄力小,循规蹈矩	2～3分	
		思想保守,不愿创新,工作无起色	0～1分	

---

① 赵立波等:"平衡计分卡及其在公共部门绩效评估中的应用",《中共青岛市委党校、青岛行政学院学报》,2005年第6期。

在绩效标准的基础上可以确定公共部门人员绩效等次。各国公共部门人员绩效等次的设立并不一致,大致有三分法、四分法和五分法等。美国公务员绩效等次分为优异、满意、不满意3个等次。1978年文官制度改革后,将一般职(GS)序列中的16～18三个职等高级公务员的绩效等级分为完全满意、最低限度满意和不满意3个等次,而一般职(GS)序列中13～15三个职等公务员的绩效等次则分为5等;英国公务员分为特别优异、甚为良好、满意、普通、不良5个等次;我国公务员的绩效等次分为优秀、称职、基本称职和不称职4个等次。根据1995年颁布施行的《事业单位工作人员考核暂行规定》的要求,事业单位人员绩效等次区别为优秀、合格和不合格3个等次。在实践中,3个等次的规定往往使大部分人员都集中在合格等次,不利于体现绩效差别。为此,各地方也在进行一些新的尝试,例如,《北京市事业单位工作人员考核试行办法》将北京市事业单位人员的绩效等次分为优秀、合格、基本合格和不合格4个等次。

中国公务员绩效等次标准分别描述如下[①]。优秀,是指正确贯彻党和国家的路线、方针、政策,模范遵守各项规章制度,熟悉业务,工作勤奋,有改革创新精神,成绩突出;称职,是指正确贯彻党和国家的路线、方针、政策,自觉遵守各项规章制度,熟悉或比较熟悉业务,工作积极,能够完成工作任务;基本称职,是指思想政治素质和业务素质一般,能基本完成本职工作,但工作作风方面存在明显不足,工作积极性、主动性不够,完成工作的质量和效率不高,或在工作中有某些失误;不称职,是指政治、业务素质较差,难以适应工作要求,或工作责任心不强,不能完成工作任务,或在工作中造成严重失误。

《事业单位工作人员考核暂行规定》明确了事业单位各级各类职员、专业技术人员和工人的绩效等次标准。以专业技术人员为例,优秀,是指拥护党和国家的路线、方针、政策,模范遵守国家的法律法规及各项规章制度和职业道德,工作责任心强、勤奋敬业,专业技术能力强或提高快,工作有创新,在科研、教学、业务技术工作中成绩突出。合格,是指拥护党和国家的路线、方针、政策,自觉遵守国家的法律法规及各项规章制度和职业道德,工作负责,业务熟练,专业技术能力较强或提高较快,能履行岗位职责、完成工作任务,无责任事故。不合格,是指政治、业务素质较低,组织纪律较差,难以适应工作要求,或工作责任心不强,履行岗位职责差、不能完成工作任务,在工作中造成严重失误或责任事故。

---

① 杨景宇等主编:《中华人民共和国公务员法释义》,北京:法律出版社2005年版,第91页。

随着事业单位人事制度改革的进一步深入,各地方对事业单位人员的绩效等次标准也作了相应调整。按照《北京市事业单位工作人员考核试行办法》规定,事业单位人员各等次的基本标准是:优秀,是指品德、能力、知识、业绩表现突出,并能全面履行聘用(劳动)合同规定的各项义务和岗位工作要求,高质量完成工作任务,并在工作中取得突出成绩或做出突出贡献。合格,是指品德、能力、知识、业绩表现较好,并能履行聘用(劳动)合同规定的各项义务和岗位工作要求,全面完成工作任务。基本合格,是指品德、能力、知识、业绩表现一般,部分履行聘用(劳动)合同规定的义务和岗位工作要求,完成工作任务存在不足。不合格,是指品德、能力、知识、业绩表现差,不能履行聘用(劳动)合同规定的义务和岗位工作要求,不能完成规定的工作任务,或在工作中造成严重失误。

在明确公共部门人员绩效项目、绩效指标和绩效标准的基础上,便可以设计出公共部门人员的绩效指标体系(见表8-4)。以我国公务员绩效指标体系为例,绩效项目分为德、能、勤、绩、廉5大模块,在此基础上设计出绩效指标及其权重分别为:德包括思想政治表现(9)、职业道德(6)、社会伦理道德(5);能包括政治理论水平(6)、本职业务工作能力(6)、策划协调能力(5)、开拓创新能力(4)、文字/口头表达能力(4);勤包括出勤情况(4)、工作表现(4);绩包括工作数量(9)、工作质量(11)、工作效率及效益(15);廉是指是否廉洁自律(10)。绩效等次分为4等,即82~100分为优秀,62~81分为称职,41~61为基本称职,40分以下为不称职。

表8-4 某省公务员绩效指标体系

绩效项目	绩效指标及权重	具体要求	绩效标准			
			优	良	中	差
德(20)	思想政治表现(9)	学习马列主义、毛泽东思想和邓小平理论,实践"三个代表"重要思想,遵纪守法	9	7	6	5
	职业道德(6)	服从领导,忠于职守,实事求是,依法行政	6	5	4	2
	社会伦理道德(5)	顾全大局,处事公道,诚实守信,乐于助人,敬老尊贤,举止文明	5	4	3	2

续 表

绩效项目	绩效指标及权重	具体要求	绩效标准			
			优	良	中	差
能(25)	政治理论水平(6)	熟悉本职工作及相关政策、理论、法律法规和管理知识,在工作中能正确理解和执行	6	5	3	2
	本职业务工作能力(6)	熟悉本职业务工作的内容、要求、决策科学、管理有方、操作有序	6	5	4	2
	策划协调能力(5)	工作有计划性、系统性和预见性。能调动人的积极性,妥善处理各种工作关系	5	4	3	2
	开拓创新能力(4)	具有创新精神,想方设法做好本职工作,工作在本部门、本系统有特色、有影响	4	3	2	1
	文字/口头表达能力(4)	能完成本职工作所需的公文写作,口头表达准确、条理清楚	4	3	2	1
勤(10)	出勤情况(4)	遵守考勤制度,积极参加集体(公益)活动	4	3	2	1
	工作表现(6)	奋发向上,工作扎实,积极主动,团结协作,尽职尽责	6	5	4	3
绩(35)	工作数量(9)	完成本职工作任务和领导交办的事项	9	8	6	5
	工作质量(11)	完成工作任务的质量符合要求	11	9	7	4
	工作效率及效益(15)	办事高效,绩效明显	15	12	9	6
廉(10)	廉洁自律(10)	严格执行党风廉政建设规定	10	8	6	4
总分值			100	81	61	40

注:1. 栏中分值为每个等次的最高分值。
2. 82～100可推荐为优秀,62～81分确定为称职,41～61分确定为基本称职,40分以下为不称职。

三、绩效沟通

绩效计划要得到工作人员的理解和支持，离不开有效的绩效沟通。其一，绩效沟通使公共部门绩效计划更加适应变动不居的外部环境。20世纪80年代以来，公共管理的实践及环境发生了许多新变化，信息化和经济全球化使公共部门外部环境的不确定性加大，随着政府改革运动的全面展开，公共部门尤其是政府的职能、角色、地位、组织结构及其与社会的关系都发生了深刻的变化，公共机构经常面临重组、合并和私有化的威胁，并被置于与私营组织竞争来提供公共物品及服务的境地。只有通过持续不断的绩效沟通，才能及时调整公共部门人员的绩效计划和绩效目标，公共部门的发展也才能适应环境变化的需要。其二，持续的绩效沟通促进了管理者与被管理者的相互了解和信任，提高了绩效目标的穿透力和有效性。一方面，通过绩效沟通，管理者可以及时了解被管理者的实际工作状况及深层次的原因，将一些潜在的问题消除在萌芽状态；另一方面，被管理者通过绩效沟通可以得到管理者的帮助，而且被管理者可以借此更深入了解公共部门的战略目标和管理者的工作思路。其三，现代公共组织规模庞大，层级甚多，基于层级与专业化的障碍也使得绩效沟通愈显必要。由于现代行政组织都是层级制所规定的上下关系，基于个体身份地位的不同，对于相同的问题难免会有相异的看法与主张；而专业分工的不同也会带来以偏概全的固执或部门本位主义。因此，无论是绩效目标的确立，还是绩效指标体系的构建都离不开有效的绩效沟通。

绩效计划的设定是绩效管理者和被管理者双向沟通达成一致的产物。所谓双向沟通，是指绩效计划制订的过程需要管理者和被管理者的共同努力，绩效设定不仅是管理者对被管理者提出的工作要求，也不仅仅是被管理者自发设定工作目标，双方需要进行持续的互动和沟通。一方面，绩效目标的制定要取得管理者尤其组织高层的首肯。只有在高层管理者的支持和主持下，并与其一起进行实践推动，才能使绩效评估顺利进行。在美国联邦政府《绩效与结果法》的试点机构中，国家公共行政学院（NAPA）发现，高层管理者大部分在过程中缺席，这样就使评估小组失去了关于机构使命和目标的关键知识——而这恰好是绩效评估的基础，而对高层管理者而言，他们也失去了关键的学习经历，难以理解评估的难度[①]。得到组织高层的认可后，管理者需要

---

① 转引自〔美〕戴维·奥斯本等著：《政府改革手册：战略与工具》，北京：中国人民大学出版社2004年版，第246页。

向被管理者说明以下事项①：组织的整体目标及部门目标、基于此目标的管理者期望、被管理者的工作标准、被管理者的工作权限和资源。另一方面，被管理者也应该向管理者表达自己对工作目标的想法②：对工作目标及如何完成工作的认识、工作中可能遇到的问题和困难、需要组织给予的支持和帮助。

成功的绩效沟通需遵循特定的原则。一是开放性原则。即沟通必须真诚和坦率，只有进行真诚和坦率的沟通，才能从对方获得尽可能多的真实信息，进而帮助对方解决问题并提供必要帮助。二是及时性原则。即强调沟通的时效性，在设定绩效目标之前及时进行沟通，尽可能在问题或矛盾发生之前就通过沟通将其消弥于无形。三是针对性原则。即沟通时应具体问题具体对待，不能泛泛而谈，泛泛沟通既无效果也无效率。评估者必须珍惜沟通的机会，关注于具体问题的探讨和解决。四是连续性原则。即沟通应经常和定期进行。评估者要与组织领导者和被评估者约定好沟通的时间及其频率，保持沟通的经常性和连续性。五是建设性原则。即沟通的结果应是有成效的，通过沟通为绩效目标的设定和完善提供建设性的建议，以此帮助被管理者提高绩效水平。

绩效沟通的方式包括正式沟通和非正式沟通。正式沟通是事先计划和安排的，以期获得相互了解并产生一致行为的信息交流过程。正式沟通一般遵循公共部门的层级制或组织的权力路线进行。正式沟通可分为下行沟通、上行沟通和平行沟通三种基本形态。下行沟通指上级管理层通过层级体系将绩效信息向下传递的过程，下行沟通是获取部属了解、合作、支持与采取行动的重要举措。上行沟通是指部属向上级管理者表达其意见与态度的过程。平行沟通是指公共部门内不相隶属或地位相当的工作人员之间的信息交流。公共部门的绩效沟通一般都通过正式沟通的方式进行，包括书面报告、定期进行的绩效面谈、小组或部门会议、咨询等具体形式。非正式沟通通常建立在工作人员的社会关系之上，基于工作人员彼此间的社会交互行为而产生，它的表现方式不固定，具有多变性和动态性，可以发生在任何时间和任何地点。非正式沟通具有弹性，富有人情味，并且传递比较快速，可以传递正式沟通所无法传递或不愿传递的信息，但这种沟通方式缺乏严肃性，并非所有的绩效信息都可以通过这种方式传递。

---

① 付亚和等主编：《绩效管理》，上海：复旦大学出版社2005年版，第106页。
② 同上书，第107页。

公共部门的绩效沟通离不开广泛的宣传。对不同的组织而言,宣传的途径和手段各异,一般都可通过组织的内刊、宣传栏、局域网等途径对绩效计划的内容、方法、意义和作用等进行广泛的宣传。思想动员是公共部门绩效计划宣传的重要手段,思想动员会应由组织领导人或绩效目标制订机构负责人主讲,在思想动员会上说明设定合理绩效计划的目的、意义及必要性,讲解绩效目标方案的有关事项,如设置绩效目标的内容、方法、程序等。绩效计划阶段进行思想动员的目的,是为了使绩效评估的参与人员提高对绩效计划制订工作的思想认识,消除管理者和被管理者的思想顾虑,使全体人员以认真、负责和积极的态度投入到绩效计划制订活动中去。

第三节 公共部门人员绩效评估的实施[①]

完成绩效计划制订工作后,便进入公共部门人员绩效评估的实施阶段。在全面收集和准确把握公共部门人员绩效信息的基础上,选择适合的绩效评估方法,对任职者的绩效状况进行全面的评价。同时,绩效评估中总会存在各类误差,分析误差产生的原因并加以克服也是绩效评估中的一项重要任务。

一、公共部门人员绩效信息的收集

收集数据信息是绩效评估实施阶段的主体活动。绩效管理目标实现与否最终要通过绩效评估进行衡量,而绩效评估须依据被评估者的绩效信息来作出判断。许多组织在绩效评估时常以管理者(通常也是评估者)为唯一的评判依据,绩效信息主要来自管理者对被评估者的印象和感觉。管理者常因工作时间和地点的关系,未必对被评估者有足够的认识,被评估者也会因自身的职位、工作时间和地点的影响,未能很好地将自己最佳的一面展示给管理者。此时的评估结果固然有时中肯和公平,但很多情况下难免会有所片面和主观臆断。为获得较为公正的评估结果,应全方位展开绩效信息收集活动,信息反

[①] 相关内容参阅吴志华主编:《人力资源开发与管理》第十二章,北京:高等教育出版社2004年版,第310～339页。

馈还必须拓展到被评估者的同事、下属甚至顾客,收集数据信息的360度反馈(360-degree feedback)模式(见图8-3)应运而生。

360度反馈模式的基本理念在公共部门人员绩效评估中得到普遍采用。不同评估者在反馈被评估者绩效信息方面各有优势和不足,360度反馈是一种全方位的信息收集方式,区别并综合了各方的信息,能较准确和客观地反映被评估者的工作业绩,从而增强了公共部门人员绩效评估的效度和信度。国外公共部门人员绩效评估过程中大都引入这种绩效信息收集的模式。一般说来,公共部门人员绩效信息主要来源于以下几个方面。

图8-3　360度反馈模式

一是主管评估。由上级主管进行评估是最常见的评价方式。上级主管往往熟悉被评估者的工作情况,有更多机会与被评估者进行沟通,了解被评估者的想法并能发现其潜力,更为重要的是,主管可以较好地将绩效评估活动与组织整体目标联系起来。但由于主管握有奖惩权,被评估者往往感到心理负担较重,若主管评估采用单向沟通的方式,更容易引起被评估者的反感,如果主管不具备评估的素质和技能,其个人素质的消极因素将严重损害评估结果的准确性。

二是同事评估。同事与被评估者长期接触,最熟悉其工作情况,甚至可以了解到主管无法观察到的信息,如果同事能实事求是地反馈被评估者的信息,其反映的情况应该更为可信。同事评估的不足在于:同事之间由于许多感情因素和共事等各种原因往往不愿意评价对方,同事也可能由于竞争和利益驱动的影响,造成评价结果的偏差。

三是下属评估。下属以匿名方式参与评估,可更准确详细地了解任职者的行为。下属直接了解上级的实际工作情况、领导风格、协调和组织能力,会提供许多非常有价值的,而且是采用其他方法难以收集到的信息。但下属在评估中为避免领导报复,往往会夸大领导的优点,隐匿对领导的不满。另外,下属对领导的工作不可能全盘了解,在评估时往往侧重于个别方面,容易产生片面的看法。

四是公众评估。公众(顾客)是公共部门人员绩效评估的重要的评价信息源,由于公众不受组织内部利益机制的牵制,容易提供一些更为真实和公正的情况。"除非顾客能够参与,"卡米尔·巴尼特说,"否则,绩效评估就无异于'专业人士和官僚们决定哪些对公众最重要。'"[①]但公众评估一般只适用于同其密切接触的组织工作人员,而且由于公众不是组织内部人员,要说服公众帮助进行评估可能耗时费事,比较难以操作,也很难确立统一的评判标准。

五是自我评估。自我评估常采取被评估者本人述职的方式进行,述职内容主要包括任职表述、尽职表述、欠缺表述和自我评价等。任职表述简要说明本人的工作职责和主要工作任务。尽职表述是述职的主体部分,由被评估者对本人在评估期限内履行职责和完成工作任务的情况做出肯定性总结。欠缺表述应实事求是地陈述工作中存在的不足和问题,并简要分析其原因。自我评价,即按照评估指标及标准作出总体性的自我评判。自我评估可以减少被评估者在评估过程中的抵触情绪,增强被评估者的参与意识,使评估结果更具建设性。但由于评估者自身的原因,自我评估只能作为其他评估的补充。

六是其他评估。除上述评估者外,在一些组织的绩效评估过程中,还会从其他信息源来获取被评估者的绩效信息。如对某职能部门工作人员绩效状况评价时,还可以从审计部门、财政部门以及代议机关获取相关绩效信息。

我国公共部门人员绩效信息的收集也强调全面收集工作人员绩效信息。《国家公务员考核暂行规定》第10条第2款和《事业单位工作人员考核暂行规定》第14条第2款都规定:"主管领导人在听取群众意见的基础上,根据平时考核和个人总结写出评语,提出考核等次意见。"2006年,中共中央组织部在《体现科学发展观要求的地方党政领导班子和领导干部综合考核评价试行办法》中,也强调在全面收集绩效信息的基础上,对民主推荐、民主测评、民意调查、实绩分析、个别谈话的结果进行比较分析,并与纪检机关(监察部门)的意见、巡视组巡视、重大事项跟踪考察、参加民主生活会等方面反映的意见,以及其他平时了解的情况相互补充印证,以此对领导班子和领导干部作出客观公正的评价。

评估面谈是收集绩效评估信息的重要手段。为更全面了解和评价被评估者,评估机构需要对有关人员进行访谈。面谈按谈话对象的不同分为两种,一是与被评估者本人面谈,二是与其他相关人员面谈。面谈人数据评估要求而定,对领导者进行评估时,与其直接下属面谈的人数应多些。与被评估者面谈

[①] 转引自〔美〕戴维·奥斯本等著:《政府改革手册:战略与工具》,北京:中国人民大学出版社2004年版,第242页。

时须注意的问题是：面谈前通过人事档案、工作绩效记录等相关材料了解被评估者的情况；起草面谈计划和提纲，确定面谈目的及相应的交谈问题；与被评估者共同约定双方便利的交谈时间和地点；面谈中灵活运用面谈技巧，努力营造融洽的面谈气氛，以使交谈顺利进行并达到预期目的。

评估者填表评定是指评估者根据自己对被评估者的印象或认识，对其工作表现作出综合评判。评估结果是否客观、准确和全面，很大程度上取决于评估者的素质，包括思想素质、能力素质和心理素质。如果评估者的思想境界高，能实事求是地评价他人的工作情况，并且对他人的行为表现有较强的认识、分析和评判能力，那么他就可能对被评估者作出客观、准确和全面的评价。反之，如果评估者思想素质差，就可能以个人恩怨或利害关系有意歪曲被评估者，或者对被评估者平时的行为表现缺乏认知能力，对被评估者作出不公正或不准确的评价。

二、公共部门人员绩效评估的方法

绩效评估的方法主要包括硬指标型评估方法和软指标型评估方法。公共部门人员绩效评估可采用其中的一种或几种方法进行评估，任何评估方法都有其优势和不足，关键在于选择适合自身特点和评估目的的评估方法。

（一）硬指标型绩效评估方法

硬指标型绩效评估方法也称客观评价法，是以客观的统计数据为依据来考察被评估者绩效状况的方法。使用硬指标评估法时，通常需要建立数学模型，以数学手段对数据信息进行量化分析，以求得评估结果。硬指标评估法不受评估者主观意志的影响，具有相当的客观性和可靠性，只要数据信息和数学模型没有变化，无论谁参与评估都不会改变评估结果。特别是对一些涉及复杂数据的绩效评估过程，借助现代计算机技术进行运算和综合，更能凸显硬指标评估法的优势。

理论和实践中的限制常使硬指标评估法不能单独使用。在数据不够充分或指标难以量化时，就很难保证评估结果的信度，如从事复杂脑力人员的工作绩效，就很难有效量化为可以直接测量的客观指标。因此，这种评估方法在实践中更多适用于从事一线体力劳动的工作人员。再有，这种方法在使用时缺乏灵活性，且难以发挥人的智力因素对绩效评估的影响。事实上，影响工作绩效的原因很多，硬指标描述的重点是工作行为的结果，而忽视工作行为本身以及个人控制以外的相关因素。正由于硬指标评估法存在以上不足，所以绩效评估中常采用软指标评估法,仅将硬指标评估法作为软指标评估法的补充。

硬指标评估法主要包括工作数量统计法、工作质量效果法、工作安全记录法和日常工作出勤比率法等。

1. 工作数量统计法

工作数量统计法是通过计算工作人员在评估期内所完成的工作量,来评价其工作绩效的方法。这种方法的优势在于能确保其结果的客观性。但其缺点很明显:一是工作数量不仅由被评估者的能力和表现来决定,其他许多因素也会影响到工作数量;二是许多被评估者(如消防队员)的工作无法由工作的数量来计算。

2. 工作质量效果法

工作质量效果法是通过计算被评估者评估期内工作的错误率来评价其工作绩效的方法。这里的错误指的是相对于工作标准的偏差,包括两种情况,一是工作达不到组织要求,二是工作质量过高,因为这样会使组织的生产成本上升。

3. 工作安全记录法

工作安全记录法是通过对被评估者在评估期限内安全记录进行考察来评定其工作绩效的方法。不遵守安全工作制度的工作人员可能会因此损坏机器设备,或致其自身受到伤害,从而使组织遭受不必要损失。

4. 日常工作出勤比率法

出勤率可以分解为以下三个方面:一是工作时间的长短,即招聘的新工作人员会在组织中工作多长的期限。这个标准主要用于研究招聘方法的有效性,在实际工作中很少采用。二是旷工率,指工作人员不来上班的次数与要求的上班次数之比。三是迟到率,指工作人员上班迟到的次数与要求的上班次数之比。

（二）软指标型绩效评估方法

软指标评估方法也称专家评价法,是指利用专家的知识和经验,借助精心设计的程序,对评判对象从不同的维度做出评价的绩效评估方法。软指标评估法具有综合性、智能性、模糊性和相对性的特征,在绩效评估中具有独特优势。虽然软指标评估法中主观因素占主导地位,评估结果常受到各种心理偏差的影响,也很难做出精确的判定结果,但由于模糊数学的发展,专家评价的思维过程得以量化,加之对评估者加以适当的培训,在一定程度上可以减少各种偏差的影响程度,使得软指标评估法的科学性更强,更容易被人们所接受。软指标评估法主要包括工作人员比较法和工作成果评价法、工作行为评价法等具体方法。

1. 工作人员比较法

工作人员比较法是指对被评估者做出相互比较,从而决定其工作业绩的相对水平的评估方法。这种方法的最大特点是可以避免"天花板效应"(ceiling effect)①,防止评估者不愿意给工作人员较低的得分。工作人员比较法主要包括绩效等级评估法、交替排序评估法、配对比较评估法和强制比例评估法。

(1) 绩效等级评估法。绩效等级评估法也称为直接排序法,即通过排出全体被评估者的绩效优劣顺序,提供一个被评估者的相对优劣的评价结果。绩效等级评估法一般特征是在对全体被评估者进行相互比较的基础上对其进行排序,根据工作分析,将被评估岗位的工作内容划分为相互独立的几个模块,在每个模块中用明确的语言描述完成该模块工作需要达到的工作标准。同时,将标准分为几个等级选项,评估者根据被评估者的实际工作表现,对每个模块的完成情况进行评估,总成绩便为被评估者的评估成绩。绩效等级评估法优点在于简便易行,可以避免趋中或严格/宽松的误差,而且评估成本较低。缺点在于标准单一,不同部门或岗位之间难以比较,而且每次评估人数不宜太多。

(2) 交替排序评估法。交替排序评估法以最优和最劣两个极端作为标准等次,通过"选优"和"淘劣"的比较方法,相互交替地对被评估者绩效特征进行选择性排序。具体来说,首先在所有被评估者中挑出最好者,然后选出最差者,将他们分别列为"优端"第一名和"劣端"第一名;接着再找出次优者和次劣者,将他们分别列为"优端"第二名和"劣端"第二名,依次类推至全部排完为止。交替排序评估法是对相同职务工作人员进行评估的一种方法,其优点在于速度快、比直接排序法更简单。缺点是每次比较的工作人员不宜过多,比较范围较小。

(3) 配对比较评估法。配对比较评估法又称两两比较法,即评估者根据某一标准将每一被评估者与其他所有被评估者进行逐一配对比较,并评定其为两者之中绩效"较好"或"较差"者。比较后为"较好者"记为"+"号,"较差者"则记为"-"号(见表8-5)。任何两位被评估者都要进行一次比较,所有被评估者相互比较完毕后,将每个人的成绩进行相加,"+"号数量越多,绩效

---

① 天花板效应,也称高限效应,是指要求被评估者完成的任务过于简单,所有被评估者的得分都非常集中且积聚在高分段,几乎没有差别,从而降低了评估结果的信度。

成绩越好;反之绩效成绩就越差(见表 8-6)。配对比较评估法的优点在于科学合理,而且对被评估者的评价较为细致,结果更为准确。缺点是此法通常只评估总体状况,不分解维度,也不测评具体行为,其结果也是仅有相对等级顺序。

表 8-5 配对比较评估法

工作人员姓名	赵 一	钱 二	孙 三	李 四	周 五
赵 一		+	+	-	
钱 二	-		-	-	
孙 三		+			
李 四	+	+	+		+
周 五	+	+	+	-	

表 8-6 配对比较评估结果

工作人员姓名	胜出次数	排 名	描 述
李 四	4	1	最 好
周 五	3	2	较 好
赵 一	2	3	一 般
孙 三	1	4	较 差
钱 二	0	5	最 差

(4) 强制比例评估法。强制比例评估法又称为概率分布法,是将限定范围内的被评估者按某一概率分布划分到有限数量的几种类型上的评估方法。其理论依据是:组织员工的绩效水平呈正态分布,绩效优秀者和绩效很差者比例基本相同,大部分被评估者属于工作表现一般的群体,由此可将所有被评估者分为优秀、良好、合格、较差和很差等 5 个序列。通常确定的比例关系是:优秀者占 10%;良好者占 20%;合格者占 40%;较差者占 20%;很差者占 10%(见图 8-4)。强制比例评估法的优点在于可以有效避免由于评估者个人因

素而产生的评估误差,提高绩效评估的信度。缺点是这种正态分布假设可能并不符合实际,各部门中不同类型工作人员的概率不可能一致。再者,由于各等次人数的限定,且40%档与前后邻近的20%等次的边界在客观上难以明确区分,有可能将一些合格者过高地评为良好等次或良好等次过低评为较差等次,不利于创造组织的团队合作气氛。

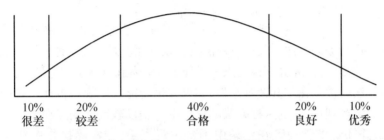

图8-4 强制比例评估法

2. 工作成果评估法

工作成果评估法是一种主要以工作成果为依据来对被评估者的绩效作出评判的绩效评估方法,主要包括目标管理法和指数评估法。

(1)目标评估法。目标评估法又称目标管理法,是根据被评估者完成工作目标的情况进行评判的方法。实施目标评估的前提是依据目标管理(Management by Objectives, MBO)原理设置出组织、部门及个人各层次的工作目标,将这些目标有机结合在组织的行动计划中。目标评估法的具体实施步骤是:先根据确定的工作目标设计出各项评估指标;然后划分出用以评定目标指标实现程度的等级,并用文字描述各等级的评估标准;最后对被评估者完成各项目标指标的情况作出等级评定,并由此对其工作绩效作出评估。目标评估法有助于改进工作效率,因为工作人员对于完成目标的方式和进度有很强的自主性,而且还能使管理者根据组织环境的变化对工作人员进行及时引导。缺陷在于无法揭示被评估者之间相互比较的情况;精确设定目标本身绝非易事,而且组织环境一旦发生变化,将影响到工作人员目标的实现,因此也必然影响绩效结果的信度。

(2)指数评估法。指数评估法又称工作标准法,是通过综合主客观标准,把被评估者的工作与绩效标准相对照,按照效率示标(Efficiency Indicators),从定性和定量的角度来评估绩效。顾客满意度、服务意识、团队精神等属于定性范畴,而对事故的处理速度、被确认的公众投诉率等则属于定量范畴。指数评估法的优点在于参照标准明确,评估结果易于得出。缺点在于标准制定,特别是针对管理层的工作标准制定难度较大,缺乏可量化的指标。此外,工作标准法只考虑工作结果,对影响工作结果的其他因素等不加反映。

3. 工作行为评估法

工作行为评估法使评估者独立于其他工作人员,仅依靠被评估者工作行为的客观标准对其进行评估。工作行为评估法包括关键事件法、行为观察量表法、行为差别测评法和锚定行为量表法。

(1) 关键事件法。关键事件法是通过对被评估者在关键事件中的行为来评估其工作绩效的方法。关键事件法要求以书面形式描述出评估期内能观察到的若干关键事件,并分别说明杰出者和不称职者在这些事件中的工作行为。关键事件法的优点在于其针对性强,如果评估者能长期观察被评估者的工作行为并给予客观评定,则这种方法的评估结果信度较高。缺点在于基层工作量较大,并且要求管理者在记录中不带主观意愿,在实际操作中往往难以做到。

(2) 行为观察量表法。行为观察量表包含特定工作的成功绩效所要求的关键行为。绩效评估过程中,评估者阅读行为观察量表,并评判被评估者出现这些行为的频率。如果按5级评分制,从1到5依次表示"从不"、"偶尔"、"有时"、"经常"和"总是"5个频率等次。接着对每个维度的所有行为的得分求和得出该维度总分,最后将每一个维度的得分求和,即可得到被评估者的整体得分。行为观察量表法的优势在于其直观和可靠,被评估者容易接受反馈,但行为观察的工作量很大,被评估者较多时容易出现失误。

(3) 行为差别测评法。行为差别测评法是通过对照量表中不同行为的差别性描述来评定工作绩效的方法。测评表的设计程序是:首先通过工作分析程序获得有关从有效到无效的整个行为系列描述句;然后根据相似性对项目进行分组,每一组项目具有一个概括性描述作为绩效标本;接着将这些绩效标本发放给抽样产生的20位任职者及其领导,对问卷涉及的有效和无效行为的信息进一步分析;最后据此制作测评表。由于测评表具有现成文字说明的备选条目即绩效标本,因此评估者只需按条目选择评判即可,具有便捷易行的特点。但测评表的设计较复杂,为反映工作行为差别的关键因素,绩效标本的描述须精心提炼,且不同种类工作需要制成相应的不同条目的绩效标本,开发量表的成本较高。

(4) 锚定行为量表法。锚定行为量表法是指评估者记录被评估者的行为,然后和量表中的典范行为相比较,再对被评估者的工作行为进行量化评估的方法。锚定行为量表用反映不同绩效水平的具体工作行为的例句,来锚定其工作特征的若干维度。锚定行为量表法的评分方法有两种：一是给被评估者的每一个行为评分,最后计算每一维度的平均得分;二是回顾被评估者的所有表现,得出总体的印象,将该印象与量表总的标准行为相比较,由此得出被评估者的分数。锚定行为量表法的评价标准非常明确,而且量表给被评估者提供了行为样本,可以帮助其改进工作表现,但开发量表相当复杂。

三、公共部门人员绩效评估误差及其克服

影响公共部门人员绩效评估信度的因素很多,归纳起来不外乎三大类,即评估者的主体误差、被评估者的客体误差以及绩效评估中的标杆误差。

（一）评估者的主体误差

评估者在评估过程中可能会出现一些导致评判失误的心理倾向或心理障碍,评估者的主体误差是指由于评估者的个体心理素质原因而产生的评估误差。评估者的主体误差涉及以下八个方面。

一是首因效应误差。即人们在交往中的第一印象影响一个人对他人的评价。在绩效评估过程中,如果评估者对被评估者不甚了解,那么就有可能依据对被评估者的最初印象来对其作出评价。首因效应误差在评估过程中造成了评估者一种先入为主的片面认识,不利于全面评定被评估者。克服首因效应误差的方法是：谨慎选择评估者,评估者应熟悉被评估者的基本情况,强化评估者的思想素质和评估技能,使其用动态和发展的眼光客观看待被评估者。

二是近因效应误差。近因效应是指人们对最近发生的事情记忆深刻,而对以前发生的事情印象浅显,因此在交往中的最近印象影响其对他人的评价。在一段较长时间的绩效评估后,评估者就容易受近因效应的影响,用被评估者最近的表现来评判其以往较长时间的表现,从而产生误差。克服近因效应误差的方法是：评估者经常进行观察并作记录,如每月进行一次当月评估记录或者关键事件记录,在正式评估时,可参照过去的记录进行历时性的全面评定。

三是晕轮效应误差。晕轮效应也称光环效应,是指某一个人对另一个人某一特征的评价影响他对这个人其他特征的评价。被评估者在某项工作上的表现很杰出、工作非常积极主动,评估者就可能会误认为他在所有方面都很优秀,从而给予较高评价,反之就可能给予较低评价。克服光环效应误差的方法是：评估者应自觉和充分意识到这种误差;将同一项评估内容同时评估,而不要以人为单元进行评估;加强对评估者的培训也有助于避免产生此误差。

四是投射效应误差。投射效应是指人们常会不自觉或下意识地将自己的价值观或好恶感作为衡量他人的标准。评估者往往会给自己喜欢或熟悉的人较高的评价,而对自己不喜欢或不熟悉的人给予较低的评价。投射效应误差经常会影响到被评估者所得到的评价,甚至导致他们所得到的评价大大偏离其实际工作绩效。克服投射效应误差的方法是:在绩效评估时采取小组讨论评定的方式,或者采取工作人员互评的方法。

五是同类效应误差。同类效应是指一个人常以人群的共性特征为依据来评判他人的心理取向。例如,两名被评估者实际绩效不相上下,但其中一人毕业于名牌高校,另一人只有高中学历,前者在评估时就可能得到较高分数。此外,像年龄、种族、性别、资历等因素都可能成为产生同类效应的原因。克服同类效应误差的方法是:除加强对评估者的培训以提高其责任心外,重要的是增强评估标准的可操作性,尽量避免抽象和概括性的主观评价。

六是回归效应误差。回归效应也称中值效应,是指当人们对事物的等次或好坏难以把握且担心失误时,往往倾向于取中值的心理。评估者不愿意得罪被评估者,或因为不是很了解被评估者的表现,就可能采取趋中平等的方法,而不顾其实际表现的差异。克服回归效应误差的方法是:对评估者进行必要的评估培训,消除评估者的后顾之忧,让他们按照要求大胆进行评估;避免让不熟悉评估者的工作人员对其进行评估。

七是权威效应误差。权威效应是指人们由于存在崇拜或畏惧权威的心理而对地位高的人作出过高的评价。当评估者对领导者进行评估时,往往因为对领导者的盲目崇拜或害怕被责难,可能对其做出较高的评价。克服权威效应误差的方法是:除加强对评估者的适当培训以提高评估素质外,还应使评估者尽可能远离被评估者,对评估者进行保密和保护,或进行匿名评估,不让被评估者知晓,以减轻评估者的心理压力。

八是仁慈效应误差。仁慈效应是指评估者以宽大为怀或记功不究过的态度来对待他人。评估者不管被评估者的具体工作表现如何,给每一位被评估者的评分都非常高,使评估结果产生"天花板"效应。产生仁慈效应误差的原因,一方面与评估者的素质和能力水平有关,他们大多为"好好先生";另一方面,如果组织没有对绩效设定分配比例限制,评估者为避免冲突,往往给大部分的被评估者高于实际表现的评估。克服仁慈效应误差的方法是:设定绩效评估等次分配比例,挑选素质较高的评估者,强化培训以提高评估者的专业化水平。

（二）被评估者的客体误差

被评估者的客体误差也会影响到绩效评估的信度。被评估者的客体误差包括不配合误差、结果无反馈误差和心理误差等若干方面的具体内容。

一是被评估者不配合误差。如果被评估者对绩效评估的目的存在误解，或者根本不重视评估制度，就可能采取不合作甚至是抵制的态度。例如，被评估者拒绝提供有关的评估资料或故意造假，以致评估工作无法顺利进行，这样就会产生由于被评估者不配合而造成的客体误差。克服这一误差的方法是：及时加强评估者和被评估者之间的双向沟通，向被评估者说明绩效评估的目的、方法和意义，听取被评估者的反馈意见，以获得他们的支持和积极配合。

二是结果无反馈误差。产生结果无反馈误差的原因有两个方面：一是评估者主观上不愿将评估结果反馈给被评估者，被评估者无从知晓自己的绩效状况及组织的期望。出现这种情况往往是因为评估者担心反馈会引起被评估者不满，在将来的工作中采取不合作或敌对的态度，也可能因为评估结果本身无令人信服的事实依托，仅凭长官意志得出结论，反馈势必引起巨大争议；二是评估者无意识或无能力将评估结果反馈给被评估者，这种情况的出现往往是由于评估者未能真正了解绩效评估的意义与目的，加之缺乏良好的沟通能力和民主的组织文化，使评估者不具备驾御反馈绩效结果的能力和勇气。克服这一误差的方法是：及时进行评估结果反馈，让被评估者迅速了解自己的工作情况和组织对自己的期望。

三是被评估者心理误差。被评估者心理误差主要表现为：被评估者对绩效评估心存疑虑，认为评估是用来约束其个人自由的。绩效评估过程中获取的绩效信息，本应充分运用到组织人力资源管理的多项具体工作中去，但很多组织对绩效信息的利用出现两种极端：或是根本不予采用，造成绩效信息的巨大浪费，挫伤了被评估者的积极性；或是滥用绩效信息，凭借评估结果对被评估者实施严厉惩罚，以评估信息威慑被评估者，由此造成被评估者的心理误差。克服这一误差方法是：说明绩效评估的意义、目的和作用；合理使用评估信息资源，将获得的评估信息用来激励、引导、帮助和鼓励工作人员改进绩效状况。

（三）绩效评估中的标杆误差

标杆（benchmarking）管理是组织绩效评估得以顺利实施的重要前提。标杆的设立为组织绩效评估提供了基准，标杆误差同样会影响绩效评估的信度。绩效评估中的标杆误差涉及评估标准、评估工具和评估方法等方面的内容。

一是评估标准不明确。含糊其词的评估标准使工作人员只能凭自己的水平和经验去理解，可能会产生各种曲解和敌意。例如，对"优"、"良"、"合格"、"不合格"的等次标准，不同个体的理解往往会有所偏差，不同的评估者会给出不同的评估结果。在人才济济、竞争激烈的部门，工作优秀者要获得高等次的评价相当不易，而在普遍水平一般的部门，稍微突出者却很容易获得较高的评定等次。克服这一误差的方法是：修改评估内容使其更加明晰，并尽可能将其量化，使评估者能更准确地进行评判；避免让不同的评估者对相同职务的被评估者进行评估，尽可能让同一评估者进行评估，以使评估结果具有可比性；避免对不同职务的被评估者的评估结果进行比较，因为不同职务间的可比性较差。

二是评估工具设计不现实。不同的组织和部门，其性质、规模和目标等都有所差异，绩效评估的标准和工具也应有所不同。一些组织或部门盲目照搬其他组织或部门的绩效评估工具，没有设计独特的适合自己的评估工具；或者长期沿用已经过时的评估工具，从而造成评估结果无实际意义。克服这一误差的方法是：借鉴其他组织或部门成功的绩效评估经验，在进行精确的工作分析和考察本组织文化、战略以及目标的基础上，选择适合本组织或部门特点的绩效评估工具。

三是选择评估方法不当。绩效评估的方法有很多，这些不同的方法各有利弊，要根据评估的目的选用相应的方法，否则必然产生评估结果的误差。例如，有的评估方法适合将绩效结果用于工作人员奖金的分配，但可能难以指导工作人员识别能力的提高，而有的评估方法可能适合于利用绩效结果来指导组织制定培训计划，但却不适用于平衡各方利益。克服这一误差的方法是：在明确评估目的、要求和本组织实际情况的基础上，准确地选择和组合绩效评估技术和方法。

第四节 公共部门人员的绩效反馈与改进

对公共部门人员的绩效状况予以评估后，还要将绩效信息反馈给被评估者，这是绩效管理的必要环节，也是公共部门人员改进绩效的重要动力。每个被评估者都希望及时获取绩效信息的反馈，知晓自己的行为和结果同组织期望的差距，绩效面谈是绩效反馈的重要手段。绩效信息也必须及时反馈给组织，以帮助工作人员制订和完善绩效改进方案。

一、绩效反馈

绩效反馈是绩效管理系统稳定运行和良性循环的重要环节。没有完备的绩效反馈控制,工作人员的绩效改进便无从展开,即便目前运行良好的绩效管理系统也会随内外环境的变化而出现崩溃失效的局面。

(一)绩效结果的表达

对被评估者的绩效信息作出评价后,评估机构应组织人员对汇总的数据进行分析、综合和处理。具体操作过程如下:首先划分等级。把评估项目如出勤率、责任心、工作业绩等,按一定的标准划分为不同等级。接着量化单一评估项目。为了能把不同性质的项目综合在一起,就必须对每个评估项目进行量化,用以反映实际特征。然后综合同一项目的不同评估结果。有多人参与评估的情况下,同一项目的评估结果可能并不一致,可采用算术平均法或加权平均法进行综合。最后综合不同项目的评估结果。绩效评估可能涉及多个评估项目,只有把这些不同的评估项目综合在一起,才能得到较全面的客观结论。在数据信息量较大的情况下,可以将评估信息数据输入计算机,利用人工智能进行分析处理。

经过分析、综合和处理的绩效结果可用多种方式表示。一是数字式,即直接用考评结果的分值对被评估者的工作业绩做出结论性的评定。这种评价方式数据量大,规格统一,具有可比性,但仅凭数字描述不够直观,需与文字描述相结合。二是评语式,即根据评估结果用语言文字的形式对被评估者作出结论性评定。这种以定量为基础的定性描述具有形象化的特征,重点突出、内容集中,通过评语可对被评估者形成总体印象,但容易出现不同被评估者评语雷同化的现象。三是图表式,又分为图示式和表格式。图示式是指以几何图形来表示评估结果。图示式评估结果的形式很多,实践中以柱形图和折线图居多,柱形图用长短不一的直条块表示各评估项目的成绩分数;折线图则以曲线形态反映评估结果的各种数量关系。表格式是指以统计表格的形式表示评估结果。这种结果表达方式直观性强,便于在不同被评估者间进行比较。统计表的格式多样化,可以是反映局部评估结果的单项表格,也可以是表达综合评估结果的复合表格。

在公共部门人员绩效评估的实践中大多用评语式的表达方式,但这种方式并非采取单纯的评语描述,而是在量化基础上将评语和等次相结合(见表8-7)。《国家公务员考核暂行规定》第10条第2款规定:"主管领导人在听取群众意见的基础上,根据平时考核和个人总结写出评语,提出考核等次意见。"在建国后的较长一段时期内,中国公共部门人员绩效评定大多采用评语的方式,考核结果不分等次,只进行定性的描述。1993年的《国家公务员暂行条例》将公务员考核等次分为优秀、称职和不称职3个等次,但这种等次区别在实践中问题较多,2006年施行的《公务员法》将公务员绩效结果区分为优秀、称职、基本称职和不称职4个等次。在具体实施过程中,各地方对公务员绩效等次的确定大多建立在量化考核的基础上。例如,为提高公务员考核的有效性和准确性,江苏省正在试点和推广公务员绩效量化工作,设计了全省公务员量化考核测评体系的3套体系模式①,包括基本模式、动态模式和简约模式,以量表的形式分别表达其体系框架,供各地方和部门选用,在对公务员绩效状况量化测评的基础上评定等次。

表8-7 某省公务员年度考核登记表 （　年度）

姓　名		性别		年龄		参加工作时间	
政治面貌		文化程度				任现职时间	
单位和职务				分管工作			
本年度思想、工作总结							
主要不足							
主考人评鉴意见						等次意见	
		签名　　年　月　日					
考核小组意见						等次意见	
		签名　　年　月　日					
部门负责人意见						等次意见	
		签名　　年　月　日					
被考核人意见							
		签名　　年　月　日					

---

① 陈锡安:"江苏省公务员量化考核模式",《中国人力资源开发》,2003年第10期。

（二）绩效结果的使用

绩效评估本身不是目的，必须重视绩效结果的使用。绩效结果可以为公共部门人力资源管理和其他管理决策提供大量的有用信息，尤其是工作人员的奖惩、培训、级别调整、职务升降、薪酬待遇等各方面都离不开绩效评估的结果。"将可测量的绩效结果与奖励挂钩，这是绩效管理的核心所在。"[①]绩效结果如果不能有效服务于组织的人力资源管理活动，也就失去了其存在的价值和意义。同时，绩效结果还为公共部门人员的绩效改进提供了基本依据，有关内容将在公共部门人员绩效改进部分予以详尽阐述。

《公务员法》和《国家公务员考核暂行规定》对中国公务员绩效结果的使用作了明确规定。《公务员法》第37条规定："定期考核的结果作为调整公务员职务、级别、工资以及公务员奖励、培训、辞退的依据。"根据《公务员法》、《公务员考核暂行规定》及其他有关规定，对不同绩效等次公务员的处理分别如下[②]。

对考核结果为优秀等次公务员的奖励。公务员年度考核结果被确定为称职以上等次的，以其本年度12月份基本工资额为标准，发给一个月的奖金；对年度考核被确定为优秀等次的公务员，可给予记功或嘉奖；公务员在现任职务期内，年度考核连续2年被确定为称职以上等次的，在本职务工资标准内晋升一个工资档次；连续2年被确定为优秀等次的公务员，可提前具备晋升资格；公务员连续3年被确定为优秀等次的，在本职务对应级别内晋升一级。

对年度考核结果为称职等次公务员的奖励。公务员年度考核结果为称职以上等次的，以其本年度12月份基本工资额为标准，发给一个月的奖金；对年度考核为称职等次中表现特别突出的人员，可给予记功或嘉奖；公务员在现任职务期内，年度考核连续2年被确定为称职以上等次的，在本职务工资标准内晋升一个工资档次；公务员连续3年被确定为称职以上等次的，具有晋升职务的资格；公务员连续5年被确定为称职以上等次的，在本职务对应级别内晋升一级。

对年度考核结果为基本称职等次公务员的处理。对年度考核结果被确定为基本称职等次的公务员，可视同称职等次晋升级别和工资，但一年内不得晋升职务，通过诫勉谈话、离岗培训等，督促其改正提高。

---

① 〔美〕戴维·奥斯本等著：《政府改革手册：战略与工具》，北京：中国人民大学出版社2004年版，第201页。
② 杨景宇等主编：《中华人民共和国公务员法释义》，北京：法律出版社2005年版，第92～93页。

对年度考核被确定为不称职等次公务员的处理。当年考核被确定为不称职等次的,予以降职。降职后,其职务工资就近就低套入新任职务工资档次。其原级别在新任职务对应级别范围内的,不降低原级别;原级别高于新任职务对应级别的,降到新任职务对应的最高级别,并执行相对应的级别的工资;连续2年考核被确定为不称职等次的,按规定予以辞退。

国外公共部门也非常重视工作人员绩效结果的使用。美国公务员年终绩效考核结果与其奖惩、加薪和晋级密切相关。绩效结果被确定为优异等次者,加薪一级、提前晋升;绩效结果被确定为满意等次者仅加薪一级;绩效结果被确定为不满意等次者,视情节分别给予减薪、降级和免职等处分。1978年文官制度改革对工作考绩制度又作了进一步的完善。这次改革对GS-16、GS-17、GS-18三个职等高级公务员的绩效结果使用进行了调整,5年中两次被确定为不满意者或任何3年中无一次被确定为完全满意的公务员,均须从高级公务员序列中除名,被除名者有权继续在政府中担任一般行政级15等或16等以上的职务。以薪酬奖惩为例,这次改革还在一般职(GS)序列中13~15三个职等的公务员推行功绩薪酬制度[①]。这三个职等公务员的绩效评定分为5等,凡被评定为3等及以上者可正常提薪;其中被评为4~5等者还可获得相当于薪酬2%~10%的"绩效奖",做出杰出贡献者可获得1~2.5万美元的年度"杰出贡献奖";被确定为1~2等者不得提薪或只能增加正常提薪幅度的50%。在绩效评估实践中,由于上级过于宽松、怕得罪下属以及绩效评估缺乏有效的客观标准,绝大多数(近89%)公务员被评为4~5等,该功绩薪酬制失去了预期的激励功能并于1993年被废止。目前,一般职(GS)序列中GS-14职等及以下的非管理职位雇员,实行与绩效相联系的职等内晋级提薪奖赏制度。凡是被评定为3等及以上者可以在职等内按照规定的任职年限正常提薪,绩效突出的雇员还可获得每年不超过一次的额外职等内提薪,即"高绩效提薪"(Quality Step Increases)。同样,被评定为1~2等者不得提薪或只能增加正常提薪幅度的50%。

为了提升公共部门人员绩效奖励的效果,还必须重视奖励的技巧。绩效奖励的技巧包括:使庆祝成功成为组织文化的一部分;对团队和个人表示认可;举办激动人心的颁奖仪式;在当地媒体上公布绩效成绩;运用对等奖励,唤起任职者对他人绩效的即时关注;有意义的奖励比贵重的奖励更重要;运用部

[①] 吴志华著:《美国公务员制度的改革与转型》,上海:上海交通大学出版社2006年版,第107~108页、第120~121页。

门与部门之间的奖励,尊敬与高绩效者共同承担责任或获取其支持的那些机构的绩效;如果高绩效取决于顾客努力,也要奖励那些优秀的顾客。此外,如果不能提供额外收入作为奖励,还可以使用其他具有经济价值的合适的替代品,如带薪休假等精神补偿等,以奖励其优秀绩效①。

(三)绩效面谈

绩效反馈的核心环节在于及时进行面谈沟通,将绩效结果及时反馈给被评估者,这是优化绩效管理系统的一项根本性和结构化措施。成功的绩效面谈有利于被评估者及时了解自己的绩效状况以及组织的期望和要求,明确未来的工作目标,有针对性地制订绩效改进方案,进一步挖掘自身潜力,从而不断提高绩效水平。另外,绩效面谈有助于帮助被评估者提高工作满意度,增强归属感和参与感。

及时性是绩效面谈的重要前提。在绩效评估结束后,评估者应当通过面谈及时将绩效结果反馈给被评估者。事实上,每个被评估者都希望及时获取绩效信息的反馈,希望知晓自己的行为和结果同组织期望的差距。如何把评估的信息及时反馈给被评估者,既是一个激励手段,也是一个艺术手段。绩效评估完成后,必须通过和被评估者及时进行面谈以提供绩效反馈信息,让被评估者发现自己的成绩和不足,在组织的帮助下及时制订改善工作绩效的新目标和时间表,以便在日后工作中加以改进绩效状况。

成功的绩效面谈须遵循以下九点要诀②:① 准备充分。面谈前要作充分的准备,合理安排面谈场所,避免面谈被干扰;② 态度诚恳。态度一定要真诚恳切,避免说教,谈话中尽量避免过于啰嗦;③ 表扬为主。谈话中要以正面激励为主,适当称赞对方的长处,而不要一味责备对方。一味的批评通常只能激起对方的怨气甚至是敌意;④ 一分为二。要注意辩证地分析问题,既要让被评估者明了自己的成绩,也要告之其不足;⑤ 说明依据。切实说明各项评估结果的依据,多采用客观的工作表现标准并提供具体事例,如旷工率、迟到率、投诉率、检查报告等;⑥ 倾听对方。要创造一种建设性的面谈氛围,鼓励被评估者发表自己的意见,多问开放性的问题,认真聆听对方意见,尽量不要打断其发言;⑦ 基于目标。明确告之对方评估的目的是为解决问题和未来发展,对照目标讨论评估结果,具体指出组织的期望,并且应在面谈结束时

---

① 〔美〕戴维·奥斯本等著:《政府改革手册:战略与工具》,北京:中国人民大学出版社2004年版,第215页。
② 吴志华主编:《人力资源开发与管理》,北京:高等教育出版社2004年版,第341页。

真诚和客观地向被评估者提出建设性的改进方案;⑧ 对事不对人。尽量不要将被评估者的表现和其他工作人员相比较,不要将评估与被评估者的薪资奖惩混为一谈,同时也不可借评估之际翻旧账;⑨ 欢娱结束。面谈时双方意见有可能相左,此时应避免与对方发生争执,尽量争取在积极和愉悦的气氛中结束面谈。

绩效面谈结束后,还须对绩效面谈的效果加以评估,作为进一步改进面谈的依据。可以从以下几个方面来衡量并改进绩效面谈的效果①。① 这次面谈是否达到了预期的目的;② 如何在下次绩效面谈中予以改进和完善;③ 这次面谈还有哪些被遗漏的问题须补充,哪些方面的讨论是不必要的;④ 这次面谈对被评估者有何帮助;⑤ 面谈中被评估者是否充分发言;⑥ 在这次面谈中自己学到了哪些辅助技巧;⑦ 自己对这次面谈是否感到满意;⑧ 这次面谈的总体评价如何。经过对上述问题的解答,可以知晓此次面谈的效果及需要改进的地方,以进一步改善绩效面谈的效果。

二、绩效改进

绩效改进(Human Performance Improvement, HPI)是连接绩效评估和下一步绩效计划制订的桥梁,也是公共部门人员绩效管理的重要环节。绩效结果反馈给被评估者以后,还要全面审视和诊断绩效评估中出现的问题,通过绩效改进方案的落实,将其及时反馈到下一轮的绩效管理中去,不断改进和提高公共部门人员的绩效管理水平。

(一) 绩效诊断与分析

绩效诊断与分析是绩效改进的起点,也是绩效改进的最基本环节。完成工作人员绩效数据分析并不意味着绩效评估工作的结束,在绩效评估中获得的大量有用信息必须及时反馈和运用到组织的各项管理活动中。当公共部门人员没有达到预期目标或者绩效水平不高时,管理者首先应该清醒意识到工作人员绩效差距的存在,以及厘清绩效差距的重要性,由此根据评估结果进行绩效诊断,找到这种差距可能的原因,包括系统和个人两方面的原因,从而确定工作人员绩效水平较低的根源。通过绩效诊断和分析可以大致确定绩效改进的方向和重点,为绩效改进方案的制定做好准备。

绩效诊断应全面考量可能影响工作人员绩效水平的各种因素。具体来

---

① 付亚和等主编:《绩效管理》,上海:复旦大学出版社2005年版,第144页。

说,绩效诊断的内容涉及对组织的全面诊断,包括组织的战略目标、组织面临的内外环境、组织运作的结构、组织人力资源管理相关政策等;对组织绩效管理制度和体系的全面诊断,包括绩效计划的制订、绩效评估指标体系的确立、绩效结果的反馈与改进等;对评估者的全面诊断,包括评估者的理念、素质和技巧;对被评估者的全面诊断,主要审视工作人员的现有绩效状况及其产生原因。

如果排除组织和管理系统以及评估者的因素,那么绩效诊断与分析的任务就是通过对绩效结果的考察,找出关键绩效问题和不良绩效人员。其中关键绩效问题主要通过对比工作人员现实绩效状态和组织期望绩效之间的差距状态得出。不良绩效人员是绩效责任主体,包括以下几类人员:无法做到合理品质(数量标准)的人员、影响其他人员的负面态度的人员、违反组织伦理或工作规则的人员、基本上不认同组织价值体系的人员[①]。对不同绩效责任主体,其绩效改进方案也应该有所区别。

如果发现工作人员的现实绩效与组织期望绩效之间存在一定差距,就要具体分析出现绩效差距的深层原因。导致公共部门人员绩效差距的原因很多,可能是知识和技能方面的原因,可能是工作态度方面的原因,也可能是工作人员面临提高绩效水平的某些外部障碍。如果是知识和技能等方面的因素导致绩效水平较低,就要采取发展策略予以改善,如果是态度和障碍方面的原因导致绩效水平不理想,就要采取管理策略进行改进。如果让那些因态度因素导致较低绩效的工作人员进行脱产培训,可能使其工作态度更加不端正,而对那些知识技能缺乏的工作人员进行态度教育也只能是适得其反。因此,对产生绩效差距原因的诊断和分析非常重要,应针对不同绩效责任主体及其原因制订个性化的绩效改进方案。

(二) 制订绩效改进方案

明确绩效改进的方向和重点后,就可以确定相应的绩效改进方案了。工作人员绩效水平较低往往有多重原因,须针对不同类型绩效责任主体选择不同的绩效改进方案。更重要的是,绩效不良者的绩效改进只是绩效改进中的一部分,重要的是通过对组织绩效的整体改进实现组织期望的绩效水平。换言之,绩效改进不仅仅是要通过改进方案解决发现的问题和不足,还要通过对工作人员的培训实现其能力的提高,实现组织核心竞争力的提升和工作人员个人的发展,使组织和工作人员形成一种双赢的关系。

---

① 付亚和等主编:《绩效管理》,上海:复旦大学出版社2005年版,第150页。

制定绩效改进方案首先必须重视被评估者的因素,具体涉及以下几个方面的内容。其一,被评估者要有改变自己的愿望,即希望通过绩效评估不断完善和超越自我。其二,要具备一定的知识和技术,即被评估者必须知道要做什么,并知道该如何做。其三,要有改进绩效的环境,即被评估者必须在一种鼓励其改进绩效的环境里工作。组织必须造就这种积极的工作环境,被评估者可能因畏惧失败而不敢尝试改变,这时就需要由组织去协助他们,帮助其建立信心。其四,要有激励措施,即如果被评估者知道行为改变后会获得物质或精神上的奖励,就比较容易改变其行为。物质方面包括加薪、奖金或其他福利,精神方面则包括自我的满足、表扬、加重责任、更多的自由与授权。

制定绩效改进方案必须重视改进和完善组织的绩效评估系统。合适的"绩效评估系统是一个持续调整的演进过程——一个永无止境的过程"①。改进和完善绩效评估系统需要注意以下几个方面的问题:其一,应将绩效评估的焦点放在工作行为而非个人特质上。某些被领导者赏识的个人特质,如忠诚、主动等同被评估者的工作绩效并无必然联系。其二,应建立起日常记载工作人员行为的档案,这样可以使绩效评估的结果更为准确。其三,尽量使用多个评估者,评估者人数越多,评估结果就越可能趋向精确。其四,要尽可能让评估者和被评估者知道评估的全部程序,这样也有利于评估沟通。

拟订一套完善的绩效改进方案,还必须注意以下几个方面的问题。一是可操作性。绩效改进方案也要符合聪明(SMART)法则,绩效改进方案的内容须与待改进的绩效切实相关,如果只是停留在理论层面的探讨甚至是泛泛而谈,当然无益于绩效状况的实际改进。二是时效性。绩效方案的拟订必须及时且有一定的截止日期,应该有分阶段执行的时间进度表。三是认同感。组织所有人员都应接受这个方案,并采取实际行动以切实保证方案的实现,而不是仅做表面文章。

(三)绩效改进方案的落实及结果评估

制订绩效改进方案后,接下来就是在改进方案的指导下针对性地改进工作人员绩效水平。绩效改进方案的落实是一个系统的过程,首先需要成立专门的绩效改进部门。绩效改进部门与传统的培训部门有着显著的区别,这种

---

① 〔美〕戴维·奥斯本等著:《政府改革手册:战略与工具》,北京:中国人民大学出版社2004年版,第244页。

区别不仅仅体现在名称的改变,更重要的是,较之传统的培训部门,绩效改进部门的使命、提供的服务、部门内部人员角色、组织结构、部门职责及衡量标准等方面都有显著的区别①。对绩效不良者进行培训只是绩效改进部门的常规工作之一,此外,绩效改进部门还要负责构建组织的绩效与胜任模型、确定绩效差距、分析绩效差距的原因、评估为改进绩效而采取的培训和非培训措施的效果、根据组织目标改进和完善组织的绩效管理工作。

在分析绩效差距及其产生原因的基础上,绩效改进部门根据组织目标展开针对性的培训。一方面,对组织各级领导者进行培训。培训内容包括绩效管理的基础知识、流程和应用技巧等,培训的目的是澄清各级领导者对绩效管理的错误及模糊认识,同时,通过培训也进一步提高各级领导者的对绩效改进等内容的认识。另一方面,根据工作人员绩效改进方案,有针对性地组织工作人员培训,以提高工作人员的专业知识、技能和其他素质。

"标杆超越"(Benchmarking)法是绩效改进的有效工具。这一方法是由美国施乐公司首创的绩效改进工具,已逐渐为越来越多的组织所接受。标杆超越法是通过与同类型的其他高效组织进行对比,对本组织的产品、服务、过程等关键的成功因素进行改进和变革,使之成为同行业最佳的系统性过程。组织成员在标杆绩效的影响下,一般会主动找出自己与之相比较显现出来的差距和不足,从而为缩短差距积极努力;另一方面,当组织成员学习别人的经验时会显著地节省提升学习曲线所需要的时间和做出改进所需要的花费,这恰恰是提高工作人员绩效所追求的。因此,标杆超越不仅提供一种绩效改进的工具,更是一种思想理念。当然,公共部门人员绩效改进在引进标杆超越法时,亦要根据组织的实际情况加以具体的应用,而不能拘泥不化。更重要的是,对公共部门人员来说,绩效并非其追求的唯一目的,不能因片面追求个人绩效而使组织公共性受损。

标杆超越过程包括两个基本阶段,即确立标杆和进行超越。标杆超越是一种有目标的学习过程,公共部门人员绩效改进方案落实的过程中,首先要标定学习和赶超的榜样,即明确哪些人绩效优异,为什么做到了绩效优异,通过比较剖析自身的差距及产生差距的原因。然后拟订出超越对手的策略并加以实施,在超越过程中,不能机械地照搬标杆对象的做法,而必须要结合自己及部门的特点,进行自身的改进和创新,这样才能努力使自己成为绩效最佳者。

绩效改进方案落实以后,还要对绩效改进的结果予以评估,以验证绩效改

---

① 付亚和等主编:《绩效管理》,上海:复旦大学出版社 2005 年版,第 152～156 页。

进方案的可行性。结果评估可以从四个层面展开①。一是反应,即工作人员对绩效改进活动及其影响的反应,以及公众对公共部门人员绩效改进的满意度是否提升。二是学习或能力,即实施绩效改进方案后,工作人员了解和掌握了哪些以前不会的知识和技能。三是转变,即绩效改进活动对公共部门人员的工作方式是否产生了预期的影响,工作人员在新一轮工作中是否开始运用新的技能、工具和程序。四是结果,即改进活动对绩效差距的影响如何,差距的缩小和绩效改进方案之间是否存在某种正相关关系。

总之,通过针对性的绩效改进活动,公共部门可以将原本分散和孤立的绩效管理过程,如绩效计划的制订、绩效状况的评估、绩效差距的分析等有机地结合起来,从而在动态联系中不断完善公共部门人员的绩效管理活动,有效提升公共部门的竞争力,实现公共部门的战略目标。

案 例

青岛市公务员绩效管理情况②

青岛市在公务员管理中引入了以业绩为导向的绩效管理,以公务员考核制度为切入点,实现对公务员工作实绩的动态管理,并通过绩效结果在公务员管理中的兑现,使公务员单项制度形成一个相互补充、相互支持、相互制约的链条体系。目前,该市在公务员绩效管理方面实现了新的突破。

1. 充实完善考核内容和方法

进一步充实考核内容,做到"三个突出"。突出效率,要求公务员务实高效,坚决克服办事推诿扯皮甚至不作为、乱作为现象;突出工作成果,将公务员在本职工作中做出的具有较大社会效益、创新性或进步性的成果,纳入考核内容;突出形象,将依法行政、诚信建设、态度和效率、学习培训等作为考核的重要指标要素。

坚持分类考核。考核内容分为工作目标考核、自身建设目标考核、述职评议和外部评价。四方面考核分值按一定比例加权后作为年度考核分值,具体比例由各单位根据实际确定,并以此为主要依据确定公务员年度考核结果。

---

① 付亚和等主编:《绩效管理》,上海:复旦大学出版社2005年版,第161页。
② 案例来源:根据谢保家:"青岛市公务员绩效管理情况"整理,山东人事信息网,http://www.sdrs.gov.cn/info/Content.asp? lmid=95&id=393。

在具体实施考核中,各单位分别制定了具体的考核体系,分层次进行人员考核。

强化量化考核。适当降低定性考核在考核结果中的比重,尽可能量化考核内容。各部分考核内容分解细化为量化指标并赋予一定的分值,通过打分、测评等形式进行检查评比,各部分考核按一定比例计入总分。日常考核与年终考核按一定比例加权计算,得出公务员年度考核分值,在此基础上排序确定考核等次。

2. 规范日常考核

对日常考核的内容在不同考核周期内作了不同的侧重。平时考核以《青岛市公务员行为规范》为主,着重检查公务员廉政勤政、作风纪律、服务质量、依法行政、理论学习、党团活动等情况;季考核或半年考核侧重检查公务员阶段性工作目标完成情况,公务员工作成果是重要的考核指标。

平时检查和定期考核相结合。各单位普遍建立平时检查或日常考核记实制度,如实记载公务员平时的各项考核情况。由专人负责平时检查工作。市里建立统一的季度考核反馈制度和检查通报制度,每季度各单位定期向市人事局反馈考核情况,市人事局联合有关部门对各单位进行随机抽查,加强指导,并将有关情况及时通报全市。

设立日常考核奖。日常考核奖根据公务员日常考核情况按季度兑现,不得平均发放。市人事局对各单位落实日常考核情况进行经常性督查,对日常考核制度不健全、考核措施不到位的单位,限期责令整改,并在日常考核奖的拨付等方面予以制约。

3. 积极畅通外部评价渠道

依据效能投诉评价公务员。以公务员态度和效能投诉电话为依托,形成信息畅通的投诉网络。同时,将效能投诉和公务员考核结合,出台公务员工作态度和效能问题投诉处理办法及其细则,规定公务员因态度和效能问题受投诉,查实一次,扣发一个季度日常考核奖;两次的,年终考核不能评为良好以上等次;3次以上的,年终考核确定为基本称职直至辞退。投诉办理情况定期向社会公布。

通过调查问卷等形式对公务员进行测评。根据统一要求,各单位结合政务公开,通过设立意见箱、发放调查问卷等形式,在窗口办公、中层以上领导等公务员考核中引入外部评价办法,由服务对象或基层单位就服务态度、工作效率、依法行政、廉洁自律等情况提出评价。评价结果按一定比例纳入年度考核。

实行社会评议政府制度。评议工作由市纠风办、市城调队等部门和机构共同组织。评议人员由特邀监察员、人大代表、政协委员、离退休老干部、专家代表组成。评议工作采取问卷测评与社会调查相结合的方法进行。评议结果通过媒体向社会公布,并纳入全市目标管理绩效考核。

4. 不断加大考核结果使用力度

在考核结果中增加良好等次。从2002年起,该市试行公务员考核优秀、良好、称职、基本称职和不称职5个等次。良好等次不超过45%,良好等次加发300元奖金,在大的政策方面,良好等次与称职一致。增加良好等次,激励了多数公务员,让少数称职以下等次公务员感到了压力,起到了鞭策后进的作用。

严格兑现考核结果。考核结果与公务员晋升、奖励、培训等直接挂钩。公务员连续3年考核优秀,可记3等功,享受健康休养待遇,在处级领导职务竞争上岗中还可越级参加竞争。严格基层执法部门的考核,在公安、城管、工商等执法队伍中实行年度考核末位培训制度,被确定为末位的公务员,缓定考核等次,由部门组织培训,培训成绩合格的,确定为称职等次,否则定为基本称职,扣发年终一次性奖金,连续被确定为末位的,可定为基本称职、不称职,直至辞退。

5. 实现公务员个人考核和部门绩效考核的联动

将部门内部机构考核和公务员考核相结合。凡公务员因态度、效能被投诉经查实,或违反内部管理规定,以及因工作出现重大失误、违反纪律受处理的,相应扣减其所在处(科)室考核分值,情节严重的,可取消其所在处(科)室评选先进处(科)室资格;年度考核中被评为先进的处(科)室,其负责人才具备评定优秀等次的资格;被评为先进的处(科)室所属人员优秀等次比例可在本部门、单位优秀等次总名额内适当予以倾斜。

将部门绩效目标考核和公务员考核相结合。部门、区(市)党政主要负责人的个人考核与单位考核结果对应确定,对考核优秀单位,给予党政主要领导记功奖励,对所在单位的公务员发放奖金;考核不合格或末三位的,对主要领导诫勉,连续两年考核不合格或末三位的,主要领导待岗或降职。

案例分析题

1. 青岛市是如何强化公务员绩效管理工作的?
2. 试联系案例谈谈公共部门人员绩效评估体系的构建。

复习与思考

1. 绩效管理和绩效评估的区别。
2. 公共部门人员绩效管理的功能。
3. 公共部门人员绩效指标体系的设计。
4. 公共部门人员绩效信息的收集。
5. 公共部门人员绩效评估的方法。
6. 公共部门人员绩效评估误差的克服。
7. 公共部门人员绩效改进。

第九章　公共部门人员的薪酬

薪酬是组织以货币形式支付给工作者的回报或酬劳，它与工作者的利益直接相关，是影响甚至决定工作者工作态度和工作行为的一个重要因素，因而成为人力资源管理中的一项基本内容。本章先对报酬及全面报酬的含义、结构、功能作一概述；然后阐述薪酬制度设计的公平原则，包括公平理论、薪酬的内部公平和外部公平、公共部门人员薪酬公平性的困境等；最后简要地分析薪酬等级制度、介绍薪酬等级设计的方法以及宽带薪酬结构。

第一节　报酬和薪酬概述

一、报酬及全面报酬

人力资源管理中的报酬(compensation)，是一个比较宽泛的概念，简单地说，就是指一定组织以货币和非货币形式支付给工作者或劳动者的各种回报或酬劳的统称，包括经济报酬和非经济报酬等。

准确地理解报酬概念需要区分报酬与收入、薪酬、工资等相关概念的关系。就报酬与收入的关系而言，严格地说，收入(income)是经济学科的范畴，而且往往作为经济学分配领域的集合概念使用，例如，当表述一个国家、一个地区或一个群体的国民收入、人均收入、收入水平时的"收入"一词，便是在经济学集合概念意义上使用的。报酬是人力资源管理学科的基本术语。就报酬与薪酬、工资的关系来说，它们均属于人力资源管理学科的术语，报酬的外延包含薪酬和工资(但报酬不等于薪酬)①；而薪酬(pay 或 salary)和工资(wage)

---

① 国内许多有关人力资源管理的论著中，把报酬与薪酬、工资在等同意义上使用，把 compensation 一词翻译为薪酬等，笔者认为这是一种错用和错译。

这两个概念基本同义,只是薪酬是一种更规范的人力资源管理专业术语,工资是一种日常生活中的习惯用语。

长期以来,无论是在人力资源管理的知识体系中,还是在人力资源管理的实践中,人们往往把报酬等同于由薪酬和福利两部分组成的经济报酬,也就是说报酬等于薪酬加福利。即使在今天,许多人在谈到报酬时还是如此理解报酬,许多人力资源管理的论著仍然对报酬作如此定义。如果说把薪酬等同于报酬的情况适用于19世纪的话(因为19世纪及以前不存在严格意义上的福利),那么薪酬加福利的报酬概念适用于已经过去的20世纪,而在进入21世纪后,薪酬加福利的报酬认识和报酬定义却日益显露出狭隘性。

近几年,国外越来越多的人力资源管理学者,对报酬认识的视野开始扩大,把薪酬和福利以外的各种非经济回报纳入了报酬的范围,并提出一个全新的报酬概念——全面报酬(Total Compensation)。

这种对报酬的新认识在美国等国家的一些新出版或再版的人力资源管理著作和报酬管理的著作中得到了反映。例如,美国学者约瑟夫·J·马尔托奇奥(Joseph J. Martocchio)在其2001年再版的《战略报酬:人力资源管理方法》一书中,提出了外在报酬(Extrinsic Compensation)和内在报酬(Intrinsic Compensation)的概念。外在报酬包括货币报酬和非货币报酬,货币报酬即通常所说的薪酬,属于核心报酬(Core Compensation),非货币报酬也就是指福利,属于边缘报酬(Fringe Compensation);内在报酬与工作特征相关,如技能多样性、工作价值、工作重要性、工作自主权、工作反馈等[1]。再如,美国密歇根大学教授约翰·E·特鲁普曼(John E. Tropman)在其于2001年出版的《报酬方案》一书中,设计出一种新的10要素报酬等式,认为全面报酬等于基本工资、附加工资、间接工资(福利)、工作用品补贴、额外津贴、晋升机会、发展机会(包括培训及学习机会)、心理收入(工作的成就感及趣味性等)、生活质量(良好的工作环境及工作与家庭的平衡等)以及私人因素之和,即 $TC = (BP + AP + IP) + (WP + PP) + (OA + OG) + (PI + QL) + X$ [2]。又如,美国康奈尔大学教授乔治·T·米尔科维奇(Gerge T. Milkovich)在其与他人合著的《报酬》一书中提到,雇员可望得到的工作报酬应该包括三部分:货币收益

---

[1] 〔美〕约瑟夫·J·马尔托奇奥著:《战略报酬:人力资源管理方法》(英文第2版),北京:社会科学文献出版社2002年版,第4~9页。
[2] 〔美〕约翰·E·特鲁普曼著:《报酬方案》(英文第2版),上海:交通大学出版社2002年版,第27~28页。

(基本工资、奖金、红利等);非货币收益(各种福利和服务等);其他相关收益(雇佣安全性、晋升机会、学习机会、工作挑战性等)①。国外其他一些学者也在各自的论著中提到了全面报酬概念或谈到了非经济报酬问题。

综合以上3位学者列出的有关非经济报酬要素,参照美国学者韦恩·蒙迪(R. Wayne Mondy)等人在《人力资源管理》(第6版)一书中设计的全面报酬框架②,并经过笔者的调整和补充,全面报酬由包括经济报酬和非经济报酬两大系统在内的四部分所构成(见图9-1)。

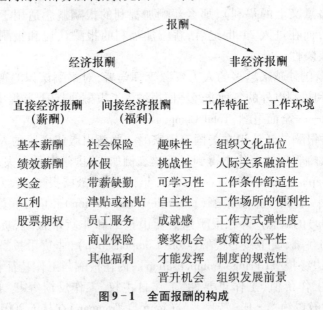

图9-1 全面报酬的构成

经济报酬系统由作为直接经济报酬的薪酬和作为间接经济报酬的福利两部分所组成。薪酬又包括基本薪酬和绩效薪酬,绩效薪酬的形式有奖金、红利、股票期权等;福利主要有社会保险、休假、带薪缺勤、津贴或补贴、商业保险、员工服务以及其他福利等。非经济报酬系统包括工作特征和工作环境两部分。工作特征是指工作本身具有的价值,典型的工作特征因素有趣味性、挑战性、可学习性、自主性、成就感、褒奖机会、才能发挥、晋升机会、技能多样性、工作反馈等;工作环境则指工作相关环境或条件的优劣,包括良好的组织文

---

① 〔美〕乔治·T·米尔科维奇著:《报酬》(英文第6版),北京:中国人民大学出版社2002年版,第5页。
② 〔美〕R·韦恩·蒙迪等著:《人力资源管理》(英文第6版),北京:经济科学出版社1998年版,第328～329页。

化、融洽的人际关系、弹性工作方式、组织发展前景、舒适的工作条件、政策的公正性、制度的规范性等因素。

在全面报酬概念中,经济报酬是人们所熟悉的传统报酬概念的传统内涵,非经济报酬则是全面报酬这一新概念的新内涵。作为非经济报酬的各种因素,之所以可以而且应该被纳入报酬的外延范围,一方面的原因是在于,尽管这些因素与薪酬和福利不同,其价值意义和价值效用很难用货币来直观地度量,一定程度上是一种因人而异的主观心理感受,但它们毕竟都是直接与工作生活质量相关的有价值的东西,因此可以成为报酬的组成部分;另一方面的原因在于,相对于体力劳动者看重劳动的经济酬劳而言,知识工作者更期望工作的非经济回报,这一点不仅是解释在体力劳动者管理时代非经济回报因素不被看作报酬的一个重要原因,而且反过来也是说明在当今知识工作者管理时代非经济回报应该成为报酬一部分的重要理由。

二、报酬的人力资源管理功能

任何组织的管理活动都以追求高绩效为主导目标[1]。人力资源管理的核心目的,是通过充分开发组织成员的潜在能力和充分发挥组织成员的现实能量,提高其服务于组织目标的工作绩效。组织成员工作绩效的提高主要借助于激励的杠杆,而激励很大程度上又有赖于报酬。因此,报酬在人力资源管理中的功能,就在于发挥激励作用并借此提高组织成员工作绩效。这里,笔者主要通过分析和论证绩效与激励、激励与报酬之间的相关性来从理论上阐述报酬的功能。

绩效高低取决于人与制度两大方面因素。人的因素包括人的素质和人的行为,人的素质可以比喻为现在完成时,是指工作者既有的知识、能力或技术、品质等状况;人的行为可以比喻为现在进行时,是指工作者在工作中的实际表现,如工作的主动性、投入性、开拓性等。制度的因素包括制度的科学性和激励性,制度科学性是指机构、职位、职责、流程以及规章制度设计的合理性,制度的激励性则是指制度对人能否产生或能够产生多大的激励作用(见图9-2)。

---

[1] 绩效(Performance)包括3个从属概念,即经济(Economy)、效率(Efficiency)、效益或效果(Effectiveness),这3个从属概念是评价组织管理成效的3项基本标准。由于这3个英文单词的第一个字母都是"E",因此,绩效也称为"3E"。

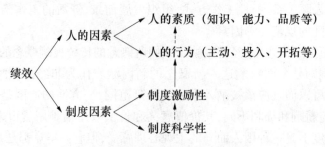

图 9-2　绩效、制度、激励的相关性

美国的全面质量管理倡导者戴明(William Edwards Deming)认为,对大多数组织来说,绩效的高低,15%取决于人的因素,85%取决于制度的因素。而在制度的两项因素中,制度的激励性对绩效又更具有决定性作用。从图9-2中可以看出,尽管制度的科学性间接地与制度的激励性相关(如不科学的制度设计会削弱制度的激励性),但制度激励性直接决定工作者的工作行为,同时间接地影响工作者的素质状况。例如,一种优胜劣汰或奖优罚劣的制度,能够直接激励工作者主动、投入、开拓性地进行工作,并间接地激励工作者学习知识、提高技能和改变工作态度;反之,一种干与不干、干多干少、干好干坏一个样的"大锅饭"制度,直接导致工作者的消极工作行为,也不可能引发出工作者提高素质的愿望。

美国原哈佛大学教授 W·詹姆士(William James)曾经在一项验证工作行为与激励之间相关性程度的研究中发现:在不存在激励的条件下,工作者在工作中一般只发挥极限能力的20%～30%;在受到充分激励的情况下,工作者在工作中能够发挥出极限能力的80%～90%。换句话说,激励能够在工作者的极限能力范围内多发挥出50%～60%的潜在能力。正因为激励对提高绩效具有如此重要的作用,所以它一直成为人力资源管理理论研究和制度设计的核心问题,人力资源管理实践的成败也很大程度上取决于激励问题。

较之企业而言,公共部门的人力资源管理明显缺乏绩效,这在全世界范围都可以说是一个不争的事实。其原因何在? 一个重要的原因在于公共部门的人力资源管理制度缺乏激励性。美国从事产业组织和公共选择理论研究的著名经济学家 D·C·缪勒(Dennis C. Mueller)指出,"公共官僚部门是以外部对效率的控制无力和内部的激励微弱为特征的"[①]。换言之,与企业相比,政府既缺

---

① 〔美〕D·C·缪勒著:《公共选择理论》,北京:中国社会科学出版社1999年版,第309页。

乏外部的效率压力,又缺乏内部的激励机制,而且,前者与后者之间存在因果关系。企业处在竞争激烈的市场环境中,竞争压力成为企业不断追求发展的永恒动力,外部环境的压力又转化为企业内部的各种激励机制。政府则处在垄断条件下,其公共财政的投入与公共产品的产出缺乏外部的制约机制,其绩效缺乏来自于外部的压迫性动力,而这又必然导致政府内部难以形成有效的激励机制。如果说政府内部存在制度上的激励机制,激励机制的制度安排也存在问题,而且在实践中发挥的积极作用如同缪勒所说是"微弱的"甚至是无效的[1]。

激励很大程度上通过能够满足被激励者需求的报酬而实现。按照心理学的"需求—动机"理论分析,人们劳动或工作的动机是为了获得能够满足自己需求的东西。马斯洛把人的各种需求从纵向区分为依次递升的五个层次需求,即生理需求、安全需求、归属与爱的需求、尊重需求和自我实现需求。笔者认为,报酬之所以能够产生激励作用,是因为它能够满足劳动者或工作者的各种需求:经济报酬中,基本薪酬主要满足吃、穿、住、用等基本生活消费的生理需求,社会保险等福利主要满足当面临失业、退休、生病等风险时的安全需求;非经济报酬主要满足归属与爱、尊重和自我实现这三个相对高层次的需求(见图9-3)。

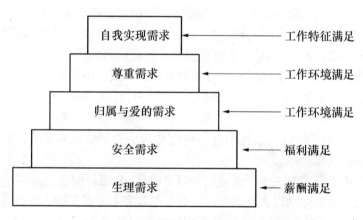

图9-3 需求层次与报酬各部分的对应关系

当然,由于各个层次的需求都是复杂和相互联系的,因此,该图中表示的不同层次需求与报酬各部分的对应关系并不一定十分准确。但至少可以说明报酬的各个部分具有满足人们不同层次、不同种类需求的效用。正因为如此,

[1] 吴志华:"政府与企业:激励机制的比较分析",《人才开发》,2001年第1期。

在当今的人力资源管理中,包括经济报酬和非经济报酬的"全面报酬"具有激励工作者并由此提高其工作绩效的功能。

对于知识工作者来说,非经济报酬的激励功能越来越明显。对此,同样可以借用马斯洛(A. H. Maslow)的"需求层次理论"以及赫茨伯格(Frederick Herzberg)的"双因素理论"来加以说明。在马斯洛的五个层次需求中,生理需求和安全需求属于可以通过金钱来满足的经济需求或物质需求,归属与爱的需求、尊重需求和自我实现需求则属于非经济需求或非物质需求。知识工作者的需求结构不同于体力劳动者,对激励体力劳动者有效的金钱和物质的东西,对知识工作者并非一定有效,至少不会产生同等的激励效果。如果说,经济激励是满足体力劳动者需求的充分条件的话,那么,由于存在"金钱的边际效用递减规律"(即金钱的边际效用随着收入的增加而下降),经济满足对知识工作者来说充其量只是激励其工作行为的必要条件,不足以成为激励其工作行为的充分条件,充分条件来自于金钱以外的非经济激励,非经济激励来源于全面报酬概念中非经济报酬诸因素。赫茨伯格在对200多名工程师和会计师的工作满意状况进行研究后提出了"双因素理论"。该理论认为:影响工作者绩效的众多因素可以区分为保健因素和激励因素两大类,保健因素主要有薪酬、福利、企业政策、工作条件、同事关系等;激励因素包括工作成就、成绩认可、工作价值、工作责任、晋升机会、发展空间等。赫茨伯格认为,保健因素的满足只是消除人们的不满,不能使他们产生满意进而发挥激励作用,激励因素却能够通过使人们产生满意而发挥激励效果。赫茨伯格是在体力劳动者时代提出"双因素理论"的,同时由于他以工程师和会计师为研究样本却又未说明其理论适用于知识工作者,因而他提出的"双因素理论"的普遍适用性曾受到一些质疑。但在当今时代,他的这一理论尤其是关于激励因素的分析性论断日益显示出其真理性。

在知识工作者为主体管理对象的当今时代,全面报酬概念反映了全面激励的理念。全面激励理念要求在以知识工作者为主要对象的人力资源管理实践中,管理者应该充分认识非经济报酬潜在的激励功能,并在吸引人才、留住人才、开发人才、使用人才、评价人才、奖赏人才等各种管理行为及有关制度的设计中发挥非经济因素的激励作用。人力资源管理学界提出的双赢管理、参与管理、授权管理、自主管理、公平管理、平等管理、尊重管理、关怀管理、赞扬管理等前沿概念,体现了全面激励的理念。此外,全面激励理念还包含另一实践要求,这就是开发薪酬和福利等经济报酬的激励效能。就薪酬而言,通过适当调整基本薪酬与绩效薪酬的比例关系,降低基本薪酬的比重,提高绩效薪酬的比重,设计多样化的绩效薪酬形式,由此强化作为报酬核心部分的薪酬的激励作用。就福利来说,突破传统的保障功能定位以及与其相联系的按需分配的供给原则,在除社会保险等基本法定福利之外的其他福利的分配中,淡化福利的平均主义色彩,体现一些按劳分配或绩能主义原则,按照绩效的高低、贡献的大小、能力的强弱拉开员工享受福利的差距;同时给员工以非法定福利和非核心福利的选择权,使员工可以在一揽子福利项目中选择自己需要的福利,进而使员工在达到福利效用最大化的基础上产生有效激励的预期。近几年在薪酬管理领域出现的一些新概念或新方法,如战略薪酬、薪酬宽带、股权报酬、弹性福利计划等,可以说是开发经济报酬激励功能的制度变革体现[①]。

三、薪酬的相关概念

如上所述,报酬包括经济报酬和非经济报酬,其中,经济报酬包含直接经济报酬和间接经济报酬两部分,直接经济报酬即薪酬。薪酬亦称工资、薪金或薪资,通常是指组织以货币或现金形式定期支付给工作者的报酬。薪酬是报酬体系中的主体部分,也是最重要部分,它直接关系到工作者的切身经济利益,因此,具有一定规模的组织,无论是企业还是公共部门,都有一套比较完整的薪酬制度。薪酬制度涉及一系列相关的概念或要素,如薪酬原则、薪酬水平、薪酬形式、薪酬等级、薪酬差距等,它们作为整体,形成了薪酬的基本原理,组合成了薪酬制度。

(一) 薪酬原则

薪酬原则是指确定薪酬水平、薪酬等级、薪酬数额以及各种薪酬关系所依据的基本价值准则。主要的薪酬原则包括:① 公平原则,它要求支付给工作者的薪酬与工作者的付出之间形成对等的公平交换关系,这一原则可以说是统领其他薪酬原则的核心原则;② 按劳分配原则,也称按劳取酬原则,它要求以劳动为尺度按劳动的数量和质量进行薪酬分配,这是薪酬制度体现公平性的首要原则;③ 同职同薪原则,或称同工同酬原则,它要求对从事相同职位或岗位工作的工作者给予相同的基本薪酬,不能因性别、年龄、种族、民族、婚姻状况、信仰等原因而受到不公正的对待,这是在薪酬制度中处理职位与职位之间薪酬关系的基本准则;④ 外部平衡原则,这是通过与外部比较来确认

---

① 吴志华:"知识员工管理:全面报酬与全面激励",《人才开发》,2003 年第12 期。

一个组织或系统薪酬水平合理性的基本手段,它通常要求一个行业或组织的薪酬水平应与可比较行业或组织的薪酬水平保持大体平衡;⑤定期提薪原则,即指一个组织或系统的薪酬应当随着国民经济的发展或组织效益的提高而定期地逐步提高。我国《公务员法》有关条款反映了这些薪酬原则,例如,第73条规定"公务员工资制度贯彻按劳分配的原则","国家建立公务员工资的正常增长机制";第75条规定"国家实行工资调查制度,定期进行公务员和企业相当人员工资水平的调查比较,并将工资调查比较结果作为调整公务员工资水平的依据"。

(二) 薪酬水平

薪酬水平是指一定时期内一个国家、地区、部门、行业或单位的工作者的薪酬收入平均达到的高低程度。薪酬水平常在比较薪酬收入状况时用到,比较范围可以是国家与国家之间、地区与地区之间、部门与部门之间、行业与行业之间或单位与单位之间,包括公共部门与企业之间的薪酬水平比较、公务员与企业相当人员的薪酬水平比较等。

(三) 薪酬形式

薪酬形式在实际使用中有两种含义:一是指薪酬的计量形式;二是指薪酬的结构形式。

所谓薪酬计量形式,是指计量工作者贡献并由此确定工作报酬的方式。按照计量方式的不同,薪酬形式主要可以区分为计时薪酬和计件薪酬两类。其他一些薪酬形式,都可以说是这两类基本形式的转化和组合形式。计时薪酬就是以工作者的工作时间为计量单位来支付薪酬的一种形式。依据计时单位的不同,可分为日薪、周薪、月薪、年薪等几种。国外许多组织实行年薪制,我国现阶段主要实行月薪制,但有一些组织和一些职业群体(如经营者等)已经开始实行年薪制。计件工资则是根据劳动者的劳动成果为计量单位来支付劳动报酬的一种工资形式。计件工资以一定劳动时间内平均工作量为标准,制定出合理的劳动定额,然后用劳动定额衡量劳动的产品数量和作业量,并根据衡量结果支付薪酬。

薪酬结构形式就是指薪酬本身的构成因素及构成方式。尽管实际薪酬有不同的等级和数额,每一份薪酬表或工资单上都会列出众多的项目,但众多的项目可以归类为一定的结构形式和构成部分。薪酬结构形式通常由两大部分构成,一部分称基本薪酬,另一部分称辅助薪酬或绩效薪酬。基本薪酬之外的部分,在我国现阶段的公共部门更多地称为辅助薪酬,企业中常常称为绩效薪酬。

基本薪酬即按薪酬等级发放且在一定时期内相对固定不变的薪酬,它是薪酬结构的主体部分,也是确定养老金、保险金、抚恤金等的主要依据。基本工资按薪酬的等级标准发放,同一等级的基本薪酬相同,这也就是同职同薪或称同工同酬。

辅助薪酬是指以奖金及津贴等名目发放且数额变动的工资。辅助薪酬是薪酬结构中的辅助和可变的部分。由于基本薪酬在一定时期具有相对不变性,不能及时反映工作者的实际工作情况,因此需要辅助薪酬来补充基本薪酬。辅助薪酬中的奖金也称奖励性薪酬,从理论上说,它是指支付给超额完成工作量者或贡献突出者的薪酬。工作者能否获得奖金或奖金的货币额多少,根据工作者个人或团队(部门)在一定时间内的工作绩效高低决定,因而,与一定时期内相对固定不变的基本薪酬不同,奖金具有激励的功能。津贴也叫津贴性薪酬,它是指为了补偿工作者的额外或特殊的消耗和为了保证工作者的薪酬水平不受特殊条件影响而支付的薪酬。津贴的种类较多,如职位津贴、职务津贴、工龄津贴、特殊津贴、地区津贴等。

绩效薪酬是根据工作者的工作绩效高低而发放的薪酬,其形式除了奖金之外,还有红利、股票期权等。红利是企业界比较普遍实行的一种绩效薪酬形式,如果企业在一定年度内经营效益及利润水平提高,企业就可以通过给员工发放红利的形式来实现利润共享。红利实际上是一种扩大化的奖金形式——组织奖金,具有提高组织整体绩效或效益的激励功能。股票期权是指以约定一定期限后才能兑现的本企业的股票作为支付给工作者的薪酬。主要有两种:一种经理人股票期权,又称经营者持股;另一种是员工股票期权,也称员工持股。奖金、红利这两种绩效薪酬所发挥的往往是短期激励功能,股票期权这一种绩效薪酬则具有面向未来的长期激励功能。20世纪90年代,股票期权风靡于美国等发达国家,绝大部分大企业都实行经营者股票期权,一些中小企业尤其是IT行业的企业也推行了员工持股计划。近几年来,我国在企业界的分配制度改革和现代公司治理结构的建构中,也在探索性地推行股票期权这一种薪酬形式。

在我国,"公务员实行国家统一的职务与级别相结合的工资制度"。"公务员工资包括基本工资、津贴、补贴和奖金。"基本工资主要由职务工资和级别工资两部分组成,辅助工资包括津贴、补贴和奖金,津贴有地区附加津贴、艰苦边远地区津贴、岗位津贴,补贴有住房补贴、医疗补贴等,"公务员在定期考核中被确定为优秀、称职的,按照国家规定享受年终奖金。"[1]

---

[1] 见《中华人民共和国公务员法》第73、74条。

(四) 薪酬等级

薪酬等级是指形成不同职位或工作者之间薪酬差别的薪酬等次和薪酬级别。从方法上说，划分薪酬等级首先是把薪酬制度的横向结构区分为不同的薪酬类别或系统，然后把每一类薪酬划分为若干等次，最后把每一类中的每一等次再划分为若干级别，由此形成工资制度纵向结构上由工资等次和工资级别所组成的工资等级序列。在有些组织的薪酬制度中，薪酬等级只由若干薪酬级别构成，而没有薪酬等次这一层级。例如，目前美国联邦政府共有30多个薪酬系统，其中3个主要的薪酬系统适用约91%的雇员：适用白领职业的一般职(GS)序列(覆盖约近2/3的雇员)；适用于蓝领职业的联邦工资系统(FWS)；邮政雇员薪酬系统。一般职(GS)序列原来分为18个薪等(pay grades)，每个薪等又分为10个级别(steps)，1978年改革后，16～18薪等分离出来并组建成新的"高级公务员序列"，因此，一般职(GS)序列实际上已成为15个薪等①。

(五) 薪酬差距

薪酬差距通常是指薪酬等序列中最低等级薪酬水平或平均薪酬水平与最高等级薪酬水平之间的差距。它不是指相邻的两个薪酬级别之间的薪酬数额差距，这种差距被称为级差。在企业界，由于传统文化或文化价值观等方面的原因，不同国家的薪酬差距较大。有着集体主义文化传统的国家，如日本、德国等，薪酬差距相对较小，企业经营者与企业员工薪酬平均水平的差距一般不会超过20倍；但重视个人主义价值的美国，企业经营者与企业员工薪酬平均水平的差距悬殊，2004年CEO的薪酬收入与蓝领工人平均薪酬水平之比达到240倍②。在我国，2003年全国城镇在岗职工平均年薪为1.4万元，1 300家上市公司高管的平均年薪是在岗职工平均年薪的14.3倍，2004年政府规定国企经营者的年薪可以达到本企业职工平均薪酬水平的14倍。在国外政府系统，日本公务员系统内部最低等级薪酬与最高等级薪酬相差约6倍，公务员最低等级薪酬与国务大臣相比相差14倍，与首相相比差20倍；2006年美国公务员一般职(GS)序列的15个薪等中最低等级薪酬与最高等级薪酬相差7.3倍，公务员最低等级薪酬与政府内阁成员相比相差18倍，与总统相比相差25倍。在我国，1956年工资改革中把国家机关行政人员工资定为30级，

---

① 吴志华著：《美国公务员制度的改革与转型》，上海：上海交通大学出版社2006年版，第109～110页。
② 美国《世界日报》2005年4月24日。

最高的 1 级工资为 644 元，最低的 30 级工资为 23 元，相差 28 倍；1957～1960 年，先后 3 次调低高等级工资，最高等级工资降为 404 元，高低差距缩小到 17.6 倍；再后来，由于最低几级工资标准实际上已取消，国家行政人员之间的工资差距进一步缩小；1985 年根据中共中央和国务院颁发的国家机关和事业单位工作人员工资标准表，基础工资与职务工资两项相加，最高的国家主席、副主席、总理级为 530 元，最低的办事员级为 52 元，相差 10.2 倍。

第二节 薪酬制度的公平原则

在当今的人力资源管理中，吸引人才、留住人才和激励人才，已经成为组织发展中事关全局的重要战略问题，而薪酬是解决这一战略问题的重要因素。薪酬能否产生或多大程度上产生吸引人才、留住人才和激励人才的作用，一定程度上不在于组织支付给工作者的薪酬的绝对量，而在于薪酬的相对量，也就是在工作者看来其所得到薪酬是否公平。另外，组织支付给工作者的薪酬与工作者的付出之间形成一种交换关系，任何交换都应该遵循等价交换的公平法则，因此，公平原则是设计薪酬方案和制定薪酬制度的核心原则。薪酬设计的公平原则包括薪酬的内部公平和薪酬的外部公平。

一、亚当斯的公平理论

美国心理学家亚当斯（J. S. Adams）于 20 世纪 60 年代提出了公平理论。该理论主要研究报酬的公平性对组织成员工作积极性的影响。公平理论的基本观点是：当一个人做出了成绩并取得了报酬以后，他不仅关心自己所得报酬的绝对量，而且关心自己所得报酬的相对量，因此，他会通过比较来评定自己所获报酬是否合理，比较的结果将直接影响他的工作积极性。公平与否的比较公式是：

$$\frac{O_P}{I_P} < = > \frac{O_X}{I_X}$$

该公式中：O 即 Outcome，代表投入，包括受教育程度、工作时间、所付精力、所作努力以及其他无形损耗等；I 即 Input，代表获得，包括薪酬、职位变动以及是否获得赏识、尊重等心理报酬；P 代表自己；X 代表参照者，参照者可以是组织内外的其他人或自己以前的情况。概括起来说，公平与否的认识，来自于把自己的投入和获得的比率与参照者的投入和获得的比率进行比较。

比较的结果不外乎三种：自己的投入和获得的比率大于、小于或等于参照者的投入和获得之比率。如果自己的投入和获得的比率大于参照者的投入和获得的比率，人们会感到紧张不安，进而可能会通过更投入地工作来消除自己内心的不安，但也并不一定如此，也可能会慢慢地感到理所当然。按照这一理论观点，组织没有必要支付给与工作者的投入量相比而过高的薪酬，因为过高的薪酬水平不一定能产生预期的高激励作用。如果自己的投入和获得的比率等于参照者的投入和获得的比率，人们就会有一种公平感，因而会恪尽职守地做好本职工作，薪酬就能够发挥激励效果。按照这一理论观点引申出的一种新观点认为，当一个人的投入和获得的比率略大于参照者的投入和获得的比率时，一个人的获得能够对其投入产生最佳的激励效应。如果自己的投入和获得的比率小于参照者的投入和获得的比率，人们就会产生不公平的感觉。

从理论上假设，当人们在产生不公平感时可能会作出六种反应。① 减少投入，如以消极怠工的方式对待工作；② 试图增加获得，如要求组织支付自己更多的报酬；③ 改变对自己的认知；④ 改变对参照者的认知；⑤ 重新选择参照者；⑥ 离开工作职位或组织，如换岗、辞职或跳槽。在这六种可能的反应中，第①种和第⑥种是最常见的典型反应模式，第②种是那些敢于为自己争取正当权益的人可能会采取的反应方式，第③、④、⑤种反应可以说是一种无奈或自我安慰的选择。

二、薪酬制度的内部公平

薪酬制度的内部公平是指在一个组织内部各个职位及工作者的薪酬水平，不同职位及工作者之间的薪酬差别，与职位的价值和工作者的绩效相一致。薪酬的内部公平涉及三方面要求：一是按照职位的相对价值确定职位薪酬的标准；二是按照工作者的实际绩效支付绩效薪酬；三是设计合理的组织内部薪酬差别。

（一）职位薪酬的确定

任何组织的薪酬方案或薪酬制度中都有自己的薪酬等级序列，一个组织的任何一个职位都定位在薪酬等级序列中的某一等级上，每一薪酬等级都有规定的薪酬标准，薪酬标准可以表现为货币额或系数值。这里，我们把职位处在一定薪酬等级上的薪酬标准称之为"职位薪酬"。在绝大多数组织中,职位薪酬属于相对不变的基本薪酬范畴。在一个组织的薪酬等级序列中,有的职位薪酬定在较高的等级,有的职位薪酬定在较低的等级,有些不同的职位又定在同一等级。那么,把一个职位定在某一薪酬等级,把不同的职位定在不同的薪酬等级,把有些不同的职位又定在同一薪酬等级,其依据是什么?这是确定职位薪酬时所要解决的问题。

按照公平原则,确定职位薪酬的依据应该是职位的相对价值。所谓职位价值是指某一职位工作所能够产生的贡献于组织的效用或效益。职位价值的大小取决于职位工作的若干特征性因素,如职位工作的性质、难易程度、责任大小、风险大小以及该职位工作对任职者的资格条件要求等。由于一种职位工作的价值是与其他职位工作相比较而言的,因此,职位价值又确切地称为职位相对价值。一般地说,凡是难度大、风险大、责任大、任职资格条件要求高的智力性职位工作,其相对价值就大,因而就应该把它定位在薪酬序列的高等级上;相反,如果职位工作属于简单、责任小、无风险、任职资格条件要求低的体力性工作,其相对价值就小,就应该把它定位在薪酬序列的低等级层次;对于那些难度、风险、责任以及任职资格条件要求基本相同或相近的职位工作,则可以定位在薪酬序列的同一等级范围之内。

与职位薪酬相关的一个问题是如何确定新录用人员的初始薪酬等级。按照公平原则,新录用人员的初始薪酬等级设定应与新录用人员的素质相对应,素质要素包括学历、能力或技术、相关工作经历、职业资格证书等。学历高、能力强、技术水平高、相关工作经历长、获得高级职业资格鉴定的新招聘人员,其初始薪酬标准可以定在薪酬序列的较高等级;学历低、缺乏相关工作经历、仅具有初级职业资格的新招聘人员,其初始薪酬标准一般定在薪酬序列的较低等级。新招聘人员初始薪酬等级的高低之所以要求与新招聘人员的素质相对应,一方面的原因是不同等级的职位工作本身对任职者素质的要求有高低之分,另一方面的原因是任职者素质的高低与任职者的工作绩效具有正相关性。

(二)绩效薪酬的支付

顾名思义,绩效薪酬是按照工作者的实际绩效来支付的可变薪酬。按照公平原则,绩效薪酬的多少应该根据工作者的成绩、成果或贡献的大小来决定,这也就是通常所说的"多劳多得、少劳少得、不劳不得"。例如,奖金就是根据一定时期中工作者做出的实际成绩或贡献来发放的。如果奖金等绩效薪酬不与实际绩效挂钩,按照"干与不干一个样、干多干少一个样、干好干坏一个样"的平均主义发放,这就背离了绩效薪酬的应有之义,同时也违背了薪酬的公平原则。为了更好地体现绩效薪酬"按劳分配"的公平原则,正如许多组织在薪酬分配中实际所做的那样,不同等级的职位或职位薪酬可以确定不同数值的绩效薪酬系数。例如,在某地区的政府部门中,科员的系数为1.0,副科长的系数为1.2,科长的系数为1.4,副处长的系数为1.6,处长的系数为1.8。这样,绩效薪酬与个人绝对绩效和职位的相对价值双挂钩,既体现了"薪酬反映工作者在自己职位工作中所做出的实际绩效"的公平性,又体现了"薪酬反映不同职位工作绩效的相对价值"的公平性。

(三)薪酬差别的合理性

组织内部不同职位之间以及不同工作者之间的薪酬水平存在着差别,薪酬等级序列、职位薪酬标准和绩效薪酬系数反映了薪酬差别。公平原则要求不同职位之间以及不同工作者之间的薪酬水平拉开差别,因为,不同职位的相对价值需要通过职位薪酬标准的差别得到反映,工作者的实际绩效以及实际绩效的比较价值需要通过绩效薪酬系数的差别反映出来。公平原则同时又要求薪酬差别具有合理性。薪酬差别主要由三方面因素决定:一是职位工作的相对价值,其决定职位薪酬等级或薪酬标准的差别;二是工作者的个人素质,其决定新录用人员的初始薪酬等级或薪酬标准的差别;三是工作者的实际绩效,其决定绩效薪酬的差别。由于这三方面因素的关键词分别是职位(position)、个人(person)、绩效(performance),这三个英文单词的第一个字母都是"P",因此,可以被概括为薪酬的"3P"决定论。然而,薪酬差别问题并非如此简单。在设计薪酬等级过程中,如何综合考虑"3P"因素,拉开合理的薪酬差别,这是一个比较复杂的技术问题。

三、薪酬制度的外部公平

薪酬制度的外部公平是指一个组织的薪酬水平要与同一地区、同一行业的其他组织的平均薪酬水平以及相同职位的薪酬水平保持大体平衡。这一定义包含三点要义。其一,一个组织薪酬水平的比较范围应该是同一地区和同一行业的其他组织,属于不同地区和不同行业的组织的薪酬水平,由于涉及地区经济发展程度、消费水平、行业特点等复杂的因素,因而不具有普遍的可比性。其二,一个组织的薪酬水平主要与其他组织的薪酬水平进行两方面的比较:一是总体平均薪酬水平;二是相同或相近职位的薪酬水平。其三,薪酬制度的外部公平性所要求的平衡,是与外部可比组织薪酬水平的大体平衡,而不是与外部可比组织薪酬水平完全一样的绝对平衡。

为了使本组织薪酬水平具有外部比较的公平性,就需要定期地了解或调查外部人力资源市场的薪酬信息。组织可以通过两个主要渠道或途径了解外部薪酬信息。一个主要渠道或途径是免费利用政府职能部门定期公开发布的薪酬信息。在我国,各级政府的劳动和社会保障部门、人事部门等机构,会定期地公布不同地区、不同行业、不同职位的薪酬水平或薪酬指导价位(见表9-1)。该表反映的是我国上海市2004年度不同产业、不同行业的薪酬水平。另一个主要渠道或途径是通过管理咨询公司等获取有关薪酬信息。例如,中国国际技术智力合作公司(简称中智公司)下属的人力资源管理咨询有限公司,于2006年初发布了"2005年上海市外企薪酬调研报告",该薪酬调研报告涵盖上海300余家外资公司,涉及233种职位的薪酬水平。当然,市场化经营的管理咨询公司所提供的薪酬水平信息是一种有偿服务。此外,还可以从行业协会、人才市场等其他渠道获得有关薪酬水平的信息。

表9-1 上海市在岗职工平均薪酬(2004年)　　单位:元

产业与行业	合计	国有单位	集体单位	其他单位	其中:港澳台、外商投资单位
全　　市	29 875	31 287	19 986	29 450	29 282
按产业分					
第一产业	21 903	21 958	23 119	21 244	13 887
第二产业	27 782	28 014	17 435	28 150	27 093
第三产业	31 542	32 468	20 911	31 782	44 258
按行业分					
农林牧渔业	21 903	21 958	23 119	21 244	13 887
工业	27 657	27 527	17 142	28 145	27 102
采矿业	50 871	52 749	16 000	27 904	26 962
制造业	27 264	26 667	16 463	27 904	26 962
电力燃气及水的生产和供应	34 682	32 482	40 717	40 119	60 588
建筑业	29 007	30 403	19 529	28 238	23 926

续 表

产 业 与 行 业	合计	国有单位	集体单位	其他单位	其中:港澳台、外商投资单位
交通运输、仓储和邮政业	29 193	32 084	13 756	27 260	44 886
交通运输	28 907	32 116	13 436	27 048	44 593
邮政业	33 873	34 428		8 576	
信息传输、计算机服务和软件业	58 463	60 816	31 024	57 396	58 494
信息传输	66 075	63 430	33 606	72 650	90 917
批发和零售业	28 090	32 951	18 427	27 680	36 047
批发业	35 720	41 725	22 461	35 036	41 051
零售业	22 200	23 950	15 110	22 874	31 632
住宿和餐饮业	24 240	25 204	15 885	24 249	27 919
餐饮业	22 687	23 312	12 570	24 374	27 395
金融业	45 946	61 686		41 039	82 907
房地产业	33 336	32 624	20 241	34 992	42 416
租赁和商业服务业	26 032	23 459	19 336	36 519	77 636
科学研究、技术服务和地质勘查业	35 979	34 658	21 604	49 091	56 779
水利、环境和公共设施管理业	27 526	28 144	17 675	29 582	38 110
居民服务和其他服务业	19 808	25 088	16 503	17 405	10 311
教育	28 908	29 137	19 407	17 436	47 613
卫生、社会保障和社会福利业	31 001	32 257	31 033	9 541	43 587

续　表

产业与行业	合计	国有单位	集体单位	其他单位	其中:港澳台、外商投资单位
卫生	32 280	32 401	31 450	43 587	43 587
社会保障	17 468	33 423	24 759	8 658	
社会福利业	26 399	27 158	16 737	13 288	
文化、体育和娱乐业	35 040	36 282	21 505	26 493	22 169
文化	38 386	39 127	22 565	36 269	44 990
体育	27 130	27 299	35 500	17 029	16 341
娱乐业	17 758	23 564	7 960	16 014	16 563
公共管理和社会组织	33 187	33 267	27 173		

资料来源：上海统计年鉴2005，http：//www.stats-sh.gov.cn/2004shtj/tjnj/tjnj2005.htm。

一个组织薪酬水平的外部公平性直接影响该组织的竞争力。如果一个组织的薪酬水平过低于可比市场水平，就难以从人才市场上招聘到优秀人才，组织已有的人才就可能会流失，即使仍然留在组织中也缺乏工作积极性，进而从负面影响组织的人才竞争力和事业的竞争力。因此，一个组织为了使薪酬能够发挥吸引人才、留住人才、激励人才的作用，保持薪酬水平在人才市场上具有一定的竞争力，就应该通过各种途径定期了解外部的薪酬水平行情，根据外部的薪酬水平行情和本组织的实际情况对薪酬水平作必要的调整，使组织的薪酬水平与外部可比组织的薪酬水平保持动态平衡。

公共部门的公务员薪酬同样存在外部公平的问题。因此，通过定期地进行外部薪酬调查的方式，把公务员的薪酬水平与企业相当人员的薪酬水平进行比较，并把它作为调整或提高公务员薪酬水平的依据，这是国际上的通行做法。

例如，美国曾对公务员薪酬水平外部比较问题先后多次作出法律规定。1962年的《联邦薪酬改革法》和《联邦行政人员薪酬法》，最先提出了联邦政府雇员的薪酬要与私营部门雇员相比较的原则；1970年的《联邦薪酬平衡法》，授予总统通过比较来确定薪酬标准的权力；1990年的《联邦雇员薪酬比较法》,规定联邦政府雇员的薪酬应该与私营部门和地方政府雇员进行比较,并据此制定出联邦政府雇员薪酬的新标准。有关法律条款明确规定,公务员的薪酬水平应该与私营部门同等人员的薪酬水平相当,总统应该每年都相应地调整薪酬以使之相适应。事实上,联邦政府劳工统计局每年都要进行一次关于私营部门中专业、行政、技术、一般事务性工作职业的比较调查,并由联邦政府的管理和预算办公室、人事管理办公室、劳工统计局等机构,计算出联邦政府薪酬水平为与私营部门保持平衡所需作出的调整幅度,并上报给总统。不过,由于种种原因,美国联邦政府公务员薪酬水平的外部平衡几乎没有真正兑现过,自1978年以来几乎每年都没有按照上报给总统的应有幅度进行提薪,由此形成了由于薪酬水平偏低导致公务员的薪酬满意度低和人员流失的情况[1]。

我国的《公务员法》第75条规定,"公务员的工资水平应当与国民经济发展相协调、与社会进步相适应"。"国家实行工资调查制度,定期进行公务员和企业相当人员工资水平的调查比较,并将工资调查比较结果作为调整公务员工资水平的依据。"按照我国公务员管理部门权威人士的解释,公务员与企业相当人员的薪酬水平进行调查比较时,并不是与最好的、较大的企业作比较,也不是与最差、较小的企业作比较,而是与各种类型的企业相当人员平均工资水平作比较。由于企业和企业工作人员都没有行政级别,所谓的"相当"是指大体相当,包括学历层次、工作时间、职位层次等。比如可以按照企业中初级管理人员、中级管理人员、高级管理人员的层次划分与公务员中的相当层次进行比较[2]。

四、公共部门的薪酬公平困境

当今人力资源管理的三大战略性主题是吸引外部优秀人才加入组织、留住组织中已有优秀人才、开发及激励组织人员。薪酬是吸引、留住、激励人才的重要因素——尽管它不是唯一的因素。薪酬能否产生吸引、留住、激励人才的应有作用,很大程度上取决于薪酬的公平性,包括与组织外部比较的公平性和组织内部比较的公平性,即以上所述的薪酬外部公平与内部公平。一般来

---

[1] 吴志华著:《美国公务员制度的改革与转型》,上海:上海交通大学出版社2006年版,第98~101页。
[2] 张柏林主编:《中华人民共和国公务员法释义》,北京:中国人事出版社、党建读物出版社2005年版,第171页。

说,政府等公共部门人员的薪酬制度设计,更偏重于内部公平,但许多国家的公务员薪酬管理实践中,既存在外部不公平的问题,也没有解决内部公平的问题。因此,一定程度上可以说,政府等公共部门人员的薪酬制度存在公平性的困境。

公共部门薪酬制度的外部公平性困境在于薪酬水平偏低而难以吸引和留住优秀人才。

以美国联邦政府的公务员薪酬制度为例,如前所述,美国曾对公务员薪酬水平外部比较问题先后多次作出法律规定,但由于种种复杂的原因,联邦政府公务员薪酬水平的外部平衡几乎从来没有真正兑现过。因为,法律规定公务员薪酬水平应与私营部门雇员相比较,并不意味着必须要保持平衡,即使法律规定应该保持平衡,也并不等于就必须完全平衡。法律规定本身存在弹性。同时,根据例外条款的规定,即"如果因为国家处于紧急状态或国家经济状况影响到公众利益",总统就可以认为实行平衡薪酬水平的薪酬调整不合时宜,进而提出替代性的薪酬调整方案。事实上,总统由于财政压力等原因,常常利用这一例外条款来中断每年的平衡薪酬水平提薪或降低平衡薪酬水平提薪的幅度,以至于白领职业雇员自1978年以来几乎每年都没有按照上报给总统的应有幅度进行提薪[①]。另外,由于政府在公众心目中的形象不佳,许多美国人不赞成付给公务员高薪。1994年所做的一项调查显示,仅有13%的公民认为应该提高公务员的薪酬水平,以鼓励优秀的人才进入政府[②]。

薪酬水平偏低导致公务员的低满意度和人员流失。据调查统计,联邦政府雇员对薪酬感到满意的比率,1989年仅为28%,其中高级公务员的薪酬满意度只有11%[③];1990年《联邦雇员薪酬比较法》颁布后有所回升,1991年为31%,1992年为42%,1996年为50%,但仍然属于较低的满意度水平[④]。20

---

① 〔美〕詹姆斯·W·费斯勒等著:《行政过程的政治:公共行政学新论》(英文第2版),中国人民大学出版社2002年版,第177〜178页。
② 〔美〕尼古拉斯·亨利著:《公共行政与公共事务》(英文第8版),中国人民大学出版社2002年版,第427页。
③ U.S. Merit Systems Protection Board, Working for America: A Federal Employment Survey (Washington, DC: U.S. Government Printing Office,1990) and U.S. General Accounting Office, Senior Executive Service: Options about the Federal Working Environment (Washington, DC: U.S. Government Printing Office,1992).
④ U.S. Office of Personnel Management, Survey of Federal Employees (Washington, D.C., May 1992), p.60. U.S. Merit Systems Protection Board, The Changing Federal Workplace: Employee Perspective (Washington, DC: U.S. Government Printing Office,1998), p.28.

世纪80年代末和90年代初,许多比较优秀的联邦政府雇员离开公共部门进入私营部门,其中,71%的人是因为感到薪酬水平过低而离开政府部门的,因为去私营部门后可以得到高于政府部门约25%的薪酬。这种情况在州和地方政府中较少出现,因为在80年代末和90年代初,许多州政府雇员的薪酬水平略高于私营部门,地方政府雇员的薪酬水平与私营部门大致平衡[①]。为了能够留住优秀公务员尤其是专业技术人员,常常就会通过晋升职位级别的方法来提高其薪酬,由此导致专业技术类公务员为增加收入而不得不从事更高职位级别的行政管理工作,形成了"联邦政府中的级别分布与私营部门相比显得头重脚轻的状况"[②]。

公共部门薪酬制度的内部公平性困境在于薪酬与绩效相关度低。

在公务员的薪酬制度中,与忽视公务员薪酬水平外部公平性的特征相反,注重强调公务员薪酬的内部公平——薪酬的平等原则。然而,内部公平体现的是职位本位的"同工同酬"原则,即做相同的工作给予相同的报酬,而不是按照工作绩效或实际贡献支付报酬的原则。"同工同酬"的制度化内容,就是通过职位评价确定每一职位工作相对于其他职位工作的价值,凡是相对价值相同的职位列为同一薪酬等级,由此形成结构化的薪酬等级序列。同时辅之以年资的原则,也就是在一定薪酬等级上工作一定的年份后可以提升到上一薪酬等级。在一般职(GS)序列的各个职等中,1～3低等级职位公务员每一年升一级薪酬,4～6中等级职位公务员每过两年晋升一级薪酬,7～9高等级职位公务员每过3年晋升一级薪酬。由此计算,在某一薪酬职等内,从1级升到10级通常情况下需要18年时间。

这一制度安排的假设是:工作本身具有的相对价值决定工作贡献,或者说不同人员任职于某一职位上的贡献是相同的;工作年限长的人由于积累了更多经验,因而会做出更多贡献。这是一种建立在职位工作价值和任职者年资基础上的内部公平。事实上,这两个假设难以成立。前一假设恐怕永远无法成立,因为难以想象具备不同知识、能力及工作态度的人,会在同一工作职位上做出相同的贡献。后一假设只是在社会变迁速率比较缓慢的时代能够成立,而在社会变迁速率大大加快的当今时代却失去其真理性,因为经验的价值或效用与社会变迁速率以及事物变化周期之间存在着负相关关系,某些情况

[①] 〔美〕尼古拉斯·亨利著:《公共行政与公共事务》(英文第8版),中国人民大学出版社2002年版,第428～429页。

[②] 〔美〕詹姆斯·W·费斯勒等著:《行政过程的政治:公共行政学新论》(英文第2版),中国人民大学出版社2002年版,第163页。

下经验可能成为变革或创新性工作的障碍。"雇员仅仅是工作时间长久并不能保证他们做得更好。事实上,考虑到面对技术变迁时对创新的特别需要,经验似乎越来越成为工作绩效的一个障碍。"①公务员薪酬制度的这一核心特征导致薪酬难以发挥应有的激励作用,在同一职位工作上"干多干少一个样"的制度环境,会助长"不求有功、但求无过"以及"熬年头"的工作行为模式,直接导致行政效率的低下。

公务员的薪酬制度,之所以在内部公平性上存在薪酬与绩效相关度低和在外部公平性上存在薪酬水平偏低的问题,主要有两大方面的原因。

一方面的原因是,在公平与效率这一对天生的矛盾中,与市场化运作的企业追求效率不同,政治化运作的政府更推崇公平的价值。这不仅因为政府很大程度上是一种自在自为的垄断组织,既缺乏企业追求效率那种不进则退、不强便弱甚至不生便死的强制性外动力,更缺乏追求效率的内在动力;而且还因为政府与市场及企业之间的社会分工,就是政府充当公平维护者的神圣角色,其天职是维系市场及企业在追求效率中可能丧失的公平。政府的这种角色行为无疑会有意或无意地体现于其自身管理系统的制度安排之中。"在报酬结构中,'公平'是一种公共服务领域中的特定的世界观,而在私营部门中却几乎没有'公平的'报酬结构。"②这是解释公务员的薪酬制度之所以在内部公平性上存在薪酬与绩效相关度低的背景原因。

另一方面的原因是,政府系统薪酬制度以及薪酬水平的确定,与企业主要取决于外部市场和企业效益两项因素不同,而主要是取决或受制于其他的因素,如法律的规定、立法部门审核或授权、公众的认同、内部的统一性以及国家财政状况等,市场因素只具有参考的意义。在多种因素制约下,公务员的薪酬水平很难与外部非政府组织同类雇员保持平衡。同时,借用全面报酬概念来进一步分析,报酬包括经济报酬与非经济报酬两大部分,非经济报酬又包括诸如工作成就感、挑战性、自主性、趣味性、可学习性、自我实现性、晋升机会以及职业生涯前景等工作特征价值,以及组织形象、组织文化、人际关系、制度与政策的公平性等工作环境价值。对于公务员的报酬来说,除了货币化的薪酬之外,还包括一些优于企业组织的非经济、非物质报酬,

---

① 〔美〕罗纳德·克林格勒等著:《公共部门人力资源管理:系统与战略》(英文第 4 版),中国人民大学出版社 2001 年版,第 191 页。
② 〔澳〕欧文·E·休斯著:《公共管理导论》,中国人民大学出版社 2001 年版,第 217 页。

如服务于公共利益的荣誉感、产生社会效益的工作成就感、职业的稳定性以及负面意义上的权力效用等,这些薪酬以外的报酬可以产生一定程度上补偿薪酬水平低的效果。这是解释公务员薪酬的外部公平性中存在薪酬水平偏低问题的复杂原因。

第三节 薪酬等级制度的设计

一、薪酬等级制度概述

任何一个系统或组织的薪酬体系中都包含薪酬等级制度。薪酬等级制度是指形成不同职位、工作者之间薪酬差别的薪酬序列以及薪酬等次或级别晋升的规定。有些薪酬等级序列比较复杂,首先在横向结构区分为不同的薪酬类别,如管理人员类、专业人员类、生产人员类等,然后在纵向结构上每一薪酬类别划分为若干等次,最后每一薪酬等次再细分为若干级别;有些薪酬等级比较简单,薪酬的纵向结构上只有一个层次等级,没有薪酬等次和薪酬级别的区分。在公共部门的公务员系统,由于政府组织规模大、实行统一的薪酬等级制度,因此,往往形成比较复杂的薪酬序列及相应的薪酬等级制度。

美国联邦政府共有 30 多个薪酬系统。其中 3 个主要的薪酬系统适用约 91% 的雇员:适用白领职业的一般职(GS)序列,覆盖约近 2/3 的雇员;适用于蓝领职业的联邦工资系统(FWS);邮政雇员薪酬系统。其他薪酬系统分别适用于政治任命官员、高级公务员、外交官等特殊类别。一般职(GS)序列原来分为 18 个职等或薪等(pay grades),每个薪等又分为 10 个级别(steps),1978 年改革后,16~18 薪等分离出来并组建成"高级公务员序列",因此,一般职(GS)序列实际上已成为 15 个薪等。高级公务员序列分为 5 等级(Level):Ⅰ等级为政府内阁成员;Ⅱ等级是政府主要部门的副部长;Ⅲ等级是总统顾问、副部长、独立行政机构的首长;Ⅳ等级为部长助理、副部长帮办、行政部门的总顾问;Ⅴ等级为助理副部长、司局署长等。美国联邦政府公务员一般职(GS)序列的薪酬标准、美国联邦政府高级公务员(EX)系列的薪酬标准分别见表 9-2 和表 9-3。

表9-2　2006年美国联邦政府公务员一般职（GS）薪酬序列表

单位：美元

薪级 薪等	1级	2级	3级	4级	5级	6级	7级	8级	9级	10级
1等	16 352	16 898	17 442	17 983	18 527	18 847	19 383	19 925	19 947	20 450
2等	18 385	18 822	19 431	19 947	20 169	20 762	21 355	21 948	22 541	23 134
3等	20 060	20 729	21 398	22 067	22 736	23 405	24 074	24 743	25 412	26 081
4等	22 519	23 270	24 021	24 772	25 523	26 274	27 025	27 776	28 527	29 278
5等	25 195	26 035	26 875	27 715	28 555	29 395	30 235	31 075	31 915	32 755
6等	28 085	29 021	29 957	30 893	31 829	32 765	33 701	34 637	35 573	36 509
7等	31 209	32 249	33 289	34 329	35 369	36 409	37 449	38 489	39 529	40 569
8等	34 563	35 715	36 867	38 019	39 171	40 323	41 475	42 627	43 779	44 931
9等	38 175	39 448	40 721	41 994	43 267	44 540	45 813	47 086	48 359	49 632
10等	42 040	43 441	44 842	46 243	47 644	49 045	50 446	51 847	53 248	54 649
11等	46 189	47 729	49 269	50 809	52 349	53 889	55 429	56 969	58 509	60 049
12等	55 360	57 205	59 050	60 895	62 740	64 585	66 430	68 275	70 120	71 965
13等	65 832	68 026	70 220	72 414	74 608	76 802	78 996	81 190	83 384	85 578
14等	77 793	80 386	82 979	85 572	88 165	90 758	93 351	95 944	98 537	101 130
15等	91 507	94 557	97 607	100 657	103 707	106 757	109 807	112 857	115 907	118 957

资料来源：U. S. Office of Personnel Management, 2006 General Schedule (GS) Locality Pay Tables。

表9-3　2006年美国联邦政府高级公务员（EX）薪酬序列表
（SALARY TABLE NO. 2006 - EX）

Ⅰ等级	$180 100	Ⅳ等级	$140 300
Ⅱ等级	$162 100	Ⅴ等级	$133 900
Ⅲ等级	$149 200		

资料来源：U. S. Office of Personnel Management, 2006 Pay Tables for Executive and Senior Level Employees。

一般职(GS)序列的每一薪等内提薪称为等内提薪(within-grade increases)或提级(step increases)。通常情况下,等内提薪按照一定的任职年限逐级提升。一般职位(GS)序列的等内提薪适用于永久性职位公务员,所谓永久性职位是指非临时雇用任职者和任职者没有一年或更短任期限制的职位,目前美国联邦政府雇员中有约90%属于永久性职位公务员。按照法律规定,永久性职位公务员的等内提薪需符合的条件是:绩效能力应该达到基本要求,即绩效评定至少达到第三等次——"良好"("fully successful");达到规定的任职年限;在规定的任职年限内没有获得过其他提薪。永久性职位公务员等内提薪的任职年限要求,从1级到2级、2级到3级、3级到4级,任职年限分别是一年;从4级到5级、5级到6级、6级到7级,任职年限分别是两年;从7级到8级、8级到9级、9级到10级,任职年限分别是3年(见表9-4)。按照这一常规的等内提薪,从1级晋升到10级需要18年时间。

表9-4 美国联邦政府永久性职位公务员等内提薪的任职年限要求

薪 级	任职年限要求	薪 级	任职年限要求
1级到2级	52周	6级到7级	104周
2级到3级	52周	7级到8级	156周
3级到4级	52周	8级到9级	156周
4级到5级	104周	9级到10级	156周
5级到6级	104周		

资料来源:U.S. Office of Personnel Management,General Schedule Within-grade Increases。

我国公务员系统自1993年以来实行"职级工资制"。所谓职级工资制,是指以职务工资和级别工资为主体的职务级别工资制,公务员的工资按不同职能分为职务工资、级别工资、基础工资和工龄工资4个部分。职务工资按公务员的职务高低、责任轻重和工作难易程度确定,职务工资分为12级,每一级设职务层次设若干工资档次(见表9-5),公务员按担任的职务确定相应的职务工资,并随职务及任职年限的变化而变动,连续两年考核称职者可以晋升一个工资档次,考核不称职者不得晋升工资档次。级别工资按工作人员的资历和能力确定,分为15级,一个级别设置一个工资标准(见表9-6),公务员在原级别任职期间连续5年考核称职或连续3年考核优秀者,在本职务对应的级别内晋升一个级别。副部长及以上人员,任职超过5年者可以晋升一个级别。基础工资按大体维持公务员本人基本生活费用确定,各职务人员均执行相同的基础工资。工龄工资按公务员的工作年限确定,工作年限每增加一年,工龄工资增加一元,一直到离退休当年止。

表9-5 职务级别工资制工资标准表(一)　　　单位:元/月

职务\档次标准	职务工资													
	1	2	3	4	5	6	7	8	9	10	11	12	13	14
主席、副主席、总理	1 150	1 270	1 390	1 510	1 630	1 750								
副总理、国务委员	940	1 045	1 150	1 255	1 360	1 465	1 570							
部长、省长	780	870	960	1 050	1 140	1 230	1 320	1 410						
副部长、副省长	645	725	805	885	965	1 045	1 125	1 205	1 285					
司长、厅长	520	590	660	730	800	870	940	1 010	1 080	1 150				
副司长、副厅长	425	485	545	605	665	725	785	845	905	965				
处长、县长	345	395	445	495	545	595	645	695	745	795	845			
副处长、副县长	280	320	360	400	440	480	520	560	600	640	680			
科长、主任科员	225	255	285	315	345	375	405	435	465	495	525	555		
副科长、副主任科员	188	210	232	254	276	298	320	342	364	386	408	430		
科员	157	173	189	205	221	237	253	269	285	301	317	333	394	365
办事员	130	143	156	169	182	195	208	221	234	247	260	273	286	299

表9-6 职务级别工资制工资标准表(二)　　　单位:元/月

级别\工资	工资标准	基础工资	工龄工资
一	1 166	230	每工作一年按一元发给
二	1 030	230	
三	903	230	

续 表

级 别 工 资		基础工资	工龄工资
级 别	工资标准		
四	790	230	每工作一年按一元发给
五	686	230	
六	586	230	
七	490	230	
八	408	230	
九	340	230	
十	281	230	
十一	231	230	
十二	190	230	
十三	158	230	
十四	133	230	
十五	115	230	

国家根据国民经济的发展和生活费用价格指数的变动,定期调整公务员的工资标准。根据城镇居民生活费用的增长情况,适当提高基础工资;根据国民经济发展和企业相当人员工资水平的增长,定期调整职务工资、级别工资和工龄工资标准。从1993年至2005年底,国家先后5次提高公务员的工资标准。① 1997年7月,基础工资标准由原来每人每月90元提高到110元;② 1999年7月,基础工资标准由每人每月110元提高到180元,级别工资标准由十级至一级每月55元至470元提高到85元至720元;③ 2001年1月,基础工资标准由每人每月180元提高到230元,级别工资标准由十五级至一级每人每月85元至720元提高到115元至1 166元;④ 2001年10月,职务工资由原来的50元至480元提高到100元至850元;⑤ 2003年7月,职务工资由原来的100元至850元提高到130元至1 150元。

我国公务员的以职级工资为主体的薪酬制度存在一些问题。职级工资制的主要问题是级别工资等级太少。在美国,联邦政府公务员共有125万左右

(不包括州和各级地方政府公务员)①,分为15薪等,每职等又分为10个薪级。在我国,从国家领导人到最基层的乡镇一级的办事员,各级党政群机关的公务员总数近700万,级别工资只分为15级,每一级又不再分档次,公务员的薪酬级别显然太少。同时,由于每晋升一个级别工资需要5年时间,而晋升一级职务工资,如从科长晋升到副处长,相当于晋升2~3个级别工资,再加上我国公务员的职业发展和待遇主要与职务挂钩等其他原因,这就造成职务通道拥挤,导致领导职务序列膨胀。职级工资制的另一个问题是基础工资的名不副实。基础工资标准应该按照大体维持公务员本人基本生活费用确定,然而,自从1985年在结构工资中设立了基础工资以来,一直到目前为止,基础工资标准尽管有过几次调整,但始终都远远低于大体维持公务员本人基本生活费用的应有水平,因而使基础工资失去其应有之义,同时也成为一种多余的部分。职级工资制的再一个问题是,10多年一直不变的每年一元的工龄工资标准,既未能充分体现出不同资历和经验的公务员所实际做出的不同贡献,也没有反映出同一个公务员在不同工作年限阶段所做出的不同贡献。

公务员薪酬结构中最突出的问题是津贴和补贴混乱与膨胀。从1993年推行国家公务员制度以来,国家公务员工资,除了职务工资、级别工资、基础工资和工龄工资四部分之外,还包括按照国家规定所享受的地区津贴、岗位津贴以及补贴等,2001年又开始实行以考核为基础、奖励公务员绩效的年终一次性奖金。长期以来,公务员的津贴及补贴发放处于缺乏有效规范的混乱状态,各地方各级政府、各政府部门事实上都在发放名目繁多的各种津贴、补贴,而且形成攀比之风,同时,不同地区、不同部门之间所发放的津贴、补贴数额存在悬殊的差距。例如,即使同为经济比较发达的上海地区和深圳地区,职务(岗位)津贴数额也存在较大的差距(见表9-7、表9-8)。在同一地区,不同部门发放的津贴、补贴存在很大的差距,在深圳,同一个职级的公务员,"油水部门"与"清水衙门"之间的津贴、补贴数额相差5倍之多②。公务员工资结构中的津贴、补贴等混乱和膨胀,一方面打混了由职级工资构成的基本薪酬与津贴、补贴等辅助薪酬之间的合理比例关系,另一方面在公务员系统内部产生了薪酬不公平。

---

① 严格意义上定义,美国联邦政府的公务员一般是指联邦政府雇员中一般职(GS)序列的白领职业雇员,按照这一界定,2003年联邦政府公务员的总数是124.3万人。
② 公务员考试在线http://www.gwyks.com。

表9-7 上海市机关工作人员职务(岗位)津贴标准

职务	工作年限 等级 标准	不满5年 一级 基础 / 职务	不满10年 二级 基础 / 职务	不满15年 三级 基础 / 职务	不满20年 四级 基础 / 职务	不满25年 五级 基础 / 职务	不满30年 六级 基础 / 职务	不满35年 七级 基础 / 职务	满35年及其以上 八级 基础 / 职务
正局	2006年标准	320 / 1 100	320 / 1 170	320 / 1 240	320 / 1 310	320 / 1 380	320 / 1 450	320 / 1 520	320 / 1 590
副局	2006年标准	320 / 980	320 / 1 050	320 / 1 120	320 / 1 190	320 / 1 260	320 / 1 330	320 / 1 400	320 / 1 470
正处	2006年标准	320 / 860	320 / 930	320 / 1 000	320 / 1 070	320 / 1 140	320 / 1 210	320 / 1 280	320 / 1 350
副处	2006年标准	320 / 760	320 / 830	320 / 900	320 / 970	320 / 1 040	320 / 1 110	320 / 1 180	320 / 1 250
正科	2006年标准	320 / 660	320 / 730	320 / 800	320 / 870	320 / 940	320 / 1 010	320 / 1 080	320 / 1 150
副科	2006年标准	320 / 560	320 / 630	320 / 700	320 / 770	320 / 840	320 / 910	320 / 980	320 / 1 050
科员	2006年标准	320 / 460	320 / 530	320 / 600	320 / 670	320 / 740	320 / 810	320 / 880	320 / 950
办事员	2006年标准	320 / 370	320 / 440	320 / 510	320 / 580	320 / 650	320 / 720	320 / 790	320 / 860
试用期	2006年标准	345							

表9-8 深圳市公务员职务(岗位)津贴标准

职务	正市级	副市级	正局	副局	正处	副处	正科	副科	科员	办事员
数额	3 940	3 580	3 220	2 860	2 500	2 220	1 940	1 730	1 520	1 380

资料来源:公务员考试在线http://www.gwyks.com。

例如,在上海市公务员系统,公务员的基本工资外的各种津贴、补贴、奖金可以归并为三类。第一类是上海市津贴和补贴,包括生活津贴(40元/月)、物价补贴(67元/月)、包干工资(110元/月)、增收节支奖(45元/月)、目标管理奖(平均100元/月)、交通费补贴(18元/月、40元/月、62元/月)、伙食补贴(39元/月)、高温费(400元/年)、独生子女补贴(2.5元/月)、房贴、该市规定的各类特殊岗位津贴(如信访、纪检津贴)等;第二类是各区县自己的奖金体系,如月奖、年中奖及年终奖等,这一类收入因各区县财政情况不同而差异较大;第三类是各部门自己的奖金,根据本部门的实力发放,这类收入的差异更大。近几年来,上海市为了解决各部门公务员之间基本工资外收入的不公平问题,从市机关到区县机关先后实行了"阳光工资"。

我国《公务员法》实施后将对公务员的薪酬制度进行改革。2006年3月国务院印发的《国务院2006年工作要点》中,提出要"改革公务员工资制度和规范公务员收入分配秩序"。"根据《公务员法》的要求,改革公务员职级工资制,建立国家统一的职务与级别相结合的公务员工资制度。进一步加大清理规范津贴补贴的力度"①。公务员工资制度改革将涉及三大方面问题。一是根据《公务员法》关于"公务员职位类别按照公务员职位的性质、特点和管理需要,划分为综合管理类、专业技术类和行政执法类等类别"的要求,分别形成综合管理类人员、专业技术类人员、行政执法类人员的工资表,以使公务员的工资制度与分类管理的要求相吻合。二是改革公务员的职级工资制。在职级工资制中取消基础工资和工龄工资,使基本工资由职务工资、职级工资、基础工资、工龄工资组成的"四结构"简化为"两结构";同时,改变以公务员所任职务确定其级别的做法,公务员职务和级别的晋升分别独立进行,原来15个层次的级别范围将扩大至20多个,使基层公务员获得更多的工资级别晋升台阶。事实上,2006年开始,公务员级别由15个扩大到了27个。三是清理规范基本工资外的津贴补贴。清理和规范津贴补贴的项目包括:地方各级政府或政府人事、财政部门在国家统一规定的津贴补贴项目之外自行出台的工资性津贴补贴和奖金项目;各部门和单位在国家和当地政府统一规定的津贴补贴项目之外自行出台的工资性津贴补贴和奖金项目。

二、薪酬等级设计的方法

(一)工作评价及其方法

设计薪酬等级的基本方法是工作评价的方法。所谓工作评价(job evaluation),亦称职位评价或职务评价,是指通过确定职位工作的相对价值来设计薪

---

① 《国务院2006年工作要点》,见中华人民共和国中央人民政府门户网站http://www.gov.cn/。

酬等级序列的方法。按照公平理论，一个人的获得要与其投入相对称，或者说组织支付给工作者的薪酬回报应该与工作者的工作付出相一致。工作者的付出很大程度上与工作者所从事的职位工作的相对价值相联系，也就是说与工作的性质、难易程度、责任大小、风险大小以及该职位工作对任职者的资格条件要求等工作特征直接相联系。因此，以工作的相对价值为依据，通过确定工作的相对价值来设计薪酬等级序列，这是符合薪酬设计公平原则的合理方法。

工作评价的基础是工作分析。也就是说，在工作评价前，须先对各种工作进行系统的分析。工作分析（job analysis）是人力资源管理的基本术语，亦称职位分析或职务分析，其基本含义是指：采用一定的技术方法，全面地调查和分析组织中各种工作的任务、职责、责任等情况，并在这一基础上对各种工作的性质及特征作出描述，并对担任各种工作所需具备的资格条件作出规定。工作分析的技术方法多种多样，如职能性工作分析、职位分析问卷、管理职位描述问卷、关键事件技术、面谈法、观察法等。通过一定技术方法对各种工作进行分析后应该制定出职位说明书，职位说明书所要规定的内容包括工作识别信息、工作概要、工作职责、工作条件、工作设备以及任职资格条件等。

通过工作分析并制定出职位说明书后，便可以主要依据职位说明书所反映的工作信息来进行工作评价。工作评价有多种技术方法，如评等法（ranking）、分类法（classification）、点数法（point system）、因素比较法（factor comparison）等，工作评价时，可选用其中一种方法，也可以一种方法为主、结合其他方法综合运用。各种工作评价技术方法中最常用的是点数法。

(二) 点数法工作评价

点数法亦称薪点法或计点法，点数法工作评价主要由三个阶段或步骤组成。

第一步是确定工作评价因素。通常可以通过已有的职位说明书或进行职位工作调查来对职位工作的特点和要求进行比较分析，并确定若干或系列工作评价因素。美国有些人力资源管理学者列出9方面工作评价因素：① 职位工作所需要的知识及技能；② 接受监督或监督他人情况；③ 工作的职责及准则；④ 工作的复杂程度；⑤ 工作的范围及效果或影响；⑥ 工作中的人际沟通；⑦ 工作中人际沟通的目的；⑧ 职位工作对体能条件的要求；⑨ 工作环境的优劣性[1]。英国根据7项因素对高级公务员的不同职位工作做评价：① 职位可能

---

① 〔美〕乔治·T·米尔科维奇著：《报酬》（英文第6版），北京：中国人民大学出版社2002年版，第109页；〔美〕Joan E·Pynes 著：《公共和非营利性组织的人力资源管理》（1997年英文版），北京：清华大学出版社2002年版，第139～140页。

需要的资金；② 职位可能需要的各种人才，包括所需人员的种类（专业人员、专家、技术人员、行政人员）和数量，以及人员数量、种类变化可能会带来的问题和管理上述人员的具体操作程序；③ 组织要素，即职位所辖部门的层次结构，部门下属单位的横向联系状况；④ 时间要素，职位各项管理活动和程序的时间分配情况；⑤ 工作目标，职位的主要工作目标以及与之相关的其他目标；⑥ 作贡献，职位工作每月能够处理的日常事务量及其决策影响力；⑦ 能力要求，有效完成职位工作所需的能力，如专业技术水平、工作经验和学历条件等[1]。概括起来，工作评价因素一般涉及有关职位工作的职责范围、职权及责任、复杂性、环境条件、任职资格要求（如学历、知识、能力、技艺、经验、品质）等。与职位工作相关的各种评价因素可以分为母因素和子因素两个层次。先确定若干母因素，如工作职责、工作复杂性、工作环境条件、任职资格要求等；然后再把每一母因素分解为几项子因素，任职资格要求可以分解为知识、能力或技艺、经验等子因素。

第二步是确定各评价因素的权数和各等级因素的点数。首先，依据评价因素在职位工作中的重要程度，确定各母因素及子因素的权数。然后，把职位评价的点数值分成若干级别，同时规定子因素级别的评价标准。点数值级别的多少取决于薪酬设计者希望最高薪酬等级与最低薪酬等级之间形成多大的薪酬差距度，如果希望形成较高的倍数差距，点数值级别就可以多；反之，如果希望形成较低的倍数差距，点数值级别就可以少。最后，根据权数和级别数的乘积来获得每一级别子因素的点数值。至此，便形成职位薪酬等级的点数表。表9－9是职位薪酬等级点数表的范例，该表的点数值级别为八，最低点数值是100，最高点数值是800。

表9－9 职位薪酬等级点数表

评价因素		权数	点 数 值 级 别							
母因素	子因素		一	二	三	四	五	六	七	八
工作职责 30%	职责范围	10	10	20	30	40	50	60	70	80
	责任大小	10	10	20	30	40	50	60	70	80
	权力大小	10	10	20	30	40	50	60	70	80

---

① 胡卫：“英国高级公务员薪酬管理制度改革的最新进展”，《外国经济与管理》，第26卷第3期（2004年3月）。

续　表

评价因素		权数	点　数　值　级　别							
母因素	子因素		一	二	三	四	五	六	七	八
工作难易 30%	工作依据	10	10	20	30	40	50	60	70	80
	决策难度	10	10	20	30	40	50	60	70	80
	工作风险	10	10	20	30	40	50	60	70	80
工作条件 10%	工作环境	5	5	10	15	20	25	30	35	40
	危险性	5	5	10	15	20	25	30	35	40
任职资格 30%	学历要求	10	10	20	30	40	50	60	70	80
	能力要求	10	10	20	30	40	50	60	70	80
	经验要求	10	10	20	30	40	50	60	70	80
合　　计		100	100	200	300	400	500	600	700	800

第三步是制定职位等级序列表。首先,确定薪酬等次的多寡。可以根据组织的实际情况定为四至五等、七至八等或十几等,复杂的薪酬等级序列还可以在每一等次或某些等次内划分若干级别。然后,确定薪酬等级与点数域的对应关系,即规定每一等级的点数域区间范围。点数域区间的大小,一是取决于薪酬等级设计者希望在不同等级之间形成多大的薪酬差距,二是取决于某一等次内是否划分或划分多少级别。如希望在某些若干等级之间形成较大差距,或在某一等次内划分若干级别,点数域区间就应该大;反之亦然。表9－10的点数域区间为86至87,也就是最低点数值100与最高点数值800之间按照八等级平均分配。再后,以职位薪酬等级点数表为基本工具,把不同类的不同职位工作分别进行各项子因素的点数值评定,某一职位工作的各项子因素点数值之和便是该职位的点数。以某单位办公室主任的点数评定为例,假如该职位工作的各项子因数点数值,分别是综合能力100、专业水平50、操作技能30、绩效责任50、领导责任50、工作责任50、学历要求60、经验要求25、品质要求25、风险性20、危险性10,那么该职位的点数为470。最后,按照点数的多少把不同类别的不同职位定位在不同的薪酬等级,由此形成薪酬等级序列表。

表 9-10 便是薪酬等级序列的范例。

表 9-10 某单位薪酬等级序列表

薪酬等级	薪酬点数域	管理职位	专业技术职位	工勤职位
八 等	714～800			
七 等	629～715			
六 等	541～628			
五 等	452～540	办公室主任		
四 等	364～451			
三 等	276～363			
二 等	188～275			
一 等	100～187			

三、宽带薪酬结构

宽带薪酬是薪酬结构设计的新概念。所谓宽带薪酬(Broad Bonding),是指通过对常规的多等级和窄幅度的薪酬序列进行重新组合的方法形成一种等级少和幅度宽的薪酬结构(见图 9-4)。在该图中,横坐标代表薪酬结构的层级或等级,纵坐标代表不同层级或等级的薪酬水平以及层级和等级的薪酬幅度,三个大方框及其罗马数字代表宽带薪酬结构的层级,在三个大方框中用虚线表示的 9 个小方框及其阿拉伯数字代表常规薪酬结构中的等级,薪酬中线代表由市场平均水平和绩效水平决定的薪酬中线。

宽带薪酬结构与常规薪酬结构相比较具有三个显著的特征。一是薪酬的层级少。常规薪酬结构的等级比较多,一般至少有八、九、十个等级,有些多达几十个等级,宽带薪酬结构中通常只设计三到六个层级。二是薪酬的幅度宽。常规薪酬结构中每一等级内薪酬水平的上下限之间的变动幅度一般为 40%～50%,宽带薪酬结构中每一层级内薪酬水平的上下限之间的变动幅度可以达到 100% 或甚至更大。三是薪酬水平主要由绩效和市场决定。按照薪酬设计的公平原则等有关原理,薪酬水平由多方面因素决定,主要包括职位工作本身

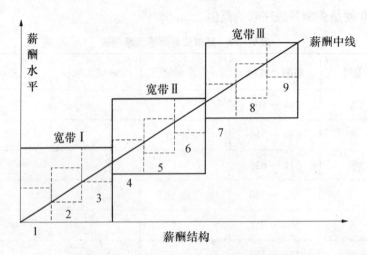

图9-4 宽带薪酬结构与常规薪酬结构比较

的相对价值、任职者的实际工作绩效、市场的平均薪酬水平三方面因素。任何薪酬制度中的薪酬水平都应该综合考虑三方面因素,但不同薪酬制度中决定薪酬水平的重点因素可以不同。常规薪酬制度下,薪酬水平主要由职位工作价值因素决定,职位工作价值决定薪酬的等级及其标准、决定奖金等浮动薪酬或绩效薪酬的系数,实际绩效和市场水平属于参照因素;宽带薪酬制度中,薪酬水平主要由任职者的实际工作绩效和市场的平均薪酬水平两方面因素决定,尤其是以绩效为核心因素,职位工作价值因素退居次要地位。

宽带薪酬结构相对于常规薪酬等级结构而言是一种新理念和新原理。宽带薪酬结构的出现与组织变革和管理改革相呼应。20世纪80年代以来,发达国家持续地进行了一场被称为"企业再造"、"政府重塑"的组织变革运动,逐渐形成了具有结构扁平化、业务流程化、工作团队化及角色化特征的新组织模式;同时,在市场竞争进一步加剧的时代背景下,组织在管理改革中更注重提高绩效和强化激励。而常规的薪酬结构,则是在具有结构等级化、业务职能化、工作职位化等特征的传统组织模式中自然形成的,因而不太适应新组织模式以及新时代背景的要求。宽带薪酬结构作为常规薪酬结构的变异或修正,一定程度上克服了常规薪酬结构的固有问题,具有有利于提高绩效、强化激励、职业发展、团队组合、工作变换、吸引人才等优点。但也可能产生一些新的问题,如薪酬成本攀升、晋升机会减少等。

国外许多国家在对传统公务员薪酬制度的改革中不同程度地借鉴或应用了宽带薪酬结构。

在美国,早在20世纪80年代初,联邦政府就在海军中国湖及海军试验室的人事管理改革实验工程(Demonstration Project)中试行宽带薪酬,后来,国防部的实验室、国防采购部门、国家标准和技术研究院、商务部等其他实验工程单位,也先后试行宽带薪酬①。

20世纪90年代的重塑联邦政府的改革中,曾提出"建立以一般职框架为基础的宽带制度"的设想,即在传统的一般职(GS)薪酬框架内形成宽带薪酬结构。由于宽带薪酬可能导致公务员总体薪酬水平过快上升(进而导致公务员薪酬预算膨胀)、绩效评估制度还不能为实行宽带薪酬提供评定基础等原因,这一设想没有获得联邦国会的认可。尽管如此,宽带薪酬继续在联邦政府的实验工程机构中实施,同时,适用于其他所有联邦行政机构的一般职位(GS)序列中采纳了一些宽带薪酬的因素。所谓在一般职位(GS)序列中采纳了一些宽带薪酬的因素,是指"在一般职(GS)序列的薪等内弹性确定基本薪酬水平",也就是说,在保持一般职位(GS)序列的15薪等结构的前提下,废除每一薪等内按照10级序列提薪的硬性规定,设计出弹性的薪等内薪酬晋级安排,同时给予各联邦政府部门确定薪等内基本薪酬水平的决定权②。

美国州和地方政府的公务员薪酬制度改革中普遍采用了宽带薪酬结构。美国州人事行政人员协会(NASPE),把州和地方政府的人事改革的实践内容概括为六个方面,其中的一方面内容就是采用宽带薪酬取代或改造传统的公务员薪酬结构,其他五方面的内容是下放人事权力、合同外包部分人事事务、简化工作分类、形成工作—管理伙伴关系和制定劳动力战略规划③。

在英国,自1996年以来,在中央政府的公务员管理体制上,对一般公务员和高级公务员实行分别管理,管理一般公务员的大部分权限下放给政府各部门,约3 000多名高级公务员(常务次官、次官、副次官、主管职务和助理次官等)由中央政府统一管理。2002年之前,高级公务员实行的是9级薪酬制。由于9级薪酬制存在一些弊端,如薪级过多、薪级划分程序复杂、官僚等级色彩明显等,2002年4月开始改为类似于宽带薪酬结构的3级制。

高级公务员职位的薪酬级别主要根据职位的工作量决定。高级公务员职

---

① Donna D. Beecher,The Next Wave of Civil Service Reform, Copyright International Public Management Association for Human Resources, Winter 2003.
② 吴志华著:《美国公务员制度的改革与转型》,上海:上海交通大学出版社2006年版,第106～109、112～113页。
③ J. Edward Kellough and Sally Coleman Selden, The Reinvention of Personnel Administration: An Analysis of the Diffusion of Personnel Management Reforms in the States, Public Administration Review, March/April2003, Vol. 63, No. 2.

位的工作量根据7项因素进行评估,即职位所需资金、职位所需人才、组织要素、时间要素、工作目标、工作贡献、能力要求等。通过职位工作量调查后确定不同职位的分值,高级公务员职位的分值在7~22分之间,每年都会根据情况变化进行更新或调整。不同的分值职位对应不同的薪级:7~12分为1级;13~18分为2级;19~22分为3级。此外,为了体现灵活性,新薪级制还规定了一个可供选用的1A级,1A级的分值是12~14分。各政府部门或单位可根据实际情况决定是否使用1A级。如果选用1A级,其他3个级别的评分需要进行相应调整,例如,由于1A级分值为12~14分,由此3个薪级所对应的分值应该分别是7~11、15~18和19~22分。每个薪级内又划分为4个档次,也就是低档、高档、奖金档和高级奖金档。高级公务员的薪酬多少,一是取决于高级公务员职位的薪级档次,二是取决于高级公务员的绩效等级。高级公务员的绩效评定等级为高、中、低3个等级,按照规定,被评定为高、中、低3个等级的人数,应分别占高级公务员总数的25%、65%~70%和5%~10%①。

案　例

英国高级公务员薪酬制度改革②

2002年4月之前,英国高级公务员长期实行9级制薪酬制度。由于薪级过多,薪级的划分程序极为复杂,与绩效挂钩的增薪评估程序在操作上具有一定的难度。繁多的薪级上限标准大大削弱了薪酬管理的灵活性和部门管理的自主性,使高级公务员的薪酬管理制度带有明显的官僚等级色彩。针对这些问题,高级公务员薪酬从2002年4月开始改为3级制,以简化复杂的薪酬分级程序,突出绩效因素在薪酬评估中的核心地位。新的薪酬管理制度通过一个周期的运行(2002年4月~2003年4月)取得了比较明显的效果。

1. 薪级的划分

高级公务员薪酬级别评估的一大特色就是薪级不与官位、品级挂钩,而是与高级公务员所任职位的工作量挂钩决定薪级。职位工作量由高级职位评估

---

① 胡卫:"英国高级公务员薪酬管理制度改革的最新进展",《外国经济与管理》,2004年第3期。
② 案例来源:胡卫,"英国高级公务员薪酬管理制度改革的最新进展",《外国经济与管理》,2004年第3期。

程序(JESP)决定。当需要对某一职位进行评估时,JESP 将综合考察该职位所需的各种要素,进行评估后给出该职位的分值(7～22分)。JESP 的操作步骤如下:① 任职者填写一份职位工作量分析调查草表。② 由分析专家与任职者面对面交流了解情况,填写工作量分析调查正式表。工作量调查表中通常包括这样一些相关要素:一是相关职位可能需要的资金;二是相关职位可能需要的各种人才,包括所需人员的种类(专业人员、专家、技术人员、行政人员)和数量,以及人员数量、种类变化可能会带来的问题和管理上述人员的具体操作程序;三是组织要素,相关职位所辖部门的层次结构,部门下属单位的横向联系状况;四是时间要素,相关职位各项管理活动和程序的时间分配情况;五是工作目标,相关职位的主要工作目标以及与之相关的其他目标;六是工作贡献,任职者每月能够处理的日常事务量及其决策影响力;七是工作能力,任职者能够有效完成该职位所需的能力,如专业技术水平、工作经验和学历条件等。除上述要素外,还有一项关于"影响力"要素的评估,其与上述要素评估方法不同。影响力评估由分析专家通过与其他工作人员面谈(而不是通过对任职者进行面试)来完成。其主要内容包括:任职者决策时与其他人员的合作情况、与其他组织的合作关系,与部长、其他政府部门和非政府部门的沟通联系情况,以及在协商、说服和代表性活动中任职者所起的作用。③ 分析专家拟订职位描述,详细客观地描述相关职位的各构成要素。④ 任职者与其直线部门领导阅读分析专家拟定的职位要求,并就其描述内容提出建议。⑤ 分析专家进一步修正职位要求。⑥ 评分小组研究职位要求,通过讨论最后作出综合评分。⑦ 按照中央政府的要求,评分及其相关数据每年都会根据情况变化进行更新。

职位分值确定不同级别,不同的分值职位对应不同的薪级。从 2002 年 4 月起,新实行的 3 个薪级对应的 JESP 分值分别是 7～12、13～18 和 19～22 分。为了体现灵活性,新的薪级制另外规定了一个可供选用的 1A 级,1A 级的 JESP 分值是 12～14 分。各部门或单位可根据实际情况决定是否使用 1A 级。如果选用的话,其他 3 个级别的 JESP 评分也要作出相应调整,以避免重合。例如,由于 1A 级分值为 12～14 分,由此 3 个薪级所对应的 JESP 只能为 7～11、15～18 和 19～22 分。

2. 同薪级内的薪酬结构

在英国高级公务员薪酬体系中,每个薪级内又划分为 4 个档次、5 个限值,以使薪酬增加能够与绩效挂钩。每个薪级内的 5 个限值分别为:下限(Min)、晋级目标限值(PTR)、高绩效目标限值(HPTR)、补充绩效上限(RPC)

和中位线(Mid)。其计算方法为(晋级目标限值－下限)/2＋下限。每个薪级内的4个档次为：低档、高档、奖金档和高级奖金档。大部分高级公务员的薪酬处在晋级目标限值和下限之间。无论是哪一级薪酬，不同的薪酬档次就有不同的薪酬增长率。一般情况下，低档薪酬增长率要高于高档，由此能够产生有效的激励。

3. 薪酬增加计算方法

对高级公务员的激励方法之一是增加薪酬。影响薪酬增加的因素有两个：一是高级公务员的薪级档次；二是高级公务员的绩效等级。每年4月，高级公务员所在部门的直接领导根据每个高级公务员的贡献提出绩效等级建议，绩效等级为高、中、低3个等级。按规定，高等级的人数应占部门高级公务员总数的25%；低等级的人数为5%～10%；中等级为65%～70%。高级公务员薪酬委员会根据评定结果最终确定各部门高级公务员的绩效等级，并结合他们各自的薪酬档次计算薪酬增长率。计算方法如下：薪酬档次因素为一个四维向量{低档,高档,奖金档,高级奖金档}，绩效等级因素为一个三维向量{高,中,低}，由此可以得到一个4×3的矩阵，矩阵中的每个元素代表一个对应的薪酬增长率。

高级公务员薪酬委员会每年对高级公务员的整体薪酬标准增长幅度、薪酬增长率计算矩阵、薪级划分标准等问题向政府提出调整建议。2002～2003年，高级公务员薪酬委员会就向政府提出过薪酬标准调整建议，并被采纳。考虑到价格指数的变动和企业界薪酬增加等因素，高级公务员薪酬委员会认为，2003年高级公务员的整体薪酬标准应该在2002年薪酬水平的基础上再增加2.25%。相应地，各薪级的数额和5个限值都按此比例增加。

绩效被评为高等级和中等级的高级公务员有可能获得额外奖金，低绩效等级的高级公务员则不能享受这个待遇。高绩效的高级公务员一般都能得到额外奖金，中绩效高级公务员必须在年终完成工作目标的情况下才有可能得到额外奖金。各部门有权自行分配额外奖金，但不能超出高级公务员薪酬委员会建议的年度额外奖金上限。额外奖金数额由部门领导提出，最后由薪酬委员会确定。

案例分析题

1. 英国高级公务员薪酬制度改革有何特点？
2. 请用薪酬制度的公平原则对该案例进行分析。

复习与思考

1. 收入、报酬、薪酬、工资等概念之间的关系。
2. 全面报酬及其激励功能。
3. 薪酬内部公平的基本要求。
4. 薪酬外部公平的应有含义。
5. 公共部门薪酬制度中存在的通病。
6. 我国公务员薪酬制度中的问题与改革。
7. 宽带薪酬及其在公共部门的应用。

第十章 公共部门人员的社会保险

社会保险是社会化大生产的产物,它既是经济发展和社会进步的标志,又是市场经济运行的安全网和稳定器。社会保险内容相当宽泛,涵盖养老保险、失业保险、医疗保险、工伤保险和生育保险。本章主要阐述社会保险的作用和目标,社会保险与相关概念的区别,介绍我国目前城镇企业职工养老保险、失业保险、医疗保险的制度构建和基本框架以及公务员养老保险、医疗保险的主要内容,分析失业保险中促进就业、医疗保险中规避道德风险等相关问题。

第一节 社会保险概述

社会保险高举"公平原则"的大旗,保障社会成员的基本生活和劳动力再生产的顺利进行,促进经济发展和效率提高。社会保险具有保障性、普遍性、公平性、强制性、互济性等特征,它在维护社会安定、保障社会生产、促进经济发展等方面,起着重要作用。了解和研究社会保险需要将其与社会保障、社会救济、商业保险区分开来。

一、风险、保险、社会保险

风险在这里是指灾害和意外事故及其所带来的经济损失发生的可能性。由于人们对某一种具体风险无法确切地知道其何时发生以及带来多大损失,所以,风险又可以理解为经济损失的不确定性。人们在生产劳动和日常生活中,经常会遇到各种各样的风险并由此造成一定的经济损失,如自然灾害、年老、疾病、伤残和失业等。这些风险是客观存在的,而且每一种具体风险的发生又都具有不确定性。人们无法通过有效的预防完全避免一切风险事故的发生。为了维持社会生产正常进行,保证社会成员生活的安定,必须采取有效措施,对上述风险所造成的经济损失及时给予补偿。这些措施包括动用个人储蓄、组织社会救助等,也可以由国家或社会出面建立一定的组织机构,用一定的方式筹集一笔备用基金,当社会成员遭遇风险并造成经济损失时,即由基金给予一定的经济补偿,这后一种办法就是所谓的"保险"。

保险作为一种经济学术语,随着保险经济活动和保险科学的发展而日益具有广泛的含义。保险有广义和狭义之分。就广义而言,保险是指由多数社会成员根据合理分摊风险和经济损失的原则建立后备基金,用于对少数遭遇风险事故并造成经济损失的成员给予适当经济补偿,以保障社会生产正常进行和社会成员生活安定,最终实现社会稳定和经济繁荣的一种互助型社会经济形式。就狭义而言,保险是指由专业保险公司按商业原则开办的商业保险形式。按保险的实施形式,可将保险分为自愿保险和法定保险两类。自愿保险是投保人和保险人在平等互利、等价有偿与协商一致的基础上,通过签订保险合同而建立的保险关系。法定保险又称强制保险,即由政府颁布法令、法规,凡在规定范围之内的单位和个人,不管愿意与否,都必须依法参加保险。根据以上分析,社会保险属于广义保险的范围,是一种强制保险。社会保险是规避社会风险的一种有效手段。

社会保险的保障对象是社会成员中的劳动者。为维护社会生产正常进行,保护社会劳动力的健康成长,保障社会成员生活的安定,国家有必要采取措施,建立相应的组织机构,通过一定的途径和方式筹集保险基金,当社会劳动者丧失劳动能力或失去工作机会时给予一定的经济补偿,保障其基本生活需求。因此,我们可以这样表述社会保险的定义:社会保险是在既定的社会政策指导下,由国家通过法律手段对社会全体劳动者强制征缴保险基金,用以对其中丧失劳动能力或失去劳动机会的成员提供基本生活保障的一种社会保障制度。

社会保险的定义包含四点内涵要义。其一,社会保险是一种社会政策,是在国家法律或法令保证下实施的,为达到既定社会目标的一种强制性措施。其二,社会保险又是劳动者的一种权利,是有国家法律保证的,在履行缴纳保险费的义务之后,每一个社会劳动者都有享用社会保险来保障个人及其家属的基本生活的权利。其三,社会保险又是一种有效的经济补偿手段。它通过所有成员的互助共济实现对少数遇险成员的收入损失补偿,使遇险成员的经济损失降低到最低程度。其四,社会保险作为现代社会保障体系的主干和核心部分,还体现了由国家根据全体社会劳动者的共同需求,采取保险的形式对个人收入实行调节,是一种特殊性质的个人消费品的再分配形式。

社会保险具有以下五个基本特征:

一是强制性。社会保险是由国家通过立法形式强制实施的一种保障制度。所谓强制,是指凡属于法律规定范围内的社会成员都必须无条件地参加社会保险并按规定履行缴费义务。社会保险的缴费标准和待遇项目、保险金的给付标准等均由国家或地方政府的法律、法规统一规定,劳动者个人作为被保险人一方对于是否参加社会保险及参加的项目和待遇标准无权自由选择与更改。有了社会保险这一强制性特点,才能确保社会保险基金有稳定可靠的来源,才能切实保障被保险人依法获得经济补偿的权利,从而为社会保险制度得以全面彻底的贯彻落实提供法律的和经济的保障。

二是保障性。社会保险是劳动者的一项基本权利。社会保险对所属成员负有普遍保障责任,不论其年龄、就业年限、收入水平和健康状况如何,一旦丧失劳动能力或失去劳动机会,政府作为保险人一方即应依法提供收入损失补偿以保障其基本生活需要。社会保险以财政作后盾,因而无盈亏之虞,无停办之时,被保险人的权利,始终有保障。社会保险的保障性特点不仅为社会成员提供了安全感,减少了后顾之忧,而且维护了社会安定。

三是普遍性。社会保险的实施范围十分广泛,一般在工薪劳动者中实行,有些国家在全体国民中实行。社会保险的普遍性,受经济发展水平的制约,不能一下子在社会的层面上铺开。社会化的目标只能逐步实现,即在经济条件尚不具备的时候,可以先选择最需要保护的群体首先实行,例如选择最容易发生收入损失的工薪劳动者先实行社会保险,随着社会经济的发展,再扩及全体劳动者、全体国民乃至全体居民。

四是互济性。社会保险是按照社会成员共担风险的原理组织实施的。尽管社会保险基金的来源形式多样化,但归根结底是社会劳动者共同创造的。社会保险基金由国家规定的专门机构筹集,集中统一调剂使用。由于社会成员是否遭遇到风险,以及所遭遇到的风险的危害程度、损失大小都不尽相同,因此,每个人承担的社会保险义务与享受的社会保险权利不可能严格对应,以致会出现多交费少受益,或者少交费多受益,甚至不交费也受益的情况,社会保险基金的使用充分体现了"一人为大家,大家为一人"的互助共济原则。

五是福利性。社会保险不以盈利为目的,注重社会效益,必须以最少的花费解决最大的社会保险问题,社会保险是一种社会政策,旨在保障生活、安定社会,促进经济发展,增进社会福利。它要求社会效益重于经济效益,社会保险虽然在具体运行上并不排除精确的计量手段,同时也强调保险基金的保值和增值,但是不能以经济效益的好坏决定社会保险项目的取舍和保障水平的高低。

二、社会保险的作用

社会保险是社会化大生产的产物,是经济发展和社会进步的标志。社会保险在保障社会稳定和促进经济发展方面起着十分重要的作用。

首先,社会保险是社会主义市场经济运行的安全网和稳定器,社会保险是市场经济运行的安全网。在市场经济条件下,要实现经济增长,必须充分利用市场机制。然而,市场机制在给经济带来效率和动力的同时,又会产生负面效应。这是因为,它在通过竞争追求高效率的同时,必然会排斥老、弱、病、残、伤、穷等不能正常从事生产劳动的人,而这些人群的基本生活若难以维持,就会产生严重的社会问题,这就是市场机制的失效和失灵之处,而社会保险恰恰能弥补其不足。社会保险给被竞争淘汰出局的失败者、社会生活中的脆弱人群编织了一张安全网,解除人们的后顾之忧,为市场经济的高效运行营造一个良好的社会环境。

社会保险是市场经济运行的稳定器。任何时代和任何社会的进步发展,都离不开稳定的社会秩序和社会环境,而各种风险的客观存在,又往往会给社会成员带来危机感,当社会成员遭遇风险致使生活陷于困境之际,国家和政府如不能及时提供帮助,进行解救,社会就有可能因此动荡不安。由此可见,社会保险不仅仅是提供物质帮助和经济补偿,更重要的是让社会成员产生心理安全感,增强其对政府和社会的信任感、顺从度及亲和力。从世界各国实施社会保险来看,都把社会保险视为"稳定器"。第二次世界大以后,主要资本主义国家社会经济发展相对比较稳定,即使在20世纪70年代发生严重经济危机的情况下,也没有出现剧烈的社会动荡,这不能不归功于健全的社会保险制度,它是稳定社会的重要支柱。

其次,社会保险有利于提高劳动力素质,保证劳动力再生产顺利进行,促进经济增长。社会生产是个不断重复、周而复始的再生产过程。作为社会生产主体的劳动者,必须不间断地生产和再生产出劳动力来,以保证社会生产的正常进行。否则,社会生产将成为无源之水,无本之木。然而风险是客观存在的,劳动者在生产过程中,不可避免地会遇到疾病、意外伤害以及失业的威胁,影响身体健康和正常的劳动收入,从而危及劳动力的再生产。而社会保险能为遇险劳动者提供各种保障,使劳动力得以恢复,劳动力再生产得以延续。例如，医疗保险给患病劳动者提供的医药费补贴和基本医疗服务，能减轻疾病所带来的痛苦，防止病情进一步恶化，保护和改善劳动者的健康状况。劳动者有了健康的体魄，才能提高劳动生产率，促进经济和社会发展。失业保险所提供的失业保险金能使暂时失去工作机会的劳动者维持基本生活，不致因收入中断陷于贫困而导致劳动力萎缩、落伍；失业保险所提供的转业培训费，则可以提高失业者的素质，增强竞争能力，为重新上岗创造条件。有了失业保险，就能稳定社会，安定民心，促进经济和社会的协调发展。

再次，社会保险有利于调节收入差距、保持社会稳定。社会保险从一定意义上看，就是国家通过法律保证下的经济手段，对社会个人消费品分配实行的直接干预。这种干预的基本目标，就是调节社会成员个人收入上过大的差距，使之保持适度的水准，从而实现人们对社会分配公平的普遍要求。这个基本目标的实现，又有助于消除社会矛盾，协调人与人之间的关系，保持社会稳定和经济发展。在市场经济条件下，由于人们的劳动能力，社会机遇和家庭赡养负担存在的差异，必然会产生个人收入和家庭生活富裕程度上的差别。劳动能力较弱的或家庭负担较重的劳动者，平时生活拮据，再遇上劳动风险，就会使生活陷入困境，贫富差异进一步扩大，这种现象如不加以调节，必然会激化社会矛盾，最终殃及社会安定。社会保险可以通过国家以法律手段，强制征集保险基金，再分配给收入低下或丧失收入来源的劳动者，帮助他们渡过难关，弥补初次分配"事实上的不平等"带来的差异，以利社会安定和经济发展。

最后，社会保险能筹集经济建设资金，调节国民经济运行。社会保险基金依法强制征缴，具有较高的稳定性。筹集到的基金除用于当前支付外，尚有一定水平的结余。如养老保险，当人们一开始参加工作，就必须缴纳保险费，但其享用却要到退休以后，几十年沉淀下来的基金，数目相当可观。这笔基金可以较长时间内投资于基础设施和重点项目的建设，促进经济持续高速增长。另外，社会保险基金的筹集支付及其投资活动，本身就是一种国民收入分配和再分配活动，它必然会对国民经济的运行产生调节作用。当经济衰退失业率提高时，由于失业保险金给付的增加，抑制了个人收入减少的趋势，增加社会需求，刺激消费，对经济衰退起到自动缓解作用；而当经济高涨失业率下降时，失业保险金支付相应减少，这样又可以抑制消费，缓解经济过热趋势。

三、社会保险的目标

公平与效率是社会发展的两大目标，任何一个社会经济系统的正常运行都离不开它,当然,社会保险也不例外。

公平不是平均分配,不是结果公平,而是机会均等,权利平等。也就是说,社会应当以公正的、不偏不倚的态度对待每一个成员,应该尽可能地创造条件给每个成员提供相同的机会和权利,让他们在同一条起跑线上参与公平竞争,谋求自身的发展。社会保险领域中的公平,是指社会成员在遭遇各种风险时,都可以普遍和无例外地获得社会保险的机会和权利,社会成员在社会保险面前人人平等。这样,社会成员就能够在基本生活有保障并解除后顾之忧的条件下参与社会竞争,不会因先天不足或生活无着落而输在起跑线上。

效率是指经济活动中劳动耗费与劳动成果的比较,换言之,是投入与产出的比较。人们从事经济活动总是力求以最少的劳动耗费获取最多的劳动成果,或以最小的投入换取最大的产出,以实现资源的高效、合理配置,促进社会生产力的发展。社会保险领域中的效率,就是要在社会保险中融入自我保险机制,通过个人缴费的方式增强自我保障意识,使每个社会成员从关心自己切身利益出发,努力工作,奋发向上,从而提高生产效率。例如养老金的待遇水平必须与在职时的工资水平挂钩,和在职时的劳动贡献相联系的规定,就充分体现了效率原则,从而能够激励劳动者勤奋工作。

在社会保险领域,公平与效率存在着既统一又矛盾的关系。统一表现在以下两个方面:一是公平为效率提供动力。社会保险高举"公平原则"的大旗,保障社会成员的基本生活和劳动力再生产的顺利进行,解除劳动者生、老、病、死的后顾之忧,维护社会安定,营造一个公平的社会环境,这有利于调动劳动者的工作积极性,促进经济发展和效率提高。二是效率为公平提供物质基础。因为效率是社会生产力发展的前提,是通向社会公平的桥梁。在一个效率低下、物质匮乏的社会里谈不上社会公平,充其量也只能是公平地分配贫穷。所以任何损害效率的行为都将损害公平,最终实现不了社会公平。只有最大限度地提高资源配置效率,充分解放和发展社会生产力,实现个人收入和经济总量的快速增长,才能增加积累,进而达到更高水平的公平。然而,公平与效率又会发生矛盾。因为社会保险的给付与劳动贡献没有严格的对等关系,以致会出现多交费少受益,或者少交费多受益,甚至不交费也受益的情况,社会保险明显的权利均等性、利益共享性,导致给付与劳动贡献的脱钩,因而会削弱对劳动者的激励作用,进而损害效率。

为了在社会保险领域寻找公平与效率的最佳结合,就要贯彻既保障生活又有利于促进生产的方针。

首先,社会保险要与生产力发展水平相适应。生产力的发展是社会保险发展的物质基础,生产力的发展水平决定社会保险的水平。社会保险的项目、范围和水平如果超过生产力发展水平,就会使国家和社会背上沉重的包袱,从而影响经济的发展。相反,如果社会保险的发展滞后于生产力的发展水平,同样也会制约经济发展,进而影响社会安定。所以社会保险的项目、范围、水平必须从实际出发,与国情、国力相适应,统筹兼顾、循序渐进,必须在生产发展、经济增长的基础上,出台社会保险项目,扩大社会保险范围,提高社会保险水平。

其次,要强调权利与义务的统一。即凡是有劳动能力的社会成员,必须先履行劳动和缴费的义务后,才能享受社会保险的权利。社会保险待遇标准要与劳动贡献挂钩,体现一定的差别,以激励劳动者的生产积极性。这就是说,社会保险金的给付,要与劳动者的贡献大小,即工龄或缴费期限的长短、工资水平、缴费金额的高低挂钩,使缴费年限长、缴费金额多的劳动者,领取的社会保险金也多;反之,则少。

最后,社会保险制度的制定要尽可能科学、合理、详尽,不能带来负面效应,更不能出现逆选择。如果失业保险金发放时间过长,失业保险待遇水平又与在职时的收入水平相差无几的话,那么失业者就会无所事事,不求进取。他们依赖失业保险,可以长期无业逍遥,既不必为寻找新工作而四处奔波,又不必为上岗就业付出艰辛。那么失业保险不但不能营造一种失业者迫于生计而积极进取的氛围,反而还会带来负面效应,引起在业者的不满,打击他们的劳动积极性和工作热情。这样既损害效率,也无法体现公平。

四、社会保险与社会保障、商业保险及社会救济的区别

(一) 社会保险与社会保障

社会保障的英文 social security,其原意是"社会安全"。一般地解释,它是指国家以法律、规章确立对遇到疾病、生育、年老、死亡、失业、灾害或其他风险的社会成员给予相应的经济的、物质的服务和帮助,以保障其生活需求的社会经济福利制度。社会保障概念首次公开使用于1935年美国国会通过的《社会保障法》。

社会保障概念的内涵和外延伴随着人类社会的进步而不断得到扩充和完善。世界各国皆根据本国的国情来界定社会保障的具体内容,归纳起来,包括以下四方面内容。第一,社会救济——社会保障的最低目标,指公民因自然灾害、意外事故和个人生理、残疾等原因导致生活困难时,由政府有关部门按照

法定的标准向其提供一定的物质或资金帮助的一种社会保障制度。其项目主要有：救灾、扶贫，举办敬老院、福利院等。其对象主要是没有任何生活来源的孤老和孤儿，遭受自然的或社会的不幸失去生存能力或因残疾失去大部分或全部劳动能力的社会成员，虽有收入但生活在本国贫困线以下的社会成员。第二，社会保险——社会保障的基本目标，包括养老保险、失业保险、医疗保险、工伤保险、生育保险，是社会保障的核心部分。第三，社会福利——社会保障的最高目标，是指由国家或社会在法律和政策范围内向全体国民提供物质帮助和服务的一种社会保障制度。社会福利旨在改善和提高社会成员的生活质量，其水平受国家经济发展水平的制约。第四，社会优抚——社会保障的特殊目标，是国家对现役、退伍、残废军人及烈军属给予抚恤和优待的一种社会保障制度，是一定意义上的特殊保障。

可见，社会保障包括社会保险，而社会保险是社会保障的核心部分，但社会保险与社会保障之间有着明显区别。其一，实施范围和对象不同。社会保险在法律规定范围内实行，其实施范围的大小，取决于一国的经济发展水平，如我国目前只能以城镇劳动者为保障对象，没有能力扩及社会全体劳动者。而社会保障始终是在全社会范围内实行的，经济发展水平只决定其保障水准的高低，不决定其实施范围的大小。它是以全体国民为保障对象，不论其是否参加社会劳动。其二，职责不同。社会保险是对丧失劳动能力和失去劳动机会的劳动者承担生活保障责任，职责只限于补偿劳动危险事故所造成的直接收入损失，因此，它是维持劳动力再生产的特定手段。社会保障不但承担所有国民一切风险的保险责任，而且还承担社会发展方面的责任，它是以保障整个社会正常运行为己任，促进经济发展，安定社会生活。其三，分配原则和保障水平不同。社会保险的分配和劳动者对保险基金的贡献直接相关，待遇给付只能保障劳动者基本生活需要。社会保障是国家对国民的单方面援助，属国家资助性质，其分配按机会均等、大体平均的原则实行，而且明确地向低收入和无收入人群倾斜。

（二）社会保险与商业保险

社会保险与商业保险作为两种不同性质的保险制度，有着明显的区别。

一是指导思想和实施原则不同。社会保险建立的指导思想是通过对社会劳动者提供基本生活保障，维护在特殊情况下劳动者的基本权利，维系劳动力再生产，维持社会经济发展所需要的安定的社会政治秩序。它是国家社会经济的一项基本政策，因此必须由国家通过立法强制实施，并且不能以盈利为目的。社会保险以社会效益为其价值取向，运作过程有明显的行政性特点。

商业保险建立的指导思想是通过经济补偿手段吸引大量游资,在为被保险人提供相应损失补偿的同时,积聚一定数量的建设资金,并通过资金转投获取尽可能大的增殖。它是社会经济活动的一个方面,是一种企业性的经营活动。因此,它是在被保险人和保险人双方完全自愿的前提下,通过相互间的自由选择而结成的互利关系,法律只对这种关系加以保护而不能强制其发生。作为商业经营活动,商业保险必须以盈利为目的,以经济效益为其价值取向。

二是权利与义务的对等关系不同。社会保险强调公民必须履行法律规定的劳动义务,并由此获得享受社会保险待遇的权利。劳动贡献大小和个人缴纳保险费的多少,同保险待遇没有严格的对待关系。保险费的征收只依据公民的收入水平而定,不依据保险项目风险的大小。因此,社会保险的双方在权利与义务之间不存在商业性的等价交换关系。社会保险是通过具有国家强制力的政府行为对社会收入的一种再分配,这种再分配有利于低收入者,具有明显的社会扶助性质。

商业保险实行严格的权利与义务对等关系,其商业性和盈利性决定了这种权利的享受必须是以"多投多保、少投少保、不投不保"的等价交换为前提,即被保险人享受保险金的多少,要以是否按期、如数缴纳合同规定的保险费以及投保期限的长短为唯一依据。保险契约一旦到期,保险责任自行终止,权利与义务的关系也不复存在。

三是对象和职能不同。社会保险以法定的社会成员为对象,一般以社会劳动者及其供养的直系亲属为主,主要职能是保障劳动者在病、老、伤、残和丧失劳动能力、失去劳动机会或死亡以后直系亲属的基本生活需要,维持社会劳动力再生产的正常进行。另外,通过对社会保险基金的征集和灾损补偿的手段,直接实施国家对社会收入的再分配干预,起到调节收入差距,实现社会公平的职能。

商业保险的对象一般不作法律规定,全体公民均可自由选择、自愿参加,保险生效的唯一条件是缴纳保险费。其主要职能是当被保险人遭遇合同所规定的灾损时给予对等性的经济补偿,与被保险人的生活水平和收入多少无关,只能部分解决其临时、急迫的困难和弥补部分损失,不具有调节收入水平、维护社会公平的职能。

四是保障水平不同。社会保险是以保障劳动者基本生活水平和实现社会安定为出发点的。其保障水平的确定,既要考虑劳动者原有生活水平和社会平均消费水平,又要考虑在职职工平均工资的提高幅度、物价上涨因素和国家在一定时期财政上的负担能力。随着社会生产的发展,社会保险待遇的总水平也会相应提高。此外,社会保险作为特殊领域的分配手段,在保障水平的确定上,采取的是有利于低收入劳动者的原则。

商业保险的保障水平并不考虑上述因素,完全取决于被保险人缴纳保险费的多少和实际受损的性质与程度。其保障水平的确定原则,并不取决于被保险人的实际收入和生活水平,而是严格按对等原则来确定的。可见,社会保险的立足点是"保障",而商业保险则着眼于"偿还"。两者在保障水平上的差异是不可相提并论的。

五是管理体制和立法范畴不同。社会保险是国家领导下的各级政府主管部门和下设的社会保险机构直接实施管理的社会事业。除保险基金的征集和待遇给付之外,还要负责社会保险的群众工作、思想政治工作和日常服务工作等。由于社会保险的政策性和"人、财、物"的统一管理性,决定了国家财政对社会保险负有最后的托底责任,一旦出现亏损,国家有义务给予弥补。社会保险的对象是劳动者,是国家规定的劳动者基本权利之一,因此属于劳动立法范畴。

商业保险由各级保险公司自主经营,管理工作及其运作以保证保险合同的履行为内容,不涉及其他社会服务工作。商业保险在财务上实行独立核算、自负盈亏,国家财政不以任何形式负担保险金的开支需求。商业保险的双方当事人的权益受经济合同法的保护,因此,它属于经济立法范畴。

(三) 社会保险与社会救济

社会救济是社会保障的内容之一,有定期救济和临时救济两种。社会保险和社会救济都具有经济补偿性,但它们之间同样存在区别。

一是实施对象和职责不同。社会保险以法律规定范围内的劳动者为对象,对丧失劳动能力和失去劳动机会两种劳动危险事故承担补偿以及保障责任。社会救济则以全体国民为对象,对社会成员有可能遇到的客观危险事故及生活困难承担保险和救助责任。

二是权利与义务的对应关系不同。社会保险的权利和义务是相对应的。保险各方要受法定资格和标准约束,劳动者只有尽了劳动义务并照章缴纳社会保险费用后,才能享受保险待遇。社会救济不涉及权利与义务的对等关系,一般没有法定资格和标准的约束,它是国家、社会团体或个人的单方面资助。

三是经费来源和给付标准不同。社会保险经费主要来自企业和个人缴纳的保险费,专款专用,待遇标准要考虑原有生活水平和维持基本生活需要。社会救济经费主要来自政府税收,除对固定对象的长期救济外,一般没有专用基金。救济的给付标准不考虑被救济对象原有生活水平,只保证其最低生活需要,保障水平的高低可视各地政府财政状况加以确定和调整。

第二节 养老保险

养老保险是社会保险中最受社会关注、最重要的一种形式。这是因为,养老保险是社会发展的需要,也是应对人口老龄化的要求。在人类社会发展的任何阶段,老年人都是社会的重要组成部分,他们对人类物质财富和精神财富的生产做出过历史的贡献,理应受到社会的尊敬并得到应有的物质上的帮助和服务。对老年人实施养老保险是人类文明进步和人道主义的体现。

一、养老保险概述

所谓养老保险,是指劳动者在达到法定退休年龄或丧失劳动能力时,按国家规定退出工作岗位并享有社会给予的一定的物质帮助和服务的一种社会保险。

(一) 享受基本养老保险待遇的条件

享受基本养老保险待遇的条件由国家或政府规定,主要包括允许参加养老保险的资格条件,享受养老保险的缴费年限条件和领取基本养老金的年龄条件。

允许参加养老保险的资格条件实际上是指参加养老保险的范围,即养老保险的覆盖面,这在不同的国家有不同的规定。有些国家覆盖到全体劳动者,有些国家覆盖到全体国民,有些则覆盖到全体居民。而我国仅覆盖到城镇劳动者,不包括农民。

我国对享受养老保险的缴费年限条件的规定是:凡在实施养老保险制度改革后新参加工作的劳动者,需缴足 15 年的保险费才能在其退休后领取基本养老金,享受养老保险的待遇。

领取基本养老金的年龄条件,即法定退休年龄。世界各国的法定退休年龄差异较大,发展中国家大多规定男性 60 岁、女性 55 岁,而多数发达国家则规定不分男女,一律为 65 岁,且有不断提高的趋势。我国规定的法定退休年龄为男职工 60 岁,从事管理和科研工作的女职工 55 岁,从事生产和工勤辅助工作的女职工 50 岁。少数从事有毒、有害工种的职工,在其岗位上工作满一定的年限后,可以提前5年退休。

由此可见,享受基本养老保险待遇需具备三个条件:一是在基本养老保险覆盖范围内并且参保;二是达到了国家法定退休年龄;三是个人缴费满15年。只有同时具备以上三个条件,方可按月领取基本养老金。

(二) 基本养老保险的待遇水平

一般用"养老金给付的工资替代率"表示基本养老保险的待遇水平。养老金给付的工资替代率是指养老金与职工在职时工资收入之比,用百分数表示。劳动者到达国家规定的年龄退休后,将按月从社会保险机构领取养老金以维持其基本生活。工资替代率的高低直接影响退休人员的生活水平。工资替代率高,说明养老金能够替代原工资收入的大部分。反之,只能够替代原工资收入的小部分。

根据国际劳工组织的规定,养老金的工资替代率一般应不低于40%或45%。国际劳工专家认为,若要保持劳动者退休前的可支配收入水平,工资替代率往往需要达到70%~80%。我国基本养老金的工资替代率设定在60%左右。

(三) 基本养老金调整制度

基本养老金调整制度是指基本养老金随消费品价格指数上升进行调整的制度。退休人员的实际生活水平,既取决于货币养老金水平,又要受到物价水平的影响。在货币养老金水平一定的情况下,消费品价格指数上升将导致实际养老金水平和实际生活水平的下降。为了确保退休人员的养老金不致因物价的上涨而贬值,引起实际生活水平的下降,需要建立养老金随着物价上涨而补偿的制度。世界上实施养老保险制度的大多数国家都建立了类似的制度。

基本养老金的调整,有的国家是根据消费品价格指数或居民生活费用价格指数的变化,以便保持养老金的实际购买力。有的国家是以工资的增长指标为依据,让退休人员分享社会经济发展的成果。少数国家在调整时,同时考虑物价和工资两个指数的变化。

根据国务院有关规定,我国基本养老金是按当地职工上一年度平均工资增长率的一定比例进行调整。建立基本养老金调整制度,不仅对保障退休人员的基本生活,使其安度晚年具有重大意义,而且也有利于推进我国的物价改革和工资改革,避免过去不定期地增发价格补贴和生活补贴的不规范做法,使物价补偿办法规范化、制度化。

(四) 养老保险基金的保值和增值

养老保险基金是由在职职工和用人单位交纳的保险费建立起来的,专门用于支付职工年老退休后的养老金,以保证其退休后的基本生活需要。在养老基金的筹集采用部分积累制的方式下,养老保险期限分为两个阶段,第一阶段是交费期,第二阶段是支付期。在交费期,基金是处于积累阶段,且期限长达几十年,所以养老基金具有数额巨大、来源稳定、收支间隔长的特点,易受通货膨胀的影响,致使逐年积累起来的养老保险基金面临着贬值的风险。为了满足到期支付的需要,保证退休职工的实际生活水平不下降,而且要随着经济的发展不断提高,养老保险基金的保值和增值就成为一个迫在眉睫的问题。

纵观世界各国的做法,养老保险基金保值和增值的途径就是进行有效的投资。用养老保险基金进行投资,必须科学合理,有选择性和规划性。其基本原则是安全性、收益性、流动性。以保值为首要目标,在此基础上力争增值,避免风险性投资;以间接投资为主,采取分散化、多元化投资策略。投资的基本方式包括:一是购买有价证券,如政府债券、公司债券、股票等。二是进行专项投资,如设立专门机构兴办社会保险信托投资银行,经营各种金融业务,或投资于交通、能源等公共事业。三是委托投资,如委托有相当规模且具有信誉和实力的信托投资公司代为投资,签订投资合同,按合同分享利润。一般来说,投资的收益率与投资的风险程度呈正相关变化,即高收益高风险,低收益低风险。社会保险基金的投资必须兼顾风险与收益,不能弃风险于不顾,一味追求高收益,因为这与安全性原则相悖。

二、一体化的基本养老保险制度

基本养老保险一体化,对于深化养老保险制度的改革是十分必要的。首先,在市场经济条件下,由于价值规律的作用和竞争机制的功能,劳动力必然流向经济效益好的单位和岗位,从而提高了整个经济运行的效率与活力。这种以市场机制为基础的劳动力管理方式,可以使劳动者在不同地区、不同所有制之间,在企业、机关和事业单位之间合理流动,重新择业,竞争上岗。这就迫切需要建立起一个覆盖城镇所有企业、事业和机关各类职工的统一的养老保险制度,保证城镇所有职工都有享受养老保险的权利,以解除职工的后顾之忧。因此,基本养老保险必须适应市场经济体制的客观要求,对各类企业的劳动者实行统一的制度,为劳动者合理流动、劳动力资源优化配置创造条件。其次,我国《宪法》规定公民有社会保险权,《劳动法》规定劳动者有享受社会保险的权利。在社会经济发展的基础上,应当使基本养老保险覆盖到城镇所有劳动者,实现宪法和法律赋予劳动者的权利。最后,"大数法则"是社会保险的基本原则之一,将基本养老保险扩展到城镇各类企事业单位的所有劳动者,有利于在更大范围内降低劳动风险,编织更可靠的社会安全网,为社会安定和经济发展服务。

基本养老保险一体化的主要内容可以概括为"广覆盖、四统一"。

"广覆盖"是指将基本养老保险的覆盖范围扩大到城镇各类企业职工、个体工商户和灵活就业人员。我国养老保险制度长期主要覆盖国有企业职工,改革开放以来,覆盖面有所扩大。随着所有制结构的调整,多种经济成分的共同发展,现在国有企业就业人员在减少,而非国有企业就业人数增加很快。因此,无论从建立统一的劳动力市场考虑,还是从非国有企业职工年龄较轻,参加养老保险有助于在大范围内实现社会互济考虑,都有必要尽快扩大养老保险的覆盖范围。当前及今后一个时期,要以非公有制企业、城镇个体工商户和灵活就业人员参保工作为重点。

"四统一"是指统一制度、统一标准、统一管理、统一调剂使用基金。

首先是统一制度。我国城镇职工养老保险制度建立于20世纪50年代初期。当初,养老保险基金一部分由企业直接支付,一部分由全国总工会统筹。"文革"开始后,职工退休金社会统筹被取消,养老保险完全退化为企业保险,造成不同企业之间的养老费用负担畸轻畸重。为适应国有企业改革的需要,从1984年开始推行退休费社会统筹。1991年6月,国务院发布《关于企业职工养老保险制度改革的决定》,明确规定养老保险实行社会统筹,费用由国家、企业和职工三方负担。1993年11月,党的第十四届三中全会《决定》明确提出,养老保险实行社会统筹与个人账户相结合(简称"统账结合")。1995年3月,国务院发布了《关于深化企业职工养老保险制度改革的通知》,推荐两种"统账结合"的改革方案供各地选择试点。在实践中,各地出台了各种养老保险改革方案,形成多种办法并行的局面。这种情况妨碍统一有序的劳动力市场的形成,导致了养老金水平的相互攀比,带来了个人账户转移的困难,不利于国家宏观调控政策的实施和社会保险立法过程的推进。为此,国务院于1997年7月颁布了《关于建立统一的企业职工基本养老保险的决定》(以下简称《1997年决定》)。这一决定明确了我国企业职工养老金保险的改革方向,是我国养老保险制度改革进程中的一个重要里程碑。至此,我国统一的企业职工基本养老保险制度得以建立。但《1997年决定》在实施过程中出现了个人账户空账运转、计发办法不尽合理等问题,于是,国务院在2000年发布了《关于完善城镇社会保障体系的试点方案》,并决定2001年起在辽宁省等地区进行试点,以后试点范围扩大到东北三省。国务院在充分调研和总结东北三省完善城镇社会保障体系试点经验的基础上,于2005年12月颁布了《关于完善企业职工基本养老保险制度的决定》(以下简称《2005年决定》)。

其次是统一标准。一是统一缴费标准。企业缴费一般不超过企业工资总额的20%,个人缴费比例1997年不低于本人工资的4%,以后每两年提高一个百分点,最终达到8%。二是统一个人账户规模。《2005年决定》实施前,职工个人账户规模为本人缴费工资的11%,其中8%由个人缴纳,3%由企业缴费划入。《2005年决定》规定,从2006年1月1日起,个人账户规模统一由本人缴费工资的11%调整为8%,全部由个人缴费形成,企业缴费不再划入个人账户。三是统一支付标准。《1997年决定》实施后参加工作,缴费年限(含视同缴费年限,下同)累计满15年的人员,退休后按月发给基本养老金。基本养老金由基础养老金和个人账户养老金组成。退休时的基础养老金月标准以当地上年度在岗职工月平均工资和本人指数化月平均缴费工资的平均值为基数,缴费每满1年发给1%。个人账户养老金月标准为个人账户储存额除以计发月数,计发月数根据职工退休时城镇人口平均预期寿命、本人退休年龄、利息等因素决定。

《1997年决定》实施前参加工作,《2005年决定》实施后退休且缴费年限累计满15年的人员,在发给基础养老金和个人账户养老金的基础上,再发给过渡性养老金。《2005年决定》实施后退休,但缴费年限累计不满15年的人员,不发给基础养老金,个人账户储存额一次性支付给本人,终止基本养老关系。

再次是统一管理。养老保险基金的收缴、支付及营运要规范化、制度化,要安全、透明,要实行养老保险行政管理与基金管理分开,执行机构与监督机构分设的管理体制。社会保险行政管理部门主要是管政策、管制度、管标准、管监督,不直接管理基金的收缴和营运。养老保险基金的营运主要由社会专门机构依法经办。基本养老保险基金要纳入财政专户,实行收支两条线管理,严禁挤占挪用。国家制定个人账户基金管理和投资运营办法,实现保值增值。要建立和完善社会保险基金监督管理的法律法规,实现依法监督。要发挥审计监督、社会监督和舆论监督的作用,共同维护基金安全。

最后是统一调剂使用基金。目前基本养老保险统筹层次低,范围小,社会保险的互助共济性受到制约,分散风险的功能难以在较大范围内实现。例如,武汉市的企业职工基本养老保险缴费高达26%还不够用,湖北省一些地方的缴费率为16%左右,却有大量养老保险基金滚存积累,但由于统筹层次低,无法在这些城市间调剂使用。福建省实行了省级统筹,企业职工基本养老保险的共济性大大提高,有利于在全省范围内抵御个别地区可能出现的养老保险基金支付风险。为此,必须提高统筹层次,扩大基金的调剂范围,在完善市级统筹的基础上,实现省级统筹,在省级范围内统一费率,统一调剂使用基金。

三、多层次养老保险体系

多层次养老保险体系就是基本养老保险和企业年金以及个人储蓄养老保险相结合的体系。第一层次是基本养老保险,由国家立法在全国统一强制实施。其覆盖面较广,适用城镇各类企业所有职工。第二层次是企业年金即企业补充养老保险,它是由国家宏观指导,企业内部决策执行的,根据企业经济效益的好坏确定待遇水平。第三层次是个人储蓄性养老保险,它是由国家宏观指导,个人根据经济能力和不同需求自愿参加,选择管理机构。第一层次基本养老保险已在前面作了阐述,下面着重介绍第二层次的企业年金。

(一)建立企业年金的意义

在我国建立企业年金具有重要意义。首先,企业年金有利于控制基本养老保险待遇水平的增长,同时又能满足较高层次的养老保障需求。我国生产力发展水平比较低,在世界上属于发展中国家,与此相适应,基本养老保险待遇水平不可能很高。因为基本养老保险由国家法律规定并强制实施,若待遇水平过高,超过了经济发展的承受能力,不仅难以为继,而且还会影响经济增长速度。所以,国家目前规定,基本养老金的工资替代率控制在60%左右,也就是说,基本养老保险只能保障退休职工的基本生活。但是,随着社会的进步和经济的发展,职工的养老保险需求会随之提高,一些经济效益好的企业又有能力提高本企业职工的待遇水平。因此,允许这类企业为本企业职工建立企业年金,既可以满足职工较高层次的养老保障需求,又可以使国家法定的基本养老金水平得到合理控制。其次,企业年金有利于吸引优秀人才,增强企业的凝聚力。市场经济条件下企业之间的竞争,其实质是人才的竞争,企业为吸引优秀人才,增强自身的凝聚力和创造力,除了对职工在职期间给予优厚报酬外,必然还会着眼于用长远利益来稳定所需人员。为此,为职工建立企业年金乃是明智之举,这样做,有利于密切企业与职工的关系,增强企业的凝聚力,稳定职工队伍,使他们更加关心企业的命运,进而激励职工努力工作,促进企业竞争能力的增强和经济效益的提高。最后,企业年金为经济建设积累资金。企业为职工缴纳企业年金,属于完全积累方式,一般储存数十年后才开始支付。规模不断壮大的企业年金把大量即期消费基金转化为长期储蓄资金,有助于促进资本市场的发育和国民经济的增长。

综上所述,目前在我国建立企业年金,不仅意义重大,而且也是十分必要的。

(二)企业年金的性质

企业年金是基本养老保险的补充和辅助,是多层次养老保险体系的一个层次,应属于社会保险的范畴,但又不同于基本养老保险,不能由国家强制实施。企业年金也不同于商业保险,不能由企业自愿参加。国家对企业年金规定实施政策和实施条件,企业达到规定条件的可以实行,企业经济效益好时可以多供款,经济效益不好时可以少供款或暂时不供款。企业年金可连续也可中断,不强调起始一致,始终如一,主要依据企业经济效益情况而定。不符合条件的则不允许实行。企业年金,应体现机会均等,利益均得,但不能是平均分配,还应兼顾效率原则。企业年金为个人账户供款,一般按照职工工资的一定比例计入,对有特殊贡献的人员,可以规定较高的供款水平。这样做的目的是将激励机制注入养老保险领域,使其具有激励作用。

(三)建立企业年金的基本条件

建立企业年金的基本条件是:第一,已参加基本养老保险社会统筹,并能按时足额缴纳基本养老保险费。这是企业为职工建立企业年金的前提条件。第二,企业具有经济承受能力,这是建立企业年金的基本条件。按国家有关规定,企业的供款,可将不超过本企业工资总额一定比例部分计入企业相关成本费用。因而,企业的经济承受能力和经济效益状况,决定着企业是否具备建立企业年金的条件以及供款水平的高低。第三,企业内部职工代表大会和工会组织或集体谈判制度比较健全,民主管理基础较好。这是企业年金建立和顺利实施的保证条件。企业年金涉及职工的切身利益,其制度的建立比较复杂,涉及实施的范围、水平、新老职工之间以及与已退休人员之间如何做到平稳过渡等,制定和实施起来必须慎之又慎,稍有不慎,就会引起职工不满、挫伤职工生产积极性。

四、我国公务员养老保险制度

(一)我国公务员养老保险制度的现状和弊端

我国国家机关工作人员养老保险制度始建于20世纪50年代。1955年12月,国务院颁发了《国家机关工作人员退休处理暂行办法》,首次对国家机关工作人员的退休条件和退休待遇作了规定。1958年,国务院又颁发了《关于工人、职员退休处理的暂行规定》,对前一规定作了补充完善。"文革"过后,1978年国务院颁发了《关于安置老弱病残干部的暂行办法》,对1958年颁布的退休办法作了全面修订,增加了新的内容。1993年国务院颁布了《国家公务员暂行条例》,国务院办公厅则发布了《机关工作人员工资制度改革实施办法》,调整了机关工作人员养老金的计发基数,提高了退休待遇。经过多次修改补充,目前,我国公务员养老保险制度的具体内容主要概括为以下几个方面:

第一,公务员领取养老金的条件(即退休的条件)。男性年满60周岁、女性年满55周岁,或者丧失工作能力的,应当退休。此外,男性年满55周岁、女性年满50周岁,且工作年限满20年的;或者工作年限满30年的,由本人提出申请,经任免机关批准,可以提前退休。

第二,公务员退休后享受养老金的待遇。公务员退休后的养老金按以下办法计发:其基础工资和工龄工资按本人原标准全额计发,职务工资和级别工资按本人原标准的一定比例计发。其中,工作年限满35年的,按88%计发;工作年限满30年不满35年的,按82%计发;工作年限满20年不满30年的,按75%计发;工作年限满10年不满20年的,按60%计发;工作年限不满10年的,按40%计发。地方职务(岗位)津贴(指20世纪90年代以来各地政府加发的标准不等的地方职务津贴或岗位津贴)也按本人原标准的一定比例计发。其计发比例与职务工资和级别工资之和的比例相同。

第三,公务员养老金的调整。1993年国务院办公厅下发的《实施办法》中对离退休人员养老金的调整作了如下规定:"离退休前有职务的,退休人员按照同职务在职人员平均增资额的90%增加退休费";"离退休前无职务的离退休人员增加离退休费的办法,由省、自治区、直辖市人民政府根据本地区实际情况制定"。

我国现行的公务员养老保险制度是在计划经济体制下,借鉴前苏联等社会主义国家养老保险模式而建立起来的,随着我国社会主义市场经济体制的建立与完善,其弊端日益凸现。主要表现为:其一,退休费由财政预算支出,在退休费用剧增的情况下,会减少国家财政对其他方面的投入,从而影响国民经济的长期稳定发展。其二,公务员退休费的计发,以退休时的工资为基准,不能合理体现实际贡献,不利于公务员的"能上能下",而且容易出现突击提级长工资等现象。其三,退休费由国家包揽,助长了依靠国家养老的思想,自我保障意识淡薄。其四,公务员与城镇企业职工不一样的退休待遇计发办法,加剧了不同人群之间的矛盾,不利于国家机关与企业之间人才的有序流动。

(二)我国公务员养老保险制度改革的基本思路

公务员养老保险制度是我国社会保障体系的重要组成部分。建立和健全公务员养老保险制度,不仅可以吸引和稳住高质量的人才,为建立正常人才流动机制创造良好的条件;而且可以解决公务员离退休后的待遇问题,保障晚年生活,解除他们的后顾之忧,促进"勤政廉政"建设。因此,公务员养老保险制度改革事不宜迟。

公务员养老保险制度的改革应以科学发展观为指导,建立与社会主义市场经济体制和经济发展水平相适应,与城镇企业职工多层次的养老保险模式基本统一,待遇标准有所差别、计发办法较为合理、关系便于衔接转移的养老保险制度。

公务员养老保险体系应包含三个层次:第一层次为基本养老保险,第二层次为补充养老保险,第三层次为个人储蓄养老保险。其中第一层次必须与企业职工养老保险并轨,基本养老保险待遇与企业职工持平,差别体现在补充养老保险上。这样做有利于增加养老金待遇的可携带性,促进劳动力的自由流动,从而适应流动性日益增强的社会需要;有利于降低整个养老金体系的管理成本,促进养老金制度的法制化;有利于协调不同社会群体之间的关系,避免因制度差异而激化的阶层冲突;有利于扩大社会统筹的覆盖面,缓解养老保险基金的支付压力。

第二层次是公务员补充养老保险。公务员指依法履行公职、纳入国家行政编制、由国家财政负担工资福利的工作人员,特定的工作职能、严格的考录标准和纪律约束以及经费来源于财政等特点,形成了一个特殊的职业群体。因此,公务员养老保险制度改革,必须充分体现公务员的特点及自身规律。在待遇给付上,要从稳定公务员队伍和吸引优秀人才出发,坚持待遇适当从优的原则。公务员补充养老保险是一种行业性保险,是政府对公务员退休后所给予的一种补偿。公务员补充养老保险所需资金由各级政府财政转移支付。待遇水平取决于每个公务员任公务员期间最高5年工资的月平均值、服务年限和所作贡献。补充养老金随在职公务员工资增加作相应调整。

五、国外公务员养老保险制度简介

(一)美国联邦政府雇员退休金制度

美国是一个联邦制国家,公务员也相应地划分为联邦政府公务员和地方政府公务员两个独立的系统。各级政府都为其雇员建立了退休金计划。联邦政府退休金制度中最为重要的是公务员退休金计划和联邦雇员退休金计划。公务员退休金计划的参加者是1983年以前参加工作的联邦政府雇员,而联邦雇员退休金计划则主要是为1984年之后参加工作的联邦雇员设立的。这里主要介绍联邦雇员退休金计划。

1. 联邦雇员退休金计划的主要内容

联邦雇员退休金计划建立于1987年(1984年之后参加工作的联邦雇员必须参加该计划),是一个由政府强制性养老金计划、待遇确定型退休金计划、联邦节俭储蓄计划组成的多支柱养老金体系。

第一支柱为政府强制性养老金计划。该计划由联邦政府统一组织,其具体管理部门为联邦政府的社会保障署,筹资模式为现收现付型。公务员与其他社会群体一样,以交纳社会保障税的方式参加该计划。目前,法定税率为雇员工资的15.2%。联邦雇主和雇员每年各自向联邦政府交纳占雇员工资额7.6%的社会保险税。雇员在达到65岁的法定退休年龄且缴费年限满10年就可以领取一定数额的社会保障养老金。养老待遇水平只是部分地与缴费数额挂钩,该支柱在高低收入间的转移支付力度较大,全社会养老金的平均工资替代率为40%左右,低收入者替代率为56%,高收入者为26%。

第二支柱是待遇确定型退休金计划。这是一个基金制的养老金计划。目前,总缴费率为雇员工资总额的11.5%,其中雇员的缴费率为其工资的0.8%,雇主即联邦各机构的缴费率为10.7%。

雇员的退休金待遇水平取决于其工资水平和服务年限。具体计算方式为退休金=最高3年工资的平均值×1%×服务年限。退休金的发放条件为:有5年服务年限的满62岁,20年服务年限的满60岁,30年服务年限的达到最低退休年龄(55~57岁)。对年满62岁,服务年限达20年以上的雇员,则待遇水平相应提高。计算方式为退休金=最高3年工资的平均值×1.1%×服务年限。

第三支柱是联邦节俭储蓄计划。这是一个完全积累的基金制的缴费确定型养老金计划。该计划由联邦政府发起和组织,联邦雇员自愿参加。采取个人账户形式,其资金来源于雇员缴费和联邦政府的配送缴费。雇员可以自愿选择缴费比例,但最高不可超过其基本工资的10%。无论雇员是否选择缴费,政府都自动为其提供相当于该雇员基本工资1%的缴费。此外,政府为雇员前3个百分点的缴费提供100%的配送缴费。为其第四和第五个百分点的缴费提供50%的配送缴费,以后不再配送。两者缴费比例对应情况如表10-1所示。

表 10-1 个人和政府缴费比例

个人	0	1%	2%	3%	4%	5%	6%	7%	8%	9%
政府	1%	2%	3%	4%	4.5%	5%	5%	5%	5%	5%

个人账户中的储蓄额,属于个人缴纳的部分,归个人所有。属于政府按规定缴纳的部分,只有工龄在3年以上的业务类公务员才有资格享有。当公务员符合退休条件并退休时,可以一次性支取账户上的全部余额,也可以分次支取。公务员可以随意将账户转移到新的雇佣单位或金融机构,不需支付任何费用。储蓄投资由节俭局管理。

2. 联邦雇员退休金制度的评价

三支柱养老保险是分别由政府、雇主和个人作为行为主体实施的,养老责任由政府和个人共同承担,既体现了社会公平以及社会保障中权利与义务相对应的原则,又避免了个人对政府的过度依赖,减轻了政府的财政负担。

多支柱养老保险体系中的第一支柱实现了公务员养老保险制度与联邦社会保障制度的并轨,搭建了公务员养老保险与社会其他群体养老保险对接的平台,协调了不同群体的关系。第二、三支柱有利于稳定公务员队伍,增强对优秀人才的吸引力,激励公务员勤政廉政。较为灵活的制度设计,能满足不同层次的养老需求。养老金待遇的可携带性,适应现代社会流动性日益增强、就业模式不断变化的需要。

(二)法国公务员养老保险制度

法国公务员养老保险制度采取现收现付模式,其资金来源于在职公务员交费和国家预算。在职公务员要按工资的7.85%交纳养老保险费,其余部分则由国家财政支付。目前,国家财政负担的养老金占公务员工资总额的33.15%,政府充当托底角色。

公务员退休养老金,由各级政府财政部门按月发放。养老金数额取决于公务员的工资基数和服务年限。工资基数,是指退休前最后连续6个月指数化月缴费额。公务员每工作满1年,可领取工资基数2%的养老保险金。服务年限最低为15年,最高为37.5年。其计算公式为:月养老金 = 退休前6个月平均工资 × 服务年限 × 2%。

为了保证公务员退休后能维持一定的生活水平,法国政府规定退休后的养老金随在职公务员工资的增加而相应地增加,并还规定了最低补助金。

法国公务员养老金待遇较优厚,有利于公务员队伍吸引优秀人才。采取现收现付模式,没有积累,易于管理,没有养老基金保值增值的压力。财政负担过重,容易引发社会不同群体之间的矛盾。

(三) 新加坡公务员养老保险制度

新加坡公务员养老保险属于混合型养老保险模式,即退休金计划和中央公积金制度并存。退休金计划由新加坡中央政府统一进行管理。1972 年以前退休的所有公务员都纳入该退休计划。但从 1972 年 12 月后聘用的公务员就开始纳入中央公积金制度,而当时已在职的公务员则可在两者之间进行选择。目前参加退休金计划的公务员约占公务员总数的 40%。

1. 退休金计划

退休金计划所需资金主要由政府财政预算支付,个人需交纳一定费用,大约相当于中央公积金制度中个人交费额的 60%,基金实行现收现付模式。

根据法律规定,退休金计划提供三种待遇:退休补偿,因公死亡补偿和因公负伤补偿。领取退休补偿的公务员必须达到法定退休年龄 60 周岁,且必须有 10 年以上的工龄。退休金按月支付,不交所得税。对工龄不满 10 年的,只能领取一次性退休金,其数额相当于公务员在职期间工资总额的 10%。

2. 中央公积金制度

根据中央公积金法的规定,新加坡的每个雇员都必须参加公积金制度,即凡雇员无论男女老少、自愿与否皆是中央公积金的当然会员。公积金由雇员和雇主双方缴纳。目前缴费比例为雇主缴纳雇员工资额的 15%,雇员缴纳 20%,所缴公积金存入个人账户,并享有利息。对于公务员来说,雇主就是政府。目前,新加坡不同职位公务员的缴费比例略有不同,但一般都维持在工资的 36%,其中政府缴纳 20%,公务员缴纳 16%。

公积金有三个户头:一是普通户头,用于购屋、投资、买保险;二是特别户头,用来养老;三是保健户头,用于医疗保健。参加中央公积金制度的公务员,符合下列条件即可领取公积金:一是年满 55 岁;二是 35 岁以上因健康原因不能继续工作;三是经批准退休;四是精神不正常;五是永久性离开新加坡的外国公民。领取公积金时必须在账户上保留用于养老的最低存款。

为了保障公务员在退休之后有能力应付基本生活需求,新加坡规定三项办法来帮助其保留最低存款:可以将最低存额留在公积金里,或转移到一家特准银行或一家特准保险公司购买一份年金保险。任何一项选择均可保证退休公务员自 60 岁起能取得每月不少于 230 新元的固定收入。

新加坡通过实施公积金制度,基本实现了公务员养老保险的社会化。在当今世界各国公务员养老保险基金十分紧张,财政压力日益增大的情况下,新加坡成功地做到了公务员养老基金年年盈余，基本实现了无需国家财政拨款的自我保障，既促进了经济发展，避免了人口老龄化的困扰，又提高了公务员乃至全体国民的素质，促进了社会稳定。

第三节 失业保险

失业是市场经济不可避免的现象。它不仅中断了劳动者的正常收入，使其本人和家庭基本生活受到影响，而且减少了其参与社会生活、实现个人价值的机会。因此，建立完善的失业保险制度是政府义不容辞的责任。失业保险不仅为失业者提供基本生活保险，而且还负有积极促进其尽快再就业的责任。它与就业制度直接呼应，共同担负着人力资源合理配置，促进社会化大生产和市场经济协调发展的重大职责。

一、失业与失业保险

1. 失业

失业是与就业相对应而存在的概念，一般指有求职愿望的劳动者处于无职业的状态。1988年国际劳工组织通过的《促进就业和失业保险公约》，对失业的定义是："有能力工作、可以工作并且确实在寻找工作，而不能得到适当职业而失去收入的情况。"我国将失业定义为"在劳动年龄范围内，有劳动能力且要求就业的人口没有工作机会的社会经济现象"。

在国际上，根据不同的标准，可以将失业划分为不同的类型。按照造成失业的原因是主观的还是客观的来划分，失业可以分为自愿失业和非自愿失业。按照造成失业的客观原因的不同，非自愿失业又可进一步分为以下五种：一是摩擦性失业。由于求职的劳动者与提供的岗位之间存在着时间滞差而形成的失业。如青年学生毕业后不能及时找到工作，工人转移岗位时出现的工作中断等。一般是由于劳动者缺乏就业信息，而延长了寻找工作的时间。二是季节性失业。由于某些行业的生产条件或产品受气候条件、社会风俗或购买习惯的影响，使生产对劳动力的需求出现季节性波动而形成的失业。三是技术性失业。由于使用新的机器设备和材料，采用新的生产工艺和新的生产管理方式，导致局部劳动力过剩而形成的失业。四是结构性失业。由于国民经济产业结构的变化以及生产形式和规模的变化,劳动力结构不能与之相适应而导致的失业。五是周期性失业。由于经济波动,周期性经济危机对就业产生的影响而形成的失业。此外,按照失业程度的不同,失业可分为完全失业和部分失业;按照失业状态的不同,失业又分为显性失业和隐性失业两大类。自愿失业、部分失业和隐性失业通常不在失业统计之列。

失业问题的严重与否,可以通过计算失业人口占社会劳动力人口的比率,即失业率来反映。失业率高,即说明失业问题严重,反之,则相反。在许多西方国家,当失业率在4%～5%时,便可视为实现了充分就业。失业率的高低历来受到各国政府和经济学家的关注,不仅因为它是经济发展状况的一种表现形式,更重要的是它直接影响社会的稳定,是政府制定经济政策的一个重要参考内容。

2. 失业保险

失业保险是社会保险的重要组成部分。失业保险是对劳动年龄人口中有劳动能力并有就业愿望的成员,当其因非自愿原因暂时失去劳动机会,无法获得维持生活所必需的工资收入时,由国家或社会为其提供基本生活保障的社会保险制度。

失业保险同社会保险的其他项目相比,它特定的对象与实施目标决定了其自身的明显特征。

首先,实施保险的前提条件不同。其他社会保险项目,都是以丧失劳动能力为前提,如年老、疾病、伤残等。而失业保险是以失去劳动机会为前提条件,是对具有劳动能力但没有劳动机会的人提供生活保障。因丧失劳动能力而失去劳动机会的人恰恰不包括在失业保险的范围之内。

其次,实施保险的对象范围不同。其他社会保险项目不但以全体劳动者为保障对象,而且还包括未进入劳动年龄的人和已经超过劳动年龄,不在劳动力市场的人。例如,工伤保险和养老保险等。失业保险的对象是在劳动年龄范围内,具有劳动能力,暂作为劳动力市场余量形态的富余人员。它要求这些人员不仅具备劳动能力,而且还要求他们具备发挥其劳动能力所必备的竞争意识和竞争能力。不具备劳动能力和就业愿望的人,不在失业保险范围之内。

再次,劳动风险事故形成的原因不同。其他社会保险项目中劳动风险事故的形成,均属自然原因,主要是身体健康的损害和工作中疏忽大意或无法预料的外界自然力打击所致。而失业保险中的失业现象,却是一种由于社会经济方面的原因所致的劳动风险事故。例如,人口、劳动力资源与经济增长的比例失调,产业结构的调整以及就业政策的变化等,都可能成为失业的原因。

最后,具体职能不同。其他社会保险的职能,为丧失劳动能力的劳动者提供基本生活保障,使其恢复健康或继续生存,但这种经济保障对劳动能力的恢复并不起到直接的、决定性的作用,因而称之为"被动式"的保险制度。失业保险除了为失业者提供基本生活保障外,还负有积极促进其尽快再就业的责任,如转业训练、生产自救和重新就业等。它与就业制度直接呼应,共同担负着劳动力资源的合理配置,促进社会化大生产和市场经济协调发展的重大职责。这种职责履行的好坏,对劳动者摆脱失业的困扰将起到直接的作用,因而称为"主动式"的保险制度。

3. 失业保险的意义

第一,失业保险是社会化大生产发展的客观要求。社会化大生产的发展和社会分工的深化必然要求产业结构适时调整。各种生产要素在新的条件下进行重新组合,形成新的产业部门。从"夕阳产业"部门分离出来的剩余劳动力,由于劳动技能和知识结构的老化,不能适应新兴产业部门对劳动力素质的要求,形成"有人没事干,有事没人干,有人有事不会干"的局面,这是结构性失业的典型写照。有了失业保险,就可以解除这部分失业人员的后顾之忧。让他们通过就业培训、转业训练提高自身素质,增强竞争能力,为重新上岗创造条件。

第二,失业保险是建立市场经济体制的需要。随着市场经济体制的建立,企业作为市场竞争的主体,不可避免地要经受优胜劣汰的考验。部分企业由于技术落后、产品老化、销售疲软,需要进行技术改造,调整产品结构,压缩规模,精简职工;部分企业由于经营不善、亏损严重,需要关停并转或宣告破产。破产企业的职工和被精简的职工,将流向社会成为失业人员。有了失业保险,就能从根本上保障这些人员在失业期间的基本生活,从而有利于增强人们的心理承受能力,取得人们对经济体制改革的理解和支持,减少改革的阻力。

第三,失业保险有利于劳动用工制度的改革。劳动用工制度的改革是要改变原有的以"铁饭碗"为特征的由国家统包统配的固定用工制度,建立起以能进能出为特征的劳动合同这一新的用工制度,使自主用工成为企业行为。企业和职工在劳动关系确立上的双向选择有利于劳动力的合理流动和劳动力资源的优化配置,但这同时也必然会导致一部分职工失业。有了失业保险,就能减少企业和职工之间的摩擦,使新的劳动合同用工制度得以顺利推进。由此可见,失业保险制度的完善与否,直接关系到劳动用工制度改革的成败。

第四,失业保险有利于经济、社会协调发展。由于我国人口增长和经济增长不相适应,造成劳动人口的增长快于物质生产要素的增长。因此,在相当长的时期内,劳动力总供给将持续超过劳动力总需求。目前,我国仍处于就业高峰期,在短时间内,劳动力总量过剩的状况将难以改变,就业形势相当严峻。有了失业保险,就能稳定社会,安定人心,为经济体制和政治体制的改革营造一个良好的氛围,集中精力于经济建设,保证经济和社会稳定的协调发展。

第五,失业保险有助于增强职工的竞争意识和风险意识。失业保险制度的建立使劳动者逐步认识到,失业是市场经济条件下不可避免的一种社会经济现象,就业终身依附于国家终将成为历史,从而促使劳动者努力提高自身的文化技术素质,以便在竞争中立于不败之地。即使失业了,也要努力进取,尽快提高自身素质,重新参与竞争,争取早日走上新的工作岗位。劳动者风险意识和竞争意识的加强,有利于调动劳动者的积极性,提高劳动者的就业素质。

二、失业保险制度的主要内容

1. 享受失业保险待遇的资格条件

第一,必须符合法定的劳动人口年龄条件。只有在规定年龄范围内的人,才可能享受失业保险待遇。因此,各国的失业保险均不包括未成年人和已超过法定退休年龄的人。这是因为,未成年人和老年人均不负有法定的社会劳动义务,如各国为保护未成年人身体健康均明令禁止使用童工,而老人则有退休及养老保险,这两部分人都不属于国家负有安置就业责任的范围,自然也就不是失业保险的对象。我国规定的劳动年龄范围是男 16～60 周岁,女 16～50 周岁或 55 周岁。特殊职业与工种的法定劳动年龄另有规定。我国有关条例规定,距法定的离、退休年龄不足 5 年的职工,在失业期间符合离、退休条件的,可按离、退休办法处理,原则上不再发放失业保险金。

第二,必须是非自愿性失业。凡因社会经济结构调整、企业破产等客观原因而导致劳动者被迫失去劳动机会,才可获得失业保险待遇。一般规定:对自愿离职者;因行为不良被解雇除名者;因犯罪而被判入狱者;由于介入劳动争议和诉讼而主动停产、罢工致本人失业者,均不能获取失业保险待遇。这样规定的目的是防止在失业保险上的逆选择行为,避免有人利用失业保险而随意停工、擅自离职,从中达到不劳而获,骗取失业保险待遇的企图。

第三,必须是原来已经参加社会劳动并有工资收入的失业人员。这一规定主要是根据社会保险权利与义务基本对应原则作出的。原来已经参加社会劳动的人,他们对社会经济发展以及社会保险基金作出了一定贡献,应该取得享受失业保险待遇的资格。而且由于他们从事的是有酬劳动,工资是其主要生活来源,失业后才有生活来源中断,生活需要保障的问题。对于新进入劳动年龄而暂时未能就业的劳动者,虽然符合关于"失业"的一般定义,但由于他们没有为社会保险作出过贡献,故不能享受失业保险待遇,其生活费用靠家庭负担。

第四,必须是具有劳动能力和就业愿望者。对于是否具有就业愿望,一般作如下界定:一是失业后必须在规定期限内到社会保险经办机构办理失业登记,要求重新就业,或有明确表示重新工作要求的行为,如接受转岗培训等。我国有关条例规定:城镇企业单位职工失业后,应当持本单位为其出具的终止或者解除劳动关系的证明,及时到指定的社会保险经办机构办理失业登记。失业人员凭社会保险经办机构开具的领取失业保险金的单证到指定银行领取失业保险金。二是失业期间应定期同失业保险经办机构保持联系并汇报个人情况。这样做有利于经办机构及时了解失业人员的生活状况和就业意愿的变化,不失时机地向失业者传递就业信息。三是必须接受职业训练和合理的再就业安置。不接受职业训练(包括转业训练)和合理的工作安置,说明其无重新就业的要求,经办机构可酌情停止其享受失业保险待遇的资格。这里所指的"合理"安置,虽无法定的确认标准,但一般可从失业前后的职业相关性、劳动特点、工作技能、培训科目等方面给予综合考虑。当出现不合理安置时,失业者可提出理由,失业保险经办机构可酌情调整。下列情况可界定为不合理安置:离新工作岗位路途遥远,交通很不方便;无论工作条件,还是工资待遇,都与失业前相差很大;未考虑失业者的专业、特长,而硬性指派新的工作;介绍的新工作岗位,是劳资纠纷空缺出来的,若接受下来,容易引起不必要的误会。

2. 失业保险待遇的给付

失业保险待遇的给付包含三方面的内容。

一是失业保险待遇的项目。失业保险待遇是指参加失业保险的劳动者因失业而暂时中断生活来源时向其提供的物质帮助。我国现行的失业保险制度规定,失业职工及其供养的直系亲属可以享受到的保险待遇主要有以下几个项目:失业保险金、失业人员的医疗补助金、死亡的失业人员的丧葬补助金和其供养的配偶、直系亲属的抚恤金、失业人员接受职业培训、职业介绍的补贴。其中,失业保险金是最主要的失业保险待遇。

二是失业保险待遇水平的确定。一个国家在确定本国失业保险待遇水平的高低时要考虑以下三方面因素:首先,失业保险待遇的给付数额应能确保失业者及其供养的直系亲属的基本生活需要,维系劳动力的生产和再生产。同时,考虑到非自愿失业都是由社会经济发展中的诸多因素所造成的,国家和社会应负有主要的保障责任,失业保险待遇的水平应与其他社会保险项目持平。失业人员应享有基本生活水平待遇而不是最低生活水平。其次,失业保险待遇水平必须低于在职时的收入水平,并且只在一定期限内给予维持,超过期限者,只能领取社会救济。这样做有利于促进失业者尽快寻找新的工作岗位,避免出现失业保险中的逆选择行为。假如失业保险待遇水平与在职时的收入水平相差无几的话,那么失业者就会选择不工作,就不会努力去再就业。最后,失业保险待遇的给付应与被保险人的工龄、缴费年限和原工资收入相连,以体现社会保险权利与义务基本对应的原则。在确定待遇水平时,应该使工龄长、缴费年限多、原工资收入较高的人获得较多一些的失业保险金,一般是通过提高百分比或延长给付期限加以区分。

三是失业保险待遇给付期限的确定。由于失业保险的目标是在保障劳动者基本生活、维护社会稳定的基础上,促进劳动力资源的合理配置,推动社会经济的均衡正常发展。因此,它不能像其他保险项目那样可以由被保险人无限期地享受,它必须规定一个适当的失业保险待遇的给付期限,超过期限,即使仍然符合失业的条件,也不能继续给付保险待遇只能领取社会救济金。在这方面,世界各国的失业保险均有类似的明确规定,主要有两个内容:第一,在失业登记后到失业保险金给付之前,须有若干天的等待期。我国的失业保险法规对于等待期并无明文规定,但由于职工失业后需经失业保险主管机构对其身份进行审查,实际上也是有一定的等待期的。第二,失业者连续领取失业保险金的时间限制。国际劳工组织综合各国失业情况和工人生活,确认失业保险给付期每年 156 天为上限,78 天为下限。为此,不少国家把每年失业保险金给付期的上限定为 26 周,下限定为 13 周。我国失业人员领取失业保险金的期限,是根据失业人员失业前所在单位和本人累计缴费时间来确定的:累计缴费时间满 1 年不足 5 年的,领取失业保险金的期限最长为 12 个月;累计缴费时间满 5 年不足 10 年的,领取失业保险金的期限最长为 18 个月;累计缴费时间 10 年以上的,领取失业保险金的期限最长为 24 个月。

三、促进就业与完善再就业服务

就业是民生之本。对于每一个劳动者来说,就业不仅是提高其生活质量,实现小康的根本保障,而且是实现人的全面发展的物质基础;而失业不仅是收入的减少,生活水平的降低,更严重的是产生对生活安全保障缺失的恐惧,对政府的不满,这种情绪的蔓延,将直接威胁社会稳定。为此,就业问题往往引起全社会的高度关注。

　　解决就业问题首先需要通过保持较高的经济发展速度来提升就业弹性。一般来讲,经济增长会带来就业机会的增加,但也并不必然如此。因为经济增长和就业增长不是简单的一一对应关系,就业增长并不单纯取决于经济增长一个因素,而是取决于经济增长和就业弹性两个因素。所谓就业弹性是指经济每增长一个百分点所带来的就业增长的百分比。换言之,也就是经济增长对就业增长的拉动力。在同样的经济增长速度下,就业弹性越大,创造的就业岗位就越多,反之,就越少。而就业弹性的变化又取决于就业的单位成本。一定数量的劳动力就业所需要的资本投入和劳动力成本构成就业的单位成本。如果经济结构中,以劳动密集型为特征的第三产业所占的比重较大,那么就业成本相对较低,就业弹性就高。如果资本密集型产业所占比重较大,那么就业成本相对就高,就业弹性就低。

　　21世纪初,我国的经济增长率稳定在7%～8%之间,但失业率却在不断攀升,原因就在于就业弹性的下滑。诚然,在技术进步,资本有机构成提高的条件下,就业弹性会呈下降趋势,但就业弹性不是不可调节的,关键是看一个国家的经济发展战略,是发展资本密集型的产业,还是发展劳动密集型的产业。鉴于我国劳动力资源丰富,劳动力供给具有无限弹性的国情,应该积极发展劳动密集型产业,创造尽可能多的就业机会,提升就业弹性。发展劳动密集型产业主要是发展第三产业。目前,我国第三产业从业人员所占比重偏低,金融、保险、通讯、信息咨询、旅游、娱乐业、社区服务、物业管理、家庭服务业等还处于起步阶段,具有很大的发展潜力。从事第三产业的企业规模不大,一般以中小企业居多。国内外经验都充分证明,中小企业是吸纳劳动力的重要载体,它在创造就业岗位,缓解就业压力方面具有大企业无法比拟的优势,加大对中小企业的政策扶持力度,鼓励、支持其发展,是促进就业的一大途径。

　　解决就业问题同时需要加强以再就业培训为主要内容的就业服务。就失业保险制度而言,对失业职工的救济并保障其基本生活只是一种手段,而帮助失业职工再就业才是实施失业保险制度的最根本的目的。所以,失业保险应紧紧围绕着促进失业职工再就业这一宗旨并为其服务。如果脱离了这一宗旨,失业保险将失去它应有的作用。再就业服务的一项重要工程就是再就业培训。再就业培训是在劳动者暂时失去工作或转换工作的过程中,为适应社会对劳动者素质的要求以及空缺职位对劳动技能和技术的要求,而在短时间内,有针对性地提高失业者劳动素质的方法。

　　对失业者进行再就业培训应该遵循若干原则。一是社会需要的原则。再就业培训要适应劳动力市场的需求,坚持按需施教,学以致用。劳动和社会保障部门应积极组织力量开展劳动力市场调查和预测,及时掌握用人单位的需求信息和劳动力资源状况,指导培训单位有的放矢地确定培训方向,围绕就业岗位的职业技术要求进行就业培训。二是因人施教的原则。失业人员个性差异大,就业培训必须因人而异,采取不同的方式或方法,使受训的失业人员尽快掌握所需劳动技能,以增强就业竞争力。三是短期、快速和适用的原则。就业培训必须符合成人教育的规律,培训的方式应侧重于实际操作与应用,力求花时少、见效快。总之,再就业培训需要采取多学制、多层次、多形式的培训方式,从社会的需求及受训者的特点出发,有针对性地进行培训,以达到事半功倍的效果。

第四节 医疗保险

人的一生中,疾病风险无时不在,医疗保险可以通过多数人的参加来分担少数人的风险,以保障生活和安定社会。医疗保险制度的建立应遵循低水平、广覆盖、双方负担、统账结合的原则。同时,其健康运行要求必须规避道德风险。

一、医疗保险概述

医疗保险是作为补偿劳动者因疾病风险而造成的经济损失的一种社会保险制度。通过用人单位和个人缴费,建立医疗保险基金,参保人员患病就诊发生医疗费用后,由医疗保险机构给予一定的经济补偿。医疗保险具有风险共担和补偿损失两大主要功能,即将集中在个体身上的由疾病风险所致的经济损失分摊给所有参加保险的社会成员,并将集中起来的医疗保险基金用于补偿由疾病风险所带来的经济损失。

1. 医疗保险的基本特征

第一,医疗保险待遇支付形式为实物补偿。医疗保险的作用是在参保人员患病时提供经济上的帮助,使之尽快恢复身体健康和劳动能力。参保人员只有患病后才可享受医疗保险。尽管医疗保险是通过支付费用,补偿参保人员的经济损失,但参保人员最终获得的是医疗服务,而非现金。

第二,医疗保险待遇补偿方式为非定额补偿。参保人员患病后就医机会均等,不受其经济和社会地位影响。但由于病情不同,每个患者所获得的经济补偿额并不相等。因此,医疗保险对每个患者一般依据疾病的实际情况确定补偿金额,不采用定额补偿。

第三,疾病风险具有较强的不可避免性、随机性和不可预知性。在人的一生中,疾病是不可避免的。由于种种原因,人们很难对疾病的发生时间、类型、严重程度进行准确判断,加大了疾病风险的危害。因此,在法律规定范围内的群体,无论患病与否,必须一律参加医疗保险,以有效分担不可预期的疾病风险,提高全社会的医疗保险能力。

第四,医疗保险具有各方关系十分复杂的特征。实行医疗保险必须处理好医、患、保、药等方面的关系。患病时每个人的实际医疗费用无法事先确定,支付多少不仅取决于疾病的实际情况,也取决于所采用的医疗处置手段和医药服务提供者的行为。由于在医疗服务消费中,医疗服务的提供者处于相对垄断地位,难以完全通过市场手段,由患者选择医疗服务的内容和数量,来控制医疗费用的支出。因此,医疗保险的支出管理有别于养老、失业等其他社会保险,需要对医药服务提供者以及医药服务的项目和内容进行管理,以提高医疗保险基金的利用效率。

2. 医疗保险的主要功能

医疗保险除具备社会保险的一些共性的功能外,还有一些特殊的功能。

第一,保障生活和安定社会。劳动者及其家庭的生活主要依靠劳动报酬维持,而健康的体魄又是劳动者获取劳动报酬的前提条件。劳动者一旦患病,不能从事劳动,正常收入中断或减少,势必会影响劳动者本人及其家庭的生活。医疗保险制度的实施,可使患病的劳动者从社会获得必要的物质帮助,尽快恢复身体健康,重新从事劳动,取得经济收入,从而可以有效地帮助他们从"因病致贫"、"因贫致病"的贫病交加困境中解脱出来,保障劳动者及其家庭的正常生活,促进社会安定。

第二,促进卫生事业的健康发展。医疗保险可以依靠国家、单位和个人的经济力量,筹集医疗费用,通过提高广大群众对医疗卫生服务的利用能力,促进各类卫生保健事业的发展。同时,通过加大需方对医疗服务市场的调控能力,促进医疗卫生资源的合理配置,引导医疗服务市场调整服务布局和服务结构,提高服务质量,使医疗卫生事业逐步纳入健康发展的轨道。

第三,促进社会生产力的发展。劳动者的健康状况是关系到国家繁荣昌盛和民族兴旺发达的重大问题。维护并提高劳动者的健康水平,是国家和社会的重要职责。劳动者在一生中很难避免疾病的侵袭,医疗保险制度的实施,可以使劳动者在生病后得到及时治疗,恢复身体健康,并以健康的体魄投入生产劳动提供了重要保证。可以说,医疗保险也是劳动力再生产的必要条件,是保证社会生产发展的重要因素。尤其重要的是,医疗保险,不仅可以保障劳动者身体健康,而且可使劳动者以健康的身体为基础,学习科学文化技术,提高劳动力素质,从而有利于提高劳动生产率,促进社会生产力的发展。

第四,提高全民健康意识。医疗保险制度的实施,通过建立个人缴费和分担医疗费用的机制,有利于培育全民自我保健意识,增强自我医疗保障的能力和节约费用的意识。这对于控制医疗费用,有效利用卫生资源,以及提倡适度医疗消费,发扬互助共济精神都有着十分重要的作用。

二、医疗保险制度的基本框架

现行医疗保险制度的基本框架是根据1998年12月国务院发布的《关于建立城镇职工基本医疗保险制度的决定》(以下简称《1998年决定》)构建的。其主要内容涵盖以下方面:

1. 基本医疗保险费由用人单位和职工共同负担

按照权利与义务相统一、待遇与责任相对应的原则,改变过去由财政或企业包揽、资金来源单一的做法,医疗保险费由用人单位和职工个人双方共同缴纳。根据前几年全国职工医疗费用支出以及财政和企业的负担能力等实际情况,确定的缴费标准为:用人单位缴费一般为职工工资总额的6%左右,个人缴费占本人工资的2%左右。各统筹地区的具体筹资标准由当地政府确定。筹资标准随今后经济发展可作调整。

2. 建立统筹基金与个人账户相结合的管理模式

用人单位缴纳的基本医疗保险费分为两部分,一部分用于建立统筹基金,另一部分,即按单位缴费的30%左右的比例划入职工个人账户,具体比例由统筹地区根据个人账户的支付范围和职工年龄等因素确定。职工缴纳的基本医疗保险费,全部计入个人账户。个人账户的本金和利息归个人所有,但只能用于支付本人的医疗费,可以转结和继承,但不得提取现金或挪作他用。个人账户的建立,是把自我保险机制融入法定医疗保险的一种制度创新,由于医疗费用不仅在人群之间有着较大的差异,而且在人一生中的不同时期也表现出很大的不同,实行社会统筹和个人账户相结合,实际上是把社会互济和个人储存两方面优点加以结合。前者是强调人群之间的统筹互济,后者则突出个人在不同年龄段的储存调剂,年轻少病时的储存用于年老多病时的支付。因此,社会统筹和个人账户的结合,更能提高职工抵抗疾病风险的能力。

3. 明确划分统筹基金与个人账户的支付范围和支付办法

统筹基金主要用于支付大额和住院医疗费用,个人账户主要支付小额和门诊医疗费用。统筹基金支付时,要按照"以收定支、收支平衡"的原则,根据各地的实际情况和基金的承受能力,确定起付标准和最高支付限额。起付标准原则上控制在当地职工年平均工资的10%左右,最高支付限额原则上控制在当地职工年平均工资的4倍左右。统筹基金起付标准以下的医疗费用由个人账户支付,不足部分由个人自付;起付标准以上、最高支付限额以下的医疗费用,主要从统筹基金中支付,但个人也要负担一定的比例。超过最高支付限额以上的医疗费用,不再由统筹基金支付,而是通过大额医疗费用补助、企业补充医疗保险、公务员医疗补助、商业医疗保险等途径解决。

4. 基本医疗保险管理和服务实现社会化

管理和服务社会化是完善社会保险制度的基本要求。社会化的标志,一是各统筹地区要建立独立于企事业单位之外的、政府主管的医疗保险经办机构,负责基本保险基金的收缴、管理和支付。基本医疗保险基金社会化管理和服务是社会保险的一个基本原则,也是重要标志。目的是要打破过去公费、劳保医疗的界限,打破过去不同所有制单位之间、不同职工身份之间的界限,扩大医疗保险的覆盖范围,减轻企业的社会负担。二是在一个较大的地域范围进行统筹,在这一范围内,所有单位及其职工都要按照属地管理的原则,参加所在统筹地区的基本医疗保险,执行统一政策,基金统一筹集、使用和管理。基本医疗保险统筹范围(简称为统筹地区),原则上以地级以上行政区为统筹单位,也可以县(市)为统筹单位,直辖市原则上在全市范围内实行统筹。

5. 健全医疗保险基金管理和监督机制

加强基金支出的管理和监督,保障基金的安全是基本医疗保险制度成败的重要环节。基本医疗保险制度将过去由用人单位分担的基金管理风险转为主要由政府承担,加强基金支出管理就显得尤为重要。为保证基本医疗保险基金的安全,基本医疗保险基金要纳入财政专户管理,专款专用,任何单位和个人都不得挤占和挪用。社会保险经办机构的事业经费由各级财政预算解决,不得从基本医疗保险基金中提取。统筹基金不能出现赤字,要以收定支,量入为出,收支平衡。建立健全基金的预决算制度、财务会计制度和社会保险经办机构内部审计制度。

6. 强化医疗服务管理和积极发展社区卫生服务事业

医疗机构是职工医疗服务的提供者,是控制医疗费用的源头,医疗机构的行为直接决定职工医疗费用的增减,因此,必须强化医疗服务管理,控制医疗费用过快增长。其主要政策包括:基本医疗保险实行定点医疗机构和定点药店管理,并制定科学合理的医疗费用结算办法,职工在定点医疗机构就医、购药,也可持处方到定点药店购药;制定基本医疗保险的药品目录、诊疗项目和医疗服务设施标准及相应的管理办法,不符合药品目录、诊疗项目和医疗服务设施标准范围的医疗费用,不在基本医疗保险的支付之列;实行医、药分开核算,分别管理。同时,要按照区域卫生规划的要求,推进医疗卫生服务体系结构调整,加快医疗机构改革,规范医疗行为,减员增效,提高卫生资源的利用效率。要加快发展社区卫生服务,建立社区卫生服务机构与医院的双向转诊制度,逐步形成布局合理、方便职工的医疗卫生服务网络。社区卫生服务中的基本医疗服务项目,可以纳入基本医疗保险支付范围。

7. 妥善解决有关人员的医疗待遇

离休人员、老红军、二等乙级以上革命伤残军人的医疗保险待遇不变,医疗费用按原资金渠道解决,支付确有困难的,同级人民政府帮助解决。退休人员参加基金医疗保险,个人不缴纳基本医疗保险费;对退休人员个人账户的计入金额和个人负担医疗费的比例给予适当照顾。公务员参加基本医疗保险,执行统一的基本医疗保险政策和待遇标准,在此基础上享受医疗补助。此外,要解决好下岗职工包括医疗保险在内的社会保险问题。国有企业下岗职工的基本医疗保险费,由再就业服务中心按当地职工平均工资的60%为基数代职工缴纳,并享受相应的医疗保险待遇。

三、我国公务员医疗保险

在《1998年决定》颁布前,我国公务员实施的是公费医疗制度,该制度建立于1952年。享受公费医疗的对象包括各级国家机关、党派、团体以及文化、教育、科研、卫生、体育等事业单位的工作人员和离、退休人员,二等乙级以上革命残废军人,大专院校在校学生等。公费医疗经费由国家和各级政府财政预算拨款,享受公费医疗的人员在指定的医疗机构就诊、住院,符合规定的医疗费用,在公费医疗经费中报销。由国家包揽公务员医疗费用的公费医疗制度,对医患双方缺乏有效的制约机制,导致医疗费用增长过快,财政不堪重负。为此,国务院于1998年召开全国医疗保险制度改革工作会议,发布了《国务院关于建立城镇职工基本医疗保险制度的决定》,明确规定:机关、事业单位必须参加基本医疗保险。这样就把在我国实施多年的公费、劳保"双轨"的医疗制度变为"单轨"的基本医疗保险制度。为实现新旧医疗保险制度的平稳过渡,保持公务员队伍稳定、廉洁,保证政府高效运行,2000年国务院批准了劳动保障部、财政部《关于实行国家公务员医疗补助的意见》。

至此,公务员医疗保险制度的基本框架得以构建,即国家和个人双方筹资、社会统筹和个人账户相结合,以基本医疗保险为基础,以职工大病医疗费用补助和公务员医疗补助为补充的公务员医疗保险制度。

公务员基本医疗保险与城镇职工基本医疗保险完全一致,这里不再重复。下面着重介绍两个补助。

一是职工大病医疗费用补助。职工大病医疗费用补助,一般由当地政府随同基本医疗保险的建立在参保职工中强制执行,由当地社会保障经办机构负责经办,保险费一般按每个职工一年缴纳一定额度费用的办法筹集,由社会保险经办机构建立大病医疗费用补助金,与基本医疗保险基金分开管理,分别核算。参保职工发生超过封顶线以上的医疗费用,由大病医疗费用补助金按一定比例支付。

二是公务员医疗补助。在进行城镇职工基本医疗保险制度改革的同时,国家出台了实行公务员医疗补助的规定。其主要内容如下:

第一,提出了实行公务员医疗补助的基本原则。这就是补助水平要与当地经济发展水平和财政负担能力相适应,保证公务员原有医疗待遇水平不降低,并随经济发展有所提高。

第二,严格界定了公务员医疗补助的对象及范围。即符合《国家公务员暂行条例》和《国家公务员制度实施方案》规定的国家行政机关工作人员和退休人员;经人事部或省、自治区、直辖市人民政府批准列入依照公务员制度管理的事业单位的工作人员和退休人员;经中共中央组织部或省、自治区、直辖市党委批准列入参照国家公务员制度管理的党群机关、人大、政协机关、各民主党派和工商联机关以及列入参照国家公务员管理的其他单位机关工作人员和退休人员;审判机关、检察机关的工作人员和退休人员,都是实施公务员医疗补助的对象。2006年《公务员法》实施后,上述机关的工作人员均被纳入公务员系统,《公务员法》第77条规定,"国家建立公务员保险制度,保障公务员在退休、患病、工伤、生育、失业等情况下获得帮助和补偿。"这一条文同样延续了上述规定的精神。另外,为了保证享受公费医疗的事业单位工作人员、退休人员的医疗待遇在改革前后平稳过渡,可参照国家公务员医疗补助办法,实行医疗补助。

第三,明确了公务员医疗补助经费的来源渠道。按现行财政管理体制,医疗补助经费由同级财政列入当年财政预算,具体筹资标准应根据原公费医疗的实际支出、基本医疗保险的筹资水平和财政承受能力等情况合理确定。医疗补助经费要专款专用,单独建账,单独管理,与基本医疗保险基金分开核算。

第四,规定了公务员医疗补助的经费使用范围。医疗补助经费主要用于基本医疗保险统筹基金最高支付限额以上,符合基本医疗保险用药、诊疗范围和医疗服务设施标准的医疗费用补助;在基本医疗保险支付范围内,个人自付超过一定数额的医疗费用补助;中央和省级人民政府规定享受医疗照顾的人员,在就诊、住院时按规定补助的医疗费用。

四、医疗保险中的道德风险及其规避

道德风险是指"从事经济活动的人在最大限度地增进自身效用时作出不利于他人的行为"[①]。人的行为选择可能是理性的,也可能是非理性的。亚当·斯密(Adam Smith)第一次把个人谋求自身利益的动机和行为纳入经济学的分析中,提出经济人之说。他在《国富论》中认为,个人追求自身利益的行动是与社会生产的扩大和经济的繁荣紧密联系在一起的,人人都出于改善自身处境的需要拿自己的商品与他人进行交换,在"看不见的手"的支配下,既满足了自己的需要,客观上也满足了他人的利益,最终促进了全社会利益的增进。斯密的分析是以人的完全理性为前提的,所谓完全理性,是指人具有长远眼光,不会为了眼前利益去干损人利己的事,因为损人利己最终会损害自己的利益。

然而事实上,人不可能是完全理性的,人的行为选择具有不确定性。因此,社会制度安排就应当遵循洛克提出的"无赖原则",就是说在社会制度的设计中,宁可将每一个人都看成无赖,而不能看成是君子。这并不意味着每一个人真的是无赖,而是说要将制度设计得相当严密,即使是无赖,也无法从这一制度中图谋私利,无法作出不利于他人的行为选择。

信息经济学把道德风险产生的根源归结为经济活动中的信息不对称。信息经济学理论研究表明:风险就是由于未来的不确定性而导致的损失的可能

---

① 〔英〕约翰·伊特韦尔等编:《新帕尔格雷夫经济学大辞典(3)》,北京:经济科学出版社1996年版,第588页。

性。因此，尽可能多地获取相关信息就成为减少乃至根除风险的根本途径。但这恰恰是做不到的，原因在于社会化大生产的高度发展，社会分工日趋细密，专业化协作程度越来越高，交易链越来越长，交易对象、交易条件日趋复杂，参与市场交易的当事人面对的又是不完全信息的社会，而获取信息的成本又很高，这样就出现了信息的不对称。

信息不对称是指一方拥有另一方所不知道的，而且是另一方无法验证的信息。这里的无法验证不是说不能验证，而是指这种验证需要花费昂贵的成本，是不经济的。在信息不对称情况下，信息优势一方存在不惜利用自身的信息占有优势，以损害交易对方的利益为代价而达到自身效用最大化的行为偏好，这就产生了道德风险问题。

医疗保险领域中的道德风险来自两方面：一是来自医疗服务需求者。由于药品消费行为的隐藏性和医疗保险待遇的差异性的叠加效应拉动对医疗服务的过度需求。"一人持卡，全家看病"导致医疗费用的急剧增长和医疗资源的严重浪费。二是来自医疗服务提供者（医疗机构）。医疗机构为了提高自身利益，会尽可能多地提供医疗服务，即"过度服务"。医疗服务与一般的商品和服务不同，是一项技术性很强的活动，其特殊性主要表现为供需双方信息不对称。参保人患病后往往不知道应该做何种检查，服何种药物，是否应该住院，是否需要手术，只能通过医生来选择所需要的医疗服务的项目和数量。如果医生的收益与其所提供医疗服务的数量有关，即他们有可能出于个人的利益替患者选择过度服务和贵重服务。"小病大看"、"小病大查"，结果导致不必要的医疗费用发生。由此可见，不管是来自需方的"过度需求"，还是来自供方的"过度服务"，都损害了医疗保险机构的利益，导致了医疗费用的不合理增长，为此，必须采取相应措施，制约供需双方的行为，规避道德风险。

（一）对需方采取的费用控制措施

第一，费用分担。通过让参保人分担一部分医疗费用的方式，可以提高他们的费用意识，减少过度利用医疗服务的行为，从而达到对医疗费用进行控制的目的。医疗保险机构通常采取设立起付线、封顶线及建立分担比例等方法，与参保人共同分担医疗费用。这种措施对医疗费用的控制程度，取决于参保人自付医疗费用的比例。参保人自付医疗费用的比例越高（医疗保险机构支付的比例就越低），医疗服务需求方的费用意识就越强，对他们行为的约束作用就越大，对医疗保险费用的控制力度也就越大。当然，医疗保险机构也不能为了控制医疗保险费用，而使参保人自付医疗费用的比例过高，这样会影响到参保人的健康及医疗保险的参保率。

第二,确定医疗保险的保障范围。由于受经济条件的限制,医疗保险机构不可能对所有的医疗服务都提供补偿,只能将其中的一部分医疗服务包括在医疗保险的保障范围之内。医疗保险机构为了控制医疗保险费用,需根据医疗保险费的筹集水平、居民对医疗服务的需求水平和类型以及各地区的具体情况,来确定医疗保险的保障范围。例如,确定医疗保险的药品目录、诊疗项目范围、医疗服务设施范围与标准等。参保人利用了在医疗保险保障范围之内的医疗服务,均可享受一定程度的医疗费补偿;但如果所利用的医疗服务没有被包括在医疗保险保障范围之内,则需自付所花费的医疗费用。通过这种限定医疗保险保障范围的方式,既可以保障职工能够获得基本医疗服务,也可以在较大程度上对医疗费用进行控制。此外,还可以通过对在不同级别医疗机构就诊采取不同补偿水平的方法(如在三级医疗机构就诊的补偿水平应明显低于在社区卫生机构就诊的补偿水平)分流病人,引导病人利用费用较低的社区卫生服务。

(二) 对供方采取的费用控制措施

第一,规定不同的医疗费用支付方式。医疗服务的提供者为了提高经济效益,会尽可能多地提供医疗服务,甚至过度提供服务及提供不必要的服务,即所谓的诱导需求,从而导致不合理医疗费用的发生及医疗保险资金的不合理支付。对于医疗服务提供者的这种行为,可以通过采取不同的费用支付方式来进行约束,如按服务付费、按病种付费、总额预算制等。

第二,对医疗服务提供者进行选择,引入竞争机制。通过选择为医疗保险提供医疗服务的医疗机构及增加患者对医疗机构的自主选择性,将竞争机制引入到医疗服务领域,促使医疗机构提高服务质量、改善服务态度和降低服务成本。采用这种方法的结果是"钱跟着病人走"。如果某一个医疗机构信誉不高,服务质量不好,病人就不会来这个医疗机构就诊。失去了病人,就意味着失去了市场份额和收入。这可以促使医疗机构努力提高医疗机构的信誉和医疗服务的质量,减少不良的经营行为(如过度提供服务、诱导需求等),减少不必要的医疗费的发生。

第三,加强对医疗机构的监督管理。采取行政手段对医疗服务机构的行为进行外部监督,以限制它们过度提供医疗服务和诱导需求的行为。例如,定期或不定期检查与监督医院和医生的用药情况、大型诊疗仪器的使用情况、转诊情况及收费价格,检查门诊人次、处方张数、出院病人数等,并对一定时期内的医疗费用情况进行评价,对出现不良经营行为的医院或医生给予行政处罚和经济处罚。

案 例

法国公务员的养老保险制度[①]

法国公务员养老保险制度,是法国建立最早的社会保险制度之一。从1796年公务员实行个人缴费制度开始,法国公务员养老保险制度的建立已有200年历史。现行制度是1945年、1964年两次对原有退休养老法规进行修改、充实后逐步建立和完善起来的。

1. 养老保险金的筹集及转移

法国公务员养老保险基金,主要来源于国家财政、地方单位和个人缴费。其筹集比例由国家政府决定,具体由政府主管和金融部门经过测算后制定。

(1) 养老保险金的筹集。养老保险金由国家(地方)和个人共同负担。公务员实行"计点制"工资制度,个人缴费以计点工资为基数,在纳税前直接从工资中扣缴。国家公务员和地方公务员个人缴纳比例统一为7.85%。地方和医疗系统公务员养老保险建立了统筹基金制度,用人单位按规定的筹集比例向地方公务员退休基金会缴纳,目前规定的比例为工资总额的25.1%。国家公务员养老金则由国家财政预算安排,国家直接向退休的公务员支付养老金。但国家财政负担的养老金已占公务员工资总额的33.15%,即国家实际缴费比例大大高于地方缴费比例,这主要是因为在现收现付模式下,国家公务员的老龄化程度高于地方公务员。

(2) 养老保险基金的转移。法国公务员的职位是相对稳定的,由于规定公务员服务年限满15年后就可以领取养老金,所以,只是对服务年限不满15年而离开公务员队伍的人员才涉及转移养老保险基金问题。法国实行多种社会保险管理体制,按照法律规定公务员养老保险为特殊管理体制,所以,对于服务年限不满15年无权领取养老金的公务员离开公务员队伍时,需要将已缴纳的养老保险基金转移到基本保险体制,从60岁起按有关法律规定领取养老金。

2. 养老保险金的支付

法国公务员的养老保险待遇基本是一样的,地方公务员医疗系统公务员

[①] 资料来源:王永红等,"法国公务员养老保险制度",《中国机关后勤》,2005年第3期。

与国家公务员享受同等的待遇水平。

(1) 确定养老金的要素。确定养老金的要素包括三个方面。一是退休时的工资基数。规定以在结束有效工作(即退休)前至少连续6个月连续领取的工资平均值为基数。二是退休时的服务年限。计发养老金的最低服务年限为15年,最高服务年限为37.5年。三是国家确定的年替代率(国家统一规定每一年工龄按基本工资的2%发给)。

(2) 养老金计发标准。养老金发放计算公式为：月养老金＝退休前6个月平均工资×服务年限×2%。按照上述标准,公务员服务年限的多少决定了养老金相当于本人最后6个月平均工资的比例,服务年限15年的为30%(15年×2%),25年的为50%(25年×2%)、37.5年的为75%(37.5年×2%)。但法律规定,无论养老金如何计算,其数额不能低于规定的最低养老金标准,一旦低于这一规定标准,即按最低养老金标准发放。目前法国退休公务员养老金最低标准为5 300法郎/月。因此,一般情况下养老金最后比例为75%,但对一些特殊对象也会适当提高,如根据孩子数目和有军职人员配偶的情况,养老金比例也可以提高到80%。

(3) 养老金调整提高方式。法律规定退休公务员享受与在职公务员调整工资相同的调整养老金权利。具体有两种调整提高方式：一是根据养老金点值的升值而使养老金同时上浮。法国公务员实行指数工资制度,退休公务员的养老金也有相应的工资指数点值,如因物价上涨原因,所有的公务员的点值升高,养老金也就相应提高了。二是与同类别的在职公务员提高待遇同步。如果国家对某一类别的公务员提高待遇,同类别的退休公务员的养老金同时提高。

3. 养老保险金管理体制

(1) 国家公务员退休养老保险金管理。国家公务员的退休养老保险管理工作,主要由各行政主管部门和经济与财政部负责。

行政主管部门的主要工作：一是负责提供公务员退休的应有材料文件,并建立公务员退休档案卷宗。主要包括：公务员退休申请、公务员的工作履历,以及公务员的任免决定、身份证、结婚证、子女出生证等必需的证明文件。如果公务员曾在几个部门工作,由最后所在部门负责建立公务员退休档案卷宗。二是根据公务员个人的档案材料和法律规定,对公务员退休后所需的费用进行匡算,并提出应享受的养老金标准。上述退休档案材料和养老金标准要报送经济财政部预算司养老金管理局。

经济与财政部负责退休公务员养老保险金的预算发放等管理工作。其中,预算司主要是编制养老金预算。公共会计司主要负责支付养老金,并在支付养老金后将开支记入预算有关项目,并向养老金管理局报送退休人员的死亡、住址变化和一切可能导致停付养老金的有关情况。养老金管理局负责养老金的管理工作,主要是对行政主管部门提交的档案材料参照有关规定进行复核,确认提供的材料和证明文件是否相符,计算核对发放养老金数额,确认无误后,通知公共会计司支付养老金,并对养老金的发放进行跟踪管理。

(2) 地方和医疗系统公务员退休养老保险管理。地方和医疗系统公务员的退休养老保险管理工作,主要是由法国信托局波尔多分局和公务员所在行政部门机构负责。

波尔多分局的主要职能是对大区、省、市的公务员及其所在公共机构的职工提供养老保险方面的保障,主要负责对申请参保机构进行性质判定和注册,对参保人员的资格进行审核,对退休公务员领取养老金权益的审核;还要负责计算退休公务员养老金的实际发放额,发送养老金发放通知和养老金证书,以及养老金的跟踪管理等工作。

公务员所在部门机构的主要工作包括负责申报注册,填写送交参保人员的申报书,并对其中填写的有关内容负责;要负责参保人和本部门机构向全国地方集体公务员退休基金会缴纳养老保险统筹费,每年向全国地方集体公务员退休基金会提交一份本单位参保人员名单以及养老保险统筹费的缴纳情况;负责办理退休公务员领取养老金的手续,并完成制作本单位退休公务员养老金卷宗等工作。

4. 养老保险金的法律保障

《公务员总章程》等相关法律法规对公务员养老金的定性、定量和发放程序等都有明确的规定。主要表现在以下几个方面:

一是明确规定养老金是薪金的延长和继续。在有关法律条文中明确,养老金是薪金的延长,是对公务员所提供的服务而给予他本人及在其去世后转给法定继承人的资金,养老金的金额应保证享受者能有与其职务地位相称的物质生活水平。但由于养老金是薪金的继续,所以,养老金不能高于薪金的数额。

二是明确规定养老金受到法律的特别保护。按照司法稳定性规定,在一年之内,退休公务员可以对其养老金的发放方式提出异议,还可以向行政司法有关部门要求撤销养老金决定,甚至要求赔偿损失,所有领取养老金的退休公务员都可以在有关养老金诉讼时对发放决定的不合理性提出异议,但在发放一年后养老金就不可再进行更改。因此,就使得退休公务员能动用法律手段来维护自己的利益,这也促使管理部门必须严格按照法律规定处理养老金问题。

三是明确规定对养老金实行特殊的保护措施。如：对养老金不予征税；除作为公务员雇主的国家外,养老金不受债权人的没收,如果国家对养老金实行没收,也不得超过金额的20%。

四是明确规定不能让公务员处于无收入状态。法律规定工资停发之日即为第一笔养老金发放之日,避免在最后一次领取工资和第一笔养老金发放之间有任何中断。

案例分析题
1. 法国公务员养老保险制度包括哪些内容？
2. 联系案例谈谈中国公务员养老保险制度的改革与完善。

复习与思考
1. 社会保险的特征。
2. 社会保险的作用。
3. 社会保险与社会保障、商业保险及社会救济的区别。
4. 我国公务员养老保险制度改革的基本思路。
5. 我国失业保险制度的主要内容。
6. 我国公务员医疗补助的主要内容。

主要参考文献

1. U. S. Merit Systems Protection Board, Identifying Talent through Technology Automated Hiring Systems in Federal Agencies, August 2004.
2. The Federal Selection Interview: Unrealized Potential, A Report to the President and the Congress of the United States by the U. S. Merit Systems Protection Board, 2003.
3. Goulet, L. Singh. R. P. Career Commitment: A Reexamination and an Extension, Journal of Vocational Behavior, 2002(61).
4. Baruch Y. and Peiperl M. Career management Practices: An Empirical Survey and Implications, Human Resource Management, 2000, Vol. 39, No. 4.
5. Anderson. S. E. et al. Formal Organizational Initiatives and Informal Workplace Practices: Links to Work-Family Conflict and Job-Related Outcomes, Journal of Management, 2002, Vol. 28, No. 6.
6. Treasury and Cabinet Office, UK. Total Reward Preliminary Report, September 27, 2004. http://www.cabinetoffice.gov.uk.
7. U. S. Office of Personnel Management, 2006 General Schedule (GS) Locality Pay Tables.
8. U. S. Office of Personnel Management, 2006 Pay Tables for Executive and Senior Level Employees.
9. Donna D. Beecher, The Next Wave of Civil Service Reform, Copyright International Public Management Association for Human Resources, Winter 2003.
10. J. Edward Kellough and Sally Coleman Selden, The Reinvention of Personnel Administration: an Analysis of the Diffusion of Personnel Management Reforms in the States, Public Administration Review, March/April 2003, Vol. 63, No. 2.
11. Ban, Carolyn, and Norma M. Riccucci, Public Personnel Administration: Current Concerns and Future Challenges, 3/E (Longman, 2001).

12. Shafritz, Jay M., David H. Rosenbloom, Norman M. Riccucci, Katherine C. Naff and Albert C. Hyde, Personnel Management in Government: Politics and Process(Dekker,2001).

13. Dresang, Dennis L., Public Personnel Management and Public Policy,4/E (Longman,2001).

14. Ban, Carolyn, and Norma M. Riccucci, Public Personnel Administration: Current Concerns and Future Challenges,3/E (Longman,2001).

15. 〔英〕劳伦斯·H·彼德斯等主编:《布莱克维尔人力资源管理学百科辞典》(中文版),北京:对外经济贸易大学出版社2002年版。

16. 〔美〕赫伯特·西蒙著:《管理行为——管理组织决策过程的研究》,北京:北京经济学院出版社1988年版。

17. 〔美〕彼得·德鲁克著:《管理实践》,上海:上海译文出版社1999年版。

18. 〔美〕斯蒂芬·P·罗宾斯等著:《管理学》(第7版),北京:中国人民大学出版社2004年版。

19. 〔美〕丹尼斯·C·缪勒著:《公共选择理论》,北京:中国社会科学出版社1999年版。

20. 〔美〕查尔斯·沃尔夫著:《市场或政府:权衡两种不完善的选择》,北京:中国发展出版社1994年版。

21. 〔美〕格罗弗·斯塔林著:《公共部门管理》,上海:上海译文出版社2003年版。

22. 〔澳〕欧文·E·休斯著:《公共管理导论》,北京:中国人民大学出版社2001年版。

23. 〔美〕雅米尔·吉瑞赛特著:《公共组织管理——理论和实践的演进》,上海:上海译文出版社2003年版。

24. 〔美〕詹姆斯·W·费斯勒等著:《行政过程的政治:公共行政学新论》(第2版),北京:中国人民大学出版社2002年版。

25. 〔美〕尼古拉斯·亨利著:《公共行政与公共事务》(第8版),北京:中国人民大学出版社2002年版。

26. 〔美〕詹姆斯·Q·威尔逊著:《美国官僚政治:政府机构的行为及其动因》,北京:中国社会科学出版社1995年版。

27. 〔美〕戴维·奥斯本等著:《改革政府:企业精神如何改革着公营部门》,上海:上海译文出版社1996年版。

28. 〔美〕戴维·奥斯本等著:《政府改革手册:战略与工具》,北京:中国人民大学出版社 2004 年版。
29. 〔美〕R·韦恩·蒙迪等著:《人力资源管理》(第 6 版),北京:经济科学出版社 1998 年版。
30. 〔美〕亚瑟·小舍曼等著:《人力资源管理》(第 11 版),大连:东北财经大学出版社 2001 年版。
31. 〔美〕劳埃德·拜厄斯等著:《人力资源管理》(第 6 版),北京:华夏出版社 2002 年版。
32. 〔美〕加里·德斯勒著:《人力资源管理》(第 8 版),北京:清华大学出版社 2003 年版。
33. 〔美〕雷蒙德·A·诺伊等著:《人力资源管理:赢得竞争优势》(第 5 版),北京:中国人民大学出版社 2005 年版。
34. 〔美〕Susan E. Jackson 等著:《人力资源管理:从战略合作的角度》(第 8 版),北京:清华大学出版社 2005 年版。
35. 〔美〕Joan. E. Pynes 著:《公共和非营利性组织的人力资源管理》,北京:清华大学出版社 2002 年版。
36. 〔美〕唐纳德·克林格勒等著:《公共部门人力资源管理:系统与战略》(第 4 版),北京:中国人民大学出版社 2001 年版。
37. 〔美〕杰弗里·H·格林豪斯等著:《职业生涯管理》(第 3 版),北京:清华大学出版社 2006 年版。
38. 〔美〕洛克:《把握你的职业发展方向》(第 5 版),北京:中国经济出版社 2006 年版。
39. 〔英〕耶胡迪·巴鲁:《职业生涯管理教程》,北京:经济管理出版社 2005 年版。
40. 〔美〕托马斯·G·格特里奇等著:《有组织的职业生涯开发》,天津:南开大学出版社 2001 年版。
41. 〔英〕马丁·所罗门主编:《培训战略与实务》,北京:商务印书馆 1999 年版。
42. 〔美〕雷蒙德·A·诺伊著:《雇员培训与开发》,北京:中国人民大学出版社 2001 年版。
43. 〔美〕罗伯特·巴克沃著:《绩效管理——如何考评员工表现》,北京:中国标准出版社、科文(香港)出版社有限公司 2000 年译版。
44. 〔美〕约瑟夫·J·马尔托奇奥著:《战略报酬:人力资源管理方法》(第 2 版),北京:社会科学文献出版社 2002 年版。

45. 〔美〕约翰·E·特鲁普曼著：《报酬方案》（第 2 版），上海：交通大学出版社 2002 年版。
46. 〔美〕乔治·T·米尔科维奇著：《报酬》（第 6 版），北京：中国人民大学出版社 2002 年版。
47. 吴志华著：《美国公务员制度的改革与转型》，上海：上海交通大学出版社 2006 年版。
48. 李和中著：《比较公务员制度》，北京：中共中央党校出版社 2003 年版。
49. 姜海如著：《中外公务员制度比较》，北京：商务印书馆 2003 年版。
50. 李德志主编：《人事行政学》，北京：高等教育出版社 2001 年版。
51. 毛寿龙等著：《西方政府的治道变革》，北京：中国人民大学出版社 1998 年版。
52. 张柏林主编：《中华人民共和国公务员法释义》，北京：中国人事出版社、党建读物出版社 2005 年版。
53. 杨景宇等主编：《中华人民共和国公务员法释义》，北京：法律出版社 2005 年版。
54. 中国教育与人力资源问题报告课题组：《从人口大国迈向人力资源强国》，北京：高等教育出版社 2003 年版。
55. 吴志华主编：《人力资源开发与管理》，北京：高等教育出版社 2004 年版。
56. 黄维德等编著：《人力资源管理》，北京：高等教育出版社 2000 年版。
57. 陈维政等主编：《人力资源管理》，北京：高教教育出版社 2002 年版。
58. 关淑润主编：《人力资源管理》，北京：对外经济贸易大学出版社 2001 年版。
59. 赵曙明著：《人力资源管理》，北京：中国人民大学出版社 2001 年版。
60. 张德主编：《人力资源开发与管理》（第 2 版），北京：清华大学出版社 2001 年版。
61. 彭剑锋主编：《人力资源管理概论》，上海：复旦大学出版社 2003 年版。
62. 谢晋宇著：《人力资源开发概论》，北京：清华大学出版社 2005 年版。
63. 萧鸣政主编：《人力资源开发与管理——在公共组织中的应用》，北京：北京大学出版社 2005 年版。
64. 孙柏瑛等编著：《公共部门人力资源开发与管理》，北京：中国人民大学出版社 2004 年版。
65. 陈振明主编：《公共部门人力资源管理》，北京：九州出版社 2002 年版。
66. 姚先国、柴效武：《公共部门人力资源管理》，北京：科学出版社 2004

年版。
67. 滕玉成等主编：《公共部门人力资源管理》，北京：中国人民大学出版社 2003 年版。
68. 谭融编著：《公共部门人力资源管理》，天津：天津大学出版社 2003 年版。
69. 吴江等主编：《公共部门人力资源管理》，北京：中共中央党校出版社 2003 年版。
70. 赵曼主编：《公共部门人力资源管理》，北京：清华大学出版社 2005 年版。
71. 曹亚克等编著：《最新人力资源规划、招聘及测评实务》，北京：中国纺织出版社 2004 年版。
72. 梅姝娥等主编：《管理信息系统》，北京：石油工业出版社 2003 年版。
73. 吴清烈等主编：《预测与决策分析》，南京：东南大学出版社 2004 年版。
74. 郑晓明等编著：《工作分析实务手册》，北京：机械工业出版社 2002 年版。
75. 王雷宝主编：《公务员职位分类教程》，北京：机械工业出版社 1989 年版。
76. 谌新民等编著：《职业生涯规划》，广州：广东经济出版社 2002 年版。
77. 林泽炎等编著：《员工职业生涯设计与管理》，广州：广东经济出版社 2003 年版。
78. 龙立荣等编著：《职业生涯管理》，北京：中国纺织出版社 2003 年版。
79. 马士斌著：《生涯管理——让辉煌事业伴随人的一生》，北京：人民日报出版社 2001 年版。
80. 沈之菲编著：《生涯心理辅导》，上海：上海人民出版社 2000 年版。
81. 张添洲：《生涯发展与规划》，台北：五南图书发行公司 1993 年版。
82. 张莹：《如何进行职业生涯规划与管理》，北京：北京大学出版社 2004 年版。
83. 张再生：《职业生涯开发与管理》，天津：南开大学出版社 2003 年版。
84. 廖泉文主编：《人力资源发展系统》，济南：山东人民出版社 2000 年版。
85. 石金涛主编：《培训与开发》，北京：中国人民大学出版社 2003 年版。
86. 付亚和等主编：《绩效管理》，上海：复旦大学出版社 2005 年版。
87. 刘旭涛著：《政府绩效管理：制度、战略与方法》，北京：机械工业出版社 2003 年版。

图书在版编目(CIP)数据

公共部门人力资源管理/吴志华,刘晓苏主编.—上海：
复旦大学出版社,2007.3(2019.7重印)
(复旦博学·MPA系列)
ISBN 978-7-309-05330-2

Ⅰ.公…　Ⅱ.①吴…②刘…　Ⅲ.人事管理学-研究生-自学参考资料　Ⅳ.D035.2

中国版本图书馆 CIP 数据核字(2006)第 163494 号

公共部门人力资源管理
吴志华　刘晓苏　主编
责任编辑/邬红伟

复旦大学出版社有限公司出版发行
上海市国权路 579 号　邮编：200433
网址：fupnet@fudanpress.com　http://www.fudanpress.com
门市零售：86-21-65642857　团体订购：86-21-65118853
外埠邮购：86-21-65109143　出版部电话：86-21-65642845
江苏省句容市排印厂

开本 787×960　1/16　印张 28.25　插页 2　字数 490 千
2019 年 7 月第 1 版第 6 次印刷
印数 13 401—14 500

ISBN 978-7-309-05330-2/D·322
定价：45.00 元

如有印装质量问题,请向复旦大学出版社有限公司出版部调换。
版权所有　　侵权必究

复旦大学出版社出版

复旦博学·MPA 系列

1. 当代中国公共政策(第二版)   刘伯龙、竺乾威主编
   定价:31.00元

2. 公共行政学(第三版)   竺乾威主编
   定价:34.00元

3. 公共行政学经典文选(英文版)   竺乾威、〔美〕马国泉编
   定价:48.00元

4. 行政法学(第二版)   张世信、周帆主编
   定价:33.00元

5. 公共经济学(第二版)   樊勇明、杜莉编著
   定价:35.00元

6. 领导学原理——科学与艺术(第三版)   刘建军编著
   定价:40.00元

7. 政治学(第二版)   孙关宏、胡雨春主编
   定价:30.00元

8. 组织行为学   竺乾威、邱柏生、顾丽梅主编
   定价:33.00元

9. 定量分析方法   张霭珠、陈力君编著
   定价:29.00元

10. 公共经济学导引与案例   樊勇明编著
    定价:27.00元

11. 公共政策分析   张国庆主编
    定价:35.00元

12. 土地资源管理学   刘卫东、彭俊编著
    定价:30.00元

13. 比较公务员制度　　　　　　　　　　　周敏凯著
　　　　　　　　　　　　　　　　　　　　定价:28.00元
14. 行政伦理:美国的理论与实践　　　　〔美〕马国泉著
　　　　　　　　　　　　　　　　　　　　定价:34.00元
15. 公共管理学　　　　　　　　　　　　　庄序莹主编
　　　　　　　　　　　　　　　　　　　　定价:35.00元
16. 公共行政理论　　　　　　　　　　　　竺乾威主编
　　　　　　　　　　　　　　　　　　　　定价:45.00元
17. 公共部门人力资源管理　　　　吴志华、刘晓苏主编
　　　　　　　　　　　　　　　　　　　　定价:39.00元
18. 政府绩效评估与管理　　　　　　　　　　范柏乃著
　　　　　　　　　　　　　　　　　　　　定价:35.00元

复旦博学·政治学系列

1. 当代中国政治制度　　　　　　　　　　　浦兴祖主编
　　　　　　　　　　　　　　　　　　　　定价:19.00元
2. 政治学概论(第二版)　　　　孙关宏、胡雨春、任军锋主编
　　　　　　　　　　　　　　　　　　　　定价:32.00元
3. 新政治学概要(第二版)　　　　　王邦佐、王沪宁等主编
　　　　　　　　　　　　　　　　　　　　定价:30.00元
4. 政治营销学导论　　　　　　　　　　赵可金、孙鸿著
　　　　　　　　　　　　　　　　　　　　定价:32.00元
5. 选举政治学　　　　　　　　　　　　　何俊志编著
　　　　　　　　　　　　　　　　　　　　定价:27.00元
6. 西方政治学说史　　　　　　　　　　浦兴祖、洪涛主编
　　　　　　　　　　　　　　　　　　　　定价:20.00元

复旦博学·国际政治与国际关系系列

1. 当代西方国际关系理论　　　　　　　　　倪世雄等著
　　　　　　　　　　　　　　　　　　　　定价:48.00元

2. 近现代国际关系史　　　　　　　　　　　　　　唐贤兴主编
　　　　　　　　　　　　　　　　　　　　　　　定价：40.00元

3. 当代中国外交（第二版）　　　　　　　　　　　颜声毅著
　　　　　　　　　　　　　　　　　　　　　　　定价：38.00元

4. 国际政治学新论　　　　　　　　　　　　　　　周敏凯著
　　　　　　　　　　　　　　　　　　　　　　　定价：25.00元

5. 全球化时代的国际关系（第二版）　　　　　　　俞正樑著
　　　　　　　　　　　　　　　　　　　　　　　定价：30.00元

6. 中国国际关系理论研究　　　　　　　　　　　　赵可金、倪世雄著
　　　　　　　　　　　　　　　　　　　　　　　定价：39.00元

7. 国际关系与全球政治——21世纪国际关系学导论　俞正樑著
　　　　　　　　　　　　　　　　　　　　　　　定价：30.00元

8. 中国先秦国家间政治思想选读　　　　　　　　　阎学通、徐进编
　　　　　　　　　　　　　　　　　　　　　　　定价：30.00元

9. 国际关系：理论、历史与现实　　　　　　　　　邢悦、詹奕嘉著
　　　　　　　　　　　　　　　　　　　　　　　定价：47.00元

其 他 教 材

1. 行政学原理　　　　　　　　　　　　　　　　　孙荣、徐红编著
　　　　　　　　　　　　　　　　　　　　　　　定价：28.00元

2. 政府经济学　　　　　　　　　　　　　　　　　孙荣、许洁编著
　　　　　　　　　　　　　　　　　　　　　　　定价：24.00元

3. 秘书写作　　　　　　　　　　　　　　　　　　杨元华、孟金蓉等编著
　　　　　　　　　　　　　　　　　　　　　　　定价：36.00元

4. 社会心理学　　　　　　　　　　　　　　　　　孙时进编著
　　　　　　　　　　　　　　　　　　　　　　　定价：29.00元

5. 办公室管理　　　　　　　　　　　　　　　　　孙荣主编
　　　　　　　　　　　　　　　　　　　　　　　定价：20.00元